中国艺术研究院
基本科研业务费项目

中国艺术研究院学术文库
主 编 王文章 周庆富

李世涛 著

中西文论与文化之间

北京时代华文书局

图书在版编目（CIP）数据

在中西文论与文化之间 / 李世涛著 . -- 北京：北京时代华文书局，2025.6
（中国艺术研究院学术文库 / 王文章，周庆富主编）
ISBN 978-7-5699-5217-9

Ⅰ.①在… Ⅱ.①李… Ⅲ.①比较文化—文化研究—中国、西方国家 Ⅳ.① G04

中国国家版本馆 CIP 数据核字 (2024) 第 063585 号

ZAI ZHONG-XI WENLUN YU WENHUA ZHI JIAN

出 版 人：陈　涛
责任编辑：徐敏峰
装帧设计：周伟伟
责任印制：刘　银　訾　敬

出版发行：北京时代华文书局 http://www.bjsdsj.com.cn
　　　　　北京市东城区安定门外大街 138 号皇城国际大厦 A 座 8 层
　　　　　邮编：100011　电话：010-64263661　64261528

印　　刷：三河市嘉科万达彩色印刷有限公司
开　　本：710 mm×1000 mm　1/16　　成品尺寸：170 mm×240 mm
印　　张：23.25　　　　　　　　　　　字　　数：344 千字
版　　次：2025 年 6 月第 1 版　　　　印　　次：2025 年 6 月第 1 次印刷
定　　价：98.00 元

版权所有，侵权必究
本书如有印刷、装订等质量问题，本社负责调换，电话：010-64267955。

"中国艺术研究院学术文库"
编辑委员会

主　编　王文章　周庆富

副主编　喻　静　李树峰　王能宪

委　员　王　馗　牛克成　田　林　孙伟科
　　　　李宏锋　李修建　吴文科　邱春林
　　　　宋宝珍　陈　曦　杭春晓　罗　微
　　　　赵卫防　卿　青　鲁太光
　　　　（按姓氏笔画排序）

编辑部

主　任　陈　曦

副主任　戴　健　曹贞华

成　员　马　岩　刘兆霏　汪　骁　张毛毛
　　　　胡芮宁　（按姓氏笔画排序）

"中国艺术研究院学术文库"再版序

周庆富

由中国艺术研究院策划、北京时代华文书局出版的大型系列丛书"中国艺术研究院学术文库",历经十余载,陆续出版近150种,逾5000万字,自面世以来取得了很好的社会反响。这套丛书以全景集成之姿,系统呈现了中国艺术研究院新一代学者在文化强国征程中,承继前海学术传统,赓续前辈学术遗产的共同追求,也展现了学者们鲜明的研究个性和独特的学术风格,勾勒出我国当代文化艺术从理论研究到实践探索的发展脉络,对推进中国艺术学学科体系、学术体系、话语体系建设具有重要的史料价值和学术价值。

北京时代华文书局意将整套丛书再版,并对装帧、版式等进行重新设计,让这一系列规模庞大、内容广博的研究成果持续发挥它应有的作用,这无疑是一件好事!衷心祝愿"中国艺术研究院学术文库"再版成功!中国艺术研究院的学者们也将继续以饱满的学术热情,将个人专长与国家需要紧密结合,不断为新时代文化艺术繁荣发展,为文化强国建设贡献智慧和力量。

2024年12月20日

总　序

王文章

　　以宏阔的视野和多元的思考方式，通过学术探求，超越当代社会功利，承续传统人文精神，努力寻求新时代的文化价值和精神理想，是文化学者义不容辞的责任。多年以来，中国艺术研究院的学者们，正是以"推陈出新"学术使命的担当为己任，关注文化艺术发展实践，求真求实，尽可能地从揭示不同艺术门类的本体规律出发做深入的研究。正因此，中国艺术研究院学者们的学术成果，才具有了独特的价值。

　　中国艺术研究院在曲折的发展历程中，经历聚散沉浮，但秉持学术自省、求真求实和理论创新的纯粹学术精神，是其一以贯之的主体性追求。一代又一代的学者扎根中国艺术研究院这片学术沃土，以学术为立身之本，奉献出了《中国戏曲通史》《中国戏曲通论》《中国古代音乐史稿》《中国美术史》《中国舞蹈发展史》《中国话剧通史》《中国电影发展史》《中国建筑艺术史》《美学概论》等新中国奠基性的艺术史论著作。及至近年来的《中国民间美术全集》《中国当代电影发展史》《中国近代戏曲史》《中国少数民族戏曲剧种发展史》《中国音乐文物大系》《中华艺术通史》《中国先进文化论》《非物质文化遗产概论》《西部人文资源研究丛书》等一大批学术专著，都在学界产生了重要影响。近十多年来，中国艺术研究院的学者出版学术专著在千种以上，并发表了大量的学术论文。处于大变革时代的中国艺术研究院的学者们以自己的创造智慧，在时代的发展中，为我国当代的文化建设和学术发展做出了当之无愧的贡献。

为检阅、展示中国艺术研究院学者们研究成果的概貌，我院特编选出版"中国艺术研究院学术文库"丛书。入选作者均为我院在职的副研究员、研究员。虽然他们只是我院包括离退休学者和青年学者在内众多的研究人员中的一部分，也只是每人一本专著或自选集入编，但从整体上看，丛书基本可以从学术精神上体现中国艺术研究院作为一个学术群体的自觉人文追求和学术探索的锐气，也体现了不同学者的独立研究个性和理论品格。他们的研究内容包括戏曲、音乐、美术、舞蹈、话剧、影视、摄影、建筑艺术、红学、艺术设计、非物质文化遗产和文学等，几乎涵盖了文化艺术的所有门类，学者们或以新的观念与方法，对各门类艺术史论做了新的揭示与概括，或着眼现实，从不同的角度表达了对当前文化艺术发展趋向的敏锐观察与深刻洞见。丛书通过对我院近年来学术成果的检阅性、集中性展示，可以强烈感受到我院新时期以来的学术创新和学术探索，并看到我国艺术学理论前沿的许多重要成果，同时也可以代表性地勾勒出新世纪以来我国文化艺术发展及其理论研究的时代轨迹。

中国艺术研究院作为我国唯一的一所集艺术研究、艺术创作、艺术教育为一体的国家级综合性艺术学术机构，始终以学术精进为己任，以推动我国文化艺术和学术繁荣为职责。进入新世纪以来，中国艺术研究院改变了单一的艺术研究体制，逐步形成了艺术研究、艺术创作、艺术教育三足鼎立的发展格局，全院同志共同努力，力求把中国艺术研究院办成国内一流、世界知名的艺术研究中心、艺术教育中心和国际艺术交流中心。在这样的发展格局中，我院的学术研究始终保持着生机勃勃的活力，基础性的艺术史论研究和对策性、实用性研究并行不悖。我们看到，在一大批个人的优秀研究成果不断涌现的同时，我院正陆续出版的"中国艺术学大系""中国艺术学博导文库·中国艺术研究院卷"，正在编撰中的"中华文化观念通诠""昆曲艺术大典""中国京剧大典"等一系列集体研究成果，不仅展现出我院作为国家级艺术研究机构的学术自觉，也充分体现出我院领军国内艺术学地位的应有学术贡献。这套"中国艺术研究院学术文库"和拟编选的本套文库离退休著名学者著述部分，正是我院多年艺术学科建设和学术积累的一个集中性展示。

多年来，中国艺术研究院的几代学者积淀起一种自身的学术传统，那就是勇于理论创新，秉持学术自省和理论联系实际的一以贯之的纯粹学术精神。对此，我们既可以从我院老一辈著名学者如张庚、王朝闻、郭汉城、杨荫浏、冯其庸等先生的学术生涯中深切感受，也可以从我院更多的中青年学者中看到这一点。令人十分欣喜的一个现象是我院的学者们从不故步自封，不断着眼于当代文化艺术发展的新问题，不断及时把握相关艺术领域发现的新史料、新文献，不断吸收借鉴学术演进的新观念、新方法，从而不断推出既带有学术群体共性，又体现学者在不同学术领域和不同研究方向上深度理论开掘的独特性。

在构建艺术研究、艺术创作和艺术教育三足鼎立的发展格局基础上，中国艺术研究院的艺术家们，在中国画、油画、书法、篆刻、雕塑、陶艺、版画及当代艺术的创作和文学创作各个方面，都以体现深厚传统和时代特征的创造性，在广阔的题材领域取得了丰硕的成果，这些成果在反映社会生活的深度和广度及艺术探索的独创性等方面，都站在时代前沿的位置而起到对当代文学艺术创作的引领作用。无疑，我院在文学艺术创作领域的活跃，以及近十多年来在非物质文化遗产保护实践方面的开创性，都为我院的学术研究提供了更鲜活的对象和更开阔的视域。而在我院的艺术教育方面，作为被国务院学位委员会批准的全国首家艺术学一级学科单位，十多年来艺术教育长足发展，各专业在校学生已达近千人。教学不仅注重传授知识，注重培养学生认识问题和解决问题的能力，同时更注重治学境界的养成及人文和思想道德的涵养。研究生院教学相长的良好气氛，也进一步促进了我院学术研究思想的活跃。艺术创作、艺术教育与学术研究并行，三者在交融中互为促进，不断向新的高度登攀。

在新的发展时期，中国艺术研究院将不断完善发展的思路和目标，继续培养和汇聚中国一流的学者、艺术家队伍，不断深化改革，实施无漏洞管理和效益管理，努力做到全面协调可持续发展，坚持以人为本，坚持知识创新、学术创新和理论创新，尊重学者、艺术家的学术创新、艺术创新精神，充分调动、发挥他们的聪明才智，在艺术研究领域拿出更多科学的、具有独创性的、充满鲜活生命力和深刻概括力的研究成果；在艺术创作领域推出更多具有思想震撼力和艺术感染力、具有时代标志性和代表性的精品力作；同时，培养更多德才兼备的优秀青年人才，真正把中国艺术研究院办成全国一流、世界知名的艺术研究中心、艺术教育中心和国际艺术交流中心，为中华民族伟大复兴的中国梦的实现和促进我国艺术与学术的发展做出新的贡献。

2014年8月26日

目 录

自 序 / 1

第一编 中西当代文学、文学理论

挑战与超越
　　——对中国后现代主义文学的思考 /2
对第三世界文学（文化）理论及其在中国接受的反思 /11
西方现代社会变迁中的自然及其在文艺中的表现 /22
现代主义文艺及其研究中的意识形态批判
　　——詹姆逊视野中的现代主义 /28
重新阐释文艺的社会之维
　　——詹姆逊文艺阐释学的目标与特点 /44

第二编 20世纪中国文艺理论史、美学史

中国当代文艺理论史上的人性、人道主义问题 /64
中国当代文艺理论对文艺与意识形态关系的探索 /91
中国当代美学史上的"教科书事件"
　　——关于编写《美学概论》活动的调查 /118

第三编 詹姆逊的文化理论与批评

还原意识形态的运作过程
　　——弗雷德里克·詹姆逊的意识形态理论 /140

重构全球化的抵抗空间
　　——詹姆逊的全球化理论/153

重构时空的政治维度
　　——詹姆逊的时空理论/168

文化研究的"他者"视角
　　——詹姆逊视野中的"文化研究"/186

后马克思主义
　　——一种模棱两可的马克思主义/200

第四编　中西现代性

现代性领域中的中国问题
　　——詹姆逊与中国现代性道路的选择/220

现代性的多元之维
　　——艾森斯塔特的"多元现代性"理论及其对中国的启发/239

西方现代性的三次浪潮
　　——列奥·斯特劳斯视野中的现代性的变迁/256

历史嬗变中的中国现代性
　　——中国现代性的发生兼及审美现代性的特征/272

第五编　西方审美现代性

现代性的审美救赎
　　——西方审美现代性诸问题/288

从西方现代性到西方审美现代性
　　——从时期角度对西方审美现代性的阐释/299

阐释西方审美现代性：以特性为视角/313

从超越走向世俗
　　——论西方审美现代性的媚俗面相/325

波德莱尔的美学思想与审美实践/336

自　序

把自己的文章结集出版，对我来说，仿佛是很遥远、很奢侈的事情。好在终于有了这么一个机会，也可以借此机会交代一下本书的情况。

本集子收录了我在1998—2012年发表的部分论文，有趣的是，《求是学刊》刊发了本书发表最早、最晚的两篇论文，可谓首尾呼应、投缘之至。需要说明的是，除了攻读硕士学位期间写作的一篇论文（本书发表时间最早）外，其余论文分别源于我的詹姆逊研究的系列论文；我承担的文化部青年基金项目《中国当代文艺思潮、文艺理论、美学访谈与研究》、国家社科基金一般项目《现代性视域中的西方艺术思潮》、中国艺术研究院招标课题《西方马克思主义艺术理论研究》；我参与的中国社科院文学所承担的院级课题、国家社科基金后期资助项目《中国当代文艺理论研究（1949—2009）》。

在此，我要衷心感谢发表和转载这些文章的刊物和编辑们，他（她）们是《求是学刊》的主编杜桂萍女士和叶伯泉先生、马立敏小姐，《学习与探索》主编张磊女士，《外国文学》的李铁先生，《艺术百家》主编楚小庆先生，《中国社会科学院研究生院学报》的马光先生，《开放时代》的曾德雄先生、于喜强先生，《现代哲学》的杨海文先生，《甘肃社会科学》主编胡政平先生，《天津社会科学》的时世平先生，《马克思主义研究》的刘德中先生，《东南学术》的总编辑杨健民先生和陈苇女士，《厦门大学学报》（哲社版）主编洪峻峰先生，《深圳大学学报》（哲社版）的张西山先生，《河南大学学报》（哲社版）的姬建敏女士，《扬州大学学报》（哲社版）的刘岸挺女士，《河北师范大学学报》（哲社版）的许婉璞女士，《中国社会科学文摘》的王兆胜先生、马自力先生，中国人民大学报刊资料复印中心的魏倩女士、曹世瑞女士、冯琳女士、吕卓红女士，《新华文摘》的陈汉萍女士，他（她）们中的绝大多数我至今仍没能谋面，但其严谨、敬业使我获益匪浅，在世风日下的今天，其职业操守更是弥足珍贵、令人尊敬。感谢中国社会科学院文学所钱中文先生、高建平先生、丁国旗先生盛情邀我参加他们的课题，及其平时给予我的诸多关心。

在我的求学和研究工作中，我幸运地与众多师友相逢，他（她）们以不同方式热情地帮助我、鼓励我，在此，我要向他（她）们表示衷心的感谢，恕不一一列举。导师陈传才先生始终如一地关心我的学业、生活，理应努力工作，不负恩师的期待；感谢家人的宽容和支持，使我能够专心地研究学术；感谢中国艺术研究院各级领导和同事们对我的帮助、支持；时代出版传媒股份有限公司支持学术的社会责任感令人敬仰，衷心感谢本书责任编辑的敬业、高效和责任心；感谢我的硕士生靳锐帮忙统一了本书的格式。

李世涛

2013年8月6日酷暑中

第一编
中西当代文学、文学理论

中国的后现代主义文学、中国对第三世界文学（文化）理论的接受，均涉及到外来文化影响与本土接受的问题。"拿来主义"理应成为我们秉承的原则，但是，接受与研究中的误读、机械照搬也同样不容忽视，否则，就可能食洋不化、遗漏真问题。鉴于此，仍然有必要强调问题意识、主体意识和自主性。

自然的表现、现代主义文艺、文艺阐释学都是现代文艺中的重要问题，本编从特定角度研究了西方现代文艺、文论对这些问题的处理，目前仍不失其借鉴意义。

挑战与超越
——对中国后现代主义文学的思考

一

20世纪西方社会特有的历史和文化、现实造就了后现代主义思潮。启蒙诺言失去了神圣的面纱，自然科学的发展动摇了人对理性的信念，人为物役变得更加严重，人在世界大战中的丑恶表演，都形成了对西方文明强有力的挑战，并潜伏下了精神危机的种子。二战后科技霸权和商业主义的迅速发展标志着后现代社会的来临，与此相适应，明显地区别于现代主义文学的后现代主义文学应运而生，它发育于现代主义文学之中，后出现了断裂，并进而发展成了独特的文学现象，它们具有精神上的一致性，但其断裂表现得更为突出。

西方的现代主义文学是在理性幻灭、非理性泛滥的思想背景中产生的，非理性摧毁了以人、理性为中心的人本主义，人对自己掌握世界的能力发生了根本性怀疑，面对人类文明残垣断壁，人不甘于在精神的"荒原"上沉沦下去，由这种危机产生的焦虑感使他们企图寻求自我救赎，对混乱的世界进行重新建构，于是建立起了以自己为中心的等级秩序。他们哀叹世界的破碎，体会到难以恢复世界和谐图像的悲哀和幻灭后的绝望。

解构主义反映了后现代文化精神并构成了它的底色。解构主义从语言出发来反思整个西方文明，特别是对"启蒙运动"后的现代性进行了剖析。"德里达作为一位预言家显示给我们一种解构主义的人：他愉快地接受世界的嬉戏及变幻的无邪，他肯定符合时与阐释行为；他既不缠着世界要求了解真理，也不放纵对起源的梦想；他跟踪能指符号的自由游戏及结构的倾向所产生的中心；他取消了人和人文主义；他指责古老的逻各斯中心的巫术，愉快地超越了它。"①它对西方文化中根深蒂固的逻各斯中心主义最痛快地进行了消解。一方面宣布了先验存在、超验存在和永恒的虚妄，另一方面也宣告"绝对真理"神话的破灭。主体消亡、理性破灭显示了西方文明的危机。更严重的是：语言失去了承担认识和表现工具的作用。语言自足又具有再生性，通过语言可建构一切，语言自身成为价值和意义的来源，它自身便是思维和思想，无须再指涉外部世界，这样意义和价值都成了人为的虚设，意义建构成了按照语言规划进行"游戏"的活动，意义成了能指符号的无穷"滑动"。由于语言对文本的瓦解，任何文本都不能指向一个最终的、中心的确定意义。解构主义旨在拆除在场形而上学传统，打破"言语中心主义"和"语音中心主义"的神话，从西方文明的裂缝中揭示其痼疾，给人以警策。同时它也试图把人从传统的重压和思维的褊狭中解放出来，使人正视现实困境。解构主义以深刻的思想推动了后现代主义文化的发展，并体现了后现代文化精神的内蕴。

二战后西方后现代社会是科技高度发展的时代，科技霸权和消费的发展重塑了人的心理和行为规范，引起了人感知世界方式的变化。人性的异化，精神自由空间的巨缩，人无法抗拒现实的吞噬，随着人文主义传统文化的解体，世界成了由偶然、断裂、支离破碎的断片组成的非真实的幻影，艺术自然也就无需再执著于"虚假"的现实世界了。历史意识和关怀未来意识的淡漠使人成为现实平面上孤立的存在物。外在现实和内在自我都不确定，人在对语言表达失去信心的条件下，只满足于瞬间的体验，以非表征性的语言来展示世界的不稳定和自我的分裂，文本成了本能和欲望宣泄的产物。隐遁在现象背后的是人处于异化世界中无言和焦虑的痛苦，痛苦中又掺杂着拯救无望只好随波逐流的悲怆感。经受着痛苦的折磨又调侃痛苦成了后现代主义文学的悖论。

后现代主义文学产生于现代主义文学，并伴随着现代主义文学的衰落而发展起来，因而在历时上承接和断裂并存，同时断裂表现得更加明显。社会文化背景的改变，对传统文学观念的反拨都使"后现代性"具有了特定的内容：(1)反对整

---

① 范林·李契：《解构主义批评》，转引自郑敏：《解构主义与文学批评》，《外国文学评论》1990年第2期。

体和解构中心的多元论世界观；(2)消解历史与人的人文观；(3)用文本话语论替代世界(生存)本体论；(4)反(精英)文化及其走向通俗(大众化或平民化)的价值立场；(5)玩弄拼贴游戏和追求写作(本文)快乐的艺术态度；(6)一味追求反讽、黑色幽默的美学效果；(7)在艺术手法上追求拼合法，不连贯性、随意性、滥用比喻，混同事实与虚构；(8)"机械复制"或"文化工业"是其历史存在和历史实践的方式。①

后现代主义文学的复杂性在概念的界定中体现得很充分。人们把战后的欧美文学都统称为后现代主义文学，同时又认为后现代主义是缺乏统一性的预设。哈桑认为后现代世界以"不确定性"和"内在性"为特征："在这两极中，不确定性主要代表中心消失和本体论消失之结果；内在性则代表人类心灵适应所有现实本身的倾向(这当然也由于中心的消失而成为可能)。"②这种特性也使后现代主义倾向于一种话语组织的建构，也常常借策略来达到自己的目的。但后现代主义的悖论和策略使其复杂性更为突出，进而出现了分裂：策略和目的的脱节，理论和文学实践的脱节，动机和客观效果的脱节。

二

在新时期文学中，如果说现代主义的影响由强烈的拒斥所致，那么后现代主义则是主动选择的结果。现代主义和后现代主义文学在中国的接受几乎是同时进行的。社会、文化背景和文学传统的差异，加上后现代主义文学本身的复杂性，从而后现代文学在中国的接受充满了悖论。佛克马从文化相对主义出发，认为任何文学思潮都有自己的理学、年代学和社会学方面的限制，因而，"后现代主义文学是不能模仿的，它属于一个特殊的、复杂的传统。"③从社会和文化、文学背景看，中国和欧美确实有着极大的差别，物质条件和精神消费为后现代主义文学的实验提供的可能性是极有限的，更何况现代化是全社会追

---

① 陈晓明：《无边的挑战》，时代文艺出版社1993年版，第12页。
② [荷兰]佛克马·伯顿斯编：《走向后现代主义》，王宁译，北京大学出版社1991年版，第35页。
③ 同上，第2页。

求的理想，与此相适应，就会产生以现代性价值观为中心的精神追求。中国社会现代化进程的艰难和发展的短暂，传统文化观念的根深蒂固，都造成了现代性价值观念的薄弱，同时现代主义文学发展的过渡性使终极关怀和意义的深度都没能扎下根来，更没能充分地发展。后现代主义文学是从对现代主义文学的反叛中发展起来的，但中国后现代主义文学所要反对的对象还没有完全建立起来。

现实的发展往往能打破理论的设想，中国后现代主义文学的产生和发展已成为既定事实。若从特定的社会现实和文化语境看，后现代主义文化又不失其合理性，这形成了中国文学在特定时期接受影响的悖论。后现代主义文学实际上是中国特定时期的政治、经济和文化共同作用的产物。杰姆逊曾经认为资本主义的发展经历了国家资本主义、垄断资本主义(或帝国主义)和晚期资本主义(或多国资本主义)三个阶段。与此相适应出现了相应的文学艺术：第一个阶段的艺术准则是现实主义的，产生了诸如巴尔扎克等人的作品；第二阶段便出现了现代主义；而到第三阶段现代主义便成为历史陈迹，出现了后现代主义。他还指出其存在的条件："后现代主义的特征是文化工业的出现。在欧美和北美洲这种情况是具有重要意义的，但在第三世界……便是三种不同时代并存或交叉的时代，在那里，文化具有不同的发展层次。"① 多种经济成分共存的经济结构使中国有明显的后现代社会特征，同时"文化工业"是后现代主义文化的重要特征，而文化生产和传播方式在我国都有相当程度的发展。从政治、经济和文化相互作用形成的社会背景中看，中国的后现代主义文学又不失其现实根基。

中国的后现代主义文学还有其自身发展的合理性。90年代初的文化语境完全有可能产生超前的后现代意识。现代主义文学在中国已有短暂的发展，尽管现代意识没能深扎下根来，但毕竟被艺术追求过，中国的现代化进程成了现代性价值观念产生的温床，经济发展作为动力刺激了现代性价值观的深入发展，特别是新时期现代主义文化观的广泛传播，都深刻地影响过当时的文艺。人道

---

① [美]弗里德利克·杰姆逊：《后现代主义与文化理论》，唐小兵译，陕西师范大学出版社1986年版，第6页。

主义的呼唤曾激荡起当时人的热情，希求社会进步的期望在艺术中表现为对理性和理想社会的渴望，"文革"的梦魇使艺术转向对异化世界和灵魂的拷问，现代主义的艺术形式点染了艺术家寻求表达形式的热情，"寻根派"文学在艺术中寻找华夏文明的源泉，新时期文学的探索都不同程度地促成了现代性价值观和深度意义的建构，这为中国后现代主义文学的产生和发展提供了前提条件。

现代主义在中国激发起的热情消退之后，因自身乏力而一度沉寂。文学受到强有力的挑战：商潮的泛滥、大众文化的崛起、主流意识形态地位的削弱。后现代主义思潮涌入给文坛带来了某些生机。后现代主义的新颖吸引了艺术家，他们的创作热情和表达欲望被强烈地激活了，从而引发了中国后现代主义文学的产生。

三

中西社会背景和文化语境的差异造成了中国接受后现代主义思潮的悖论性，同时也影响到中国后现代主义的发展。中国后现代主义文学的发展不但受到西方后现代主义文学的影响，而且有中国艺术家自己的创造，因而这种变化有了自己的显著特征："自我的失落和反主流文化；反对现存的语言习俗；二元对立及其意义的分解；返回原始和怀旧取向；精英文学与通俗文学之界限的模糊；嘲弄性模仿和对暴力的反讽式描写。"①中西后现代主义文学有许多表面相似但根本不同的东西，从这些差异出发并结合中国的文化语境予以分析能看出发生这些变化的原因。

西方后现代主义思潮形成的思想前提和中国的后现代主义思潮有很大的差别。利奥塔把"后现代定义为针对元叙事的怀疑态度。这种不信任态度无疑是科学进步的产物，而科学进步反过来又预设了这种怀疑态度。"②启蒙运动后，近代西方文化形成了种种以人、理性和形而上学为中心的"启蒙话语"，制造了各种

---

① 转引自王宁：《多元共生的时代》，北京大学出版社1993年版，第108页。
② 王岳川、尚水编：《后现代主义文化与美学》，北京大学出版社1992年版，第26页。

合法化的意识形态神话。各种学说的合法性都依据"元话语"建立起来。"这一元话语毫不隐讳地诉诸一些伟大的叙事,如精神辩证法、意义的解释、理性主体或劳动主体的解放,或财富创造的理论。"[①]此后的现实暴露出了"启蒙话语"的种种局限。世界的统一性和整体性观念受到怀疑并被抛弃,随着人性解放、精神目的和意义阐释神话的破灭,主体被消解,历史成了断裂、对立和矛盾的组合物,真理成了话语权力大小强弱的表现,从而形成了世界多元化的局面。市场经济导致的对传统价值观的冲击,社会转型产生的各种观念的混乱,主流话语的权力削弱,非理性主义思潮对理性权威的瓦解,由理性局限产生的对理性作用的怀疑,传统道家文化的相对主义和虚无主义的影响,都成了中国后现代主义文学产生的精神土壤,这种语境的差异造成了中国后现代主义文学的独特性。

西方后现代主义思潮的合理性体现在西方文化发展的逻辑中。后现代主义文化洞察出了现代主义文化的局限,并以极端的方式来克服此局限。虽然它以反对深度的方式出现,但否定目标的针对性仍能使它的批判性功能得以实现。它批判了"启蒙话语"制造的理性神话及其在主体、历史和真理中的表现,无论对社会发展还是对文化建设都有意义。同时"后现代必须根据未来的先在之悖论"[②]。从共时性看,要成为现代必须首先是后现代,意味着后现代的创新精神。西方现代主义文学曾对传统文学产生过巨大的冲击力,并占据中心地位。然而现代艺术几经鏖战,其先锋性已到了英雄末路,其精神上的追求和艺术形式日渐被世俗化,有被"臣服"的危险。面对现代艺术建立起的深度模式,深沉的历史感和主体,只好以平面化,强调当下体验,玩味痛苦而自娱来拯救艺术的创新性和重塑审美规范。

中国后现代主义文学基本上是种横向移植,现代化的社会变革必然使现代性成为中心价值观念,因而对现代性价值观念的消解可能影响到对封建性观念的反对,同时由于"启蒙话语"并没扎下根来,因此其批判性功能将会大大削弱。也

[①] 王岳川、尚水编:《后现代主义文化与美学》,北京大学出版社1992年版,第25页。
[②] 同上,第27页。

可能人为地切断现代主义文学在中国的发展，进而影响到中国文学突破性发展的可能性。中国后现代文学对西方后现代文学技巧方面的关注体现了其策略性，以文学形式确立并保持其先锋性，所以热衷于文学技巧的实验。从而中国后现代文学表现出迷恋形式又忽视对后现代意识体验关注的倾向。存在困境和现代主义文学的双重影响，有意无意地对后现代文学的"误读"，都使中国后现代文本保留了浓厚的现代主义色彩。作者徘徊于瞬时体验与终极关怀的追问之间，悠远的历史记忆和对人性的关怀也常常泛起，这都构成了中国后现代文本的特征。

西方后现代文学有意填平精英文学和大众文学的鸿沟，从亚文学中吸收题材和表现方式，借对大众文学的肯定来反对现代主义文学的等级秩序和严肃性，大众文学成了塑造新的审美规范的策略。后现代社会中，大规模的复制刺激了大众文学的生产和传播，它以其数量的优势得到后现代文学的肯定，但作品本身的质量又使后现代文学对它持异议，这导致了后现代文学对大众文学的数量崇拜和对具体作品排斥的矛盾态度。文化工业的大规模复制造成了本源意义的丧失和距离感的产生，进而造成了感觉和世界的非真实化。后现代社会中，文化工业的充分发展影响到人感知世界的心理和行为方式，复制和距离感的消失成为后现代文学的表征。

中国后现代文学并不太热心于表现消费和科技发展造成对生命侵蚀的恶果，也无意于表现复制造成的真实感的消失和精神的分裂性体验，具体的文本中体现出的后现代社会色彩也较弱。中国后现代文学注重从现实和历史中开掘自己的体验，借西方后现代文学的表现方式，从而创造性地完成了这种转换。大众文学和后现代文学参与了对主流权力话语的"谋反"，这为它们的融合提供了可能。借大众文学题材来吸引读者，借对题材的独到处理来改变读者的"期待视野"，都促成了后现代文学在中国更注重向大众文学靠拢。中国的后现代主义文学以先锋文学的姿态出现，但从未把大众文学视为后现代文学，并且实践上也没有像西方后现代文学那样有意地填平精英文学和大众文学的鸿沟，从而中国后现代文学有浓厚的"贵族气"，同大众文学有了距离。这体现了其策略：为我所用但决不屈尊。

四

后现代主义思潮对中国文学的影响已成了无法回避的事实。从后现代主义思潮的实际出发，结合中西社会文化背景，对其影响的正负效应做出符合实际的判断，进而扬长避短，并努力促成创造性转换是当代文学发展的要求。

西方后现代文化思潮是矛盾的复杂体，以至于常出现策略与目的、动机与效果、理论与实践的脱节，对此予以辨识并扬长避短是保证中国后现代文学发展的前提。对整个西方文明的深刻反思使它以强烈的忧患意识为西方文化和社会发展注入了镇静剂，同时这种反思的普遍加深对后现代文化思潮和中西社会、文化语境的认识，同时把后现代文化的理论和文学相区别。

中国后现代文学完成了对意识形态支配下的文学主题和主导叙述的消解，实现了向文学自身的回归；也实现了由集体话语向个人话语的转化，使文学成为个体抒情娱乐的语言建构。后现代文学完成双重转化后应及时调整方向，避免由形式实验走向覆灭。后现代文学应积极从现实汲取力量，并联合现代主义文学共同参与现代性价值的重建，同时尽可能地克服西方现代性价值观的狭隘，建立起多元真理和人存在的价值意义。中国的现代化进程决定了现代性价值观是价值重建的主要内容，现代主义应成为文学的主流，它既能消解封建性价值观，促进现代性价值观的重建，又有利于更好地吸收西方现代主义文学的丰富经验，从而以其否定性品格推进社会和文学的发展。事实上大众文学已构成了对精英文学的威胁。思维上它促使我们走出狭隘的思维误区，启发我们抛弃对虚幻的"绝对真理"的执迷和对虚妄的永恒的追求，走出对理想主义的盲目崇拜，使人更接近真实的世界；它也深刻地揭示了形而上学的危机，打破了能动主体和统一历史观的神话，使我们理解现代性观念的虚幻；而且后现代知识并非仅仅是权威手中的工具；它增强我们对于差异的敏感，促进我们对不可通约事物的宽容能力。[①]它推动我们重视异质的、边缘的、偶然的东西。中国近代以后的现代化进程始终笼罩

---

① 王岳川、尚水编：《后现代主义文化与美学》，北京大学出版社1992年版，第27页。

着西方"他者"的阴影，对"启蒙话语"的反思无疑有助于中国社会和文化的发展。后现代主义文化反对所有中心的策略使它由知识上的相对主义走向价值上的虚无主义，极易造成实践上的混乱。历史意识的消遁使生命存在的意义沦为现时的瞬间体验和"游戏"符号的操作，无价值判断对道德不啻是釜底抽薪，失去存在之根的危机潜伏着丧失精神的可能。

因此，接受其合理因素，分清其策略和真正目的，避开其可能出现的负效应，并吸收和对体制化的大众文学主流的批判结合起来，从而避免后现代文学被大众文学吞没掉的危险。文化语境的差异可能导致中国后现代文学对所要重构的现代性价值观的消解，应避免这种消极影响，同时在重估传统文化时应谨防封建性价值观的沉渣泛起。这样各种文学能在宽松和谐的气氛中，由融合、沟通走向相互吸收、共同繁荣。这是历史的选择和我们的明智之举。

原载《求是学刊》1998年第1期

对第三世界文学（文化）理论及其在中国接受的反思

后殖民批评是继后现代之后的一种批评思潮，美国学者德里克对它有较科学的概括：

"（A）如实描述前殖民地社会的状况，在这种情况下它有着具体明确的指称对象，如后殖民地社会或后殖民地知识分子等；（B）描述殖民主义时代以后的全球状态。在这种情况它的用法比较抽象，缺乏具体的所指，同它企图取而代之的第三世界一样，意义模糊不清；（C）用于描述一种关于上述全球状态的话语，这种话语的认识论和心理取向正是上述全球状态的产物。"[①]其中，第二种意义是我们所说的后殖民主义。西方学者介入后殖民批评的视角各异，其中，詹姆逊提出了第三世界批评，借此融入了后殖民批评的大合唱，在包括中国在内的批评界产生了极大影响。鉴于它在中国学术界的影响，有必要梳理其得失。

在《处于跨国资本主义时代的第三世界文学》，他集中阐释了自己的第三世界文学（文化）批评观。在这篇论文中，根据自己对世界的划分，詹姆逊解读了鲁迅等现代文学作家的文学文本，揭示了第三世界文学所受的压迫和对第一世界的反抗，并提出了对第三世界文学的基本看法："第三世界的文本，甚至那些看起来好像是关于个人和利比多趋力的文本，总是以民族寓言的形式来投射一种政治：关于个人命运的故事包含着第三世界的大众文化和社会受到冲击

[①] [美]阿里夫·德里克：《后殖民氛围——全球资本主义时代的第三世界批评》，汪晖、陈燕谷主编：《文化与公共性》，北京三联书店1999年版，第446—447页。

的寓言。"①他还认为,第三世界文学(文化)不但能够为第一世界提供准确的定位,而且还有助于克服晚期资本主义文化的困境,弥合第一世界主体的精神分裂,以促进第一世界文学(文化)的发展。

一、第三世界文学(文化)批评的意义

首先,应该肯定詹姆逊对第三世界文学(文化)的态度。詹姆逊是运用黑格尔的"主奴关系"理论来看待第一世界文学与第三世界文学之间的关系的。"主奴关系"理论讲的是,在双方势均力敌的为争取对方承认的斗争中,一方愿为此不惜牺牲自己的生命,而另一方还顾虑到自己的生命和既得利益。矛盾可能这样解决:一方被打死,另一方成为奴隶主。但更为可能的是,双方都达到了自己的目的:一方为了保存肉体,宁愿承认自己的失败,过上了苟且偷生的生活,另一方得到了对方的承认,并取得了统治对方的权力,以奴隶主的身份迫使对方为自己劳动。但与此同时,他们的地位却发生了辩证的逆转:奴隶主成为主人,是真正的人,奴隶主获得的"承认"一经达到就消失了,因为得不到真正的满足。继而是第二次逆转:奴隶被迫为奴隶主劳动,为他提供物质利益,在此过程中,奴隶对现实的真实情况和自己的抵抗有切肤的感受,可能萌生唯物主义意识。而奴隶主却沉醉于自己的幻想和理想主义,缺乏对现实具体情况的认识和把握。它以比喻的形式表达了人们的愿望,具有了民族寓言的功能,应当说,这种判断对于相当的作品是适合的,的确揭示了许多作品的文学(或文化)内涵,显示了他对第三世界文化活动的同情和支持。但这种概括却忽视了阶级矛盾,在现代中国社会中,民族矛盾常与阶级矛盾交织在一起,而且阶级矛盾也常常通过民族矛盾表现出来,民族矛盾也可能转化为阶级矛盾。因此,仅仅以民族矛盾概括第一世界与第三世界文化之间的关系,显然抹杀了问

---

① [美]詹明信:《处于跨国资本主义时代的第三世界文学》,《晚期资本主义的文化逻辑》,张旭东编,北京三联书店1997年版,第523页。

题的复杂性，容易出现简单化倾向。从这个角度出发，詹姆逊认为美国正处于类似于奴隶主的地位，自己并不能认识和把握现实的真实情况。在文化方面，由于根植于文化上心理主义和个人主义的传统，西方文化不习惯于接触现实和集体。由于处于弱势地位，第三世界能够更真实地体验到自己的处境，这样，第三世界文化中的寓言性质便为西方文化在了解现实的真实情况和提供自己准确定位方面提供了极具启发性的借鉴。

其次，从行文中间，我们不难看到詹姆逊对第三世界文化受压迫处境的同情，对帝国主义文化罪行的控诉和对反抗资本主义扩张的诉求。

詹姆逊力图克服西方中心主义的偏见，以较为客观、公正的态度看待第三世界的文学（文化）实践活动和帝国主义对第三世界的压迫（特别是文化压迫），在此基础上，充分地肯定了第三世界文本的意义和价值。詹姆逊能放弃自己的优越感，尽量做到客观、公正，并努力挖掘第三世界文化潜在的价值和意义，对于一个美国学者而言，这应当说是难能可贵的了！

最后，詹姆逊的第三世界文学（文化）理论对发展第三世界的文化创造和文化批评无疑有重要的启发。

詹姆逊从自己独特的角度出发，揭示了部分第三世界文学文本具有的民族寓言特性。事实上，自《狂人日记》、《阿Q正传》诞生以后，其评论就汗牛充栋，但从民族寓言的角度对其进行解读的还不太多。这种解读有助于揭示殖民地、半殖民地国家文学所表现出的殖民性；以及弱肉强食格局下受压迫民族的焦虑心态。他从经济和文化诸层面揭露了帝国主义的压迫对第三世界（特别是文化方面）造成的恶果，而这是以现代化的名义进行的："所有第三世界的文化都不能被看作是人类学所称的独立或自主的文化。相反，这些文化在许多显著的地方处于同第一世界文化帝国主义进行生死搏斗之中——这种文化搏斗的本身反映了这些地区的经济受到资本的不同阶段或有时被委婉地称为现代化的渗透。"[①]而且第

[①] [美]詹明信：《处于跨国资本主义时代的第三世界文学》，《晚期资本主义的文化逻辑》，张旭东编，北京三联书店1997年版，第521页。

一世界的文化还有意、无意地歪曲了第三世界的形象。应该说，这些判断是符合实际情况的。近代以后，随着中国殖民化、半殖民化程度的不断加剧，在政治、经济相继失去独立性的情况下，中国的文化也失去了独立性，被迫依附于强势文化，这极大地阻碍了中国文化的发展。另一方面，中国的文学（文化）又较多地反映了处于弱势的民族国家在世界格局中所遭受压迫及其焦虑心态，以及在追求现代化过程中文学对引导人民反抗压迫、鼓舞民心、启蒙民众的作用的强调。从这种意义上讲，第三世界的文学（文化）都或潜在、或明显地表现了人们的反抗及其愿望。应当说，这个判断适合于相当多的第三世界文学文本，也确实揭示了作品内容方面的反抗特征。

　　实际上，詹姆逊是在其总体化思想指导下运用第三世界文学概念的："这说明对第三世界文化的研究必须包括从外部对我们自己（指第一世界）重新进行评估（也许我们没有完全意识到这一点），我们是在世界资本主义总体制度里的旧文化基础上强有力地工作着的努力的一部分。"①他是在世界文化的总体格局中来看待第三世界文化和晚期资本主义文化的，它们有整体与局部、内部与外部、部分与部分之间的辩证关系，应当肯定这种思路对于打破"就事论事"的狭隘做法，倡导世界的眼光和比较的眼光也是有意义的。

二、第三世界文学（文化）批评的困境和局限

　　第一，詹姆逊划分三个世界的标准是混乱的。划分前两个世界依据的是资本主义和社会主义的生产制度，它们体现了人类历史的构成性因素，但第三世界的依据则是"殖民主义和帝国主义的体验（经验）"，划分标准的混乱必然会导致对具体国家定位的混乱。阿赫默德以印度为例说明了这种划分的困境。印度具备了资本主义国家应具有的所有特征，其跨国公司列世界第八，但其社会的悲惨状况

---

① [美]詹明信：《处于跨国资本主义时代的第三世界文学》，《晚期资本主义的文化逻辑》，张旭东编，北京三联书店1997年版，第521—522页。

又是资本主义国家所没有的,约四亿人的处境比《英国工人阶级状况》中描绘的还要悲惨。难怪阿赫默德提出了这样的质疑:"印度到底属于第一世界,还是属于第三世界?巴西、阿根廷、墨西哥、南非呢?还有……但是我知道从韩国到新加坡的环太平洋国家,已构成了全球资本主义内部发展最快的地区。"①实际上,这种情况也表现在对第一世界的总体化过程中,同属资本主义阵营,欧陆文化内部本身就有较大的差异,更不必说欧陆文化与北美文化的差别更大了。因此,这种总体化抹杀了第一世界与第三世界内部的差异,以损失其丰富性为代价,建立起自己对其文化特征的概括。这样,其三个世界理论便失去基础。

标准的混乱直接导致了"第三世界文学"概念的失效。阿赫默德认为,"在过去二百年时间里,西欧和北美的国家被深深地联系在一起;资本主义本身在这些国家中已是那么的悠久;晚期资本主义的文化逻辑在这些殖民宗主国普遍地发生作用;文化产品在它们之间的流通是那么地直接,那么地广泛,那么地便捷,人们可以清楚地说出它们之间具有某些文化同质性。"②但第三世界却远非如此,亚、非、拉美国家之间没有相同的"殖民主义、帝国主义侵略的经验",也缺乏密切的联系。它们"不是作为单一的文化整合体,而是作为高度差异化的东西,被同化进全球性的资本主义结构当中,每一个国家都在文化方面建立起自身与宗主国之间的(不平等)交流,每一个国家都获得了自身显明的阶级形式。"③鉴于这些国家之间在历史、现实和文化方面的巨大差异,因此"根本就不存在一个能够成为内在统一的理论对象的第三世界文学"。既然这个前提难以成立,那么詹姆逊对第三世界文学及其特征的概况也就失去了基础。而且,"大多数文学生产,不论其是'第一世界'还是'第三世界'的,一般都不会受某种因素直接而统一的决定,不论这种因素在构成社会总体形式时有多么关键的作用。文学文本是以一种高度差异化的方式写成的,通常受多

---

① 罗钢、刘象愚主编:《后殖民主义文化理论》,中国社会科学出版社1999年版,第339页。
② 同上,第342—343页。
③ 同上,第343页。

种相互争论的意识形态和文化语境的决定,因此任何一种复杂的文本,在它被总体化为一个普遍性的范畴之前,一般都得产生在为它提供能量和形式的语境群之内。"①这也导致了其理论的非历史化倾向:"在逻辑上,人们会更加惊奇于詹姆逊对第一世界和第三世界之间的差异和他性关系的绝对坚持和强调,以及对'第三世界'的'经验'可以在单一的叙述方式之内被包容和交流的强调。通过把资本主义置于第一世界,把社会主义置于第二世界,詹姆逊的理论冻结了全球的空间,使其非历史化,而那些有巨大推动力的斗争又恰恰发生在这个空间中。"②

实际上,在对詹姆逊文本的定位上也反映这种标准的失效。詹姆逊是美国知识分子,他在政治上认同马克思主义和社会主义,他反对第一世界的霸权及其对第三世界的压迫,倡导第三世界文学。这样,他本人的文章应该"放在他出身的第一世界,意识形态和政治观点上的第二世界,还是放在他所同情并认同的第三世界里呢?"③

第二,二元对立、本质主义的思维方式限制了他的论证。詹姆逊是以二元对立的模式来使用第三世界概念的,但文化上的二元对立(民族主义与后现代主义)的选择,"强调民族经验对第三世界知识分子的认识构成的关键性作用,也强调对那种体验(经验)的叙事采取超越'民族寓言'的方式。"其结果就是以"民族"概念代替了"集体"概念。与此相反,"如果我们开始不以民族主义而仅仅以私人领域和公共领域、个人经验与公共经验之间关系来思考寓言化的过程,那么就有可能发现,寓言化绝不是所谓第三世界独有的特征。"④

在看待第一世界与第三世界之间的文化关系时,同样体现了这种思维方式。在詹姆逊看来,"所有的第三世界文本都应该被读作……民族寓言"。

---

① 罗钢、刘象愚主编:《后殖民主义文化理论》,中国社会科学出版社1999年版,第353页。
② 同上,第343—344页。
③ 同上,第354页。
④ 同上,第349页。

阿赫默德认为有两个疑点：其一，第三世界文本出现的时间该如何确定；其二，在具有殖民主义和帝国主义经验的国家的文本中，地理上的分布是否应成为判断第三世界文学文本的主要依据？事实上，建立第三世界的认知美学使詹姆逊难以摆脱其本质主义立场。他认为，第一世界文本的特征是"公共领域和私人领域的严重分裂。"其实，这个结论源于他对工业社会的概括，它适合于现代主义文化和后现代主义文化，但詹姆逊却把它视为第一世界文化的特征。而且，在概括第一世界文化特性时，他滑动在现代主义、后现代主义、资本主义生产方式和西方文明之间，使人对第一世界文本的特征莫衷一是。这种含混导致了他论证的随意性，他选择鲁迅的文本来解读，虽然有一定的代表性，但充其量只是第三世界（也许中国更合适）文本的一个特例而已，仅就中国现代文学而言，鲁迅的文本难以代表其他所有的文本，更何况整个第三世界的文本。因此，无论从理论，还是从经验层面上看，这个结论都是缺乏依据和严密论证的。这样，其合理性便值得怀疑了。获取这些特征之后，詹姆逊便以二元对立的方式对其进行比较。他以经验来界定第三世界，"从这一排斥性的强调中必然会伴生出一个政治范畴——'民族'，这一范畴以民族主义作为其特有的被限定了的意识形态；而且，由于民族主义意识形态的优先权，就在理论上推断出了'所有第三世界的文本都必然……应被当作民族寓言……去阅读。'"①"第三世界知识分子永远是政治知识分子。"②其原因在于，第三世界与第一世界的对抗，在争取生存（或发展）的过程中，民族主义承担着唤起一致对外的鼓动作用，鉴于此，民族主义才吸引着第三世界知识分子。而且，在詹姆逊看来，民族主义也是抵制资本主义扩张的重要力量。但他忽视了民族主义作用的多样性：事实上，不能以本质主义来理解民族主义，它有多种表现形态，并没有统一的价值和本质，其作用也有积极和消极之别。具体而言，民族

---

① 罗钢、刘象愚主编：《后殖民主义文化理论》，中国社会科学出版社1999年版，第336—337页。
② [美]詹姆逊：《处于跨国资本主义时代的第三世界文学》，张京媛主编：《新历史主义与文学批评》，北京大学出版社1993年版，第240页。

主义作用的发挥要受到许多条件的限制：运用民族主义的目的，运用民族主义哪些内容，民族主义使用者的政治性质。

这种二元对立思维还表现在詹姆逊让第三世界在"民族主义"和全球性美国后现代主义文化之间做出非此即彼的选择。由于其第三世界建立在"殖民主义和帝国主义的体验（经验）"之上，这样其民族概念便打上了浓厚的意识形态性。总体化的渴望使其没有考虑到其概括严密性——二者之外的第二世界——既不是民族主义，也不是后现代主义，事实上，曾有力地抵制美国霸权，但又非民族主义的第三世界的实践已被全球范围内的社会主义政治实践所吸纳。①

第三，詹姆逊仍然难以克服自己的殖民情结。从詹姆逊把第三世界作家的文本都视为"非典范"的做法中，阿赫默德看到了其缺憾。阿赫默德认为，目前，对于许多没有英译的亚、非、拉美文学文本而言，英美学者把它们排除在"经典"之外是可以理解的，但詹姆逊把像聂鲁达、博尔赫斯、马尔克斯等人的作品视为"非经典"，应该说带有严重的偏见。詹姆逊强调第一世界与第三世界之间的差异、对立，不仅不能消弭其对立，反而在客观上起到了强化、加剧其对立的效果。这只能从其文化背景找原因了："一方面他反对白人中心主义的偏见，另一方面，当他认为第三世界文学都是'非典范'的时候，他不自觉地流露出来的却正是同样性质的偏见。任何认识都是以一定的系统为条件的，杰姆逊的认识也是以西方文化这个大的系统为条件的。因此，当他观察和思考第三世界问题时，无论怎样努力，他仍然很难超越西方文化预设的'自我'与'他者'、'中心'与'边缘'、'典范'与'非典范'等认识基素（epistomes）和基本符码。"②由于其最终（或主要）目的不是为了研究第三世界文化，而是希望从中挖掘出对第一世界可资借鉴的经验或教训，一方面反映了其谦和的心态；另一方面他寄希望于第三世界文化，以摆脱晚期资本主义的困境，这是其殖民情结的无意识流露。

---

① 罗钢、刘象愚主编：《后殖民主义文化理论》，中国社会科学出版社1999年版，第336—337页。
② 罗钢：《关于后殖民话语和后殖民理论的若干问题》，《文艺研究》1997年第3期。

三、中国的后殖民文学（文化）批评的选择

中国的第三世界文学（文化）批评与詹姆逊的理论有直接的联系，或者说就是对这一理论的回应。正如王宁所言："'第三世界文化（Third world culture）'这一术语之所以在中国的环境下广为人们谈论，主要是由于弗雷德里克·詹姆逊的影响以及他基于西方的视角对作为一种民族寓言的第三世界文本的阅读所致，同时也因为就后殖民主义问题在学术界展开的讨论所引发。"① 他进而指出："如同'东方主义'一样，'第三世界文化'或'第三世界批评'本身也是一个西方人的建构，但是它同时也在中国以不同的形式出现，这样也就为中国学者与西方学者直接就一个共同的话题进行对话铺平了道路，可惜这样的对话尚未进入实质的层面。"② 我认为，这个判断是符合实际的，但问题要比这更为复杂，我们应从中找出对促进文化发展更有价值的东西。

（一）从表面上看，中国的"第三世界文学（文化）批评"与詹姆逊的"第三世界文学（文化）批评"有直接的对应关系，但应该承认，中国的"第三世界文学（文化）批评"确实有其理论和现实意义。我国曾经长期遭受帝国主义的侵略，现在，政治、经济、文化等方面的落后和不平等仍然存在，这是中国产生"第三世界文学（文化）批评"的基础。但第一世界与第三世界还存在着交流和共同提高的关系，第三世界又特别需要吸收先进的文化资源来促进本土文化的发展。关键是我们不能步詹姆逊的后尘，而应该对这种压迫有清醒的认识，找出属于我们自己的真问题及其症结，并予以解决。"第三世界文学（文化）批评"有助于我们看清世界格局中不同国家和地区之间（特别是文化方面）的不平等关系，以利于制订我们的文化发展战略，并找出我们的应对措施。

（二）应该看到，在西方语境中，詹姆逊倡导第三世界文学有具体的针对性，他想以此来抵制美国后现代主义文化在全球的扩张，也为了弥补私人领域

---

① 王宁、薛晓源主编：《全球化与后殖民批评》，中央编译出版社1998年版，第122页。
② 同上，第122—123页。

与公共领域之间的分裂，这有其合理性和实践意义。但是，对于倡导第三世界批评的中国第三世界批评家而言，如果照搬这个结论，可能会由于丧失针对性而使其意义受到削弱。事实上，中国的"第三世界文学（文化）批评"已经出现了这种症结。由于急于与国际学术接轨，往往在批评中追赶潮流，忽略了自己文化建设中的真问题，缺乏问题意识直接导致了舍本逐末的结果。较早从事第三世界文化批评的张颐武曾经强调过对抗西方文化的意义，并把它提高到文化建设的战略地位上来对待。他认为，中国文化界应当持一种"后乌托邦"精神："所谓'后乌托邦'精神不是一种具体的社会理想。它所包含的是对第三世界的母语与文化的捍卫，是对民族特性的争取。它是对民族被西方所压抑的'潜历史'记忆的释放。"①这样，其批评目的便成了挖掘民族的潜力，以图与西方对抗。诚然，我们的文化建设应该立足于我们的民族自身，不应该盲从于西方，依附于西方话语，但对文化"民族性"的不适当的强调脱离了中国的实际，掩盖了真问题，转移了人民的视线，其消极后果是不言而喻的。而且，近代以来，随着中外文化交流的日益深入，哪里还有纯粹的民族特性？保持纯粹的民族特性又谈何容易！

　　事实上，作为一种意识形态，民族主义有很强的情绪性和排他性非理性色彩，在第三世界的实践中，它有可能通过与保守力量结合起来成为坚持落后文化、拒斥发达文化的重要力量，而且对其不适当的强调有可能掩盖民族内部之间的紧张和矛盾冲突，起到转嫁矛盾、避实就虚的消极作用。另一方面，民族主义有助于提高民族凝聚力和自信心，有效地调动起全民族的积极性，不但能促进本民族的发展，而且也能以民族道义成为反霸权的重要力量。如果缺乏对复杂情况的具体分析，盲目地提倡民族主义，就会夸大民族主义的作用，这样，它对第三世界的意义就值得怀疑了。在现代中国的发展中，民族矛盾常与阶级矛盾交织在一起，阶级矛盾常常通过民族矛盾表现出来，民族矛盾也可能转化为阶级矛盾。因此，仅仅以民族文化的对抗来概括第一世界与第三世界文

---

① 张颐武：《后现代性与"后新时期"》，《文艺研究》1993年第1期。

化之间的关系，显然抹杀了问题的复杂性，容易出现简单化倾向。鉴于第三世界知识分子与民族主义的复杂关系，如果过分强调民族主义，强调第三世界知识分子对西方的拒斥与斗争则有可能使他们受到盲目排外情绪的支配，缺乏对民族主义进行批判性反思，从而导致非理性情绪泛滥的消极后果。因此在承认民族主义对于捍卫第三世界利益、抵制全球资本主义扩张的作用的同时，有必要强调第三世界知识分子要立足于本土的历史与现实，抛弃对民族主义的本质主义式的认识，反对从赞成或反对的二元论立场出发将其简单化。要强调问题意识，及时地调整其方向与策略，充分发挥其作用，还要看到其消极后果，引导全民理智地对待其非理性因素，防止保守情绪的泛滥。

（三）我们应该立足于本民族的文化建设，挖掘我国传统文化的潜力，学习西方先进的东西，以取得竞争的有利位置。对抗国外的文化压迫固然重要，但相比之下，文化的发展显得更为重要。为此，我们应该转换视角，积极吸收外来文化资源，把文化的发展放在更重要的地位予以重视。对此"我们当前迫切需要的并不是对抗，而是对话，在这种东方和西方的对话中，也许暂时处于弱势的我们会失去一些东西，但是如果我们能使西方学者改变由来已久形成的对东方或东方文化的偏见，我们至少可以说迈出了颇为值得的一步。"[①]当然，第三世界文学（文化）批评为我们提供了一个对话的基础，可以此为契机，改变西方学者的偏见，吸收国外文化资源，通过对话，达到相互提高。在此基础上，逐步推进我们的文化建设。

原载《学习与探索》2005年第1期
《人大资料·文艺理论》2005年第5期转载

---

① 王宁、薛晓源主编：《全球化与后殖民批评》，中央编译出版社1998年版，第127页。

西方现代社会变迁中的自然及其在文艺中的表现*

今天,任何概括都可能遭受本质主义或"宏大叙事"的指控,并面临着被消解的危险。谈论自然与文学、文化的关系,也面临着同样的危险。当然,自然是一个历史的概念,不同时代有不同的理解;而且,从某种程度上讲,它还是文化建构的产物。尽管如此,我仍然倾向于认为,在承认各种文化都存在着多样性、特殊性与偶然的前提下,特定时期的文化对自然的基本倾向、基本态度不但是存在的,也是能够被概括的。正是在这种意义上,本文试图勾勒出一个大致的轮廓,希望展示出西方现代社会变迁中的自然,以及包括文学在内的西方审美现代性对它的表现,从而促进我们理解自然与文学、文化的关系。

一

在前现代社会中,作为人类生存、生活、生产的具体环境与场所,自然与人类密不可分、休戚相关。人类与自然的关系主要表现在五个方面。

(一)人类与大自然是和谐的、有机的整体。人类的生产、生活与日常行为大都吻合了自然的变化:人们"日出而作、日落而息",还随着自然一年四季的变化安排其生产活动,人们的日常生活、行为也同样受到自然变化的影响。当然,人与自然的不和谐、冲突、矛盾也同样存在,人们也不满足于在自然面前的被动,但科技发展的水平还非常有限,人们尚没有能力从根本上扭转这种局面并使自然屈从于人的意志,这样,从某种意义上讲,人的日常生活、

---

* 本文为国家社科基金艺术学项目《现代性视域中的西方艺术思潮》(11BA010)的成果。

行为也被迫循着自然的变化而展开。其结果是，人们生活的时间、空间与自然的时间、空间比较吻合，其自然性更为明显。

（二）人对自然的态度是和善的，在有限的利用、依靠自然的同时，也比较重视回报自然。在传统的农业社会中，劳动者通常可以直接从自然中获取所需的生活、生产资料。而且，其劳动大都是自给自足，需求有限，也比较注重生活的节制、节省，相对来说，劳动对自然的影响不是很大，甚至还考虑到给自然以相应的补偿、营养，从而使自然更好地服务于人们的生产与生活。

（三）人与自然的和谐影响了社会伦理道德、家庭关系、人与人之间的关系，并使后者打上了浓厚的自然、自发和朴素的色彩。在前现代社会中，人与自然、人与人之间的联系都非常密切，只有这样，才可能应付各种自然的、人为的困难，正是这种紧密联系的"共同体"使他们之间建立起了相互依靠、相互信赖的关系，这既是客观的要求，又有主观的需求。这样，人与人之间、人与社会之间的联系加强了，其中，社会伦理道德、家庭关系、血缘关系、亲情、友谊都在其中发挥极为重要的作用，也可以说，如果没有这些因素，这些"共同体"就会迅速瓦解，甚至根本不可能建立起来。同时，我们也应该看到，社会伦理道德、家庭关系、血缘关系、亲情大都是自发的、自然而然的，具有浓厚的朴素色彩，只有这样，它们才可能发挥其作用，否则，就无法起到强化人与人之间的关系的作用，更无以应对社会的、自然的各种挑战。

（四）人与自然的和谐关系还深刻地影响了人的精神世界。人与自然的关系既包含了物质的交换关系，又包含了自然对人精神世界的影响和塑造。在前现代社会中，人与自然的和谐关系，深刻地影响到人的生活方式、人生理想、人生态度、人生观、价值取向、世界观、行为方式，使他们注重团结、友情、亲情、互助、和谐。同时，由于科技的发展水平比较低，人们对自然的认识还比较模糊，这样，自然仍然可能被作为神秘的、永恒的力量受到人们的敬重和崇拜，当自然转化为文化或审美的对象时，人们就可能从它们那里汲取精神上的力量、滋养和体验。此外，在前现代社会中，宗教经常与形而上学联系在一起，并在人们的精神生活中发挥着非常重要的作用，就基督教这样的宗教而言，它注重永恒、来世、神秘性的体验，而自然也有神秘性，自然与宗教具有相似性和互动性,这样,人们有可能从自然那里获得诸如永恒、神秘之类的体验和沉思。

(五)在前现代社会中,自然和自然观都发挥着重要的作用,这必然影响到人们的审美活动,并体现在文学、艺术的审美创造中。在前现代的文艺作品中,自然有狂暴的、破坏性的形象,这反映了它的难以驾驭的一面。但更多的是安静、温情、田园风光的形象,它使人心旷神怡、流连忘返,成为抚慰心灵创伤的圣地和逃避现实纷扰的避难所。在前现代的文艺作品中,我们能够强烈地体会到崇尚朴素、真实、率真的审美价值追求,重视直觉、直观和灵感的审美方式,对神秘、永恒的体验,以及大量充斥的优美型的美感。

二

随着西方现代社会的来临,人的作用、主体性和能动性都被无限夸大,人逐渐变成了"宇宙的中心"。在这种背景下,自然的作用一落千丈,它开始沦为人类征服、改造的对象,甚至还成为人的力量的"确证"。这样,人与自然的关系就发生了根本性的变化,二者之间的平衡已经不复存在,天平急剧向人的一方倾斜,人与自然之间的冲突、矛盾和对立被置于前台。其变化至少可以在以下几个方面得以体现。

(一)随着近代工业的发展和资本主义的扩张,社会结构与人们的生活方式都发生了根本性的变化。人与自然的和谐与天然的联系已经丧失,随着都市的急剧扩张,都市及都市生活开始占据了主导的地位,乡村及其生活方式处于风雨缥缈的危机状态,面临着被压抑、排斥和边缘化的命运。而且,城市与乡村、都市生活方式与乡村生活方式之间的冲突和对立愈演愈烈。其中,城市标志着文明、进取、竞争、创造、发展和进步;乡村则成了野蛮、落后、保守、停滞的代表。这样的价值取向逐渐支配了人们的思维和日常行为方式,自然遭遇了被贬黜、被强烈拒斥的命运。在以创造、竞争为主导价值倾向的支配下,人工的价值当然高于自然的价值,甚至以人工环境来代替自然环境。

(二)随着自然及其价值的衰落,传统的伦理关系、血缘关系、家庭关系、亲情、友情也失去了根基和赖以存在的土壤，它们或被排斥、或被破坏、或被弃之如履。它们即使存在，也被商业目的、经济利益、政治集团和意识形态所利用，以至于丧失了其初始的作用。詹姆逊形象地说明了现代性所导致的社会变化："现代性的剧变把传统的结构和生活方式打成了碎片，扫除了神圣，破坏了古老的习惯和继承下来的语言，使世界变成了一系列原始物质材料，必须理性地对它们加以重构并使之服务于商业利益，以工业资本主义的形式对它们加以控制和利用。"①

（三）随着自然及自然价值观的衰落，以自然价值观为根基和核心的世界观、人生观、价值观、行为方式都逐渐丧失了其原来的团结群体的作用，并呈现出衰落的趋势。与此同时，实用主义、功利主义的价值观迅速崛起，成为主导性的价值观。这种价值观重视效率、算计、竞争和工具理性，追求发展、创造、求新、进步和利润与产出的最大比例。在这种价值观的支配下，人的思维、行为方式都发生了根本性的变化。这样，人与自然之间的平衡被打破，二者呈现出一种二元对立的、你死我活的关系。其中，人是主体、主动者、征服者和潜在的胜利者；自然是客体、被动者、被认识的对象、被征服的对象和注定的失败者。人类也可以无尽地索取、最大限度地受益，而不必考虑自然的承受力和即将为此付出的代价。

（四）突出了自然的物质性、利用价值，忽视、淡化、削弱了自然的精神性、文化价值和丰富性。随着科学的发展和现代性哲学话语的出现，自然不可避免地成为科学研究的对象、认识的客体与对象、征服的对象，作为神秘性、永恒力量的自然逐渐淡出了人们的视野，甚至被作为科学研究的障碍欲除之而后快。这时，人们主要从物质的意义、经济价值和实用价值等角度理解自然，发掘自然及其价值，自然的文化意义、精神价值逐渐被排斥、否定和放逐。这样，自然被肢解、片面地利用了，人们很少考虑从自然那里获得精神上的陶冶、文化上的营养和启示，自然的丰富性和文化含量被有意无意地贬低、削弱

---

① [美]詹姆逊：《时间的种子》，王逢振译，漓江出版社1997年版，第88页。

了。而且，随着现代性的来临，国家对宗教的影响力逐渐减弱，宗教也逐渐从形而上学中分离成为独立的领域，主要成为个体的精神追求，这些变化使宗教不可避免地衰落了，宗教的衰落也削弱了自然的吸引力、自然的精神性与文化价值。

（五）自然及自然价值观的衰落，必然在现代审美活动中体现出来，并表现在审美创造、自然的形象、审美方式等方面。首先是以都市和都市生活为题材的作品大量涌现，个体在城市中的经历、欲望、情感体验成为文学、艺术的重要表现对象，现代性的价值观支配了一些作家或作品或人物的思想，当然也存在着大量的反抗现代性价值观、反对城市文明、呼唤自然及其价值观的作品。城市的形象与乡村的形象形成了二元对立的、鲜明的对比。其次，以乡村和乡村生活为题材的作品减少，有时甚至只是城市题材作品的背景、陪衬或点缀，这些作品大都歌颂自然、张扬自然的价值观、暴露都市生活的丑陋和工业文明的罪恶，只不过，这些自然形象基本上是作为已经逝去了的、回忆的或想象性的形象在作品中存在的。但是，其中一些作品并没有张扬自然及其价值观，而是站在现代性的立场上，以现代性的价值观来贬低和否定自然。最后，与前现代的审美体验相比，现代人更习惯于那些短暂性的、瞬间的体验，作品风格的华丽、铺张，以获得其欲望的满足，而且，理性更多地介入了审美领域。当然，也有一些作品则极力反对这些审美习惯。与前现代相比，现代审美对自然的态度更为严重复杂。究其原因，正是西方审美现代性与西方现代性的关系决定了这一切。

西方审美现代性是西方现代性的有机组成部分，它反映了西方人对现代社会转型的审美反应。虽然现代性引发、导致了审美现代性，但审美现代性对现代性的反应却颇为复杂：既充满了新奇、自由、兴奋、憧憬等积极的心理体验，又充满了无根感、疏离感、漂泊感、与社会的对立、无助感等负面性的心理体验。从西方审美现代性的价值诉求来看，它与西方现代性的价值既一致、相似，但更多的是紧张、矛盾和对立，而且后者更为突出。西方现代审美、文艺思潮对自然态度也是二者之间的复杂关系的折射。实际上，正是审美现代性与现代性的分歧才使它发挥了对西方现代性的反思、批判和校正作用。

从西方现代性角度研究自然及其在文学、文化中的表现是个很大的题目，本文只是挂一漏万地勾勒了理解这个问题的有限的线索。实际上，描述中充满了宏大叙事，对"自然"的理解也只是取其最基本的含义，可能遗失了许多具体的、丰富的和例外的珍贵现象，这些都是我引以为缺憾的，也希望今后能有机会弥补这些缺憾。

原载《外国文学》2008年第4期

现代主义文艺及其研究中的意识形态批判[*]
——詹姆逊视野中的现代主义

意识形态批评是西方现当代文艺批评、马克思主义文艺批评的重要遗产，也是被詹姆逊推崇并经常使用的一种批评方法。詹姆逊运用这种方法剖析现代主义及其研究中的意识形态，揭示了人们习惯观念背后的误区，还原出现代主义文艺的真实原貌。本文所使用的"意识形态"概念主要指一般意义上的"虚假意识"、"错误意识"，具体到现代主义文艺，主要指现代主义文艺观的虚假性。而且，现代主义文艺的意识形态既包括现代主义文艺观的意识形态性，又包括现代主义文艺研究中的意识形态。

一、现代主义文艺的意识形态

在詹姆逊看来，现代主义的意识形态性通常主要表现为对其政治性的否认，具体反映在这些观念上："现代主义由外向转到内向，脱离了与现实主义联系起来的社会物质。现代主义采纳了主观化、内省的心理主义、美学主义，在意识形态上推崇独立艺术的最高价值。"[①]实际上，这些观念已经主导了人们对现代主义的认识，甚至已成定论，并误导了人们对现代主义文艺的理解。而且，现代主义文艺已经形成了一套完整的意识形态，

---

[*] 本文为中国艺术研究院招标课题"西方马克思主义艺术理论研究"（10ZYYB01）的成果。

① [美]詹姆逊：《现代主义与帝国主义》，张京媛主编：《后殖民理论与文化批评》，北京大学出版社1999年版，第3页。

这些意识形态或明或暗地作用于人们的思维、价值判断（特别是人们的审美趣味和审美判断），最终影响了我们对现代主义文艺现象的认识，其误导性值得警惕。而且，这些意识形态还排斥、压制了一些文艺现象。揭示现代主义文艺的意识形态，不仅有助于正确地认识现代主义文艺，也有助于重新认识这些被压制的文艺的价值。因此，有必要澄清这些错误认识，还原出现代主义文艺的真实的面目，这也是詹姆逊致力于揭示现代主义文艺的意识形态性的原因和价值。

在论文《超越洞穴：破解现代主义意识形态的神话》（收录在其1975年出版的论文集《理论的意识形态》中）一文中，詹姆逊着重分析了现代主义文艺的意识形态，时隔多年，在2004年出版的新著《单数的现代性》（A Singular Moderity）中，他不但旧话重提，还更为细致、深入地分析了现代主义文艺和美学的意识形态性。纵观詹姆逊的有关论述，他主要是从这些方面揭示了现代主义文艺和美学的意识形态性。

（一）现代主义文艺和美学竭力反对资本主义社会的世俗化、功利化和商业化，以反抗资产阶级标榜自己，但最终却被资本主义吸纳、收编，被博物馆、大学这些体制性的力量所接受和传播，并为现代主义文艺家们带来了巨大的声誉和巨额利润，这构成了现代主义文艺的悖论。但具有讽刺意味的是，许多现代主义文艺不仅没有被资产阶级所否定、抛弃，反而被他们赞赏、推崇，甚至被奉为经典、顶礼膜拜。这些结果是现代主义文艺家不愿见到的，甚至是其绝对想不到的。这至少说明了现代主义文艺与社会之间具有结构上的同构性，仅仅以对抗性来概括现代主义文艺与社会之间的关系，就会失之偏颇。因此，现代主义文艺与社会既有矛盾、冲突、对立的一面，又有同构、合谋的一面，呈现出暧昧、含混的关系和复杂性，不能仅仅以对抗来概括其关系。而且，还要具体分析现代主义文艺的对抗性。例如法兰克福学派就承认、重视并寄希望于现代主义文艺对社会（体制和商品化）的反抗、否定和颠覆。但詹姆逊认为，对现代主义文艺的这种判断要视具体情况而定，这个判断比较适合于欧洲，但美国与欧洲的情况有很大的不同。在美国，由于受到商业、体制性力量的侵蚀，有的现代主义文艺已经成为体制的组成部分，甚至以体制性的力量发生作用，其颠覆性已经大打折扣了，机械套用这个结论，未免实质偏颇。①但是，某些现代主义的文艺家和研究者却只承认现代主义文艺的否定性，还以此标榜自己，这正是现代主义文艺及其研究中存在的意识形态。

（二）现代主义文艺与审美的独立（或自治）的虚假性。现代主义文艺宣告自身是独立（或自治）的，具有最高的价值，并承认现代文艺及其创作者完全可以脱离社会而存在。这样，现代主义文艺家就可以抛开社会，遁入自己的内心世界，抒发自己的心理感受，从而使现代主义文艺具有了"向内转"的特点。高级现代主义文艺尤其标榜个体的重要性，从个人与社会完全对立的角度来理解个人与集体、个人与社会之间的关系，但其完全对立是不可能的。与传统社会相比，现代社会的有机性被破坏了，人与社会之间的关系呈现出异化、畸形的状态，但现代主义文艺家的审美经验并不是纯粹个人的、独特的，而是与社会之间存在着或明或暗、千丝万缕的关系。虽然现代主义文艺家主要生活在大都市，但大都有过乡村生活的经历。这样，虽然其创作经验以都市体验为主，但其乡村经验仍然或明或暗地作用于其创作过程中。他们根据大都市、乡村两种不同的时间、经验来组织世界。其中，时间已经成为现代主义文艺的重要题材："这种题材正是一种方式，运用这种方式，这种尚未完成的资本主义的过渡性的经济结构，才能够被记录并得到这样的认同。"②因此，虽然这些审美经验与社会之间存在着对抗或矛盾，但无论如何，其审美经验都不是孤立的、纯粹个体的，只不过与社会之间的联系更为间接、抽象罢了。此外，现代主义文艺强调其独立性，反对成为社会、政治、伦理的工具，但现代主义文艺从来就没有与社会、政治和伦理绝缘，只是其表现的方式较为隐蔽、间接，其结果不同于其他文艺罢了。而且，从现代主义文艺与资本主义、资产阶级和殖民主义的关系来看，现代主义不但有政治性，有的现代主义文艺还表现出政治上的倒

---

① Fredric Jameson. *A Singular Modernity*. Verso, 2002：202.
② 同上，P142.

退和反动。但现代主义文艺却有意无意地割裂它与社会之间的联系，以独立和自治来标榜自己。

与其他文艺种类相比，现代主义文艺与现实确实存在着一定的距离，但无论现代主义文艺的超越性有多强，它也会留下最少的、最后的线索，充其量也只能够半自治化，根本不可能存在完全自治。同时我们也应该意识到，自治只是现代主义宣称或希望达到的目标，是一个有意建构的历史过程和经历了一系列演变后的结果，是历史发展的产物，并不是它与生俱来的属性，其结果也不是以实践者的意志为转移的。可是，现代主义文艺不但把自治视为其属性，还把自己视为"超越历史的、无时间限制的、永恒的状态"，这正是其意识形态之所在。此外，现代主义文艺追求自治，结果却导致了后现代主义文艺的出现，后现代主义文艺充分地接受大众文化，与社会之间的联系非常密切，这个结果也是对其意识形态的嘲弄。

（三）现代主义文艺的非商品化具有意识形态性。现代主义是垄断资本主义阶段的支配性的文艺现象，特定的商品经济形式决定了其文化结构，也决定了现代主义文艺的命运。反抗商品化、物化是现代主义文艺产生和发展的动力，现代主义文艺也把自己定位为商品化和大众文化的对立物，并为此而自豪。但商品经济、商品逻辑支配了文化与文化生产，文化的生产、消费和价值都被纳入市场的体系之中，文化产品已经沦为普通的商品，甚至其反抗也是在商品化所确立的界限中展开的。无论如何，现代主义文艺都难以脱离市场、经济和商品化，但现代主义文艺却有意无意地抹杀它与商品之间的联系，甚至杜撰了反商品化的神话，这种意识形态的虚假性是显而易见的。

（四）现代主义文艺的创新崇拜和实践也具有意识形态性。在促进现代主义文艺发展的各种因素中，创新已经成为其追求的目标和动力，以至于发展为"为创新而创新"的程度，甚至可以把现代主义文艺与创新或创新机制画等号："一定要创新或'使它成为新的'的力量，'新'本身所具有的那种强有力的、中心的、主导性的价值，在形成现代主义的基本逻辑的过程中似乎一直在起作用，它以追求创新为名，复制了现代性的动力，并不遗余力地排除过去，实际上却是为了它自己的目的，它经常可能是一种空洞的、形式主义的盲目崇拜。"①现代主义文艺把创新界定为其作品的独特性、不可模仿与不可企及的特性。但我们需要具体分析、判断现代主义文艺的创新及其实效。通常而言，现代主义文艺的创新方法是：与传统决裂，标新立异；通过陌生化，以"旧瓶装新酒"的方式取得新的效果；无休止地重复时尚；把创新的赌注投放到毫无把握的未来，但未来注定会成为现在的翻版；持续的命名和不断地使用修辞；发明新技巧，使自己永远新颖；对未知事物的好奇和追逐。现代主义文艺的创新甚至已经成为导致其极力反对的商品化的诱因："在艺术中，现代主义的终极目的重复了时尚之类的无休止的目的，它上面也铭刻了商品生产的节奏。"②时尚与商品的创新往往是形式方面刻意追求的结果，从现代主义文艺与它们之间的密切联系来看，现代主义文艺的创新也是值得怀疑的。由此可见，现代主义文艺的多数创新只是形式的翻新，是空洞而缺乏实质意义的，甚至只是一种姿态："它是一个范例和重构，其目的在于将证据的压力从将来转移到过去；现代主义可以被看作是产生于对传统和落伍东西的与生俱来的讨厌，而不是一种探索未涉足、未发现领域的喜好。"③这样，其创新的真实性和意义是需要质疑的：突破只是叙事的效果、意识形态式的宣传或此前文艺手法的陌生化。至于说现代主义文艺经常标榜的创新或对新的情感领域的探索，既很难从其成果中得以证实，又难以令人信服。

通过这些方面，詹姆逊揭示了现代主义文艺及其研究中的种种意识形态及其虚假性，为接近其真实提供了可能。

二、现代主义文艺的意识形态的运作

研究现代主义文艺的意识形态，不仅要研究其意识形态是什么，而且还要研究其意识形态的运作。詹姆逊也是这样来研究现代主义文艺的意识形态的，

---

① Fredric Jameson. *A Singular Modernity*. Verso, 2002：151.
② 同上。
③ 同上，P127.

他不但研究了现代主义文艺"是否自治",还研究了它是"如何被自治的",即通过对现代主义文艺所谓的"自治化"过程的分析,揭示了其意识形态的建构①,现代主义文艺主要是通过如下方式的运作建构了其意识形态的。

(一)抹杀现代主义文艺的形式(或文体)与社会之间的联系。人们通常认为,最初的文艺的形式与社会日常生活之间的联系非常密切,并且能够从文艺的形式中发现其联系。但是,当文艺的形式形成并发展完备之后,就获得了一系列的规定,后来的创作者只要根据这些规定进行创作就可以了,而这些规定也会像契约一样,逐渐丧失与特定的社会环境和日常生活的联系,并独立于社会而存在。但在詹姆逊看来,事实并非如此。实际上,文体已经将特定的社会因素规范化,并将其吸收进作品的形式之中了,而不是形式完全排除了社会因素。正如詹姆逊所说:"因此,文类习惯本身的存在决不证明艺术作品的自治性,反而说明了自治性的幻觉何以能够产生,因为文类环境把世俗因素规范化,并因此而将其纳入形式结构之中,否则,这些世俗因素就将在艺术作品内部作为内容而死去。"②

现代主义作家为了得到社会的承认,他们首先要承认自己,从而使其作品具有一定的自我指涉性:"由于这种失落感,他们不得已才承认、肯定自己;自我指涉性恰好正是这个过程的真正动力,在这个过程中,艺术作品标示出了自己的特点,并在想象中提供了阅读和评价作品的标准。"③现代主义文艺也因此被称为自己生产的寓言,它通过抵制、区别流行的文艺形式获得其个性和创造性,并标榜为少数人而创作,鼓吹天才,这些行为都使其创作具有神秘性和意识形态。此外,现代主义文艺还把自己定位为精英文化,把其读者定位为具有丰富的审美经验和知识修养的精英,这种定位实际上也要求区分现代主义文

---

① 如The political Unconscions: Narrative as a Sogially Symbolic Act (Cornell University 1981)、The Ideologies Of Theory: Essays 1971—1986 (University Of minnesota Press 1988) 等论著。

② [美]詹姆逊:《超越洞穴:破解现代主义意识形态的神话》,[英]弗朗西斯·马尔赫恩主编:《当代马克思主义文学批评》,刘象愚等译,北京大学出版社2002年版,第183页。

③ Fredric Jameson. *A Singular Moderity*. Verso, 2002:159.

艺与大众文艺的形式,同时也以此参与了现代主义意识形态的建构。

（二）通过排除文艺中的文化因素,现代主义文艺获得了自治。从表面上看,现代主义文艺只要排除了非文艺的因素,排除了社会和政治等因素,排除了商业、日常生活等因素,就可以获得其纯粹性或文艺的自治,但这种做法是不可能实施的。而且,审美的自治需要通过审美与文化的分离而获得,仅仅把审美与实际生活进行分离并不能达到这样的效果。其实质是："高级文学和高级艺术意味着美学减去文化,美学领域从根本上清除、过滤了文化（这样的文化主要是指大众文化）。"①

我们可以从内容、美学史和学科的角度来看待文艺与文化的分离。从内容方面看,文化是社会生活与文艺之间的交叉地带,"文化"概念也是包罗万象的总汇,后来文化逐渐变成了贬义词,基本上等同于庸俗的文化、大众文化和商业文化。如果把文艺与文化分离开来,就会拒绝掉许多事物,特别是影视等大众文化消费品,就可以获得其纯粹性。也可以说,文艺的自足是文化本身的分裂,是高雅文艺与大众文化的分裂。从美学史的角度看,康德已经表明,审美从开始起就不是生活的一部分,这样,现代主义文艺只要把自己与文化区分开来,就可以保障其自治性。从学科方面来说,文艺研究学科把文化视为社会科学的研究对象,以保障文艺的纯粹性;社会学则把它作为文化社会学的分支学科来研究,使它不至于影响到自己的理论性。而且,文艺与文化的分离,对文艺本身和社会学都是双赢,当时的文艺实践也正是按照这样的逻辑展开的。但是,这些"分离"主要停留在理论、构想的层面,显然缺乏可操作性,实践的结果也大打折扣,不仅与其标榜的目标相差甚远,还经常沦为表演的姿态。这样看来,这些"分离"及其"自治"都是颇为怀疑的,这也反映了其意识形态性。

（三）依靠压抑机制,现代主义文艺压制了真实的现实,建立了其意识形态。为了破解现代主义的意识形态,既需要认清那些虚假意识,又需要解释其压抑机制,才能够全面地认识其意识形态。事实上,这种压抑机制类似于精神

---

① Fredric Jameson . *A Singular Modernity* . Verso, 2002：179．

分析学中的压抑机制:"压抑是自反的,即是说,它的目标不仅仅是使特定客体脱离意识,而且最主要的是抹去这种脱离的踪迹,压制那种压抑意图的记忆。"这种压抑机制可能"从根本上和在构成上忽略、在策略上省略一种经过精心准备的原材料,以至于有些问题根本不会出现"①。

现代主义文艺的压抑机制有广泛的表现,詹姆逊通过分析法国新小说代表作家阿兰·罗伯-格里耶的《嫉妒》,说明了现代主义文学的压抑机制。从表面上看,这部小说通篇写的都是爱情上的三角关系,但实际上反映的是殖民主义、帝国主义统治给非洲带来的影响,特别是由此引发的民族矛盾和阶级矛盾。但小说恰恰压制了后者,彰显了爱情方面的描写:"就《嫉妒》的美学标准提出了某种纯粹的所指游戏,即相对自由浮动的语句的结合与变化而言,这种对书的'所指'的坚持,这种对作品意义或信息之类事物的探求,也许足可以被看成是拒绝整体理解作品的一种方法。"②这样,"《嫉妒》的主题意象可以恰恰是对殖民地状况和本地人的那些更基本的现实的补偿和替代,……这些现实受到严格的弗洛伊德意义上的神经质拒绝或否定(拉康所说的否认)的系统抑制和排斥。"③因此,这部小说是"一种强迫症机制",在这种机制的作用下,真实情况被置换了,非洲真实的社会现实也被置换了。任何文艺作品都是"情境中的作品"、"具体的艺术作品",经过这种压抑机制的过滤,剩余的残留物都只能被视为客体,它们的命运也只能是被同化。其中,形式扮演了极为重要的作用:"它的形式结构必须被精确地描述为一种压制那种指示内容和使小说素材含义失去爆炸性的努力。"④这样,形式的作用压制了殖民主义者和被殖民者之间的冲突、殖民主义者本身之间的冲突。但这种压制并不是从根本上消除

---

① [美]詹姆逊:《超越洞穴:破解现代主义意识形态的神话》,[英]弗朗西斯·马尔赫恩主编:《当代马克思主义文学批评》,刘象愚等译,北京大学出版社2002年版,第185页。
② [美]詹姆逊:《现代主义及其受压抑性:或作为反殖民主义者的罗伯-格里耶》,王逢振编:《批评理论和叙事阐释》,中国人民大学出版社2004年版,第386页。
③ 同上,第392页。
④ 同上,第398页。

了主要矛盾，而是用次要矛盾置换了主要矛盾："在经典马克思主义理论中，我们会把这种做法描述成用次要的或非对抗性的霸权阶级本身内部的矛盾，也就是它的两种倾向，即用较老的殖民地心理和较新的独立后新殖民主义技术官僚心理之间的矛盾，来代替阶级之间的冲突。"①经过这种压抑机制的作用，依靠作品的形式压制了真实的现实，转嫁了主要矛盾，建构起了其意识形态。

（四）现代主义文艺还通过限制、排斥和压制其他文艺类型，建立起了自己的意识形态。现代主义文艺的意识形态限制和排斥了前资本主义的口头文学、神话以及现实主义等资本主义的文艺，而且，它对现实主义文艺的压制更为厉害。

现代主义文艺不但对现实主义文艺表现出明显的厌倦，还通过限制伟大的现实主义作品来实现其意识形态。通过现代文艺理论对现实主义的解释，可以发现现代主义对现实主义的限制和压制。现代文艺理论对现实主义进行了两种不可调和的论说：一方面为其辩护，肯定了其丰富性和文学史上的不可替代的价值；另一方面，又要攻击和摈弃现实主义。众所周知，现实主义文艺强调模仿，强调文艺对生活、真理的认识和反映，现代文学理论肯定它的这些审美的和认知的模式。但是，现代文学理论又以现代主义的名义对现实主义进行了最激烈的批判。其中，最主要的是对其"现实"概念和其意识形态的批判："现实主义通过暗示再现的可能性，通过鼓励一种模仿或仿造的美学，而事先构想了有待于模仿的某种外在现实，并使这种构想永存，事实上，它也孕育了一种信念，即这样一种普通日常生活的、人们所共享的世俗现实是存在的。"②在詹姆逊看来，现实主义文艺把现实视为独立的客观存在物，把认识现实视为把这种客观存在物简单地反映到头脑的过程，这是现实主义的最根本的错误。这不仅是不可能的，而且也被相对性、不确定性这些现代科学的发现所否定，还被自现代主义以来的文艺实践所

---

① [美]詹姆逊：《现代主义及其受压抑性：或作为反殖民主义者的罗伯-格里耶》，王逢振编：《批评理论和叙事阐释》，中国人民大学出版社2004年版，第399页。

② [美]詹姆逊：《超越洞穴：破解现代主义意识形态的神话》，[英]弗朗西斯·马尔赫恩主编：《当代马克思主义文学批评》，刘象愚等译，北京大学出版社2002年版，第188页。

否定。从这种意义上讲，现代主义对现实主义的批判是正确的。

历史地看，现实主义文艺的衰落和现代主义文艺的产生，都有其必然性。实际上，现实主义文艺根本难以离开资本主义、"旧的等级制或封建制或魔幻环境的市场体系的量化"，这些因素是产生伟大的现实主义作品的语境和重要动力，也是其合法性的重要依据。后来，随着资产阶级的腐朽，现实主义文艺所倚重"现实"已很难存在了："客观现实，或各种可能的客观现实，换句话说，是真正的群体存在或集体生命力的功能；而当统治团体解体时，某一普通真实或存在的确定性也随之瓦解。"①同时，从现实主义文艺的形式来看，它也掩盖了某些东西："其形式本身又是一种谎言，是美学虚假意识的原型，是资产阶级意识形态在叙事文学中呈现的表象。"②而且，随着垄断资本主义的到来，出现了经典辩证法所说的本质与现象之间、结构与生活经验之间、个人经验与环境之间的对立。这些冲突导致的结果是："个体经验如果是可靠的，就不可能是真实的；如果同一内容的科学或认知模式是真实的，那它就是个体经验所无法捕捉的。"③这样，现实主义文艺的再现现实的模式已经难以适应现实的需求，为了克服这种困境，才出现了新的语言和表现形式。正是在这样的背景下，现实主义文艺逐渐衰落、现代主义文艺应运而生。因此，现代主义对现实主义的批判有其必然性与合理性。

詹姆逊认为，现代主义对现实主义的批判有可取的地方，但也有其意识形态和非历史性的局限。他尤其反对现代主义出于自身利益的考虑，通过限制伟大的现实主义的作品所建立的意识形态，及其处理现实主义的非历史化的方式。

出于自身利益的考虑，现代主义文艺标榜自己的创新，并以此作为攻击、压制现实主义文艺的口实。但如果尊重历史的话，无论如何也不能无视和抹杀

---

① [美]詹姆逊：《超越洞穴：破解现代主义意识形态的神话》，[英]弗朗西斯·马尔赫恩主编：《当代马克思主义文学批评》，刘象愚等译，北京大学出版社2002年版，第190页。
② 同上。
③ [美]詹姆逊：《认知测绘》，王逢振主编：《新马克思主义》，中国人民大学出版社2004年版，第297页。

现实主义文艺的创新,现实主义文艺从古代的现实主义逐渐发展为批判现实主义、社会主义现实主义、心理现实主义、魔幻现实主义等不同的类型;情节从简单到复杂;人物塑造方式从单一到丰富。现代主义对现实主义的这种指责显然是为了维护其地位的意识形态建构。

实际上,现代主义文艺与现实主义文艺有密切的联系,现代主义无法也不可能完全地摈弃现实主义,但现代主义却采取了与现实主义一刀两断的决裂方式,这便是现代主义的意识形态建构。詹姆逊认为,结合瓜塔里的《反俄底蒲斯》的分析模式,可以把现实主义理解为对世俗现实和过分符码化的解码,而现代主义则是对世俗现实和解码了的流动的重新符码化。①从这个意义上讲,现实主义与现代主义具有一定的联系:"一切现代主义作品在本质上都是被取消的现实主义作品,换言之,它们不是根据自身的象征意义,根据自身的神话或神圣的直观性,像旧的原始或过分符码化了的作品那样被直接理解的,而只是间接地、通过一种想像的现实主义叙事而被理解的,而象征主义和现代主义正是由于这种叙事而被看做一种风格化。"②也就是说,现代主义文艺并不像自己标榜的那样,仅仅通过直接解读其自身的象征,就可以获得其意义了。相反,现代主义文艺必须通过现实主义的叙事得以理解,构成了现代主义风格的是这种想象的现实主义的叙事,而不是它自称的象征。为此,在解读现代主义文艺作品时,我们首先要替换掉现实主义文艺的假设,然后再以阅读现实主义小说的程序去解读被现代主义发明的核心叙事。

现代主义强化了资本主义的逻辑,它与社会之间存在着复杂而密切的联系。在现代主义文艺与社会现实的关系上,詹姆逊赞同卢卡契对现代主义文艺本质的认识:"现代主义绝非突破了旧的过分拥塞的维多利亚时代的资产阶级现实,而不过强化了后者的全部基本前提,只有在一个如此主观化了的世界

---

① [美]詹姆逊:《超越洞穴:破解现代主义意识形态的神话》,[英]弗朗西斯·马尔赫恩主编:《当代马克思主义文学批评》,刘象愚等译,北京大学出版社2002年版,第195—197页。

② 同上,第197页。

上，它们才被逐入地下，藏在作品的表面之下，在我们想像自己正在捣毁一个世俗现实的时刻强迫我们重新证实这个现实的概念。"①也就是说，现代主义文艺不是脱离而是强化了资本主义的现实，这与其标榜的自治、独立、与现实无涉是自相矛盾的。而且，随着资本主义的发展，现代主义的悖论——"社会生活的真实越来越与语言的或个体表达的审美性质不协调"——愈演愈烈。也就是说，如果我们能够以讲故事的方式叙述个体的经验，表现这个世界，那么这样的表现就是不真实的；反之，如果能够超越个人经验来把握世界的真实，那么我们就不能以叙事或文学的方式获得世界的真实了。正是这种困境导致了作家越来越难以把握自己的个人经验，也难以获得普遍的认同。其中，现代主义的意识形态严重地影响了正确的认知和表达。我们只有破解身处其中的现代主义的意识形态，才能真实地认识世界、人类自身和现代主义文艺。

（五）技术的意识形态参与了现代主义文艺的自治性的建构。技术对现代主义文艺产生了崇拜和敌视的双重影响。实际上，现代主义对技术的崇拜只是短暂的，其原因在于对技术的不熟悉，而现代主义对技术的敌视才是最主要的："高雅艺术与大众文化的后来的分离也是一种反技术的姿态，它并不逊色于那些更明显的早期的反抗。（反现代性也是现代主义的一种可能的特征。）"②但是，现代主义自治性的形成离不开技术（特别是技术自治性）的影响。

科学产生于某些实用性的技术，后来逐渐发展成为自治或半自治的专门性的研究学科，并产生了"技术决定论"，其中机器与工具分离起到了决定性的作用。但技术的自治或半自治只是种幻觉，科学对研发新产品的重视、对资金与大公司的依附，都说明了科学独立性的脆弱，但这种科学自治的幻觉在建构现代主义的自治性的过程中起到了非常重要的作用。与科技相似，在语言和再现中也发生了自治的过程，写作的出现是语言内部的第一次区分，现代主义重

---

① [美]詹姆逊：《超越洞穴：破解现代主义意识形态的神话》，[英]弗朗西斯·马尔赫恩主编：《当代马克思主义文学批评》，刘象愚等译，北京大学出版社2002年版，第197页。

② Fredric Jameson. *A Singular Modernity*. Verso, 2002：143.

视非欧几里得式的语言，反对商业化、标准化、大众化和工具化的语言："它力图拓展、拯救、革新和改进资产阶级日常生活的普通语言，使它们转变为原始的言语，在这种语言中，能够重新发现我们与世界、存在之间的真实关系。……语言的自治化开始之后，它的非交流性、非表达性的更弱的'推动因素'就产生了，就像福柯后期的现代美学表明的那样，语言具有非人的一面。"①实际上，风格范畴的出现也是语言自治化的重要组成部分，而不是新的主体发展的产物。此外，现代主义还借助于技术的意识形态（诸如技术进步）来证明其创新："但是，一旦不但决定把变化解读为创新，而且还决定依据媒介自身在技巧和技术上的发展说明后者，那么就完成了这种转换，现代主义技术就能够获得广泛的最充分的赞扬，并在技术（有时甚至是科学的）进步的框架内得到了一种新的力量。"②通过技术的意识形态的力量，现代主义文艺把自己与商品、市场的联系都掩盖起来了，并为其提供了合法性和强有力的意识形态支持。

正是通过这些运作，现代主义文艺建构了其系统的意识形态。尽管现代主义文艺对其意识形态进行了论证，但都有意地回避了最主要的问题："在特别限制的历史意义上，现代的意识形态所提出和列举的论点，都回避了对艺术的独立性的证明。"③而且，这些论点之间也存在着矛盾，需要大量的意识形态的支撑。为此，詹姆逊的分析有助于我们揭示其意识形态性，以真实地认识现代主义文艺。

三、现代主义及其意识形态的不平衡性

在欧美世界，现代主义文艺的发展是不平衡的，詹姆逊揭示了这种不平衡性及其原因。实际上，即使在垄断资本主义时期的欧洲，传统意义上的农民和

---

① Fredric Jameson. *A Singular Modernity*. Verso, 2002: 148.

② 同上, P154.

③ 同上, P161.

农业贵族所占的分量还很大,甚至"二战"后欧洲国家的封建势力也还很强大。因此,现代主义文艺的发展非常缓慢,也非常不平衡。其中,法国具有悠久的现代主义传统,在第二次世界大战期间,现代主义文艺主要在欧洲大国之间流行,经典作品主要都产生于法国。20世纪20年代的轴心国和苏联都存在过非常活跃的现代主义时期,但在30年代初基本上都中断了。"二战"后,现代主义文艺扩大到包括美国在内的更大的范围,但是,即使在英美核心国家,现代主义的力量仍然很弱小;虽然法国发明并主宰了"现代"的重要用法,其现代主义文艺也很发达,但他们运用"现代主义"的概念的时间并不长,理论上也很滞后。

  欧美国家现代主义文艺发展的不平衡性导致其获得意识形态的方式各不相同,并表现为现代主义文艺的自治方法的不同,詹姆逊详细地分析其种种差异。在建构欧洲的现代主义文艺的自治的过程中,莫里斯·布郎绍(Maurice Blanchot)和卡尔·海因茨·博里尔(Karl-Heinz Bohrer)起到了至关重要的作用。在法国,布郎绍通过对"文学写作"的强调——"他写作是为了不说任何东西,因为他没有任何东西可说,他写作是为了证明写作的不可能性。"——把现代主义文艺的自治和内在逻辑推到了极致,甚至取消了文艺的民族概念。其巧妙之处在于:"在新的美学独立的概念中,布郎绍能够精明地承认社会、历史、意识形态和政治这些不同的内容,及其在以上各层面的表现,同时他又能够极其巧妙地把这些内容都转化为一种文学写作和文学行为的独特而永恒的姿态。"[①]在德国,博里尔创造了"突然性"的概念,通过形式的暴力,以突然性的经验把现在从时间的链条中拉出、并使之凝固下来,同时还宣称"现在"成为独立于"历史和历史时间的共时和历时结构",并由此获得自治:"这样,美学的自治是根据时间而不是根据不能衡量的社会生活各个层面的一些隐含的观念构成的,它能够产生一种相当不同的反历史、反政治的观点,而不是从格林伯

---

① Fredric Jameson. *A Singular Modernity*. Verso, 2002:186.

格的作品中发现的东西。"①相对而言，美国的情况更复杂一些。冷战不仅为美国提供了意识形态的机遇，也为建构现代主义文艺的意识形态提供了机遇。而且，"现代主义的意识形态在许多方面是一种美国现象和美国的发明"。由此可见，美国的现代主义意识形态的建构，对整个现代主义文艺的意识形态建构起到了至关重要的作用。"二战"之后，庞德和艾略特秉承了现代主义文艺的传统，强调了变革的绝对性和乌托邦主义，但正因为此，他们在战后便风光不再了。此时，史蒂文森和"新批评"出现了，这些因素都为现代主义文艺自治观的出现提供了空间。其中，克莱门特·格林伯格（Clement Greenburg）及其对战后的表现主义绘画的阐释，在建构现代主义的意识形态过程中起到了不可替代的作用。格林伯格最初信奉马克思主义，后来转而信奉托洛茨基主义，并反对斯大林主义。这些思想资源（特别是马克思主义）使格林伯格把现代主义文艺视为其资本主义语境的对立物，并被他有意识地进行了发挥，即通过消除文艺的政治、社会内容等外在因素，以纯化和保护文艺自身，也是为了更有效地反抗其敌对的环境。同时，他还把现代主义文艺对新的追求与表现主义绘画的媒介对新的追求联系起来，并把绘画领域中的一些变革叙述为现代主义文艺的集体运动。在确立了表现主义绘画的自治性之后，格林伯格又抓住了作为抒情文学重要代表的诗歌，并由抒情诗的语言、技巧建构了纯诗的理论。与建筑、绘画相比，诗歌的语言和技巧等表现性媒介的想象性较强。这样，格林伯格利用了冷战的时机，通过对绘画、诗歌文类的自治性的建构，以其新的意识形态叙事重构了现代主义文艺的传统，建构起了了现代主义的自治，并通过美国的表现主义绘画在欧洲和北美地区得到了广泛的支持。现代主义文艺在美国的发展表现为后期现代主义文艺类型的出现。

由此可见，欧美现代主义文艺的发展是不平衡的，这种状况导致了其意识形态运作方式、自治方式的不同，詹姆逊的分析有助于我们认识其差异和丰富性。

---

① Fredric Jameson. *A Singular Modernity*. Verso, 2002: 190.

在西方文艺发展史上，现代主义占据了非常重要的地位，但现代主义研究中仍然存在着很多误读。20世纪，西方的现代主义文艺对中国产生了很大的影响，但是，中国对现代主义文艺的认识和研究中也存在着很多。从这种意义上讲，詹姆逊的研究有助于我们准确地认识西方的现代主义文艺、提升我国的研究水平，并服务于我国的文艺实践。

原载《求是学刊》2012年第6期

《高等学校文科学术文摘》2013年第1期转载

重新阐释文艺的社会之维
——詹姆逊文艺阐释学的目标与特点

在詹姆逊的文论构成中，文艺阐释学占据着重要的位置。詹姆逊的文艺阐释学既是其整体学术思想的有机组成部分，又是理解其学术思想的关键。在继承马克思主义文论传统的基础上，詹姆逊积极地吸纳西方现当代的学术成果，勇于探索，建立起了能够满足时代要求的、有鲜明特色的文艺阐释学。

一、詹姆逊文艺阐释学诞生的背景

"新批评"是詹姆逊从事文艺阐释研究的一个背景。我们知道，由于长期受到经验主义、逻辑实证主义哲学的熏陶，英美理论界排斥理论、宏观研究，重视局部的、经验性的、实证性的研究，这种氛围孕育了"新批评"的背景。从表面上看，"新批评"重视文本的音律、节奏、结构、叙事、风格等形式因素，重视文本的"细读"。但是，最为关键的是它对文本自足性的强调。"新批评"总结了现代主义文艺的特点，吸收了现代文艺理论的成果，强调文艺文本的独立性、自足性和封闭性。为了达到这个目的，"新批评"不惜以"意图谬误"、"感受谬误"为借口，切断了文本与作者、读者、时代背景、社会的联系，构建了一个封闭的文本，然后再把研究对象孤立起来进行研究，以期科学而客观地把握文本的意义。"新批评"立足于现代主义文艺，阐释了形式的作用，也说明了一些文艺现象，但应该承认，由于割裂了文艺与社会、历史的联系，它的根基出了问题，就无法从根本上说明文艺现象，并且排斥从政治、阶级、历史和社会的角度研究文艺。在这样的理论指导下，文艺极力摆脱社会、政治的束缚，成了满足个体的审美趣味和心理的工具，也成为他们逃避社会、拒绝变革的世外桃源。詹姆逊对此体会深刻：在社会和政治的文化文本与非社会和非政治的文化文本之间进行的这种区分要比犯错误更加严重。就是说，这本身已成为并强化了当代生活中的物化与私有化倾向："这样一种区分重新证实了在公有和私有之间、社会和心理之间、政治和诗歌之间、历史或社会和'个人'之间那种结构的、经验的和概念的鸿沟，作为资本主义制度下有倾向性的社会生活法则，它严重地伤害了我们作为单个主体的生存，麻痹了我们关于时间和变化的思考，正如它使我们完全脱离了我们的言语本身一样。"① 针对这种情况，詹姆逊提出了克服其困境的办法："解脱这些束缚的唯一有效的方法就是要建立这样的认识，一切事物都是社会的和历史的，实际上，所有事物'归根到底'都是政治的。"② 而且，"新批评"雄居英美理论界几十年，它从思维方式、文艺观念、批评方法等方面对美国的文艺理论与批评产生了深刻的、不良的影响。由于割裂了文艺与社会的联系，"新批评"陷于了封闭的"文本"分析，放逐了文艺研究的政治、阶级的视角，它也成为排斥马克思主义文论的主要力量。詹姆逊对此非常反感，也力图改变、纠正其流弊，特别是它对政治、阶级等社会因素的排斥。因此，"新批评"既是詹姆逊极力反对、纠正的对象，又是他从事阐释理论研究的语境。

结构主义等形式主义和解构主义也是詹姆逊的文艺阐释理论的一个背景。结构主义等形式主义文论都是俄国形式主义的发展和延伸，它们注重文本的形式及其分析，以其科学性见长，其本质上属于形式主义文论，它视文本为独立、自足的客体，把研究对象孤立起来进行研究，也割裂了文本与社会的联系。按照伊格尔顿的说法，解构主义是1968年"五月风暴"的产物，

---

① [美]詹姆逊：《政治无意识》，王逢振、陈永国等译，中国社会科学出版社1999年版，第11页。

② Fredric Jameson. *The Political Unconscious: Narrative as a Socially Symbolic Act*, Ithaca: Cornell University, 1981: 20.

一批结构主义者无力在现实中反抗资产阶级，就退而求其次，在由符号构筑的世界中反抗资产阶级的统治，尽管其政治追求并没有消失殆尽，但是，其现实性也是比较隐蔽的、隐晦的。而且，结构主义和解构主义都存在着一些共性，诸如反对历史进步、目的论、本质主义、总体性、整体、中心，等等。其中，解构主义走得更远、更为极端，它反对中心意义、固定意义和单一的意义，不遗余力地否定阐释的客观性，结果就拒绝了阐释的积极意义。詹姆逊并没有全盘否定结构主义，而是采用了一种"借力打力"的策略，即吸收了它们（特别是列维-斯特劳斯、阿尔都塞的结构主义）的诸多优点，同时也坚决反对解构主义对总体性、整体的否定，纠正其偏颇，以重建阐释的基础、客观性和可能，重新发掘被它们所压抑的历史和社会因素。实际上，詹姆逊只是从新的角度利用了后结构主义，并没有彻底地否定它："后结构主义理论应该被理解为替代性的阐释学，而不应该被理解为一种反阐释学。"[1]

二、文艺阐释的目标：政治无意识

政治无意识与文艺如影随形，作为内容散布于文艺的各个层面，也成为文艺阐释的重要对象和目标。这里，我们将分析詹姆逊阐释这个问题的具体语境，以及他对"政治无意识"的理解。

（一）"政治无意识"概念的语境

文艺与政治之间的关系，是一个既古老又现代的紧迫的问题。说它古老，是因为自从产生了文艺，这个问题就开始存在；说它紧迫，是因为它是不同时代都面临的问题，不同时代对它的解释也有很大的差异、不同，同时，在理论上很难阐述清楚它们之间的关系，在实践中也很难处理好它们之间的关系。尽管如此，我们还是可以发现一个有趣的现象，即我们基本上可以把对这个问题

---

[1] DavidShumway, Jameson/Hermeneutics/Postmodernism, DouglasKellner.ed., *Postmodernism, Jameson, Critique*, Washington: Maospmmeive Press, 1989. PP172—173.

的看法划分为三种倾向：文艺与政治无关；文艺就是政治；文艺脱离不开政治，但文艺不能等同于政治，应该视具体情况判断它们的关系，这种倾向又可以细分出若干具体的观点。而且，支持这些观点的例子是比比皆是。就第一种倾向而言，这是"纯审美"或"审美无功利"论者的基本观点，也获得了唯美主义、形式主义、现代主义等文艺思潮、流派和理论家的支持。这种观点认为，文艺是独立的、自治的、审美的自足体，它主要关涉人的情绪、感受、想象、自由，它没有必要也不可能承担政治的义务，涉足政治只会削弱其独立性、价值和功能。第二种倾向把文艺与政治等同起来，这在历史上也不乏其例，例如，一些庸俗马克思主义者就持这种观点，他们认为，经济基础决定上层建筑，经济、阶级地位决定文艺的性质、价值和功能；任何文艺都隶属于特定的阶级、政党，都具有阶级性、政治性和党派性，根本不存在完全脱离政治的文艺；强调文艺就是政治，就是强调文艺的意识形态性，强调它应该通过其意识形态为特定的阶级与政党服务、宣传，并反对其他敌对阶级的意识形态。事实上，就是20世纪后期兴起的欧美的"文化研究"也强调文艺的宽泛意义上的政治性。就第三种倾向而言，它应该是大多数人的倾向，只不过它仅仅是一个大致的划分，具体来说，持这种倾向的观点大都摇摆于政治与文艺之间，但是，有的观点更倾向于政治，有的观点更倾向于文艺自身，实际上也没有从理论上说清楚二者之间的关系，在具体的实践中也很难把握其分寸。

正确地回答文艺与政治的关系的问题，既是詹姆逊面临的问题和挑战，也是其文艺阐释学所应该解决的基本问题。否则，就无法将其思想贯穿于其文艺理论与批评。具体来说，詹姆逊面临着马克思主义、"新批评"等形式主义和解构主义的三重挑战，这也是他从事理论研究与批评的现实语境。如何既吸收其成果，又有效地应对这些挑战，是时代对詹姆逊提出的难题。但是，詹姆逊迎难而上，他立足于马克思主义的立场，针对美国批评界（特别是"新批评"）的缺陷，吸收了当代学术研究的成果，出色地回答了这个问题。

西方社会科学对社会的发展有不同的看法和描述，但是，马克思主义以其鲜明性、独特性而居于重要的地位。其中，重视阶级、阶级斗争和阶级分析是马克思主义的创造,也是马克思主义的重要特征。熟悉马克思主义的读者,都可能对这一段话耳熟能详:"到目前为止一切社会的历史都是阶级斗争的历史。自由民和奴隶、贵族和平民、领主和农奴、行会师傅和帮工,一句话,压迫者和被压迫者,始终处于相互对立的地位,进行不断的、有时隐蔽有时公开的斗争,而每一次斗争的结局都是整个社会受到革命改造或者斗争的各阶级同归于尽。"①这段话明确地表达了马克思主义对阶级斗争的历史地位和作用的肯定,事实上,马克思主义关于阶级斗争的思想比此要丰富得多。马克思主义认为,在阶级社会中,阶级斗争是必然的、客观的、不以人的意志为转移的;阶级斗争的形式多种多样,或激烈或缓和,或公开或隐蔽,或直接或间接,但都是对抗性的;在阶级社会中,阶级斗争是人类社会发展的动力和"杠杆",离开了阶级斗争,就不可能有人类社会的进步,大体说来,阶级社会发展的历史就是阶级斗争的历史;阶级斗争不但表现在矛盾集中的政治领域、经济领域和社会领域,也表现在文艺、文化、哲学、思想、宗教等意识形态及其斗争方面。由此出发,阶级分析也是马克思主义观察、分析文化问题的重要视角与工具。具体到文艺理论与批评方面,经典马克思主义非常重视从政治、阶级的角度分析文艺问题,并取得了一批堪称典范的研究成果,这些研究扩大了文艺研究的对象、拓展了文艺研究的视野、克服了传统研究的局限,也为我们留下了一批丰厚的理论遗产。但是,也应该承认,由于某些马克思主义者片面地强调文艺与政治、阶级的关系,结果抹杀了文艺的特殊性,要求文艺成为宣传工具和阶级斗争的武器,沦为政治的"传声筒";庸俗马克思主义甚至把文艺与政治、经济等同起来,机械地看待文艺与政治的关系,在前苏联和中国,这种现象并不少见。它们所表现出的简单化、庸俗化和机械论倾向都影响了马克思主义文艺理论与批评的健康发展,也给它带来了消极的影响,甚至还成为反对从政治、阶级角度阐释文艺的借口。

---

① 《马克思恩格斯选集》第一卷,人民出版社1972年版,第250—251页。

这种情况在西方文艺理论界同样存在。

对于詹姆逊来说，马克思主义文艺理论还面临着另一种困境：20世纪五六十年代，在资本主义与社会主义两大阵营的冷战格局中，为了反对共产主义、社会主义，美国极力反对马克思主义，马克思主义被作为意识形态遭受了严重的打击，学术意义上的马克思主义及其研究被打入了冷宫，美国的马克思主义文艺理论自然也难逃厄运。这些因素影响了马克思主义文论的发展，从政治、阶级角度探讨文艺问题，几乎成为禁忌。

"新批评"独霸文艺批评、研究，是詹姆逊从事文艺研究的具体语境。"新批评"首先有冷战的背景，是冷战思维在文学领域中的表现之一，也适应了资本主义与社会主义意识形态斗争的需要。同时，"新批评"也是经验主义和逻辑实证主义哲学的产物，它割裂了文艺与社会的联系，进行孤立的、封闭的"文本"分析，结果排斥了文艺研究的政治、阶级的视角，甚至也成为排斥马克思主义文论的主要力量。

此外，结构主义等形式主义文论和解构主义、后现代主义也是詹姆逊阐释"政治无意识"的一个背景。实际上，形式主义注重分析文本的形式，它视文本为独立、自足的客体，把研究对象孤立起来进行研究，也从某种程度上割裂文本与社会的联系。解构主义、后现代主义则更为极端地反对宏大叙事、历史进化、总体性、中心等，它们也反对固定的意义和指涉物，这些因素都挑战了阐释和阐释的客观性、有效性，并极力排斥文艺的社会、历史因素。

这样的背景促使詹姆逊注重从社会、政治、阶级等因素研究文艺，这些因素成为其理论创造的具体语境，也同样是其"政治无意识"理论的具体语境。

（二）"政治无意识"概念的含义

基于其马克思主义的立场，针对英美文艺理论界长期地拒绝文艺的历史、社会维度及其恶果，也出于对批评界压制、拒绝政治阐释的反弹，詹姆逊积极寻找解决这种困境的途径。为此，他才转向文艺的社会、历史维度，并在其最重要的文艺理论著作《政治无意识》中重提政治、阶级阐释的必要性和重要性：“本书将论证从政治方面阐释文学文本的优越性。它不把政治视角当作一种补充方法，不是将其作为当下流行的其他阐释方法——精神分析或神话批评的、文体的、伦理的、结构的方法——的选择性的补充，而是作为一切阅读和阐释的绝对视域。”①

在西方文艺理论史上，不少的理论流派都重视文艺的社会性，马克思主义文艺理论继承和发扬了这个传统，并特别地强调了文艺的政治性、阶级性，詹姆逊也继承了这一传统。但是，詹姆逊的创造性和意义在于他针对文艺生产的实际，结合当代西方学术发展的最新成果，深刻而细腻地阐释了文艺的政治性、阶级性，挖掘了被其他理论所忽视、压抑的政治因素与阶级因素。这样，詹姆逊就能够"发别人之未发"，对文艺的政治性、阶级性的阐释就达到了一个新的高度、历史的高度，其恢宏的视野、历史感和深刻性都使他在当代马克思主义和西方当代其他的理论流派中占据了重要的地位，这样的成就也奠定了詹姆逊在马克思主义文艺理论史和西方当代文艺理论史上的地位。其中，詹姆逊对文艺的政治性、阶级性的阐释，主要体现于其"政治无意识"的概念上，"政治无意识"成为他的文艺阐释的重要内容或目标。这也是我们这里着重研究这个概念的原因。

詹姆逊提出了"政治无意识"的概念，并广泛地使用过它，但没有明确地界定过它。从他对这个概念的运用中，我们可以从两个方面来理解它。

第一，从内容上看，"政治无意识"指的是真实的历史或历史的真实（当然也包括真实的现实）。在詹姆逊看来，从理想或抽象的角度看，真实的历史是存在的，但是，它是潜在的、间接的，需要通过挖掘才可能彰显出来；从其现实存在状况而言，它是被压抑的、被歪曲的、被遮蔽的，只有通过纠正这些错误，它才可能恢复其本来的面目和真实性。在这种意义上，詹姆逊强调了"政治无意识"的作用和功能："正是在查找那种未受干扰的叙事的踪迹的过程中，在把这个基本历史的被压折和被淹没的现实重现于文本表面的过程

---

① Fredric Jameson. *The Political Unconscious: Narrative as a Socially Symbolic Act*. Ithaca: Cornell University, 1981: 17.

中，一种政治无意识的学说才找到了它的功能和必然性。"①具体而言，詹姆逊认为，作为"缺席的原因"，真实的历史、历史的真实、现实和拉康意义上的"真实"，都是本体性的存在，它们类似于康德的"物自体"概念，是非叙事的、是不能够被表现的。但是，我们能够通过文本、文本化一步步地接近它们。这些东西恰好就是"政治无意识"的内容，也是"政治无意识"理论所要探究和揭示的对象。但是，它们却被压抑、歪曲和遮蔽了，因此，需要恢复其本来的面目。

第二，"政治无意识"是一种呈现真实的历史、真实和现实的叙事。詹姆逊认为，历史、真实和现实是本体性的存在，它们无时无处不在，但又是不可能被表现的，只有通过文本、文本化才能接近它们，也就是说，只有借助于叙事，它们才能为我们所接近、体会和认识。文艺是一种社会的象征性行为，它始于对客观现实或历史处境的第一次重写并形成了"潜文本"，在重写"潜文本"的基础上，才形成了个别的文艺的文本或文化客体，也可以说，只有经历过两次重写，才能形成文本。实际上，这两次重写都包含了叙事的成分，只有通过叙事，真实的历史、真实和现实才可能被呈现出来。因此，也可以把"政治无意识"理解为一种呈现历史、真实和现实的叙事或机制，历史、真实、现实只能存在于这种叙事中。此外，"政治无意识"还包含了乌托邦或集体的愿望，通过这种机制，我们还可以认识这些体现了人类的自由、欲望和愿望因素的乌托邦因素。但是，不可否认的是，这种叙事也可能压抑、歪曲、遮蔽历史的真实。我们知道，作为一种社会的象征性行为，文艺是对现实社会困境的想象式的解决，其中，必然包含着意识形态的运作，这样也就可能压制、歪曲或遮蔽真实。我们在说明詹姆逊阐释学的狭义的政治层面的时候，曾经谈到过列维-斯特劳斯(Lévi-Strauss)所举的卡都维奥族(Caduveo)的例子，卡都维奥族通过"面饰"的"纯视觉"的形式想象性地解决了他们在现实中的不自由和不平等

---

① [美]詹姆逊：《政治无意识》，王逢振、陈永国等译，中国社会科学出版社1999年版，第11页。

的困境，这实际上也是意识形态参与运作的结果。詹姆逊通过这个例子揭示了文本的意识形态——文本是对现实困境的想象性的解决——既反映了现实的矛盾，又以想象遮蔽了矛盾，并发现了审美与意识形态的紧密联系："从这一视角出发，意识形态就不是办法传达意义或用来进行象征性生产的东西；相反，审美行为本身就是意识形态的，而审美或叙事形式的生产将被看作是自身独立的意识形态行为，其作功能是为不可解决的社会矛盾发明想象的或形式的'解决办法'。"[①]既然这种叙事机制可能呈现真实也可能歪曲真实，当我们把"政治无意识"理解为一种呈现历史、真实和现实的叙事时，就预示了"政治无意识"的另一个功能："肯定政治无意识就是主张我们从事的这样一种最终的分析，并探索为作为社会象征性行为的文化制品祛伪的众多途径。"[②]也就是说，"政治无意识"的这个功能有助于揭示这种叙事机制对真实、历史的歪曲或遮蔽，帮助我们获得真实的历史，它可能因此成为意识形态的"祛神秘化"机制。这也是詹姆逊推崇"政治无意识"的重要原因之一。

　　詹姆逊的"政治无意识"学说立足于马克思主义，又吸收了西方现当代学术的成果；既开拓、丰富与深化了马克思主义文论的研究，又克服了西方现当代学术流派的片面性，它是马克思主义与当今学术成果成功结合的一个典范。因此，我们可以说，虽然詹姆逊不回避其他阐释方法的局限，但是，他并没有拒绝它们，而是积极地肯定了它们的优势、吸收了其成果（例如精神分析学、结构主义、后结构主义等等）。同时，詹姆逊肯定了"政治无意识"学说的终极的优越性："它谋求一种同上述种种阐释学对立的阐释学，但是像我们将看到那样，与其说它是要否定上述那些特定阐释符码，弃置它们的发现，倒不如说它是要通过争论取得对它们最终哲学和方法论上的优先性。那些特定的阐

---

①［美］詹姆逊：《政治无意识》，王逢振、陈永国等译，中国社会科学出版社1999年版，第67—68页。

② 同上，第11页。

释符码见识在全局上是有局限的，这种局限在于它们解释和建立它们的研究对象的狭窄和局限的方式，也同样在于它们自身的环境根源。"①

通过"政治无意识"，詹姆逊把文艺置于具体的社会历史语境，从文艺与社会的互动关系出发，揭示文艺与社会、历史的联系，特别是文艺的社会意义，还能够克服纯审美主义的偏见。从研究方法看，詹姆逊以马克思主义分析方法为主，吸收了形式主义、结构主义、符号学、解构主义、精神分析学等其他研究方法的成果；既有其立足点，又能博采众长，克服了单一研究方法所导致的片面性。我们知道，长期以来，马克思主义文艺批评由于过于强调文艺的社会性，特别是经济因素的决定作用，从而被视为庸俗经济学，当然这种指控有其片面性。但是，不可否认的是，某些马克思主义文艺批评确实没有能够揭示出文艺的审美特点，也缺乏对文艺形式因素的足够重视。从这方面看，詹姆逊的这种分析模式建立起了文艺文本的内容与形式、表层意义与深层意义、现实与文本、个人与集体（阶级）、审美与社会、自律与他律之间的有机联系，并显示了马克思主义文艺阐释的优越性："本书的基本论题之一将是以马克思主义对其他阐释模式或体系之归类；或以方法论来说，后者的局限性总会被克服，并且它们更为实证的探求作为一种对它们的精神操作在根本历史化上的保留，这样不仅分析的内容，连分析方法本身也被算作'文本'或现象加以说明。"②因此，詹姆逊的"政治无意识"理论，既拓展了马克思主义文艺研究的领域，又丰富了马克思主义的文艺阐释。

三、詹姆逊文艺阐释理论的特点

1971年，詹姆逊发表了《元批评》，这篇论文比较集中地反映了他的阐释

---

① ［美］詹姆逊：《快感：文化与政治》，王逢振等译，中国社会科学出版社1998年版，第22页。
② 同上，第44页。

思想。当年出版的《马克思主义与形式》虽然主要研究其"辩证批评",但也涉及并发挥了类似的阐释思想。十年之后,詹姆逊出版了其重要著作《政治无意识》。在这部著作中,他深化、系统化了原来的文艺阐释思想,并建立起了独具特色的文艺阐释理论,其中,第一章的标题就是《论阐释:文学作为一种社会象征性行为》。此外,其他一些论著也涉及了他的文艺阐释思想。综合这些论著,结合西方阐释学和马克思主义文艺阐释思想,我们可以发现其文艺阐释理论的一些特点。

第一,阐释就是"重写"、"强有力的"改写。实际上,任何阐释都是运用一种主符码对文本的"重写"或"改写"。也就是说,阐释本身"总是预先假定的,即使不是无意识本身的概念,那么至少是某种神秘化或压抑的作用过程,依据它阐释想要去寻找显在东西后面的潜在的意义,或以一种更基本的阐释符码之更强的语言重写一个文本的表面诸范畴。"①我们知道,文本是固定的,但是,不同的阐释有不同的结果,这是由运用不同的阐释主符码所导致的后果。对于詹姆逊来说,他的阐释是对伦理批评所进行的"强有力的"改写:"他(詹姆逊——引者注)的目的就是要超越任何伦理批评的冲动,转向另一种批评,这种批评将所有的道德内容看作实质上最终是政治的关切和利益的升华。政治——政治价值、政治利益、政治制度和政治实践——是象征性行为的终极内容(……)。"②其目的是要置换出文艺的被压制的政治因素,它实际上也是作品的最重要的内容。

第二,马克思主义是詹姆逊的文艺阐释理论的最重要的理论资源和基调。他认为,马克思主义的阐释主符码是"生产方式",它是一切阐释的"绝对视域",即"把马克思主义的批评洞见作为理解文学和文化文本终

---

① [美]詹姆逊:《快感:文化与政治》,王逢振等译,中国社会科学出版社1998年版,第55页。
② [美]海登·怀特:《形式的内容:叙事话语与历史再现》,董立河等译,文津出版社2005年版,第207页。

极语义的先决条件来加以辩护。"①对于詹姆逊来说，现代文艺批评流派丰富多彩，其阐释主符码各不相同：精神分析批评的阐释主符码是欲望，经典存在主义的阐释主符码是焦虑和自由，结构主义的阐释主符码是语言，此外，原型批评、现象学等批评流派也各有其阐释的主符码。这些阐释主符码各有其关注点和优势。但是，它们也都存在着难以克服的局限："那些特定的阐释符码见识在全局上是有局限的，这种局限在于它们解释和建立它们的研究对象的狭窄和局限的方式，也同样在于它们自身的环境根源。"②为此，詹姆逊要通过争论以取得马克思主义及其阐释主符码在哲学和方法论方面的优先性。也就是说，他首先要确定马克思主义的优先性和基础地位，然后再立足于马克思主义的阐释主符码，以它去分析、改写和吸收其他阐释主符码。我们也应该这样来看待它与西方阐释学的关系："阐释学和马克思主义是詹姆逊理论的辩证的两极，它们不能够被理解为二者的简单相加。"③

但是，如何看待马克思主义在詹姆逊阐释中的作用呢？戴维·舒卫(David Shumway)认为，可以从两种角度阅读詹姆逊，并得出不同的结果："如果说詹姆逊为了获得文本的有效意义而热衷于提供一种马克思主义方法的话，那么，这将严重地削弱了他的理论化的动力，他实际上是为了改变马克思主义的文化分析。另一方面，如果我们认为他试图说明马克思主义前提所赋予的解释的可能性条件的话，那么，通过阐明马克思主义对那个目标的意义，《政治无意识》将有助于确立当代文化研究的规则。"④也就是说，詹姆逊并不是在西方阐释学的框架中，仅仅把马克思主义作为一种阐释方法来运用的，而是把马克思主义作为一切阐释活动的前提，并以此确立了当代文

---

① [美]詹姆逊：《政治无意识》，王逢振、陈永国译，中国社会科学出版社1999年版，第63页。

② [美]詹姆逊：《快感：文化与政治》，王逢振等译，中国社会科学出版社1998年版，第22页。

③ David Shumway, Jameson/Hermeneutics/Postmodernism, Douglas Kellner. ed., *Postmodernism, Jameson*, Critique, Washington: Maospmmeive Press, 1989: 173.

④ 同上，PP173—174.

化研究的原则，否则，就可能削弱马克思主义的意义。譬如，詹姆逊面对后结构主义对阐释的巨大挑战，并没有彻底地否定它的价值，而是在马克思主义的框架下，积极发掘其优势，把它作为替代性的阐释学。实际上，詹姆逊对马克思主义的运用与他对文本的重视是相辅相成的："詹姆逊的立场使他能够同时方便地吸收文学、文化批评与马克思主义的传统。它也能够创造性地解决经济与文化类型的辩证关系。"① 而且，詹姆逊还能够关注更具体的文本形式的差异："詹姆逊理论的独特性使他能够坚持正统马克思主义的经济形式或制度的优先性，同时又照顾到文本形式的差异，文本的形式是通过文化文本形成的。"② 这样，马克思主义在詹姆逊的阐释理论中就具有了多重作用和根本性的意义。

第三，文艺阐释的中心是文本。我们知道，西方阐释学就是从寻求作品的原意发展起来的，后来逐渐关注作者的地位，随着现代解释学的兴起，又开始关注读者的作用。但是，从詹姆逊的文艺阐释理论和实践看，他始终强调，阐释活动要以文本为中心，再由此辐射到对其他因素的阐释。具体到文艺，他把文艺视为社会的象征性行为，是作家对社会现实的反应，既包括对现实的反映，又包括对现实困境的想象性的解决，还包括对现实缺陷的补偿和升华。也就是说，现实素材经过作家、文艺自身的作用，最终变为文本。这样，研究清楚文本，就可以实现阐释的基本目标，再继续阐释其他因素。其中，文艺阐释应该涉及到作品的内容和形式。詹姆逊对文艺的内容和形式的阐释都提出了相应的要求。就前者来说，阐释主要不是解释内容，而应该描述压制机制的运作："与其说批评过程是对内容的一种解释，不如说它是对内容的一种揭示，一种展现，一种对受到潜意识压抑力歪曲的原始信息、原初经验的恢复：这种揭示采取一种解释

---

① Fredric Jameson. *The Geopolitical Aesthetic, or, Cinema and Space in the World System*. London: British Film Institute Publishing, 1992, Pxi.

② 同上。

的形式，说明为什么内容会这样受到歪曲；因此它与对潜意识压抑方法本身的描述不可分开。"①就形式来说，就是要揭示出形式所包含的内容："所有形式方面的抽象，最终都在其内容方面表现出某种深刻的内在逻辑，最终它的存在要依赖于素材本身的结构。"②因此，要调整我们的阐释观念，阐释不是要去寻找作者的"真正"意图，而是要尽可能地去把握阐释中出现的各种分歧及其原因，从而理解各种阐释的前提："最初需要解释的，不是我们如何正确地解释一部作品，而是为什么我们必须这样做。一切关于解释的思考，必须深入阐释环境的陌生性和非自然性；用另一种方式说，每一个单独的解释必须包括对它自身存在的某种解释，必须表明它自己的证据并证明自己合乎道理；每一个评论必须同时也是一种评论之评论。"③

詹姆逊还对文本的阐释提出了具体的要求。实际上，詹姆逊同时受到了卢卡奇和阿尔都塞的影响，在调和他们的思想的基础上发展出了他自己的阐释方法。詹姆逊肯定了调和的可能性和必要性："在一个只是表面上统一的文化文本中，既要考虑总体或总体化概念中紧迫暗含着的方法论，又要考虑对不连续性、断裂及距离作用迥异的'征兆'之分析，这两者可能并没有很大的不一致。"④为此，詹姆逊强调：既要重视文本的象征性，又要重视文本的寓言性；要揭示文本的各个层面的联系、统一性、相似性，更要揭示其断裂、空白、异质性。同时，文本研究不能局限于自身，还要由文本扩展到社会。就是说，既要重视阐释文本，又要使前者返回到文本外部内容的政治、意识形态、经济等因素，以揭示文本之外的社会、历史因素对文本的影响，从而进行一种系统的总体化批评："作品的

---

① [美]詹姆逊：《快感：文化与政治》，王逢振等译，中国社会科学出版社1998年版，第14页。
② 同上。
③ 同上，第4页。
④ 同上，第52页。

材料却是根据它们形式及逻辑的，尤其是它们的语义上的可能性条件被提出的。这种分析因而包含了质料（内容、叙事、图式、文体及语言的操作）的假定性重构，这些质料必须依据特定文本所被创造的惟一的历史条件而被事先给定。"①

第四，阐释要重视历史语境。任何阐释都是特定条件、时间、空间下进行的理解，必须进行历史的还原。对阐释的这种理解规定了阐释的历史维度，阐释要关注作品的历史环境和评论家的历史环境："因此真正的解释使注意力回到历史本身，既回到作品的历史环境，也回到评论家的历史环境。"②而且，只有通过历史，我们才可能正确而全面地阐释作品，才可能恰当地理解评论的前提和具体的评论观点，还可能检验这些阐释的正确与否。实际上，任何阐释的背后都有其历史观的支撑："确实，没有任何一种语言功能的运作模式、谈话行为或传播的本性和形式、文体变化的动力，可想象为不暗示整套历史哲学的。"③即使以"纯形式"自居的阐释也不例外，"新批评"就是如此。这样也就规定了阐释的目的（詹姆逊借用并修正了保罗·端古尔在《论解释》中的提法）——肯定阐释和否定阐释：前者要求揭示出某种"原始的、被遗忘的意义"；后者的作用是"非神秘化"，这种阐释与意识形态批评联系密切，离不开马克思、尼采、弗洛伊德所作的开拓性工作。实际上，詹姆逊所从事的主要是否定阐释，他尤为强调这种阐释的"政治视域"，并致力于"探索为作为社会象征性行为的文化制品祛伪的众多途径"。历史涉及到变化，历史也是阐释争议性作品所应该面对的："不是一种正面的、直接的解决或决定，而是对问题本身存在的真正条件的一种评论。"④詹姆逊注重阐释的历史语境，并结合了文艺的特点，实际上已经

---

① [美]詹姆逊：《快感：文化与政治》，王逢振等译，中国社会科学出版社1998年版，第52—53页。
② 同上，第4页。
③ 同上，第54页。
④ 同上，第3页。

第一编　中西当代文学、文学理论

超越了某些马克思主义的机械做法："他（詹姆逊——引者注）意欲超越文学（或文化）文本主要是一种对基础结构的反映这样一种传统马克思主义观点。文学文本具有一种能力，它们能够逐步发展出对于其自己生产条件的某种知识（而不只是某种直觉）并从而使这些条件成为可理解的。"①

我们应该综合地、发展地看待詹姆逊的阐释理论。实际上，詹姆逊的阐释理论在《政治无意识》中达到了高峰，以后又有所拓展。卡琳·马克卡比（Colin MacCabe）在为詹姆逊的《地缘政治美学》撰写的序言中就从两方面肯定了这种拓展：第一，詹姆逊的政治无意识理论是在阅读19世纪巴尔扎克和康拉德等作品中发展起来的；在《地缘政治美学》中，詹姆逊把这种理论主要用作电影分析，使艺术阐释与社会历史、经济分析更好的结合起来，获得了更好的效果。②第二，詹姆逊用其政治无意识理论来阐释后现代主义时，也拓展了其阐释理论："如果说政治无意识为詹姆逊的阐释活动提供了关键的理论术语，那么，后现代主义则提供了关键的历史类型。"③但是，有人恰恰认为，詹姆逊的后现代主义与其《政治无意识》的方法是有距离的："从文学方面讲，詹姆逊的后现代主义分析，并不是运用《政治无意识》阐明的方法所进行的一项系统的、综合的工作。"④譬如，詹姆逊就不能运用三个视域的理论来阐释绘画、建筑等艺术品的后现代主义特征。其实，这与后现代主义文艺的复杂性有关，但也说明了理论与现实的距离。此外，我们还应该注意到，詹姆逊的文艺阐释理论的来源远比我们想象的要丰富、复杂得多，也需要我们细致地开掘。霍默认为："萨特的著作传达了关于詹姆逊最重要的理

---

①　[美]海登·怀特：《形式的内容：叙事话语与历史再现》，董立河等译，文津出版社2005年版，第197页。

②　Fredric Jameson. *The Geopolitical Aesthetic, or Cinema and Space in the World System*. London: British Film Institute Publishing, 1992, Pxi.

③　同上，Pxii.

④　David Shumway, Jameson/Hermeneutics/Postmodernism, Douglas Kellner. ed., *Postmodernism, Jameson, Critique*, Washington: Maospmmeive Press, 1989: 189.

论构架的许多信息。"①仅就詹姆逊的阐释理论而言,他还注意到菲力普·伍德(Philip Wood)和波斯特(Poster)的成果,前者发现,《政治无意识》中的三个解释视域与萨特的"阶层的含义"存在着惊人的相似;波斯特也发现,詹姆逊的假设——历史提供了所有阅读和阐释的绝对视域——不仅仅是《寻找方法》的简单重复,实际上,萨特在那部著作中曾经提出,像历史形成了理论的范式和视域一样,马克思主义代表了不可超越的、我们这个时代的哲学。②这些观点力应引起我们的关注。

综观詹姆逊的文艺阐释理论及实践,应该说,他基本上成功地建立了独特的马克思主义文艺阐释理论,并进行了富有成效的文艺批评实践。我们知道,詹姆逊进行学术研究时,正是经典马克思主义文论遭受批评和排斥最厉害的时候,它遭到各种反马克思主义、非马克思主义的争相攻击、歪曲和篡改。其中,文艺理论领域对马克思主义文艺阐释的批评尤甚,甚至不容分辩就被扣上了庸俗社会学的帽子,并将其彻底抛弃。这严重地影响了马克思主义文论的声誉,也对研究、发展马克思主义形成了巨大的挑战。但有的批评是鱼龙混杂,正确与错误并存,如何回应这些批评并进行去芜存真的学术清理是马克思主义文论必须正视和解决的问题。詹姆逊不仅以扎实的学术研究回答了对马克思主义文论的种种歪曲、篡改和误读,及时地纠正各种偏见,而且还立足于马克思主义,广泛地吸收了经典马克思主义、结构主义的马克思主义和解构主义的思想资源,并灵活地对它们进行了重写和改写,在与其他理论派别的对话中积极地探索和发展了马克思主义文论,建立起了有鲜明特色的马克思主义文艺阐释理论。詹姆逊没有否定阐释的有效性,而是致力于发掘阐释的各种方法,把具

---

① Sean Homer. Sartrean Origins, Douglas Kellner and Sean Homer, *Fredric Jameson: a critical reader*, New York: Palgrave Macmillan, 2004: 2.

② Sean Homer. Sartrean Origins, Douglas Kellner and Sean Homer. *Fredric Jameson: a critical reader*. New York: Palgrave Macmillan, 2004, pp 2—3.

体的阐释对象、阐释行为与其历史语境结合起来,并从中寻找意义在审美的各个中介环节中的表现和变化,实现了宏大视野与细致分析的有效结合。詹姆逊的马克思主义阐释学非常重视历史、意识形态、形式和辩证思维在阐释中的作用,并以此具有了显著的特点和很高的理论价值。例如,他对历史的阐释就显示了其阐释的力量:"使被后结构主义及其论敌视为非历史或反历史的东西(如理论、艺术本文等)显示出历史的最终力量。"①具体到其文艺阐释理论,一方面,詹姆逊克服了庸俗社会学的机械的、简单化的做法,从多方面、多侧面阐释了文艺文本的中介和特点,揭示了文艺现象的复杂性、阐释的复杂性,也避免了形式主义文论忽视内容的偏颇;另一方面,他立足于马克思主义的基本立场,继承了社会历史批评的传统,把阐释对象和阐释行为还原到现实语境,从根本上解决阐释问题,保持了其阐释学的宏大视野,避免了就事论事的偏颇与狭隘。因而,他从理论上推进了西方阐释学和马克思主义阐释学的发展。同时,詹姆逊的马克思主义阐释学并不是抽象的理论体系建构,有很强的实践性,能够恰当地阐释许多文化现象,对中国的文艺理论建设同样有重要的借鉴意义。目前,建立中国阐释学的呼声很高,希望詹姆逊的探索能够为建立我国的马克思主义文艺阐释学、中国阐释学提供有意义的借鉴。

原载《艺术百家》2009年第5期

---

① 王一川:《语言乌托邦》,云南人民出版社1994年版,第307页。

第二编
20世纪中国文艺理论史、美学史

  20世纪是中国社会从传统向现代转型的一个重要的历史时期，内忧外患、动荡不安、社会运动频繁的局势赋予了文艺和文化一种特殊的时代风貌，由此我们可以发现个人与集体、自律与他律、审美与政治等因素之间的博弈或纠葛。本编从文艺理论史和美学史的角度研究了一些重要的文艺讨论（文论界对人性、人道主义问题的讨论，文艺和意识形态的关系问题）和重要的学术事件（《美学概论》教材的编写），这些问题对于理解20世纪的文艺、文化，以及刚刚逝去的20世纪都有一定的价值。不但能够促进我们对这些理论问题的理解，而且还有助于我们触摸历史，感受文艺、文化背后的政治硝烟和社会风暴。

中国当代文艺理论史上的人性、人道主义问题*

在中国当代文艺理论发展史上，人性、人道主义问题比其他任何命题的影响都大。而且，这个问题还有着特殊意义：中国当代文艺理论的发展过程已经展示了解决这个问题的难度，不仅因为这个问题自身的复杂性，还因为它在长时期内被设定为理论的"禁区"，其敏感性使文艺理论家很难坦率、客观地探讨这个问题，致使这个问题一度被搁置起来。同时，这个问题不完全是学术问题，从某种程度上讲，它主要还是文艺与政治之间的关系的问题。因此，在理解、评价当代文艺理论家对这个问题的探索时，应该注意到他们所处的时代背景和具体环境，区分出理论中哪些成分是他们依据具体的文艺实践、现象所作的理论的探索？哪些成分是他们为了适应时代要求而强化文艺的社会宣传功能所提出的策略？只有这样，才能辨析出其理论的各个层面，才能得出科学的结论，进而有效地总结其得失。鉴于此，我们对这个问题的理解就不能仅仅局限于艺术本身，而应该同时注意到文艺与社会、文化状况、政治等因素之间的关系。

谈到人性，孟子的性善论、荀子的性恶论等人性观对后世都有很大的影响。但是，在中国当代文艺理论中，人性经常与阶级、阶级性联系在一起，而后者恰恰是名副其实的"舶来品"。这样，人性的含义就具有了新质。在"五四"新文化运动引发的思想解放浪潮中，马克思主义的阶级话语、人道主义话语都被传入中国并被用来观察文艺。《在延安文艺座谈会上的讲话》一文中，毛泽东用阶级观分析人性得出这样的结论："有没有人性这种东西？当然有

---

* 本文是中国社科院院级课题、国家社科基金后期资助项目《中国当代文艺理论研究》（1949—2009）的成果。

的。但是只有具体的人性，没有抽象的人性。在阶级社会里就是只有带着阶级性的人性，而没有什么超阶级性的人性。"[①]长期以来，这个观点一直是我们处理人性、人道主义问题的根据。纵观中国当代文艺理论界对这个问题的探讨，主要有两个重要的历史时期，20世纪50年代初期到60年代和70年代末到80年代中后期，下面逐一分析学界对这个问题的探讨。

一、20世纪五六十年代关于人性与文艺关系的探索

在中国当代文艺理论史中，探讨人性、人道主义问题的第一个高潮是50年代末到60年代中期，其标志性事件是文艺界对巴人的《论人情》的批评和对周谷城的文艺理论的批评。

新中国成立后，文化也被纳入整个国家的发展格局中，清除封建主义、资本主义思想的影响，建立社会主义的文化被提到了议事日程。为此，文艺除了要满足人民日益增长的精神需求外，还承担起了动员、组织民众的任务。这时，不断的政治运动取代急风暴雨式的阶级斗争。这种背景使学术讨论缺乏自由探讨的外部环境，政治的定性常常取代了科学的探讨，"上纲上线"的做法影响了讨论者的心态。50年代，文艺界批判《关连长》、《洼地上的战役》，都是从批判其"人性论"介入的。谈到"文革"前这个问题的讨论时，白烨说："基本上还停留在人性问题能不能提和能不能谈的水平上。"[②]这样，外部形势的紧张或缓和都可能直接影响到学术讨论的效果。

20世纪50年代，中国文论受苏联的影响极深，对人性、人道主义的看法也是如此。当时，存在着两种基本看法：受苏联影响的一种看法认为，"人性的集中表现是阶级性"、"阶级性的集中表现是党性"、"人道主义的最高发展就是共产主义"[③]；另一种如钱谷融等学者那样，以马克思在《<政治经济学批判>导言》

[①] 毛泽东：《毛泽东论文艺》（增订本），人民文学出版社1992年版，第59页。
[②] 白烨：《三十年人性论争情况》，《文学评论》1981年第1期。
[③] 包忠文主编：《当代中国文艺理论史》，江苏教育出版社1998年版，第189—190页。

中对希腊艺术的论述为根据,把文艺的"永久性魅力"归结为表现人性的力量。[①]这种状况只是在50年代末期才有了某种程度的改变。在贯彻"双百"方针带来的宽松的政治环境中,巴人结合文艺现象,谈了自己对人性的看法,认为人性"是人跟人之间共同相通的东西。饮食、男女,这是人所共同要求的。花香、鸟语,这是人所共同喜爱的。一要生存,二要温饱,三要发展,这是普通人的共同的希望……这些要求、喜爱和希望,可说是出乎人类本性的。"[②]他还分析得出了在当时颇为大胆的结论:"历史上最伟大的作品,总是具有充分人道主义(或'人性')的作品。"[③]他实际上肯定了人性的存在,以及文艺描写人性的正当性。在当时的环境下,他敢于突破这个"禁区",确实是需要胆识的。之后,王淑明写了《论人性与人情》、《关于人性问题的笔记》为巴人辩护。他着眼于日常生活,即就"人的日常生活中所表现的思想感情、习性、心理等等特点而言",人性是具体的,尽管心理现象和社会生活带有阶级的烙印,但在基本情感上,仍然有相通的东西。对于文艺而言,人情、人性既是吸引人的审美要素,也必然是文艺的内容。巴人的文章刚发表,就被张学新定性为"十足的文艺上的'人性论'"。原因是他主张以阶级性来反对、取代人性,即"人有自然属性和社会属性两方面。在阶级社会里,就只能是阶级性。"[④]也许因为巴人的观点切中了当时文艺界弊端的要害,因此,他的响应者甚多。钱谷融也提出了人性问题,"人性本来就存在于生活中,按照生活本来面目描写生活,自然有人性(人情味),也必然有强烈的政治性。"[⑤]钱谷融提出,文艺要以人为重心;人道主义原则应该成为评价作家、作品的基本标准;应该以是否有人道主义,或包含人道主义的程度来区分创作方法;文艺描写的人"并不是整个人类之'人',或者某一整个阶级之'人'"。鉴于此,他提出了人道主义之于文艺的重要性:"我们就不会怀疑

[①] 钱谷融:《<论"文学是人学">一文的自我批判提纲》,《文艺研究》1980年第3期。
[②] 巴人:《论人情》,《新港》1957年第1期。
[③] 同上。
[④] 张学新:《"人情论"还是人性论?》,《新港》1957年第3期。
[⑤] 钱谷融:《论"文学是人学"》,《文艺月报》1957年第5期。

人道主义精神在文学领域内的崇高地位了。"①徐懋庸也有类似的意见,并指出了人性的具体表现。他认为,存在着"共用的一般人性",包括劳动、亲子之爱和两性之爱以及乐生恶死等等。②随后,钱谷融也遭到了批判。这次探索以学术讨论开始,伴随着政治上的定性和挞伐,基本上以阶级性压倒、否定和取代人性而告结束。

1960年,周扬在第三届文代会上作了《我国社会主义文学艺术的道路》的报告,他把人性、人道主义定性为资产阶级、修正主义的文艺思想,并进行了批判:"以抽象的共同人性'解释各种历史现象和社会现象,以人性或'人道主义'来作为道德和艺术的标准,反对文艺为无产阶级和劳动人民的解放事业服务。"在20世纪60年代,这些观点成为意识形态主管部门对于人性、人道主义问题的权威性解释与基调,并对相当长时期内的文艺理论、文艺批评、文艺创作产生了重要的影响。后来,这些观点逐步被学界接受,并成为学界的主流观点:"马克思主义并不一般性地否认人性","马克思主义者充分估价资产阶级人道主义思潮在历史上曾起过的进步作用。主要是文艺复兴时期以后的提倡人道以反对神道,提倡人权以反对神权,提倡个性解放以反对中世纪的宗教桎梏等等。在这种思潮的影响下也产生了一些好的作品。但是资产阶级人道主义和无产阶级共产主义是两种根本不同的世界观。"③客观地说,这些观点在当时的环境中还讲究一点学理。但是,从60年代到"文革"结束,人性、人道主义主要被作为地主、资产阶级和修正主义等剥削阶级的思想,并遭遇了被彻底否定和抛弃的命运。文艺理论界主要是以这样的观点来进行各种批判和文艺

---

① 钱谷融:《论"文学是人学"》,《文艺月报》1957年第5期。
② 徐懋庸:《过了时的纪念》,《文汇报》1957年6月7日。
③ 蔡仪主编:《文学概论》,人民文学出版社1979年版,第44—45页。

批评的①，这些观念在文论界对共鸣和山水诗问题的讨论中也得以表现。在批判"人性论"的潮流中，由批判巴人、王淑明对"共鸣"的解释中引发了"关于文学上的共鸣问题和山水诗问题的讨论"，讨论也涉及了作为其基础的阶级性与人性的问题。柳鸣九将巴人等人与自己对"共鸣"的理解作了区分。他指出，产生共鸣现象需要一定的基础，即"必须以相同的阶级思想感情作为基础"；共鸣不同于欣赏活动中的爱好、喜爱、感动等精神感受。②这个有悖于事实的结论，当然遭到不少人的反对。③不同时代、不同阶级的人大都能够欣赏山水诗，这是个事实，实际上，这个事实已经证明了人性是产生共鸣的基础。但在当时的条件下，人们只能去寻找这个事实背后的原因。孙子威从欣赏者的个性中找到了原因，即尽管有许多差异，但欣赏者"总是通过个人的具体社会实践而发生作用的。这就是为何同一阶级的人在审美上也有千差万别，而不同阶级的人在审美上又可能有某种一致或近似的缘故。"④这样，与原来的结论——只有同一阶级才可能产生共鸣——相比，是一个不小的进步。

　　60年代，另一次关于人性、人道主义的讨论则是由讨论周谷城的文艺理论引发的。60年代初，周谷城先后发表了《史学与美学》、《礼乐新解》等文章，很快引发了学术界的批判，这些批判主要围绕以下几点展开。第一，无差别境界。他的解释是："由礼到乐，由劳到逸，由紧张到轻松，由纪律严明到心情舒畅，由矛盾对立到矛盾统一，由差别境界到无差别境界，由科学境界到艺术境界。"⑤对此，批判者认为，周谷城是用"无差别境界"排

---

　　① 详见蔡仪：《人性论批判》，《文学评论》1960年第4期；王燎荧：《人性论的一个"新"标本》，《文学评论》1960年第4期；洁泯：《论"人类本性的人道主义"》，《文学评论》1960年第1期；张国民、杨柄：《批判王淑明同志的人性论》，《文学评论》1960年第2期；于海洋、李传龙、柳鸣九、杨汉池：《人性与文学》，《文学评论》1960年第3期。

　　② 柳鸣九：《批判人性论者的共鸣说》，《文学评论》1960年第5期。

　　③ 详见闵开德：《谈谈文学上的共鸣现象》，《文学评论》1961年第1期；文礼平：《文学的共鸣现象及其发生的原因》，《文学评论》1961年第1期。

　　④ 孙子威：《有没有不带阶级性的山水诗？》，《文学评论》1961年第4期。

　　⑤ 周谷城：《礼乐新解》，《文汇报》1962年2月9日。

斥文艺的阶级性。其中的"心身统一"的提法,"实质上就是把具有阶级性的人,假定为自然人,生物学的'人'"①。而且,"把文艺的社会性质修改为人的性质,通过取消文艺的阶级性,进而取消人的阶级性。"②既然人都有阶级性,艺术的社会性是阶级性,那么,"无差别境界"当然抹杀了艺术的阶级性,是"人性论"了。第二,时代精神汇合论。周谷城认为:"……在奴隶社会里,生产力比以前大大进步了,社会分裂成为剥削与被剥削的不同阶级,压迫与被压迫的不同阶级。随着阶级而出现的有国家制度。这时的人,除与自然作斗争外,尚有阶级与阶级的斗争,民族与民族的斗争。所有这些,又形成较此前更复杂的思想意识,汇合而为更复杂的奴隶社会的时代精神……各时代的时代精神虽是统一的整体,然后从不同的阶级乃至不同的个人反映出来,又各截然不同。"③有批评者认为,其"时代精神"是超时代的,否定了各个时代精神的质的不同;以"统一整体"为借口,混淆、调和对立阶级的思想;其"时代精神"是绝对的,与抽象的"永恒人性"相似,"既然是各阶级所共有的,因而是永恒的存在。不同阶级、不同的个人,都只是反映这永恒存在的,作为统一整体的时代精神的一点一滴。"④第三,"表情论"的文艺理论。周谷城认为,文艺的源泉是情感,创作过程是"使情成体",艺术的作用是"以情感人"。他还分析了感情与阶级感情的关系:"(1)阶级感情四字太无一定……这样含糊的名词在这里不能使用;要使用还须另加说明,倒不如不用。(2)斗争并不止于阶级的,还有人对自然的斗争。人对自然斗争所生的感情,不能归入阶级感情内。……(3)其实感情大于阶级感情,我们讲艺术理论,当取范围较大者。若分析个人作品,则阶级感情范围嫌太大,还当把范围缩小些,小到与实际相符。个人作品所表

---

① 高木东:《驳周谷城的"人性论"观点》,《辽宁日报》1964年8月27日。
② 同上。
③ 周谷城:《艺术创作的历史地位》,《新建设》1962年第12期。
④ 吴汉亭:《评周谷城先生的美学观点》,《合肥师范学院学报》1963年第4期。

现的感情是具体的,决不是含糊笼统的阶级感情四字所能代替的。"①有批判者认为,阶级社会中,人的感情就是阶级感情;作为人类社会的实践活动,不同阶级的人对物质生产的态度、情感也是不同的,周谷城抹杀了不同阶级对物质生产的感情;周谷城对情感的认识——"真实情感范围大于阶级情感"——承认了超越于阶级感情之上的更普遍的情感,也就是"永恒的、超阶级的人性。"②周谷城大胆地强调了情感之于文艺的作用,对阶级情感提出了质疑,并探索了文艺中的阶级性与共同人性的关系。他的探索既有理论价值,又有现实针对性。但在60年代强调"阶级斗争为纲"的时代,其理论自然遭到了厄运。但事实证明,他对文艺中的阶级性与共同人性关系的处理基本是正确的;他对情感的强调,他提出的有启发性的概念,也是有利于文艺创作实践的,他的缺陷在于其概念有些含混。

应该肯定的是,新中国成立后,阶级改造基本完成、阶级斗争已经不再是社会生活的主要任务,文艺也应该及时地转换角色和功能。在这种背景下,强调艺术适当地描写人们日常生活中共通的思想、感情、行为,不仅有助于扩大文艺的表现范围、全面而深刻地开掘社会及个人,增强艺术的表现力和感染力,也有助于充分地发挥艺术满足人们精神需求的作用。文艺与人性的关系,不仅是理论问题,更重要的是实践问题,是如何把握度的问题。从这种意义上讲,在文艺中提倡写人情、人性是有积极意义的,而且,他们并没有否定阶级性。但由于极"左"思想的干扰,反而遭受了批判,这我们应该汲取的教训。

二、20世纪七八十年代对人性、人道主义与文艺关系的探索

20世纪70年代末,随着政治上"拨乱反正",社会获得了相对宽松的环境,文化与学术研究也逐渐正常化,学术界集中讨论的第一个理论问题就是人

---

① 周谷城:《评王子野先生的艺术论评》,《文艺报》1963年第7、8期。
② 吴汉亭:《评周谷城先生的美学观点》,《合肥师范学院学报》1963年第4期。

性、人道主义和异化问题。1977年，何其芳披露了毛泽东关于共同美的观点，即"各个阶级有各个阶级的美，各个阶级也有共同的美。'口之于味，有同嗜焉'"①。这个观点为人性的讨论提供了一个机会。1978年，朱光潜发表了《文艺复兴至19世纪西方资产阶级文学家艺术家有关人道主义、人性论的言论概述》（《社会科学战线》1978年第3期）一文，尝试谈论这一议题，之后，汝信、王若水等学者逐渐介入这个问题②，他们大都谨慎地从研究国外的理论入手。1980年，讨论才逐渐转向从马克思主义角度来研究这些问题，并把讨论引申到对现实的理论思考。其中，汝信、王若水等学者的文章引起了广泛的关注和讨论，讨论在1984年达到了高潮。据统计，从1978年到1983年，发表的相关文章就有600多篇。而且，学界还召开了多次专题性的研讨会，《人民日报》、《哲学研究》、《文学评论》等重要理论报刊都刊发了大量的文章，还出版了《人是马克思主义的出发点》（人民出版社，1981年版）、《关于人的学说的哲学探讨》（人民出版社，1982年版）和《为人道主义辩护》（北京三联书店，1986年版）等多部论文集。这次讨论也由此成为新时期以来，参加规模最大、持续实践最长的一次讨论。这次讨论显然具有强烈的现实针对性，即对"文革"践踏人格、人的价值、人的尊严的抗议，也是从理论上对这些灾难的反思。而且，随着《班主任》等"伤痕文学"崛起，这些作品所展示的"文革"的种种惨象与畸形，不但成为文艺创作界、理论界反思"文革"的动力，甚至比单纯的理论探索更具冲击力，随后，哲学界、美学界与这股力量汇合，共同参与了理论上的讨论。也就是说，否定"文革"和反思"文革"已经成为知识界的共识，也由此结成了一个清理与反思"文革"的"知识共同体"，这个共同体成为这次讨论的中坚力量。此外，这次讨论还明显地受到存在主义等国外理论思潮、西方的"马克思学"、"手

---

① 何其芳：《毛泽东之歌》，《人民文学》1977年第9期。
② 详见汝信：《青年黑格尔关于劳动和异化的思考》，《哲学研究》1978年第8期；墨哲兰：《巴黎手稿中的异化范畴》，《国内哲学动态》1979年第8期；王若水：《关于"异化"的概念》，《外国哲学史研究集刊》1979年第1期。

稿热"和西方马克思主义等学术因素的影响。

在这次讨论中,有不少论者都是以马克思早期的思想(特别是《1844年经济学—哲学手稿》中的思想)为根据,来论述马克思主义与人道主义的关系。这就涉及如何评价这部著作以及如何看待马克思思想的发展。汝信、王若水等学者认为,马克思在《1844年经济学—哲学手稿》中就人的问题阐发了"极其深刻的思想"(诸如"这种共产主义作为完成了的自然主义,等于人道主义。""共产主义则是以扬弃私有财产作为自己的中介的人道主义。"),这与成熟的马克思思想有着密切的联系,它代表了马克思对人道主义的看法,也能够以此为根据来研究马克思主义与人道主义的关系。①周扬从整体上清理了人道主义与早期、晚期马克思主义的关系:"马克思在他的早期著作中,曾经肯定地谈到人道主义。不能否认,这个时期他还未完全摆脱黑格尔、费尔巴哈的错误影响。1845年以后,马克思、恩格斯都曾对'真正社会主义者'的人道主义呓语进行批判。在他们成熟时期的著作中,也确实不再用人道主义这个词了,这些都是毋庸回避的事实。不承认马克思主义有一个发展过程,看不到马克思早期著作与后来成熟时期著作的区别,是不正确的;但是,否认马克思早期著作与后来成熟时期著作的联系,把两者完全对立起来,认为后期马克思从根本上抛弃了人道主义,也同样是不正确的。即使马克思在早期著作中讲的人道主义,也是和费尔巴哈的人道主义不同的……马克思从费尔巴哈那里吸取了一些东西,但并没有停留在费尔巴哈的水平上,他超越了费尔巴哈;马克思批判了费尔巴哈的人道主义,但未从根本上否定人道主义。后来唯物史观和剩余价值论的创立,使马克思的人道主义思想放在更科学的基础上,而不是抛弃了人道主义思想。"②邢贲思、蔡仪、陆梅林等学者认为,这部探索性的著作受到黑格尔和费尔巴哈的人本主义的影响,并不成熟,不能代表马克

---

① 周扬:《关于马克思主义的几个问题》,《人民日报》1983年3月16日。
② 详见汝信:《青年黑格尔关于劳动和异化的思考》,《哲学研究》1978年第8期;墨哲兰:《巴黎手稿中的异化范畴》,《国内哲学动态》1979年第8期;王若水:《关于"异化"的概念》,《外国哲学史研究集刊》1979年第1期。

思后来的思想；在《神圣家族》中，异化已不是中心内容了，《关于费尔巴哈的提纲》初步地概述了其唯物史观，《德意志意识形态》标志着历史唯物主义理论的建立，后两部著作已经否定了费尔巴哈和《手稿》中的人本主义思想，以此为根据并不能说明马克思主义与人道主义的关系；夸大这部著作实际上就等于突出了"青年马克思"在马克思思想发展中的作用，这在西方的"马克思学"和一部分中国学者中都有所反映。这些评价才导致了在一些问题上的分歧。

哲学界、美学界、文艺界都参与了讨论，实际上，他们的讨论既有共同点，又有区别。二者的侧重点不同：哲学界、美学界偏重于理论上的讨论，主要探讨人性、人道主义、异化与马克思主义的关系，他们的讨论就显得抽象些；文艺理论界也从理论上探讨人性、人道主义和异化问题，但这不是他们的重心，他们主要研究文艺与这些问题的关系，文艺作品应不应该表现这些主题，如何表现这些主题，文艺表现这些主题时的得失，他们的讨论具有很强的针对性和现实性。二者的共同点和联系也颇多：相同的主题有助于他们共同进行理论上的探索，也有助于他们相互影响、相互借鉴对方的成果；都把马克思主义作为其理论资源和立论的根据，甚至还策略性地运用马克思主义的话语表达自己的看法。我们把这些讨论归纳为几个问题，以反映当时讨论的实际情况。

（一）人性的含义、人性与阶级性的关系以及文艺对其的表现

1.人性的含义，以及文艺对它们的表现

20世纪70年代末，随着政治上"拨乱反正"的展开，文艺界也开始检讨新中国成立后文艺的得失，重新反思文艺的基本问题(特别是文艺与政治的关系问题)。《上海文学》(1979年第4期)发表了署名评论员的文章《为文艺正名——驳"文艺是阶级斗争的工具"说》，反对把文艺作为阶级斗争的工具，并引发了文艺与政治关系的讨论，这个事件也为人性、人道主义讨论开辟了道路。在这种背景下，人性及其与阶级性的关系(特别是文艺应该如何认识和表现人性与阶级性的关系)，又一次成为文艺理论关注的重点。探讨这个问题首先面临的是对人性的理解，对人性的不同理解，决定了对人性与阶级性关系的阐释，也决定了如何理解文艺与人性、阶级性关系的阐释。这里仅介绍讨论中几种有代表性的观点。

（1）人性是人的自然属性，这以朱光潜为代表。他在文章中开宗明义："什么叫做'人性'？它就是人类自然本性。"人性指的是《1844年经济学—哲学手稿》所说的"人的肉体和精神两方面的本质力量"。在阶级社会中，尽管人要受到阶级性的制约，但人能够通过类似的经历、感受、审美经验以积淀起来倾向于一致的思想感情，这集中地表现为人情味。文艺就要表现这种人性、人情味。

（2）人性是人的社会属性，即人的社会关系或社会性。在阶级社会中，人性主要表现为阶级性，但也有一些非阶级性。王元化认为："构成人的本质的东西，恰恰是那种为人所特有的失去了它人就不成其为人的因素。而这种因素，就是人的社会性。"①马奇认为，"人性就是人的社会性，它受社会的经济、政治、道德、宗教各方面的影响，是一个很复杂的东西。在阶级社会里，人的社会性不全是阶级性，也不只是人的共同性。如果认为人性只是人的共同性，人的共同性又是自然性，其结果，人性就只能是动物性，而社会性也就只是阶级性了。"②实际上，他们认为，人性是由人的自然性与社会性、阶级性和共同人性所构成的，其中，在阶级社会中，人的社会性、阶级性占主导地位。因此，这种人也才是现实中真实的人，文艺应该表现这些人性。与此相似，还存在着一种"社会关系总和"的人性观。马克思在《关于费尔巴哈的提纲》中指出："人的本质，并不是单个人所固有的抽象物，在其现实性上，它是一切社会关系的总和。"这种观点通过引用马克思的论述得出了"人性是社会关系总和"的结论，文艺应该描写人的社会关系，以反映其本质。

（3）人性是人的阶级性。毛星认为，人性是人的社会性，在阶级社会中，社会性就是阶级性。因此，人的本质和本性是阶级性。③在阶级社会中，二者是对等的、一致的。因而，文艺只要表现阶级性，也就等于是表现人性了，没有

---

① 王元化：《人性札记》，《上海文学》1980年第3期。
② 马奇：《马克思<1844年经济学—哲学手稿>与美学问题》，《美学讲演集》，北京师范大学出版社1981年版，第89页。
③ 毛星：《关于文学的阶级性》，《文学评论》1979年第2期。

抽象的、超越阶级性的思想感情。

（4）人性是人的自然属性与社会属性的统一。王锐生认为，"马克思是把人性和需要这两个概念联系在一起的，需要由人性所决定，而决定需要的人性当然包括自然属性和社会性这两个方面。"①胡义成也是这样认为的，但他的分析更为细致：从人性的层次上看，作为社会成员，人是社会性和动物性的对立统一；作为阶级的成员，人是阶级性和超阶级性的对立统一；作为阶级成员的具体的人，人是阶级性的人和具有个性特点的人的对立统一体；作为民族成员的具体人，人是具有民族特点、全人类共性以及特定阶级性对立统一体。但"人性、民族性、阶级性和超阶级性等概念，都不具有直接现实性。它们的直接现实，只能是具体人的个性。"②因此，文艺要反映活生生的人，以人为凝结点，既要反映出人的社会性、阶级性和民族性，也要反映出人的生物性、超阶级性、个性、全人类性。

（5）人性是共同人性与阶级性的统一。钱中文认为，人性"主要指共同人性而言，它和阶级性一样，是现实的人的根本特征。"③持类似观点的计永佑认为，借助于个性可以表现二者："共同的人性是全民的社会现象，而这种全民性的共同人性，体现在具体的人的个性中，它又与一定阶级的人性联系在一起。"④鉴于此，文艺应该描写具体的人的个性，而个性可以反映出全民的共同人性和阶级性。刘大枫认为，阶级社会导致了人性的异化。他还细致地分析了人性中"异化"的部分和未被"异化"的部分：对于前者，应该认为"'异化'了的部分人性尚且仍是人性而不是阶级性了"；对于后者而言，"也有可能以个性的形式存在"，"带着阶级性的人性，绝不是说就是阶级性，而是彼此之间同中有异、异中有同的人性。""人性和它的表现形态人情是始终存在的。"⑤因此，文艺应该表现人性、人情和人的个

---

① 王锐生：《人的自然本性、社会性和阶级性》，《辽宁大学学报》1980年第3期。
② 胡义成：《人、人情、人性》，《社会科学》1980年第1期。
③ 钱中文：《论人性共同形态描写及其评价问题》，《文学评论》1982年第6期。
④ 计永佑：《两种对立的人性观》，《文艺研究》1980年第3期。
⑤ 刘大枫：《人性的"异化"并非人性的泯灭》，《南开学报》1981年第2期。

性，在表现它们的过程中也就自然地表现了渗透于人性中的阶级性了。

2. 人性与阶级性的关系

从这些讨论中，可以发现人性与阶级性之间的关系主要表现为：（1）在阶级社会中，阶级性等同于人性；（2）在阶级社会中，人性是共同人性加阶级性，人性大于并包含了阶级性；（3）在阶级社会中，人性与阶级性是对立统一的关系，即它们是普遍与特殊、共性与个性、一般与个别的关系；（4）人性与阶级性是不同的范畴，前者是为了区别人与动物，后者是为了区别社会的不同集团，因此，它们之间是并列的关系，不能把它们联系起来看待。在前三种情况下，阶级性与人性呈现出相互渗透、融合、吸收、转化的状况。既然如此，文艺就应该表现出人性与阶级性的这种复杂状态。

(二) 人道主义、异化与马克思主义的关系

人道主义讨论首先遇到的问题就是如何界定人道主义的问题。学界在理解人道主义时的分歧倒不大，新时期较早研究异化问题的学者汝信的界定已为多数学者接受："狭义的人道主义指的是欧洲文艺复兴时期新兴资产阶级反封建、反宗教神学的一种思想和文化运动；广义的人道主义则泛指一般主张维护人的尊严、权利和自由，重视人的价值，要求人能得到充分的自由发展等等的思想和观点。""用一句话来简单地说，人道主义就是主张要把人当作人来看待。人本身就是人的最高目的，人的价值也就在于他自身。"①实际上，学界的主要分歧在于对人道主义的评价和其他一些问题上，这些分歧主要表现为：

1. 如何理解马克思主义与人道主义的关系

马克思主义与人道主义的关系，不仅仅是一个理论问题，它还涉及人道主义在中国的合法性，以及中国能否实行人道主义的实践问题。这样，一些学者就从人道主义与马克思主义的关系入手，试图以此为突破口，展开对人道主义的讨论。汝信明确肯定马克思主义包含了人道主义的原则："我认为不能把马克思主义笼统地和人道主义绝对地对立起来，更不能不加分析地一概把人道主义当作修

---

① 汝信：《人道主义就是修正主义吗？》，《人民日报》1980年8月15日。

正主义来批判。当然,不应该把马克思主义融化在人道主义之中,或是把马克思主义完全归结为人道主义,因为马克思主义不仅仅是研究人的问题。但是,马克思主义应该包含人道主义的原则于自身之中,如果缺少了这个内容,那么它就可能会走向反面,变成目中无人的冷冰冰的僵死教条,甚至可能会成为统治人的一种新的异化形式。""马克思主义的人道主义和过去的人道主义学说虽有一定的批判继承的关系,但却有着根本的区别。特别是,在一系列重大原则问题上,马克思主义者是和资产阶级人道主义者相对立的。因此,决不能把马克思主义的人道主义和其他人道主义流派混淆起来,而应把它看作人道主义的一种高级的科学的形式。"他还指出了马克思主义的人道主义区别于资产阶级的人道主义的四个重要特征。[①]汝信的观点引发持续的争论。王若水与汝信的观点大致相同:"不能把马克思主义全部归结为人道主义,但是马克思主义是包含了人道主义的。马克思始终是把无产阶级革命、共产主义同人的价值、人的尊严、人的解放、人的自由等问题联系在一起的。这是最彻底的人道主义。"[②]蔡仪、杨柄、陆梅林等学者较早对此作出了理论上的回应,其中,蔡仪的看法很有代表性:人道主义"在思想实质上和马克思主义是根本矛盾而不相容的"[③]。在后来的讨论中,王若水、周扬都表达了与汝信大致相同的意思,周扬认为:"我不赞成把马克思主义纳入人道主义的体系之中,不赞成把马克思主义全部归结为人道主义;但是,我们应该承认,马克思主义是包含着人道主义的。当然,这是马克思主义的人道主义。"[④]在讨论相持不下的情况下,胡乔木对此作出了权威性的结论,他把人道主义划分为作为"世界观和历史观的人道主义"("同马克思主义的历史唯物主义是根本对立的")和"作为伦理原则和道德规范的人道主义"(即社会主义的人道主义),其关系是:"作为世界观和历史观,马克思主义和人道主义,历史唯物主义和历史唯心

---

① 汝信:《人道主义就是修正主义吗?》,《人民日报》1980年8月15日。
② 王若水:《为人道主义辩护》,《文汇报》1983年1月7日。
③ 蔡仪:《<1844年经济学—哲学手稿>再探(下篇)》,《文艺研究》1982年第4期。
④ 周扬:《关于马克思主义的几个理论问题》,《人民日报》1983年3月16日。

主义，根本不能互相混合、互相纳入、互相包括或互相归结。完全归结不能，部分归结也不能。人道主义并不能说明马克思主义，不能补充、纠正或发展马克思主义，相反，只有马克思主义才能说明人道主义的历史根源和历史作用，指出它的历史局限，结束它所代表的人类历史观发展史上一个过去了的时代。"他还指出了产生分歧的原因："历史唯物主义观察和解决人的问题的基本方法论原则，就是从一定的社会关系出发来说明人、人性、人的本质等等，而不是相反，从抽象的人、人性、人的本质等等出发来说明社会。这是马克思主义的历史唯物主义同资产阶级人道主义的历史唯心主义的一个根本分歧，也是我们现在这场争论中的一个根本分歧。"①有论者对此提出了质疑：从本质上讲，人道主义是一种价值观，不存在没有价值观的世界观，即"价值观是世界观的一个方面"②。有论者从历史角度质疑了胡乔木的判断，胡乔木所讲的历史没有主体，其历史主体是没有价值和抽象的。③

2. 马克思主义的出发点是什么

汝信较早地提出了马克思主义的出发点问题："至于马克思主义学说本身，则不仅不忽视人，而且始终是以解决有关人的问题作为自己的出发点和中心任务的。"④王若水表达得更为直接："总之，人既是马克思主义的出发点，又是马克思主义的归宿点。"⑤这个观点也引起了争议，其中，陆梅林和丁学良还对此进行了直接的辩论。陆梅林认为，汝信讲的"人"是马克思说的那种"一个生活在不论哪种社会形式中的人"。而且，这个错误还导致了唯物史观的缺失，并混淆了马克思主义和人道主义。应该从"那些使人们成为现在这种样子的周围生活条件"出发来观察人，这样，马克思主义的出发点则应该是具有社会人的一定性质，即"他所生活的那个社会的一定性质，因为在这里，生

---

① 胡乔木：《关于人道主义和异化问题》，《人民日报》1984年1月27日。
② 王若水：《我对人道主义的看法》，《为人道主义辩护》，北京三联书店1986年。
③ 陈卫平、高瑞泉：《评新时期十年的五次哲学争论》，《华东师范大学学报》1989年第1期。
④ 汝信：《人道主义就是修正主义吗？》，《人民日报》1980年8月15日。
⑤ 王若水：《关于人道主义》，《新港》1981年第1期。

产，即他获取生活资料的过程，已经具有这样或那样的社会性质"。……马克思和恩格斯从马克思主义之所以叫做马克思主义时起，始终坚持了这个出发点、这个基本前提的。"①丁学良直接质疑了陆梅林的看法："作为马克思主义出发点的，不仅仅是劳动阶级经济上遭受剥削的问题，而且是一切人在资本主义社会里都得不到健康完整的发展、人的世界相对于物的世界的贬值、整个人类价值受到严重损害的问题，也就是说，是一切人都遭受深重奴役的大问题。"而且，"马克思从来也没有改换过自己学说的根本出发点，没有否定过它的中心任务就是为了彻底解决人的问题。马克思把有关人的问题的解决作为自己的出发点和中心任务，这不是出于主观任意的原因，而是决定于近代历史发展的必然。"②这样看来，马克思主义的"出发点"具有"方法论意义上的出发点"和"社会使命意义上的出发点"两种含义，陆梅林论述的也是"社会使命意义上马克思主义的出发点问题"，但是，"陆梅林同志并没有对出发点的不同含义进行精确的区分，没有仔细辨析马克思恩格斯著作中论到'出发点'时，究竟说的是哪种意义上的出发点，而只是瞩目于字眼上的一模一样，结果就把马恩关于方法论意义上的出发点的言论，援引了来为他争论第二种含义上的出发点作证，从而导致了理解上的困难。"这样，"就会发觉陆文的这个结论是值得商讨的"③。在讨论中，许明把"人的物质生产活动"作为马克思主义的出发点。其依据是：既然我们讨论的是"马克思主义的出发点"而不是"马克思的出发点"，就有必要从历史唯物主义中寻找其出发点；成熟的马克思主义（即历史唯物主义）确立于1845年，其标志是《德意志意识形态》的出版。④胡乔木对此所作的结论是"人类社会，人们的社会关系（首先是生产关系），这就是马克思主义的新出发点。"⑤

---

① 陆梅林：《马克思主义与人道主义》，《文艺研究》1981年第3期。
② 丁学良：《<马克思主义与人道主义>一文质疑》，《文艺研究》1981年第6期。
③ 同上。
④ 许明：《人的物质生产活动是马克思主义的出发点》，《学术月刊》1982年第4期。
⑤ 胡乔木：《关于人道主义和异化问题》，《人民日报》1984年1月27日。

3. 如何理解人的解放和人性的复归与马克思主义的出发点相联系，则涉及马克思主义的最高目标（是否是人的解放的问题），这也是马克思主义人学的重要问题

不少学者认为，人的解放是马克思主义的最高目标。对此，学界也存在着分歧。陆梅林认为，"这种说法并不符合马克思主义理论的真谛，并未把握住科学社会主义的要义。这种说法恰恰模糊了科学社会主义和空想社会主义的本质区别……在恩格斯看来，恰恰应当颠倒过来，首先无产阶级要求得自身的解放，然后才能解放全人类。这是马克思和恩格斯的共同思想。"而且，马克思还"指明了今后人类历史发展的实际进程：通过工人的解放而解放全社会，解放全人类。也就是说，首先是工人阶级的解放，然后才是全人类的解放。当然，马克思后来还说过，无产阶级不解放全人类，也就不能彻底解放自己。这就把马克思的共产主义和人道主义者的共产主义划分开来了。"①丁学良质疑了陆梅林的看法，他认为，在对马克思主义的最高目标、最终目的的理解上，陆梅林的论述是"自相矛盾"的：一方面，陆文似乎告诉人们，马克思主义与空想社会主义的目标不同，前者以无产阶级的解放为目标，后者以人的解放、全人类的解放为目标；另一方面，人们还可以从陆文中得出这样的结论，"马克思主义并不否定解放全人类的目标，马克思主义反对的是空想社会主义实现这一目的的程序（即不是首先解放无产阶级，然后再实现全人类的解放，而是要求同时解放一切人）；马克思主义也是把人的解放、彻底解放全人类作为自己的最终奋斗目标的。"②丁学良认为，后一种说法是正确的，陆文误解的原因在于，他机械地、狭隘地理解了"解放"的内容，即仅仅把"解放"理解为"政治和经济的概念，而没有把人的解放理解为一个完整的、具有多方面内容的过程……共产主义不仅是人的政治经济的解放，而且是人的一切感觉和特性的彻底解放。"丁学良认为，从文化史（特别是文艺复兴运动以来）

---

① 陆梅林：《马克思主义与人道主义》，《文艺研究》1981年第3期。
② 丁学良：《<马克思主义与人道主义>一文质疑》，《文艺研究》1981年第6期。

的角度来看，"全面发展的人"就是"人道主义的基本标记"，而不能说，马克思主义的解放人的目标没有人道主义精神。①

与人的解放相联系的另一个问题则是人性的复归。汝信认为，共产主义的目的不仅仅是为了解放工人阶级，而是为了谋求全人类的解放，正是在这种意义上，马克思才在《1844年经济学—哲学手稿》中提出了"人的复归"的命题，他显然赞同这种提法。在后来的讨论中，对于这个提法以及这个问题的解释存在着不同的看法。一种观点认为，提"人性的复归"是必要的，也就是回归到人性被异化前的原始状态（也可以说原始共产主义社会），这是马克思成熟的思想，而且，"这种'复归'，实质就是发展。它的特点是在保留人在历史发展中所积累的全部物质财富和精神财富的基础上，回复到私有制产生之前的人与人之间的自由平等关系。这种复归后的人性要比'人之初'的人性具有无比的丰富性。所以马克思把这种'复归'或'发展'称做'积极的扬弃'。"②但是，有不少论者或者反对这种提法，或者反对把它作为马克思的成熟思想，或者对"人性的复归"的含义进行了不同的解释。在黄药眠看来，"我认为，将来的共产主义社会，同原始的共产社会，已有很大的不同，难道要我们将来的人复归到原始共产社会？所以我认为这个提法不够恰切。我只同意人性也是历史发展的。"③许明基本上否定了这个命题："'人的本质异化和复归'不能成立，不仅因为成熟的马克思主义著作中没有这个命题，批判了这个命题，而更因为在实践中是解释不通的。"④他分析了其结论的根据和这个命题的困境：第一，"这个命题的基本前提是确立人的本质。"第二，"如按照'复归'论，势必认为阶级社会是对人性的泯灭和堵塞。"第三，"即使坚持'现实的人'是出发点，但是，人的本质的现实性不能不是一种历史性。这就出现

---

① 丁学良：《〈马克思主义与人道主义〉一文质疑》，《文艺研究》1981年第6期。
② 孙月才：《"人的复归"刍议》，《文汇报》1983年6月28日。
③ 黄药眠：《人性、爱情、人道主义与当前文学创作倾向》，《文艺研究》1981年第6期。
④ 许明：《人的物质生产活动是马克思主义的出发点》，《学术月刊》1982年第6期。

了无法解决的难题：如要坚持'人是出发点'，设定一个人的本质，再演绎出人的本质异化和复归，那么，人就无法是'现实的人'；如果坚持'人是现实的'，那么，人的本质的预先设定就不可能，人的本质的异化和复归就成了一句空话，整个立论的内容就要被推翻。"①

（三）异化与马克思主义、社会主义的关系

异化与人性密切相关，这次讨论还涉及异化理论与马克思主义、社会主义的关系。马克思在借鉴黑格尔、费尔巴哈的异化概念的基础上，发展出对这个概念的解释。实际上，这次讨论对"异化"概念本身没有多少分歧，学界大都认为，异化就是使原本属于自己的东西疏远、脱离自身，并变成了异己的、与自己敌对或支配自己的东西。但是，在异化理论是否科学、是否是马克思的成熟思想等问题上产生了严重的分歧。一种观点是，"异化"思想在马克思思想的发展过程中发挥了重要作用："马克思把费尔巴哈讲的生物的人、抽象的人变成了社会的人、实践的人，从而既克服了费尔巴哈的直观的唯物主义，并把它改造成实践的唯物主义，又克服了费尔巴哈的以抽象的人性论为基础的人道主义，并把它改造成为以历史唯物主义为基础的现实的人道主义，或无产阶级的人道主义。在这一转变过程中，'异化'概念的改造起了关键的作用。"而且，这个概念本身也是应该肯定的："'异化'是一个辩证的概念，不是唯心的概念。唯心主义者可以用它，唯物主义者也可以用它。黑格尔说的'异化'，是指理念或精神的异化。费尔巴哈说的'异化'，是指抽象的人性的异化。马克思讲的'异化'，是现实的人的异化，主要是劳动的'异化'……那种认为马克思在后期抛弃了'异化'概念的说法，是没有根据的。"②另一种观点与此相反："总之，对异化概念，要区别两种情况。一种是把异化作为基本范畴和基本规律，作为理论和方法，一种是把异化作为表达特定的历史时期中某些特定现象（包括某些规律性现象）的概念。马克思主义拒绝前一种异化概念，而只在后一种意义上使用

---

① 许明：《人的物质生产活动是马克思主义的出发点》，《学术月刊》1982年第4期。
② 周扬：《关于马克思主义的几个理论问题》，《人民日报》1983年3月16日。

这一概念，并且把它严格限制在阶级对抗的社会，特别是资本主义社会。"①此外，还有一种观点强调了马克思的异化思想的复杂性："把马克思的异化理论简单地看成是马克思主义的重要组成部分，甚至是核心部分，是不对的。但把它看成是黑格尔的思辨哲学和费尔巴哈的人本主义的混合，也是一种简单化的片面观点，无论如何，马克思是努力从经济事实出发去寻求人类社会发展的客观规律，同黑格尔和费尔巴哈已经有了明显的区别。马克思的异化理论是马克思主义形成过程中的产物，不可避免地带有二重性。"②

关于异化问题的讨论还引申社会主义是否存在异化现象。王若水对此持肯定态度："现在我想提个问题：在社会主义社会里还有没有异化呢？实践证明还有。尽管我们消灭了剥削阶级，但有些问题还没有解决，有些新问题又产生了。"其表现是"思想上的异化，政治上的异化，经济上也存在异化。"③在后来的讨论中，有论者肯定社会主义存在异化现象，但应具体分析，不能滥用这个概念。黄枬森认为，任何社会都不可能避免异化现象（主要指对抗性的异化），社会主义也同样如此，警惕异化现象，尽量减少、减轻异化现象和盲目性，这样的异化和异化概念对社会主义是有现实意义、理论价值的。但是，异化现象与马克思所说的异化劳动（"资本家攫取工人的剩余价值"）是不同的，社会主义的异化现象表现为矛盾、对抗性的矛盾和阶级矛盾。为此，他强调："我不反对用异化概念来表现社会主义社会中的某些现象，但不应滥用，尤其不应不管具体含义随便使用，这只能引起思想混乱。"④有论者坚决反对"社会主义异化论"，胡乔木在总结这次讨论得出的结论就很有代表性："他们脱离开具体的历史条件，把异化这种反映资本主义特定社会关系的历史的暂时的形式，变成了永恒的，

---

① 胡乔木：《关于人道主义和异化问题》，《人民日报》1984年1月27日。
② 何玉林：《黄枬森等在纪念马克思逝世一百周年学术报告会上的发言摘要》，《人民日报》1983年3月14日。
③ 王若水：《文艺与人的异化问题》，《上海文学》1980年第9期。
④ 何玉林：《黄枬森等在纪念马克思逝世一百周年学术报告会上的发言摘要》，《人民日报》1983年3月14日。

可以无所不包的抽象公式。然后,又把它运用于分析社会主义,从而提出社会主义的异化问题。他们就是用这种方法把社会主义社会同资本主义社会混为一谈。"①事实证明,否认社会主义存在异化的学者确实对当时的异化现象缺乏足够的估计,从而出现了偏颇。现在看来,社会主义也同样存在着异化或异化现象,应该号召社会最大程度地减少其危害。

(四)文艺与人性、异化、人道主义的关系

这次讨论不但涉及了人性、人道主义的基本理论,而且还涉及文艺理论界文艺与人性、异化、人道主义的关系,这些问题主要是从基本理论、文艺创作和文艺批评中反映出来的。

1. 文艺与人性的关系

朱光潜是新时期最早为文艺表现人性正名的理论家之一,他在文章中呼唤文艺要写人情,重视"对人性的深刻理解和描绘"②。范民声翻案性地重新评价了《论人情》。③遭受过批判的王淑明也表明了自己的看法:"在文艺作品中只要写人,就应该表现出完整的人性。如果只承认人的阶级性,不承认非阶级性,在文艺创作中就必然会造成公式化、概念化。"④当时,这些观点起到了拨乱反正的作用。

在讨论人性时,理论家们已经指出,文艺应该描写人的自然属性、人的社会属性、人的阶级性、人的自然性与社会性的统一、人的共同性与阶级性的统一,以及人性与阶级性的渗透、转化。从当时的讨论看,文艺界已经克服了过去认识人性的局限,努力去把握复杂的、多维的、动态的人性,并要求文艺表现、开掘人的复杂性,以塑造出符合实际存在的、真实的人物。其中,有些现象比较突出:人性是阶级性的人性观,已经失去了支配地位,文艺界开始反思

---

① 胡乔木:《关于人道主义和异化问题》,《人民日报》1984年1月27日。
② 朱光潜:《关于人性、人道主义、人情味和共同美问题》,《文艺研究》1979年第3期。
③ 范民声:《重评巴人的<论人情>》,《东海》1979年第11期。
④ 王淑明:《人性·文学及其他》,《文学评论》1980年第5期。

其局限及其对创作的不良影响,这些反思为正确对待人性扫清了障碍,也有利于创作;人性是人的社会属性、人性是人的自然属性与社会属性的统一、人性是人的共同人性与阶级性的统一等人性观,获得了广泛的支持,文艺创作反映或印证了这些理论探索的成果,促进了文艺的发展;学界开始正视和重视人的自然属性,不但承认其合理性,而且也肯定了它对人的日常行为的影响,并要求文艺反映这些人性因素。在这些观念的影响下,文艺对共同人性的描写逐渐增多了。当时,文艺对人性的描写表现在:重视表现人的本能、生命欲求、动物性等自然属性;重视表现不同阶级、阶层的共同性或共通性,如对自然的欣赏、追求爱、要求情感满足等等;重视表现人在追求真善美的过程中的人性亮点;重视人性对狭隘的阶级性的超越。但不可否认的是,当时对人的自然属性的描写就出现了一些矫枉过正的问题。在过去的创作中,人的自然属性往往遭到极端漠视、压制和批判,不满足这种状况,也由于受到生命哲学、精神分析等国外哲学与文学思潮的影响,文艺创作空前重视人的自然属性。这当然有其合理性,但是,有些作品热衷于挖掘与展示人的本能、性欲、冲动等因素,不遗余力地反对社会、文化、文明、伦理道德,结果丧失了人的特性和超越性。这种倾向很快就遭到了一些批评家的反对,诸如,"只承认人的自然属性,否定其社会属性,固然是违背马克思主义的;而承认了人的社会属性,但把人的自然属性抽象化、永恒化,把它与社会属性相割裂,相对立的二元化的人性观,也不符合马克思主义。"[①]"有的作品还提倡抽象的人道主义,抽象的'爱',根本抹煞是非、善恶的界限,抹煞正义与邪恶、革命与反革命的界限,把一切都加以颠倒,或企图用抽象的人道主义,抽象的爱的说教来解决社会矛盾。"[②]此外,某些作品也没有处理好阶级性与人性、人情的关系。一些作

---

① 张韧、杨志杰:《从〈啊,人……〉到〈人啊,人〉——评近几年文学创作中的人性、人道主义问题》,《文学评论》1984年第2期。

② 何玉林:《黄枬森等在纪念马克思逝世一百周年学术报告会上的发言摘要》,《人民日报》1983年3月14日。

家片面地夸大人性、追求极端纯粹的人性和超越阶级性的人性,并由此走向了否定人的阶级性、社会性的偏颇,有理论家也干预了这种倾向,要求在描写人情时仍然要作具体分析:"当然,我并不认为,一切'人情',都无一例外地包括这两个部分。事实上,这两部分在一个具体的'人情'中所处地位和所起作用是很不相同的,必须具体分析。"①人性及其与阶级性的复杂关系、文艺的审美性都决定了文艺反映阶级时的复杂性和特殊性:不同文艺门类表现阶级性的程度、层次、侧重点都有所不同,文学、影视、绘画可能直接些,音乐、舞蹈可能间接些;文艺对阶级性的表现与不同的创作方法有关,现实主义作品可能直接些,浪漫主义、现代主义作品可能含蓄些;阶级社会中的文艺可能更重视阶级性,和平时期的文艺可能更重视人性、人情,尽管如此,如果极端地强调阶级性或人性,可能都会损害文艺的表现效果,也不利于科学地分析文学、艺术史现象。因此,文艺理论应该总结正确处理阶级性与人性关系的规律,使文艺在二者的平衡中得以发展,也应该从这个角度出发去研究文学艺术家、文艺作品和其他文艺发展史现象。总之,这次讨论促进了对人性的全面认识,有助于克服以往片面的、机械的倾向,科学地对待人性及其描写;及时地纠正了描写人的自然性的泛滥,有利于文艺表现全面的人性;合理地界定了阶级性,纠正了以往无限夸大阶级性的偏颇,有利于文艺表现阶级性及其对人思想行为的影响,也有利于塑造人物和重新研究文艺史现象。

2. 文艺与异化的关系

把文艺与人性的关系再延伸一步,就成为文艺与异化的关系。如果承认社会主义社会存在着异化(思想异化、政治异化和经济异化)或异化现象,那么,文艺就应该表现、揭露和鞭挞这些异化或异化现象,以尽量减少它们。相反,如果否认社会主义社会存在着异化或异化现象,那么,文艺也就无所谓再去表现这些现象了。学界存在着有无异化或异化现象的分歧,这样的分歧必然会影响到文艺,并在文艺观上表现出来。俞建章认为,阶级是人类特定时期的社会现象,阶级

---

① 胡义成:《人、人情、人性》,《社会科学》1980年第1期。

是从人中派生出的现象,阶级性是人性的异化。文学应该表现人性的异化和复归:"如果说,人的异化现象发生在社会主义社会同发生在资本主义社会有什么不同,那就是,由于排除了生产资料私有制,在今天的社会中,人的异化过程也是这种异化被自觉地认识、被积极地摒弃的过程,是人自觉地向合乎人性人的自身复归的过程。"①与此相反,计永佑认为,社会主义不存在异化劳动,这样,"异化论既然不能正确地解释我们的社会主义社会的现实生活,当然也无从正确地指导我们的社会主义社会现实生活的文艺创作,也无从正确地体现社会主义文艺的客观规律","也无助于正确地反映与区别两种不同性质的矛盾","也无助于正确地处理文艺作品的歌颂与暴露问题"。②事实证明,社会主义存在着异化或异化现象,文艺也应该表现它们。

3.文艺与人道主义的关系

新时期以来,随着《班主任》等"伤痕文学"的出现,描写人性、人道主义的作品越来越多,《啊,人……》、《人啊,人》、《爱,是不能忘记的》等作品的名称就可见一斑。出于对"文革"的反思和对现实生活中无视人的价值等现象的抗议,这些作品的出现是必然、必要而合理的。这些作品与学界就人性、人道主义、异化问题展开的讨论相呼应,通过感性、情感触及到人的问题,甚至具有更大的冲击力。因此,文论界大都对文艺作品中的人道主义主题持肯定态度。其中,一部分论者继续按照"文学是人学"的方向发展,钱谷融重新论证了人道主义之于文学的意义:"文学既以人为对象,既以影响人、教育人为目的,就应该发扬人性、提高人性,就应该以合于人道主义的精神为原则。"他还从文学评价标准的角度肯定了人道主义:"人道主义原则是评价文学作品的一个最基本、最必要、也可以说是最低的标准。"③高尔太与钱谷融的观点不谋而合,他从艺术本质的角度肯定了人道主义与艺术的密切联系:"历史上所有传世不朽的

---

① 俞建章:《论当代文学创作中的人道主义潮流》,《文学评论》1980年第5期。
② 计永佑:《异化论质疑》,《时代的报告》1981年第4期。
③ 钱谷融:《〈论"文学是人学"〉一文的自我批判提纲》,《文艺研究》1980年第3期。

伟大文学艺术作品,都是人道主义的作品,都是以人道主义的力量、即同情的力量来震撼人心的。……艺术本质上也是人道主义的。"①另一部分论者则从新时期文学中寻找人道主义的合理性。何西来从文学潮流嬗变的角度指出:"人的重新发现,是新时期文学潮流的头一个,也是最重要的特点,它反映了文学变革的内容和发展趋势,正是当前这场方兴未艾的思想解放运动逐步深化的重要表现。"其三个标志为"从神到人"、"爱的解放"、"把人当人",重新发现人在文学上表现为,人性、人情、人道主义的重新提出。②但是,也有论者反对把人道主义与社会主义文学联系起来。王善忠反对用人道主义衡量社会主义文学:"社会主义文学首先是把共产主义思想作为自己的核心,其次它主要塑造无产阶级英雄和社会主义新人形象。这两个特点就不是人道主义所具有的,因为这是两种不同质的潮流,决不能混同或互通。"③洁泯则反对以人道主义潮流来概括新时期文学创作:"在文学思想上,把近几年来的文学成就,都归结为'人道主义的潮流',将充满着时代精神和革命激情的文学成绩,都划到抽象的人道主义里面去……把抽象的人、抽象的人道主义作为准绳来解释历史的变化和文学的变化,必将得出谬误的结论,最后将导致背离马克思主义和社会主义。"④后来,刘再复高度地肯定了人道主义之于新时期文学的意义:"我们可以找到一条基本线索,就是整个新时期的文学都围绕着人的重新发现这个轴心而展开的。新时期文学作品的感人之处,就在于它是以空前的热忱,呼唤着人性、人情和人道主义,呼唤着人的尊严和价值。"⑤他还从四个方面为人道主义进行了辩护,人道主义由此在社会主义文学中取得了合法性:"毫无疑问,我们的社会主义文学应当成为最富有人情、人性、人道主义精神的文学。那种以反对抽象的人道主义为名,硬把社会主义描绘成非人道主义的文学,将给社会主义文学带来极大

---

① 高尔太:《人道主义与艺术形式》,《西北民族学院学报》1983年第3期。
② 何西来:《人的重新发现》,《红岩》1980年第3期。
③ 王善忠:《社会主义文学与人道主义问题》,《文学评论》1984年第1期。
④ 洁泯:《文艺批评面临的检验》,《光明日报》1983年12月8日。
⑤ 刘再复:《文学的人道主义本质的回复和深化》,《新华文摘》1986年第11期。

的错误和不幸。"①

这场讨论开始于70年代末，一直持续到80年代中期，并达到高潮。随着政治力量对这次讨论的介入，特别是以胡乔木代表中央意识形态主管部门发表的《关于人道主义和异化问题》一文②为标志，讨论受到影响，这方面的文章逐渐减少。事实上，人道主义讨论不仅仅存在着思想观念的分歧，还掺杂了政治、人事等方面的分歧。因此，这次讨论始终与政治密切相关，在广泛而热烈的讨论背后，始终存在着政治力量的干预，学术与政治的矛盾几乎贯穿始终，这种现象在胡乔木代表意识形态主管部门对这些问题所做的权威性结论和讨论中所发生的一些重要事件中都有所反映。结果，周扬等倡导或支持人道主义的几位重要理论家作了公开、非公开的检讨，学术讨论还导致了一些人事方面的变动，由此可见政治对这次讨论的巨大影响。③客观地说，在这次讨论中，虽然反对共同人性、人道主义的学者为数不少，但是，赞同共同人性、人道主义的论者则因其强烈的现实针对性和历史合理性获得了更多的同情与道义上的支持。实际上，人道主义、人性不仅仅是理论问题，更是历史和现实的问题。李泽厚就从这个角度看，肯定了支持共同人性、人道主义的学者所占据了的制高点："没能具体地科学地考察中国这股人道主义思潮的深厚的现实根基、历史渊源和理论意义，也就是说，这批判没有注意到这股人道主义思潮有其历史的正义性和现实的合理性。批判离开了这个活生生的现实，仍然是就理论谈理论，从而这批判也抽象、空泛、贫弱，离开了正在前进中的中国社会实践，它当然不

---

① 刘再复：《文学的人道主义本质的回复和深化》，《新华文摘》1986年第11期。
② 胡乔木吸收了知识界的一些意见，并代表意识形态主管部门对这些问题做了权威性的结论，这就是影响甚广的《关于人道主义和异化问题》，此文首先发表于《人民日报》1984年1月27日，后来又发表于中央理论刊物《理论月刊》1984年第2期，之后人民出版社又在1984年出版发行了《关于人道主义和异化问题》的单行本。
③ 关于这次讨论的详情和周扬参与讨论的情况可以参考《忆周扬》（王蒙、袁鹰主编，内蒙古大学出版社1998年版）、《晚年周扬》（顾骧著，文汇出版社2003年版）、《知情者眼中的周扬》（徐庆全著，经济日报出版社2003年版）、《唐达成风雨五十年》（香港溪流出版社2005年版）等著作，以及其他一些回忆性文章或学术论文。

能取胜。"①之后，一方面少量的这方面的讨论还在继续；另一方面，这些问题又被转化为其他问题得到了讨论。应该说，这次讨论有其必然性和合理性，而且，由于讨论自由度的扩大，这次讨论取得了不少的成绩，既有理论价值，又对创作产生了一定的指导意义。而且，还对以后的文艺主体性等问题的讨论奠定了基础。这次讨论取得了重要的理论成果，有助于我们认识人性、人道主义，也有助于我们科学地理解文艺与人性、人道主义的关系。而且，这次讨论以理论的方式介入历史和现实问题，能够帮助我们思考"文革"和80年代在处理人的问题上的缺陷，这次讨论还推进了文艺对人的表现。

在中国当代文艺理论史上，人性、人道主义讨论具有重要的意义。今天，我们的社会有了很大的进步，尊重人和人道主义的状况都有了相当大的改善和提高，但是，在对待人的问题上，无论是现实生活还是文艺都有不尽如人意之处。而且，由于市场经济和商品经济的发展，经济(特别是商品拜物教、金钱)和权力对人的尊严和健全的人性形成了极大的威胁，甚至还是扭曲人性的最主要的因素，人性的全面发展和文艺所面临的挑战依然严峻。鉴于此，我们至今仍然需要从这次讨论中汲取经验教训，无论对于现实还是对于文艺理论、文艺创作都是大有好处的。

原载《艺术百家》2010年第1期

---

① 李泽厚：《中国现代思想史论》，东方出版社1987年版，第209页。

中国当代文艺理论对文艺与意识形态关系的探索*

在文艺理论（尤其在马克思主义文艺理论）中，对文艺与意识形态之间关系的理解具有非常关键的意义，它不仅直接决定了对文艺本质的解释，而且还影响了对文艺其他理论问题的解释和文艺创作。这样，文艺与意识形态的关系，不仅是贯穿马克思主义文艺理论史的重要问题，它也是贯穿中国当代文艺理论发展史的核心问题。

一、20世纪五六十年代关于文艺与意识形态关系的探索

关于文艺与意识形态关系的研究，较早可以追溯到20世纪20年代。早期马克思主义理论家李大钊在《我的马克思主义观》等多篇文章中都谈到了文艺与意识形态的关系。其中，在《马克思的历史哲学与理恺尔的历史哲学》中，李大钊论述了文艺在社会结构中的位置："马克思的历史观，普通称为唯物历史观……喻之建筑，社会亦有基础与上层。基础是经济的构造，即经济的关系，马氏称之为物质的或人类的社会的存在。上层是法制、政治、宗教、艺术、哲学等，马氏称之为观念的形态，或人类的意识。"[①]值得注意的是，李大钊就是把文艺作为上层建筑的意识形态来看待的，而且，这个观点对此后的马克思主义文艺理论产生了深远的影响。之后，萧楚女和"创造社"的成仿吾、冯乃超、李初梨都有过类

---

* 本文是中国社科院院级课题、国家社科基金后期资助项目《中国当代文艺理论研究》（1949—2009）的成果。

① 李大钊：《马克思的历史哲学与理恺尔的历史哲学》，《向着新的理想社会——李大钊文选》，远东出版社1995年版，第295页。

似的表述。20世纪30年代,瞿秋白依据列宁的相关论述对这个问题进行了更为明确的表述:"乌梁诺夫(指列宁——引者注)认为艺术反映实质,艺术是一种特别的上层建筑,一种特别的意识形态,它反映实质而且影响实质:意识是实质'镜子里的形象',实质并不受意识的'组织',而是实质自己在'组织'意识;然而意识并不是消极的,它的确会影响到实质方面去;阶级是在改变着世界而认识世界。"①把文艺作为上层建筑、意识形态已经成为中国马克思主义文艺理论看待文艺的基本视角,这个成果也被直接吸收到毛泽东的《在延安文艺座谈会上的讲话》中:"作为观念形态的文艺作品,都是一定的社会生活在人类头脑中反映的产物。"②这个基本观点成为中国共产党理解和指导文艺的重要理论依据,也是中国马克思主义文艺理论、当代文艺理论理解文艺本质的基本观点。

  20世纪50年代,中苏关系密切,因此,还应该考虑苏联文论界对这个问题的理解,其中,其大学教材对中国的影响尤其深刻。季摩菲耶夫《文学原理》是苏联高等教育部指定的大学语文系、师院语文系使用的唯一的文学理论教材,这部著作把文艺视为一种意识形态,并着重从形象、形象性来阐述其特殊性。1954年春到1955年夏,苏联的依·萨·毕达可夫应邀到北京大学中文系为研究生和全国的中青年教师进修班开设《文艺学引论》的课程,毕达可夫在讲稿中也是从意识形态来看待文学的:"承认外在世界的存在及其在人类头脑中的反映,这是马克思列宁主义认识论的基础,也是了解作为意识形态的艺术本质的方法论的基础。"③50年代,苏联学者斯卡尔仁斯卡娅在中国人民大学哲学系授课时指出,"艺术是一种社会意识形态",她认为,在马克思主义的视野中,文艺具有这些规定性,"马克思列宁主义美学按照辩证唯物主义和历史唯物主义的规律确定:第一,艺术是产生于存在的特殊的社会意识形态,是一种思想活动。第二,艺术按照社会运动的一般规律发展。第三,艺术是认识和反映客观现实的一种特殊方

---

① 瞿秋白:《论弗里契》,《瞿秋白文集》(文学编)第二卷,人民文学出版社1998年版,第270页。
② 毛泽东:《毛泽东论文艺》(增订本),人民文学出版社1992年版,第8页。
③ 转引自毛庆耆等:《中国文艺理论百年教程》,广东高教出版社2004年版,第183页。

法。第四，艺术有巨大的社会改造意义。它在阶级斗争和社会发展中起着积极的作用。"①北京师范大学中文系也邀请苏联专家维·波·柯尔尊讲学，其讲稿《文学概论》也同样把文艺作为一种特殊的意识形态。这些观念不同程度地影响了中国文论界。尽管如此，我国也大都从社会意识形态的角度来看待文艺本质的，我国文论界与对苏联文论界文艺本质的解释大致相同。

20世纪60年代，在高教部的领导下，文艺理论界编写了两部文学理论教材，即蔡仪主编的《文学概论》和以群主编的《文学的基本原理》。其中，《文学的基本原理》是把文学作为"一种社会意识形态"看待的，具体来说，它与其他社会意识形态性具有共同的性质和特点："都是客观的现实生活在人们头脑中的反映，都被社会经济基础所决定，又反转来影响于一定的社会生活，对社会经济基础的巩固和发展，起促进、推动或阻碍、破坏的作用。"②之外，文学还有其他的规定性，诸如"文学用形象反映社会生活"、"文学是语言的艺术"等。《文学概论》出版于1979年，但教材的编写主要是在20世纪60年代进行的，教材的文学本质观也基本上代表了60年代学界的基本认识，即"文学是反映社会生活的特殊的意识形态"。③这种意识形态的特殊性在于，它是"文学社会生活的形象的反映"、"文学是语言的艺术"。这样看来，两部教材对文艺本质的理解大致相同。

在20世纪五六十年代，我国文论界基本上把文艺理解为一种社会意识形态。

二、20世纪七十到九十年代关于文艺与意识形态关系的探索

文论界对文艺与上层建筑关系的讨论，可避免地涉及文艺与意识形态的关系，有时这两种讨论是交叉进行的。因此，有必要了解文论界对文艺与上层建筑关系的讨论，甚至也可以把它们视为讨论文艺与意识形态关系的组成部分。

---

① [苏]斯卡尔仁斯卡娅：《马克思列宁主义美学》，中国人民大学出版社1957年版，第247页。
② 以群主编：《文学的基本原理》，上海人民出版社1980年版，第32页。
③ 蔡仪主编：《文学概论》，人民文学出版社1983年版，第1页。

（一）关于文艺与上层建筑关系的探索

新时期以来，发生了两次关于文艺与上层建筑关系的讨论，这些讨论涉及了马克思主义的历史唯物主义原理以及马克思主义对文艺在社会结构中的位置的理解，也成为理解文艺与意识形态关系的关键。

新时期以来，首次涉及文艺与意识形态关系问题的讨论，是由文艺是否属于上层建筑的讨论引发的。讨论的起因缘于朱光潜质疑文艺属于上层建筑的观点"艺术是意识形态但非上层建筑"，这个观点连续地出现在他在新时期伊始所发表的两篇论文《研究美学史的观点和方法》（《文学评论》1978年第4期）、《上层建筑与意识形态之间关系的质疑》（《华中师院学报》1979年第1期）和《西方美学史》重版(1979年)序言这些论著中。

这次讨论也受到了前苏联对这个问题讨论的影响，因此，这里有必要介绍一下前苏联对这个问题讨论。在20世纪50年代，苏联曾就这个问题展开过讨论，其导火线是斯大林的《马克思主义与语言学问题》的发表。在这篇文章中，斯大林对历史唯物主义的理解，为重新理解经济基础、上层建筑、意识形态之间的关系提供了新的可能，他指出："基础是社会发展的一定阶段上的社会经济制度。上层建筑是社会的政治、法律、宗教、艺术、哲学的观点，以及和这些观点相适应的政治、法律等设施。"[①]这样，上层建筑中的意识形态消失了，这与马克思主义的论述存在着一定的距离，上层建筑与意识形态的关系再次成为讨论的焦点。在讨论这篇文章时，特罗菲莫夫承袭了斯大林的思路，并落实到文艺上，即文艺中既包含着上层建筑的因素，也就是作品的大部分思想；又包含着诸如客观真理、审美价值等非上层建筑的因素，它们比上层建筑的存在更为长久。这个判断为否定文艺的上层建筑性质奠定了基础。之后，特罗菲莫夫又继续从斯大林那里寻找理论的支持，在他看来，马克思主义只把文艺列入了意识形态，并没有把文艺列入上层建筑，上层建筑仅仅包括政治和法律，事实上，他已经彻底地否定了文艺的上层建筑属性。他的这些观点有一些支持

[①] 斯大林：《马克思主义与语言学问题》，人民出版社1957年版，第3页。

者，但也遭到了多数讨论者的批判。后来，《哲学问题》编辑部的综述文章《论艺术在社会生活中的地位和作用》在总结这次讨论时指出，文艺既属于上层建筑，又属于意识形态，这是马列主义的基本观点。在这次讨论中，尽管有学者试图否定文艺的上层建筑属性，但是，文艺的意识形态性或文艺是一种社会意识形态则没有异议。实际上，把上层建筑视为文艺的本质，并以此来概括文艺与上层建筑的关系并不科学，但是，文艺是不可能完全脱离上层建筑的，这也是我们应该从讨论中获得的启示。而且，这次讨论很快就对中国学界产生了一定的影响:中国学界在50年代初期也展开了对上层建筑、意识形态等问题的讨论，某些结论也受到苏联的影响；《论艺术在社会生活中的地位和作用》被翻译为中文后发表于《学习译丛》，又被收入《苏联文学艺术论文集》(学习杂志出版社1954年版)，对当时中国的讨论产生了一定的影响，其影响甚至延续到新时期。

朱光潜在重新学习马列著作的过程中，也受到了苏联讨论的影响，他重新解释了上层建筑与意识形态之间的关系。在《上层建筑与意识形态之间关系的质疑》中，朱光潜认为，马克思主义经典作家对意识形态与上层建筑关系的理解存在着分歧，主要表现在：马克思、列宁讲的上层建筑不包括意识形态在内；在恩格斯的早期著作(即《反杜林论》)中，上层建筑偶尔也包括意识形态；斯大林提出的"上层建筑包括意识形态在内"混淆了上层建筑与意识形态，甚至在二者之间画等号、抹杀了其差别。因此，他研究后认为，马克思的看法是正确的，可以概括为，意识形态不属于上层建筑，只有政治、法律机构才是上层建筑；意识形态与上层建筑是有差别的，不能以意识形态代替上层建筑。斯大林认为，"……上层建筑同生产、同人的生产活动没有直接联系。上层建筑是通过经济的中介、通过基础的中介同生产仅仅有间接的联系。……上层建筑活动的范围是狭窄和有限的"[①]。朱光潜以此为根据说明斯大林的观点是错误的，提出了支持其结论的四个理由，并坚决反对把意识形态等同于上层建筑，并取消上层建筑的做法。具体到文艺，文艺是一种意识形态，但它并非上层建筑。同时，他也承认，他与特罗菲莫夫的观点不谋而合，他并不认同《论

---

① 斯大林：《马克思主义与语言学问题》，人民出版社1957年版，第7页。

艺术在社会生活中的地位和作用》一文对特罗菲莫夫的批评。①

以朱光潜的文章为导火线，学术界就文艺与上层建筑、意识形态的关系展开了讨论，《哲学研究》、《文学评论》等刊物发表了相关的讨论文章。此外，其他一些刊物也刊登了讨论这个议题的文章，如姜东赋的《略说"社会意识形态不在上层建筑之外"及其他》（《天津师范学院学报》1979年第3期）、吕德申的《有关历史唯物主义的一点理解——与朱光潜先生商榷》（《北京大学学报》1980年第1期）等。就这些讨论而言，问题主要集中于两个方面：意识形态与上层建筑的关系、文艺是否属于上层建筑，我们先来看第一个问题。吴元迈最先质疑了朱光潜的论述，并提出了自己的看法：马克思、恩格斯、列宁和斯大林对于意识形态与上层建筑关系的论述是一致的，他们的著述中不存在朱光潜所讲的分歧，更不存在斯大林与马克思、恩格斯的对立；在马克思主义经典作家的著述中，意识形态都没有被排除于上层建筑，马克思、恩格斯、斯大林都是如此；在《反杜林论》、《社会主义从空想到科学的发展》和1980年9月21(-22)日给约·布洛赫的信中，恩格斯所讲的上层建筑都是包含意识形态的，恩格斯的看法是前后一致的，绝不是偶尔才让上层建筑包括意识形态的；朱光潜反对斯大林的四个理由都是站不住脚的，他所反对的观点(即以意识形态代替上层建筑，或在二者之间画等号)非斯大林的观点。基于这些认识，吴元迈得出结论："意识形态属于上层建筑是不容置疑的"。就文艺而言，他反对特罗菲莫夫所持的文艺非上层建筑的观点，基本认同《论艺术在社会生活中的地位和作用》一文对特罗菲莫夫的批评，并坚持认为：文艺既是一种社会意识形态，又是上层建筑。②客观地说，吴元迈获得了多数讨论者的支持。之后，张薪泽质疑了吴元迈的观点，实际上是为朱光潜辩护。在他看来，理解马克思主义关于上层建筑与意识形态的关系，应该着眼于以下几点：（一）马克思与斯大林对于上层建筑与意识形态关系的认识是有区别、不一致的。（二）意识形态与生产没有直接的联系，但是，斯大林在分析上层建筑时却说，上层建筑与生产没有直接联系。因

---

① 朱光潜：《上层建筑和意识形态之间关系的质疑》，《华中师院学报》1979年第1期。
② 吴元迈：《也谈上层建筑与意识形态的关系》，《哲学研究》1979年第9期。

此，他显然排除了政治和法律设施，把上层建筑与意识形态等同了。朱光潜引用斯大林的话及其四个理由，能够支持其论点。（三）马克思、恩格斯在严格意义上论及上层建筑与意识形态的关系时，上层建筑不包括意识形态；在一般论及二者关系时，上层建筑则包括了意识形态。因此，上层建筑只包括了一部分而不是全部的意识形态，也就是说，有必要把意识形态区分为上层建筑的意识形态、一般的意识形态。（四）应该分析不同意识形态的具体情况。①应该说，张薪泽对意识形态的区分是合理的，避免了笼统地谈论意识形态，启发我们具体分析意识形态的实际作用，但他没有说明艺术与上层建筑的关系。

我们再来看第二个问题文艺是否属于上层建筑？客观地说，在这次讨论中，多数学者都主张文艺属于上层建筑。但是，即使如此，由于他们对于上层建筑、意识形态及其关系的认识存在着差别，这些差别必然影响了他们对文艺上层建筑属性的解释，并进一步影响到对文艺本质的认识。蔡厚示认为，文艺具有上层建筑属性，但它是特殊的上层建筑："文学在上层建筑中有它的特殊性，而且包含了某些非上层建筑性质的成分。"②他还分析了其特殊性的具体表现。刘让言肯定文艺是上层建筑的意识形态，文艺与其他上层建筑具有共性、普遍性、一般性。同时，他也肯定了文艺作为上层建筑的特殊性、个性："作为一种特殊的上层建筑意识形态的文学艺术，它本身是包含有非上层建筑因素的，尽管这种非上层建筑因素在文学艺术作品中并不是主要的和起决定作用性质的因素。"③此外，这次讨论还涉及自然科学和语言是社会意识形态，还是社会意识形式？也就是说，是否存在着意识形态与意识形式的区分。多数人都承认，应该肯定自然科学和语言不属于经济基础的上层建筑。多数讨论者都认为，应该承认艺术作品与艺术观点是有区别的，但是，它们并不是对立的，更不能依据这种"区别"来判定艺术观点是上层建筑的、艺术是非上层建筑的。

---

① 张薪泽：《〈也谈上层建筑与意识形态的关系〉一文质疑》，《哲学研究》1980年第5期。
② 蔡厚示：《作为上层建筑的文学的特殊性》，《文学评论》1980年第4期。
③ 刘让言：《论文学艺术的社会本质》，《兰州大学学报》（社会科学版）1981年第2期。

客观地说，从相关的讨论文章看，占主导地位或多数人的意见是，文艺既是一种社会意识形态，又属于上层建筑。应该指出的是，这次讨论取得了一定的成果，以下几点是值得肯定的。第一，虽然这次讨论主要围绕"文艺是否属于上层建筑"这个问题展开的，但是，讨论者都有意无意地认同文艺是一种社会意识形态，也可以说，这个观点已经成为讨论的共识或前提，并成为这次讨论的重要收获，这也是我们这里应该关注这次讨论的主要原因。第二，应该区分上层建筑，即一般的上层建筑与特殊的上层建筑；物质的上层建筑与观念的上层建筑；建立在经济基础上的政治、法律等的机构、设施与政治、法律、道德、哲学、艺术、宗教等社会意识形态。第三，要分析上层建筑的阶级性：统治阶级的文艺和被统治阶级的文艺都是特定经济基础之上的上层建筑的组成部分，但二者服务的对象不同，而且，它们分别处于支配和被支配的不同地位。第四，作为特殊的上层建筑，文艺含有非上层建筑的因素。

鲁枢元与曾镇南等学者关于文艺在社会结构中的位置及文艺超越性的论争，是新时期涉及文艺与上层建筑关系问题的第二次讨论。这次讨论在新的背景下重新提出了文艺在社会结构中的位置，可以说，这次讨论承接了朱光潜提出的话题，但是，后来的讨论主题偏离来讨论者的初衷，主要是围绕与文艺的意识形态的关系展开的。这次讨论的背景和大致过程是这样的，鲁枢元在1986年10月18日《文艺报》发表了《论新时期文学的"向内转"》，这篇文章引起了激烈的争论，编辑部为了缓和气氛，特邀请鲁枢元再写一篇辩驳性的文章，鲁枢元就在1987年7月11日《文艺报》发表了《大地与云霓——关于文学本体的思考》，此文又引发了新的争论。曾镇南在《文艺争鸣》1988年第1期发表了《文学，作为上层建筑的悬浮物……》来批评了鲁枢元，鲁枢元又在1988年3月25日《文论报》发表了反批评的文章《思维模式的歧义——谈曾镇南对我的批评》，之后，作为讨论主要阵地的《文艺争鸣》又刊发曾镇南的反批评文章《支离破碎的思维——评鲁枢元对我的反批评》(《文艺争鸣》1988年第6期)，以及李思孝等多位学者的讨论文章。[①]

在《大地与云霓》中，鲁枢元依据他对马列主义经典著作的解读，以比喻

---

① 鲁枢元：《文学的内向性——我对"新时期文学'向内转'讨论"的反省》，《中州学刊》1997年第5期。

的方式指出了文艺在社会中的位置:"从马克思主义的经典著作中,我们可以得出这样的结论:文学艺术与哲学、宗教一样,是高高地飘浮在人类社会历史活动空间之上的东西,是人类精神上空飘浮着的云,它和人类社会经济政治生活的关系,就像是天上的云霞虹霓与大地的关系一样。"同时,他还强调社会生活与文艺的关系:"文学艺术这片云霓虽说是高高地飘浮在人类精神生活的空中,但它并没有背离人类赖以立足的物质生活的大地。"鉴于此,应该从文艺与社会生活的这种关系出发去认识文艺的本体,即"精神之花注定是要扎根于社会物质生活的土壤之中。但是我们又不能不注视到,在整个人类构架中,文学艺术正因为高高地悬浮于上空,像天上的云彩一样,所以文学艺术这类意识形态才有可能更充分地显示出人类精神的灵幻性、微妙性、丰富性、流动性、独创性。这里谈的并非文学艺术风格问题……如果我们的文学艺术不能腾飞到人类精神生活的上空,那么我们的文学艺术作为人类的精神活动产品,其品位质地就是不够格的。"①同样,他也是从这样的角度来看待文艺现象、对待文艺创作的。这篇文章发表后,引起了激烈的讨论,其中,鲁枢元与曾镇南的争论尤为激烈。鲁枢元与曾镇南的分歧主要表现在:第一,他们对上层建筑的解释不同:鲁枢元从比喻的角度来对待经济基础与上层建筑的关系,并从空间的层次上来认识各种意识形态的位置;曾镇南认为,经济基础与上层建筑这对科学范畴主要用来说明社会物质关系与社会思想之间的因果联系,它们说明了思想、意识形态的"非自在性、非自因性",并指导人们从物质生活中去理解意识形态、寻找其根源。由此看来,鲁枢元没有研究清楚上层建筑的真正含义,以机械的空间区分代替了对意识形态的科学研究,结果夸大、神话了意识形态。第二,对"高高地悬浮于空中的思想领域"有不同的解释:鲁枢元强调,从空间上看,文艺与哲学、宗教一样,它们的位置在政治、法律、道德之上,其位置决定了文艺的超越性更强,也更灵活;曾镇南认为,不能像鲁枢元那样直观地、从空间意义上理解这句话,而应该从意识形态与物质生活的

---

① 鲁枢元:《大地与云霓》,《文艺报》1987年7月11日。

关系方面来理解，即这句话说明了这些特殊的意识形态与产生它们的物质生活之间的"距离之远、中介之多、联系之隐蔽"的复杂关系。这样，从文学作为上层建筑中更高的悬浮物的性质出发，就应该承认文艺的"非自在性、非自因性"，并肯定其以形象反映社会存在和社会心理的意识形态特殊性。而且，关于"高高地悬浮于空中的思想领域"的认识对于指导创作的意义不大，其主要价值在于文艺研究。在这次讨论中，鲁枢元强调了文艺的超越性（"精神活动的高层次性"），其目的是为了清理机械论、工具论等"左"的文艺观的不良影响，并倡导文艺创作要遵循其规律和特点，其正确性、必要性和价值都是应该肯定的（如果考虑到当时文艺创作和理论的状况，就更显示了其意义）。尽管这篇文章并没有直接说文艺是否属于上层建筑，但是，表述的模糊（尽管他并不否认文艺与社会物质生活的联系）和散论式的报纸文体导致不少学者都认为他是借强调文艺的超越性来否认文艺的上层建筑属性，他把文艺置于上层建筑之上，并要文艺脱离现实生活。

讨论中，多数讨论者都主要是从文艺与上层建筑的关系介入这次争论的。除曾镇南外，李思孝和陈辽也都是这样认为的。李思孝认为，鲁枢元对马克思主义的经济基础等问题的理解上有偏颇，致使他得出了一些不符合马克思主义的结论。在他看来，应当这样看待文艺与上层建筑的关系："无论从哪一方面看，文艺作为上层建筑是无可怀疑的，它要受到经济基础的制约，也是理所当然的。"①陈辽对此稍作修正："文艺这一特殊的意识形态，是一种上层建筑现象，而不是简单的上层建筑。"就前者而言，文艺受到经济基础的决定和制约；就后者而言，旧时代的优秀文艺并不对经济基础的消失而消失。②当然，鲁枢元也不乏支持者。傅树声指出，鲁枢元又把朱光潜的观点向前推了一步（即文艺越远离经济基础，就越自由、越有可能获得精神产品的品质），并肯定了这次讨论。他综合朱光潜及其反对者的观点，得出了这样的结论："社会意识形态并不等于或属于上层建筑"。但是，还应该考虑到其特殊性："一般地说，社会意识形态并不是上层建筑，但

---

① 李思孝：《没有基础的空中楼阁》，《文艺争鸣》1988年第4期。
② 陈辽：《文艺是上层建筑现象》，《文艺争鸣》1988年第4期。

是，统治阶级的意识形态取得上层建筑的地位后，为维护或巩固其经济基础发挥作用，表现出既是社会意识形态，又是在上层建筑的地位上发挥作用这样一种双重性质。"①对于文艺来说，文艺是社会意识形态，但并不等于或属于上层建筑；文艺不会随经济基础、上层建筑和社会制度的崩溃而消失，相反，优秀的文艺仍然会保留下来继续发挥其作用；在社会主义革命胜利后，社会主义文艺发展成为社会主义经济基础的上层建筑，发挥着经济基础和上层建筑两方面的作用。

在这两次讨论中，学者对文艺是上层建筑的表述发生了一些变化：文艺具有上层建筑的属性、文艺是特殊的上层建筑、文艺属于观念性的上层建筑或文艺具有非上层建筑性。但是，大多数学者仍然认为，文艺是一种社会意识形态。这两次讨论都涉及了对意识形态与上层建筑关系的看法，客观上深化了讨论者对马克思主义的认识，促进了对文艺、意识形态、上层建筑之间关系的理解，并有助于认识文艺的本质。

（二）关于文艺与意识形态关系的探索

几乎与鲁、曾之争同时，文艺理论界也在就文艺与意识形态的关系进行着讨论，而且参与者众多、持续了多年，也可以说，这是相互影响、彼此联系与交叉的两次讨论。

1986年，栾昌大首先提出了文艺的"超意识形态性"："实际上，文学艺术作为整体现象，是最复杂的文化构成因素，它不仅作为意识形态的一种有自己的特性，而且具有意识形态性和超意识形态性这双重特性。也可以说，它的内涵和外延大于政治、法律等意识形态的概念。它可以作为文化的一个类，一个子系统，与意识形态有交叉却不能作意识形态的一个类，一个子系统。"②在这篇文章中，他以"意识形态性"或"非意识形态性"来界定文艺的本质，也与以前的"文艺是或不是意识形态"有所区分。此文发表不久，毛星撰文指出，意识形态指的是思想、观念体系和理论；"Ideologie"应该被译为"意识形式"，

---

① 傅树声：《文艺是上层建筑吗？》，《文艺争鸣》1988年第6期。
② 栾昌大：《关于文艺本质探讨的几个问题》，《吉林大学学报》1986年第3期。

而不是"意识形态";"Bewu Btseinformen"应该被译为"意识形态",而不是"意识形式";文学艺术的思想、理论和观念属于Ideologie,文学艺术属于Bewu Btseinformen。因此,为了正确地理解文艺与意识形态的关系,应该"按照马克思的原意,把Ideologie与Bewu Btseinformen区分开来,把政治的、宗教的、艺术的思想理论归属于Ideologie,而把政治、宗教、艺术等归属于Bewu Btseinformen,把'意识形态'这个译名从一向误为的Ideologie该为Bewu Btseinformen,不是个别词句问题,而是一个重大原则问题。"①这篇文章对当时和以后的讨论产生了很大的影响。栾昌大接受了苏联学术界和毛星的影响,在《文艺意识形态本性说辨析》一文中,系统地提出了他对意识形态、文艺与意识形态关系的看法。栾昌大首先界定了意识形态:"所谓意识形态,是社会意识的一种存在形式,是基本上出现于阶级社会中表现出阶级倾向性,至少要表现出一定社会倾向性的社会意识。反之,不表现一定社会倾向性的社会意识形式,就不能成为我们常说的意识形态。"②如果以此来衡量文艺,就可以发现新的看法:"把文艺作为一个整体来看,意识形态性既不是文艺的唯一特性,也不是文艺的基本特性,因此不能说文艺的本性是意识形态。"③即使那些具有强烈意识形态性的作品,意识形态也不是其唯一特性,它们还有其他特性,它们是"意识形态性和超意识形态性"的统一。而且,"斯大林不是说政治、法律、艺术等等本身就是意识形态,而是说社会对于政治、法律、艺术等等的观点才是意识形态。以艺术而论,对艺术的观点,就是怎样看待艺术的艺术观念。艺术观念,显然不同于艺术;艺术观念当然就是意识形态,而艺术却未必是。"④最后,栾昌大得出了这样的结论:"文艺作品就其总体而言,与哲学、政治、法律、道德等等相同,也具有双重性,甚至具有多重性,说它是社会意识形式之一比说它是意识形态形式之一更合乎逻

---

① 毛星:《意识形态》,《文学评论》1986年第5期。
② 栾昌大:《文艺意识形态本性说辨析》,《文艺争鸣》1988年第1期。
③ 同上
④ 同上

辑。"①与这个观点相似，董学文也提出，"文学艺术的特殊性在于它是意识形态和非意识形态的集合体"。他还提出："承认不承认、坚持不坚持文学艺术的意识形态与非意识形态的结合，同样是个'原则问题'。"②该文对社会意识形态与意识形式、文艺作品与文艺观的区分，也与栾昌大的文章相似。此外，还有一种同时反对文艺的"纯意识形态性"和"非意识形态性"的观点："文艺具有一种介乎两者之间的'准意识形态性'。"③

当"文艺的非意识形态"开始提出的时候，就遭到了一些学者的反对。吴元迈把这种观点视为非马克思主义的文艺观，并坚决反对这种观点："文艺的非意识形态化，是过去和现在一切非马克思主义文艺理论的共同特征。"④较早对栾昌大的观点提出批评的是牟豪成，他赞成文艺是一种特殊的意识形态，并否定了栾昌大的文艺本质观。他有几个观点值得注意：第一，从对物质基础的依赖和反映方面讲，"意识形态"、"意识形态形式"、"社会意识形式"的含义大致相同，不存在"原则的区别"，但是，"意识形态形式"与"社会意识形式"有区别，后者包括了意识形态和非意识形态。第二，他反对栾昌大把意识形态作为附加物："思想倾向性是作为社会意识形态的文艺本身客观具有的特性，并不是可有可无的附加物；马克思主义关于文艺的意识形态理论，是揭示文艺基本性质的合乎实际的科学，并非是需要屏弃的'传统观念'。"⑤陆梅林结合马克思主义经典论著考察了意识形态概念的变化，提出了他对意识形态的理解："意识形态，亦称观念形态，是历史唯物主义的基本范畴之一，是社会意识的一个重要方面，包括认识情感意志诸意识要素，在社会形态的结构中属于观念性的上层建筑，含经济思想、政治法律思想、道德、文学艺术、宗教、哲学等社会意识形式……它们相互联系，相互影响，构成意识形态的有机整体，是人们自觉地反映社会生活

---

① 栾昌大：《文艺意识形态本性说辨析》，《文艺争鸣》1988年第1期。
② 董学文：《马克思主义文艺学当代形态论纲》，《文艺研究》1988年第2期。
③ 邵建：《马克思主义文艺美学本质辨识》，《文艺争鸣》1991年第3期。
④ 吴元迈：《关于文艺的非意识形态化》，《文艺争鸣》1987年第4期。
⑤ 牟豪成：《不能否定文艺的意识形态理论》，《文艺理论批评》1989年第5期。

的比较稳定的，系统的思想形式。"①陆梅林强调，意识形态先有社会性，后有阶级性，不能认为意识形态仅仅存在于阶级社会。而且，作为意识形态的艺术有其特殊性。在这篇文章中，陆梅林还直接反驳毛星的观点，辨析了关于社会意识形式与社会意识形态、艺术作品与艺术理论的"二分法"的错误，并把二者都视为意识形态："恩格斯不仅始终坚持某些社会意识形式的观点是意识形态，而且始终坚持政治、宗教、哲学、艺术本身也是意识形态。"②在这个问题上，文章发表较早的毛崇杰也主张意识形态应该包括艺术。③在这个时期，钱中文赞同文学是社会意识形态，但主张也要充分考虑文学的"审美"特征，他较为详细地阐发了其"审美意识形态"理论。④可以说，这次讨论是新时期以来文艺理论界直接就文艺与意识形态的关系所展开的第一次讨论。从实际情况看，相当一部分学者是希望通过质疑文艺属于意识形态的观念（特别是强调文艺的非意识形态因素或非意识形态性），以摆脱"左"的意识形态和政治对文艺的束缚，为文艺创作提供更大的自由。此外，这次讨论还对21世纪学界关于文艺"审美意识形态论"的讨论产生了深远的影响，这次讨论的许多观点在"审美意识形态论"的讨论中都有所反映。

这次讨论有一些新的现象需要关注：文艺的非意识形态性作为问题出现并得到讨论；出现了要求区分社会意识形式与社会意识形态、文艺作品与文艺观点的呼声。客观地说，这些观点并没有获得多数学者的支持。

三、新时期以来关于"审美意识形态论"的讨论

（一）"审美意识形态论"的提出与确立

新时期以来，关于文艺与意识形态关系问题的探讨还集中在"审美意识形态论"的论争中。首先，我们有必要介绍"审美意识形态论"产生的大致过

---

① 陆梅林：《何谓意识形态》，《文艺研究》1990年第2期。
② 同上。
③ 毛崇杰：《也谈意识形态》，《文艺理论与批评》1988年第6期。
④ 钱中文：《论文学观念的系统性特征》，《文艺研究》1987年第6期。

程。在20世纪八十至九十年代，学界非常重视对文艺审美特征的研究，"文学审美特征论"、"审美意识论"、"审美反映论"、"审美意识形态论"、"审美价值结构论"、"审美中介论"等观念纷纷涌现，"审美意识形态论"是伴随着学界对文艺本质的探索出现的，并成为当时众多从审美介入文艺本质的一种有影响的观点，其发展线索大致如下。

1982年，张涵在论述文艺作品时指出，文艺作品是具有"审美性质的意识形态"，可以说，这是文艺"审美意识形态论"的萌芽，但他主要从作品展开论述的，还没有把这个判断提升到文艺本质的高度。① 稍后，钱中文涉及这个命题："文艺是一种具有审美特征的意识形态。"② 几乎与此同时，孔智光也涉及了这一命题："在我们看来，艺术的本质是审美的意识形态，是艺术家对客观现实生活的主观能动的反映，是对客观现实的再现与主观心理的表现的统一。"③ 之后，不断有学者提及这一命题：1983年，周波提出了这样的看法；1984年，江建文的两篇文章也有类似的提法。④ 从1984年以后，钱中文开始有意识地建构以这个命题为核心的理论体系。1984年，他重申，文学"是一种审美的意识形态"⑤ 1986年，他又提出："文学是一种审美的意识形态，其重要的特性就在于它的审美性和意识形态性。"⑥ 1987、1988年，他先后发表了《论文学观念的系统性特征》和《论文学形式的发生》（《文艺研究》1988年第4期），并形成了比较成熟的看法："从社会文化系统来观察文学，从审美的哲学的观点出发，把文学视为一种审美文化，一种审美意识形态，把文学的第一层次的本质特性界定为审美的意识形态性，是比较适宜的。""文学作为审美的意识形态，以感情为中心，但它是感情和思想认识的结合；它是一种自由想象的

---

① 张涵：《论艺术作品的审美性质》，《郑州大学学报》1982年第3期。
② 钱中文：《论人性共同形态描写及其评价问题》，《文学评论》1982年第6期。
③ 孔智光：《试论艺术时空》，《文史哲》1982年第6期。
④ 周波：《试谈文学批评标准的客观性》，《山东师范大学学报》（人文社科院版）1983年第6期；江建文：《要发掘生活中真正的美》，《学术论坛》1984年第1期；江建文：《列宁文艺批评思想略论》，《广西大学学报》（哲社版）1984年第1期。
⑤ 钱中文：《文艺理论的发展和方法更新的迫切性》，《文学评论》1984年第6期。
⑥ 钱中文：《最具体的和最主观的是最丰富的》，《文艺理论研究》1986年第4期。

虚构，但又具有特殊形态的多样的真实性；它是有目的的，但又具有不以实利为目的的无目的性；它具有社会性，但又是一种具有广泛的全人类性的审美的意识形态。"①钱中文把这些思考综合起来，形成了其文艺本质观，并构成了其专著《文学原理——发展论》（社科文献出版社1989年版）的主旨和框架。1989年，王元骧在《文学原理》（浙江教育出版社1989年版）中明确提出，"文学是一种审美意识形态"。1992年，童庆炳主编的《文学理论教程》吸收了这个观念："文学不仅是一般的意识形态，而且是审美意识形态。文学的一般意识形态性质是其普遍性质，而文学的审美意识形态性质则是其特殊性质。"②对文学的定义是："文学是显现在话语含蕴中的审美意识形态。"③后来，多次出版了这部教材的修订本，这个命题被许多学者和教材接受，"审美意识形态论"在学界、文艺理论教学中获得了巨大的影响。这样，学界通常都把钱中文、童庆炳、王元骧作为"审美意识形态论"的代表人物。需要说明的是，1910年，沃罗夫斯基在评论高尔基的文章中说过文学是"审美意识形态"；1975年出版的苏联美学家布罗夫的著作《艺术的审美实质》也提到过艺术是"审美意识形态"。但二者都没有明确的界定和详细的阐释，其中，布罗夫的提法还很有争议。这样看来，"审美意识形态论"应该是中国学者的创造。

（二）新世纪关于"审美意识形态论"的讨论

我们再介绍一下新世纪关于这个问题讨论的大致情况。2003年，单小曦质疑文学"审美意识形态论"，此文遭到了陈雪虎的反驳，之后，周忠厚也开始质疑文学"审美意识形态论"，这些文章④发表后，讨论逐渐平息。2005年，董学文的《文学本质界说考论——以"审美"和"意识形态"为中心》一文全面地质疑了

---

① 钱中文：《论文学观念的系统性特征》，《文艺研究》1987年第6期。
② 童庆炳主编：《文学理论教程》，高等教育出版社1992年版，第84页。
③ 同上，第94页。
④ 这些文章主要有单小曦：《"文学的审美意识形态论"质疑——与童庆炳先生商榷》，《文艺争鸣》2003年第1期；陈雪虎：《如何理解"审美意识形态论"——答单小曦的质疑》，《文艺争鸣》2003年第2期；周忠厚：《关于审美意识形态的几点思考》，《河北师范大学学报》（哲学社会科学版），2003年第6期。

文学"审美意识形态论",持文学"审美意识形态论"的学者开始反驳,以此为标志,学界再次对这一问题展开了争论。与此前的讨论相比,这次讨论的规模较大,参与讨论的学者也比较多,质疑、支持"审美意识形态论"的学者分别召开了围绕这个议题的讨论会,并出版了会议的论文集。①这次讨论涉及的议题比较多,为了论述的方便,我们把双方的主要分歧总结为五个主要方面。

(一)对于文学艺术是否属于社会意识形态存在着分歧,这种分歧源于对马克思主义经典著作的不同理解。其中,对《<政治经济学批判>序言》中如下段落的分歧尤为严重:"人们在自己生活的社会生产中发生一定的、必然的、不以他们的意志为转移的关系,即同他们的物质生产力的一定发展阶段相适合的生产关系。这些生产关系的总和构成社会的经济结构,即有法律的和政治的上层建筑竖立其上并有一定的社会意识形式与之相适应的现实基础……于是这些关系便由生产力的发展形式变成生产力的桎梏。那时社会革命的时代就到来了。随着经济基础的变更,全部庞大的上层建筑也或慢或快地发生变革。在考察这些变革时,必须时刻把下面两者区别开来:一种是生产的经济条件方面所发生的物质的、可以用自然科学的精确性指明的变革,一种是人们借以意识到这个冲突并力求把它克服的那些法律的、政治的、宗教的、艺术的或哲学的,简言之,意识形态的形式。"②具体分歧在于:(1)"那些法律的、政治的、宗教的、艺术的或哲学的"修饰的是"意识形态形式"还是"形式"?董学文认为,答案是"意识形态形式","自然科学"与它相对应,意识形态应该被理解为"综合思想体系",这样,文学、艺术的观念就属于意识形态,而文学、艺术则属于"意识形态的形式"。童庆炳、

---

① 2006年4月7—8日,北京大学中文系等单位联合召开了"文艺意识形态学说学术研讨会",会后,出版了李志宏主编《文艺意识形态论争集》(吉林大学出版社2006年版);北京师范大学文艺学研究中心编辑出版了《文学审美意识形态论》(中国社会科学出版社2008年版)之后,于2009年6月6日召开了"文学与审美意识形态研讨会"。关于这次讨论的过程可参阅刑建昌、徐剑:《关于文学"审美意识形态"论争的梳理和反思》,《人大复印资料·文艺理论》2008年第8期。

②《马克思恩格斯选集》第二卷,人民出版社1995年版,第32—33页。

钱中文则认为,"那些法律的、政治的、宗教的、艺术的或哲学的"是"意识形态"的同位语,省略的部分应该是"形式",也可以表述为法律的形式、政治的形式、宗教的形式、艺术的形式等等。在整个社会结构中,除了政治、法律上层建筑外,马克思把它们都视为经济基础之上的观念形态的东西,即意识形态。①或者说,"把法律、政治、宗教、艺术等称为意识形态,主要在于说明,它们作为诸种社会意识的表现,并非偶然的形成,而都是产生在一定的经济基础之上。对于作为已经产生、完成了的一种学说,一种观念形态,即一种意识形态来说,已经形成了一种客体性的东西,它们具有自身特定的形式:或是思想观念形态的,或是感性叙述形态的。"②(2)"社会意识形式"、"意识形态形式"中的"形式"能否翻译为"种类"?董学文认为,"形式"不能理解为"种类",原因是"因为原文表明,前者是对应与现实基础联系密切的'上层建筑'的,后者对应的实际上是自然科学,如果译成'种类',那就说不通了。"③这样,意识形态就成为一个"总体性"概念,文学艺术就只能成为"意识形态形式",而不是一种意识形态了。童庆炳则认为,原著中"社会意识形式"和"意识形态形式"中的"形式"都是复数而不是单数,从语意、逻辑关联和语法来看,"形式"应该理解为"种类"或"门类",自然,文学艺术也是一种意识形态。如果用意识形态的"总体性概念",就以意识形态性取消了意识形态自身的形式。(3)对这段话中"形式"的定语也存在着分歧。董学文认为,"当人们意识到经济基础和上层建筑之间的冲突并力求把它克服、但又不能用自然科学的精确性来指明那些东西的时候,如法律的、政治的、宗教的、艺术的或哲学的变革,这时,一言以蔽之,可以称之为'意识形态的形式'。"④这样,意识形态成了

---

① 童庆炳:《意识形态与文学艺术》,北京师范大学文艺学研究中心编:《文学审美意识形态论》,中国社会科学出版社2008年版,第119页。
② 钱中文:《对文学不是"意识形态"的考论的考论》,《文艺研究》2007年第2期。
③ 董学文:《文学本质界说考论》,《北京大学学报》2005年第5期。
④ 同上。

"总体性的概念",也就无所谓诸种意识形态了。钱中文认为,这样的解释并不符合马克思的原意,原因在于,这种理解首先删去了中文译文中形式的定语"那些",进而删去了形式的复数,最后又删去了诸种法律的、诸种政治的、诸种宗教的、诸种艺术的等"诸种"的复数,经过三次删除后,结果就成为"意识形态形式"了。[①]

(二)在理解马克思主义的"意识形态"概念上存在着分歧。(1)董学文是这样看待马克思、恩格斯所使用的"意识形态"概念的。他认为,"马克思本人从来就没有直接或间接地说过文学是某种'意识形态'"。意识形态是一个"思想综合体系",主要指"思想家通过意识完成的一个认识'过程',是指在'经济基础/上层建筑'总体结构中的功能性存在"。它有一定的规定性:"凡是'意识形态',就都属于'观念'和'思想体系'的范围,它既不指带有'意识形态'属性的其他存在方式,或存在形态本身,也同具体的'意识形态'存在形式,即'意识形态的形式'如法律学、政治学、宗教学、艺术学和哲学,不能完全等同或混淆。"[②]把意识形态视为"思想综合体系",文学艺术就是意识形态了,自然就更不是审美意识形态了。周忠厚、李志宏等学者也是这样认为的。钱中文等学者认为,除了思想体系外,意识形态还包括"感性叙述形态"或与"物质"领域相对的"精神"领域,认识、思想、理性、感性、感情、评价都属于意识形态的范围,这样,艺术学、艺术都属于意识形态,文学也是如此。而且,在《<政治经济学批判>序言》、《路易·波那巴的雾月十八日》和恩格斯在1890年给施密特的信中都包含了文学艺术属于意识形态的意思。从当代文论史看,毛星等学者在20世纪80年代就持这种观点,当时就遭到了陆梅林等学者的反对。(2)董学文等学者认为,马克思、恩格斯继承了特拉西的思想,主要是在虚假意识、虚假思想的含义上使用"意识形态"的,这个概念主要是贬义的。童庆

[①] 钱中文:《对文学不是"意识形态"的考论的考论》,《文艺研究》2007年第2期。
[②] 董学文:《文学本质界说考论》,《北京大学学报》2005年第5期。

炳等学者认为,马克思对特拉西的"意识形态"概念进行了革命性的改造,取其广义的、中性的意义,之后,恩格斯、列宁也都这样来使用这个概念的。而且,在希腊语中,"意识形态"由"观念、概念或形象"加"学说"构成,不仅仅指思想,马克思可能受此影响;根据黑格尔《精神现象学》汉译者贺麟、王玖兴的说法,精神现象学中常见的一个术语是"意识形态（形态为复数）",应直译为"意识诸形态",它不同于特拉西的"观念学",其中,哲学、道德、宗教、艺术都属于意识形态。这样看来,马克思的"意识形态"概念与希腊的词源学意义、黑格尔的"意识诸形态"都比较接近,这也是马克思可能这样使用此概念的原因。①（3）"社会意识形态"与"社会意识形式"的关系。在这个问题上,董学文认为,二者是有严格区别的："马克思……严格使用的是'社会意识形式'和'意识形态的形式'两个概念,用来指称他所要说明的对象……前者是对应于与现实基础联系密切的'上层建筑'的,后者对应的实际上是自然科学。"②他还由此得出了新的文学定义："准确地说,文学是可以具有意识形态性的审美社会意识形式,是审美社会意识形式的话语生产方式。"③王元骧从社会意识的不同构成因素中发现了其区别:社会意识分为"纯知识"的"社会意识形式"和"有价值导向性"的"社会意识形态"两种,其中,"意识形态作为自觉地反映一定社会经济形态和政治制度的思想体系,不同于一般的社会意识形式,就在于它不仅有知识成分,而且还有价值成分,其核心是一个价值观的问题。它的功能就在于凝聚社会成员的力量,动员社会成员为实现一定社会的共同目标去进行奋斗。"④与此相对,另一种观点认为,二者没有什么区别,几乎可以通

---

① 童庆炳:《意识形态与文学艺术》,北京师范大学文艺学研究中心编:《文学审美意识形态论》中国社会科学出版社2008年版,第121—122页。
② 董学文:《文学本质界说考论》,《北京大学学报》2005年第5期。
③ 董学文、李志宏:《文学是可以具有意识形态性的审美社会意识形式》,李志宏主编:《文艺意识形态论争集》,吉林大学出版社2006年版,第119页。
④ 王元骧:《我对"审美意识形态论"的理解》,《文艺研究》2006年第8期。

用，用社会意识形态界定文艺有其合理性。吴元迈认为，马克思、恩格斯是把文艺与宗教、道德、政治、法学等一起视为意识形态的。而且，他们还使用了"意识形态形式"、"意识的形式"、"意识形态领域"等表述，事实上，"而这些表述的涵义并不是相互矛盾和相互对立的，而是相同的和一致的。"①童庆炳虽区分了二者的含义，但仍强调二者的相通之处，即根据恩格斯的论述，在阶级斗争激烈和强大意识形态起作用的社会中，区别"社会意识形态"与"社会意识形式"没有多少实际意义。②胡亚敏比较"社会意识形式"和"意识形态"后得出这样的结论："意识形态"也可以是中性的；也可以通过限定获得其褒义；社会意识形态也可以是多样的。而且，学界使用"意识形态"是约定俗成的。因此，使用"社会意识形式"的必要性不大。③这样看来，董学文、李志宏等学者主张文学艺术是"社会意识形式"；吴元迈、童庆炳、王元骧等学者都主张，文学艺术属于意识形态，其中，王元骧等学者主张以"意识形态性"而不是"意识形态"来说明文学艺术的本质。

（三）"审美意识形态"是否科学？在应答对"审美意识形态"的质疑时，童庆炳以说明这个概念的方式来辩护这个概念："第一，'审美意识形态'不是审美的意识形态，不是审美与意识形态的简单相加。它本身是一个有机的完整的理论形态，是一个整体的命题，不应该把它切割为'审美'与'意识形态'两部分。'审美'不是纯粹的形式，是有诗意内容的；'意识形态'也不是单纯的思想，它是具体的有形式的。""第二，在我们强调'审美意识形态'的独立性的同时，也同时要看到，审美意识形态有巨大的融解力，一切政治的、道德的、教育的、宗教的、历史的甚至科学的内容都可以融解于审美

---

① 吴元迈：《再谈文艺和意识形态的关系》，李志宏主编：《文艺意识形态论争集》，吉林大学出版社2006年版，第3页。

② 童庆炳：《意识形态与文学艺术》，北京师范大学文艺学研究中心编：《文学审美意识形态论》，中国社会科学出版社2008年版，第125—127页。

③ 胡亚敏：《关于文学及其意识形态性质的思考》，李志宏主编：《文艺意识形态论争集》，吉林大学出版社2006年版，第92页。

意识形态中。反过来说也是一样，审美意识形态可以包容政治的、道德的、教育的、宗教的、历史的甚至科学的内容。审美意识形态是一个包容性很大的概念。""第三，就'审美意识形态'本身的内涵来看……文学既是无功利的也是有功利的；文学既是形象的，也是理性的；文学既是情感的，也是认识的。这就是说，文学审美意识形态作为一种理论具有复合性结构，它指明了文学活动具有双重的性质。"①后来，董学文等学者又质疑、否定了这个概念的科学性，董学文的看法很有代表性：在这个概念中，"如果用'审美'来统领'意识形态'，那是对意识形态内涵作了过于空疏宽泛的理解，'意识形态'是不适宜去'审美'的；如果倒过来用'意识形态'来笼罩'审美'，那又犯了以观念和政治挤压艺术的毛病，因为'审美'活动中的观念色彩本是很弱的。当然，我们可以把'审美'权当作'意识形态'的一个成分，但问题是，这样它又丢失了界定文学的其他重要成分，因为文学作为'社会意识形式'，其本质不只是'审美'"。因此，"'审美'和'意识形态'两个概念都非常歧义、含糊、抽象，而且它们的内涵和外延既相互排斥又相互包容。如果将'审美'和'意识形态'硬搭配在一起，成为一个固定词组，那就如同'两只脚的独角兽'或'苹果的水果'（或'水果的苹果'）称谓一样，这种亦此亦彼的判断，难以成为严格的定义方式。所以，把'审美意识形态'概念当作一个独立而完整的系统确有不当之处"②。"'审美意识形态'概念……从严格的学理意义上讲，是一个难以成立——或者干脆说不能成立——的'伪概念'。"③对此，钱中文认为，"审美意识形态论"的目的是为了促进文学回归自身，回归到其逻辑起点审美意识。或者说，审美与意识形态的融合形成了文学本质的新的系统质："实际也就是我们在上面论及的以审美意识为逻辑起点、历史地生成的审美意识形态所显示的最基本的复合特性：即在文字多种结构的样式中，文学的诗意

---

① 童庆炳：《怎样理解文学是"审美意识形态"？》，《中国大学教学》2004年第1期。
② 董学文：《文学本质界说考论》，《北京大学学报》2005年第5期。
③ 董学文：《文学本质界与唯物史观》，《文艺研究》2007年第6期。

审美与社会意义、价值、功能两者的融合，与这两个方面保持高度的张力与平衡。"①童庆炳以苏联美学家阿·布罗夫的观点为根据，说明审美这种具体的意识形态存在的合法性："'纯'意识形态原则上是不存在的。意识形态只有在各种具体的表现中——作为哲学的意识形态、政治意识形态、法意识形态、道德意识形态、审美意识形态--才会现实地存在。"②他还则从概念是否适应时代需要、是否符合文艺实践与是否合理三个方面说明"审美意识形态"是科学的。③与此相似，朱立元也认为，文学"审美意识形态"论"的确能够比较完整地概括文艺的本质特征，并具有较为广阔的包容性和理论涵盖性，能够适应新时期以来文艺多元发展的基本态势。"④王元骧认为，认识文艺也应该从一般、特殊、个别三个层次出发，一方面，文艺离不开情感，情感隐匿着真、善、美的内容，"这就使得文学艺术以作家审美情感为中介与社会意识形态获得沟通。所以，我认为以'审美的'这个概念来对文学艺术这种特殊的意识形态形式作出进一步的具体界定，丝毫没有否定文学的性质是一种社会意识形态的意思"⑤。另一方面，特殊又影响、制约着一般："审美性又使得文学这种特殊的意识形态形式不同于一般的意识形态形式，它不是以理论的、思想体系的形式出现，是没有概念性的内容的。"⑥这样，"审美意识形态论"就具有了合理性："我觉得以审美来界定文学艺术的特性，认为文学艺术的意识形态性只能以审美的方式予以体现，倒正是避免因抽象讨论而导致把文学艺术的意识形态性架空，使它与文学艺术的特性相融而有了自己真正的落脚点。"⑦

（四）如何理解"审美意识形态"的逻辑起点？质疑派不同意"审美意

---

① 钱中文：《文学审美意识形态的逻辑起点及其历史生成》，《文学评论》2007年第1期。
② [苏]阿·布罗夫：《美学：问题和争论》，凌继尧译，上海译文出版社1987年版，第41页。
③ 童庆炳：《意识形态与文学艺术》，北京师范大学文艺学研究中心编：《文学审美意识形态论》，中国社会科学出版社2008年版，第128—131页。
④ 朱立元：《新时期文论大发展与马克思主义文论中国化》，《文艺争鸣》2008第7期。
⑤ 王元骧：《我对"审美意识形态论"的理解》，《文艺研究》2006年第8期。
⑥ 同上。
⑦ 同上。

识形态论"者对"审美意识形态"的逻辑起点的解释,这成为他们反对这个概念的理由之一。针对这个问题的质疑,钱中文指出:"至于研究具体的文学,我们则是把它作为审美意识形态来对待的,而其逻辑起点不是意识形态,而是审美意识。"①他强调问题研究的历史观念,从文艺发展的角度对此作了详细的说明:"审美意识随着社会生活的演进,社会结构的日渐成熟与发展,人文意识的进步与强化,特别是文字的出现与完善和审美特性的丰富与表现形式的有序化,美的规律的进一步的生成与掌握,于是由口头的审美意识形式,自然地、历史地生成而为审美意识形态。"②董学文在反批评时认为,即使其逻辑起点是意识形态,这个概念也存在着诸多问题;如果其逻辑起点是审美意识,这个概念就成了"审美意识的形态",那么"他的这种表述,只能说明'审美意识形态'是'审美意识'加'形态'的拼凑,这要比解读为'审美'加'意识形态'的拼凑,更为远离马克思主义学说"③。冯宪光认为,审美意识是这个理论的逻辑起点,"不是先有意识形态,才有对意识形态的形象表达,才有文学。是先有人们的归根结底由物质生产决定和引发的审美需求,先有人们的审美活动,先有人们在审美活动之前、之中、之后逐渐明晰和成型的审美意识,才构成意识形态的一个组成部分。……文学审美意识形态论的创新就是把马克思主义文学理论的逻辑起点,从抽象的逻辑概念社会意识形态,重新放置到文学活动的经验事实中,从文学活动事实的发生之地来展开逻辑的理论研究。这是符合马克思主义的一切从实际出发的事实求是的理论原则和精神的"④。

(五)"审美意识形态论"的实际效果如何?"审美意识形态"是否是审美至上主义?是否是以审美消解文学的意识形态或"去政治化"?童庆炳

---

① 钱中文:《意识形态的多语境阐释》,《河北学刊》2007年第1期。
② 钱中文:《论文学审美意识形态的逻辑起点及其历史生成》,《文学评论》2007年第1期。
③ 董学文:《文学本质界定与唯物史观》,《文艺研究》2007年第6期。
④ 冯宪光:《文学审美意识形态论的几个重要问题》,《中外文化与文论》(14),四川大学出版社2007年版。

在分析"审美意识形态"时指出:"'文学审美反映论'和'文学审美意识形态论'与一般抽象的认识或意识形态不同……它在审美中就包含了那种独特的认识或意识形态。在这里,审美与意识,审美与意识形态,如同盐溶于水,体匿性存,无痕无味。""现实的审美价值具有一种溶解性和综合的特性,它就像有溶解力的水一样,可以把认识价值、政治价值、道德价值、宗教价值溶解于其中,综合于其中。"①一些学者担忧,这些观点和"审美意识形态论"会导致消极的影响。有学者认为,这种文艺观会消解文学的意识形态:"'审美意识形态'论,实际上是蓄意依托马克思主义的社会结构理论,为'审美'寻找安身立命的权威性学术支撑,再运用审美的'溶剂'消解意识形态理论,特别是溶解和化掉意识形态理论的科学性和政治倾向性。'审美溶解论'所主张的审美意识形态,对马克思主义意识形态理论来说,给人一种'用其名而废其实'的感觉,实际上把马克思主义的意识形态理论全然审美化了,缺乏叙述的严谨性、可信性和理论与实践的一致性。"②马建辉对此进一步作了理论上的总结:"审美意识形态"的主要效果表现为"审美膨胀"和对意识形态概念的"空置和淡化",其中,强调"审美溶解力"就是其一种表现。③董学文还"担心这种界定模式将会对创作带来实际的危害"。④对此,童庆炳认为,审美和意识形态都具有内容的因素和形式的因素,审美更强调情感体验、无功利的超越性,意识形态更强调认识、价值、思想,二者即互补又有张力。这样,"'审美意识形态'的内涵是要在情感的与认识的、形象的与思想的、功利的与非功利的等对立的方面实现

---

① 童庆炳:《新时期文学审美特征及其意义》,《文学评论》2006年第1期。
② 陆贵山:《文学·审美·意识形态》,李志宏主编:《文艺意识形态论争集》,吉林大学出版社2006年版,第44页。
③ 马建辉:《中国传统与实际效果:理解文学意识形态论和审美意识形态论的两个视角》,李志宏主编:《文艺意识形态论争集》,吉林大学出版社2006年版,第237—240页。
④ 同上。

统一，这种统一顺理论成章，没有丝毫的勉强。"①王元骧是这样看待的："虽然在提倡和赞同文学审美意识形态论的学者中各人对这个问题的理解可能并不完全一致，而有些阐述文学意识形态性的文章的具体表述似乎也还不够准确、科学，容易引起'去政治化'的误解，但是把审美与意识形态性完全对立起来，并试图以审美来消解文学的意识形态性的文章，至今我似乎还没有看到。"②他倾向于回到康德对审美的理解，即要求审美"造就人"、"提高人的德性"。而且，他还强调要"从社会主义社会价值观的高度来理解审美意识形态性的性质"。这样，就不会有消解意识形态的担心了。③

文艺"审美意识形态论"是新时期文艺理论界拨乱反正、突破"左"的政治束缚和理论反思的产物，它与其他理论共同开创了文艺理论多元化的格局。客观地说，文艺"审美意识形态论"是新时期以来具有巨大影响的一种文艺理论观，它在继承马克思主义文艺本质观（"文艺是一种社会意识形态"）的基础上，吸纳了审美研究的成果，它的产生和存在有其必然性、合理性，具有一定的理论价值和现实意义。同时，我们也应该认识到，文艺的丰富性、复杂性决定了它不可能成为我们看待文艺的唯一的理论，只有接受其他理论的质疑、挑战，才可能在自我反思和对话中与其他理论一道得到发展。在这种意义上讲，关于文艺"审美意识形态论"的讨论是有积极意义的，也有需要双方正视和借鉴之处。尽管双方仍然存在着许多分歧，但是，目前讨论还在进行，希望双方在以后的讨论中都能够求同存异，共同为文艺理论的发展做出贡献。

在当代文艺理论史上，我们经常发现这样一个有趣的现象，几乎在重要的

---

① 童庆炳：《意识形态与文学艺术》，北京师范大学文艺学研究中心编：《文学审美意识形态论》，中国社会科学出版社2008年版，第130页。
② 王元骧：《我对"审美意识形态论"的理解》，《文艺研究》2006年第8期。
③ 同上。

社会转型时期,文艺与意识形态的关系就会被提出,并引发激烈的争论。实际上,这既反映了社会、文艺的复杂性,又反映了马克思主义的丰富性。而且,这是时代发展给文艺理论研究带来的挑战和机遇,也是文论界必须面对、应答的时代课题。

原载《新疆艺术学院学报》2010年第3期、
《中国社科院研究生院学报》2010年第3期,《意识形态视域中的文艺》
被《人大复印资料·文艺理论》2010年第12期转载

中国当代美学史上的"教科书事件"*[1]
——关于编写《美学概论》活动的调查

为了了解中国当代美学学术史的情况,笔者与合作者自2001年10月起,陆续走访了一些中国当代美学家、美学研究学者①,就中国当代美学发展史上的一些重要事件作了一系列的访谈。其中,一些学者都参与了《美学概论》的编写工作(实际上,最初这部教材的书名为《美学原理》,1981年出版时才改为《美学概论》,美学界大都笼统地谈论《美学概论》,本文根据这个事实进行了区分),他们大都从各自不同的角度回忆了自己参加《美学概论》编写的情况,为我们提供了丰富的第一手材料。在此期间,《美学概论》编写组的主要负责人之一马奇、主编王朝闻已经分别于2003年、2004年先后辞世,这使我们认识到了及时抢救这些资料的紧迫性和重要性。所幸的是,我们终于及时地抢救了一些宝贵的第一手资料。

《美学概论》是新中国成立以后由国家动员、组织全国美学科研力量编写的第一部美学教科书,在中国当代美学发展史上具有非常重要的意义。但迄今为止,尚缺乏对这个事件的全面的、系统的描述。而且,随着有关人员的去世、年纪增大,也增加了认识这个事件的难度。因此,很有必要通过抢救资料还原这段历史,并通过这个事件丰富我们对中国当代美学史的认识。

如今,访谈工作已基本结束。现在,笔者根据这些访谈所涉及的有关编写

---

* 本文是文化部青年基金项目《中国当代文艺理论、文艺思潮、美学访谈与研究》的成果。

① 他们分别是中国艺术研究院的王朝闻;中国社会科学院哲学所的李泽厚、齐一、聂振斌;中国社会科学院文学所的敏泽、毛崇杰;北京大学哲学系的杨辛、于民、李醒尘;中国人民大学哲学系的马奇;武汉大学哲学系的刘纲纪;北京师范大学外文学院的刘宁;山东大学中文系的周来祥;深圳大学中文系的胡经之。总共包括14位中国当代美学研究者,其中,王朝闻先生、敏泽先生、刘宁先生,周来祥先生已先后去世。

《美学概论》的材料，还原了这个历史事件的大致情况，希望有助于加深我们对这个事件和中国当代美学的认识。本文所引用的公开发表的材料已经注明，其余的材料也主要来源于尚待发表的访谈。

一、编写《美学概论》的背景

新中国成立初期，我国进行了全国性的院系调整，把全国的高校、系和专业打乱后重新进行了调整。从1958年开始，全国开展了"大跃进"运动，在极"左"思潮影响下，各行各业都争取快出成果、多出成果，但把人的主动性、能动性强调到了不合适的程度，结果导致了包括教育在内的许多行业的浮夸、退步。"大跃进"对高等教育造成了不良的影响，并影响了高等教育的健康发展：引起了教学和研究的混乱，其中文科的教学和研究显得更为严重。其中，高校教材建设面临着很大的危机，旧的教材被否定了，又缺乏新的教材，只好由学生自己编写教材，这样，各高校学生自编教材便蔚然成风。这样编写出来的教材也只能在政治上贴些标签罢了，连基本质量都难以保障，更不要说什么创新了。例如当时北大、北师大的学生都集体编写了自己的文学史。到了60年代，"大跃进"的弊端已经开始暴露出来。为了纠正这种混乱的状况，在邓小平的主持下，中央着手整顿当时的教育、文化，也涉及了对高校教材的整顿，大学文科教材的建设问题也就被提了到议事日程。此外，当时的教学、教材还存在着向苏联"一面倒"的问题。我国从50年代初就开始学苏联，由于采用了片面的"一面倒"的政策，我国高校的许多文科教材、教学大纲，甚至院系和学科的设置都完全照搬苏联的模式，有些高校还直接从苏联聘请教师到中国亲自授课。当时，文艺理论、美学、新闻等文科学科都存在着类似的问题。1961年4月，中宣部组织召开了关于全国高等学校文科教材编选工作的会议，周扬在会上作了长篇报告，部署了全国高校文科80多个专业的教材编写工作，并确定文科教材由教育部负责。大学文科教材编选工作主要由时任中宣部副部长的周扬亲自来抓，中宣部和高教部联合成立了全国文科教材办公室，直接负责教材的规划、协调。当时规划编写的大学文科教材有80多种，包括了中国哲学、西方哲学、逻辑学、美学、文学等许多学科。其中，文学方面的教材有《中国古代文学史》、唐弢主持编写的《中国现代文学史》、杨周翰等主持编写的《欧洲文学史》，文艺理论有蔡仪主持编写的《文学概论》和以群主持编写的《文学的基本原理》，王朝闻主持编写的《美学原理》也是规划编写的美学教材之一。

作为一门学科，美学是从国外传入我国的。王国维、蔡元培等第一代美学家把西方美学传播到我国，并且以西方美学成果来解释中国的审美现象；朱光潜、宗白华为代表的第二代美学家在国外接受过系统的美学教育，他们把所学的美学知识与中国的审美思想结合起来，促进了美学在中国的"本土化"和中西美学观念的融合，宗白华的一些论文、朱光潜的美学著作《文艺心理学》都是这方面的代表性的成果；随着马克思主义在中国的传播，马克思主义美学、俄苏美学也随之传入了中国，并出现了一些以马克思主义为指导的美学研究成果，蔡仪的《新美学》就是以马克思主义为指导的研究成果。新中国成立前，美学还没有独立出来，也没有成熟的学科建制，只有少数学者在大学中开设过美学课。在新中国成立后的一段时期内，我国仅有北大、人大等极少数几所大学开设有美学的专题课，由于美学教学受到苏联的影响，基本上采用了苏联的教学模式，甚至直接采用苏联的教科书、教学大纲和教师。例如，北京大学学生使用的教材就是从苏联翻译的《马克思列宁主义美学》，学生读起来很困难；中国人民大学的美学教师就是一位在人大新闻系任教的苏联专家的妻子。由于教材的内容、讲课方式的原因，也由于中苏国情、文化的差异，这时的美学教学效果并不好。这样，美学教材建设才被提到了议事日程，时代迫切需要既反映了中国审美特色、时代特色，又适合中国学生实际的美学教材。值得指出的是，北大、人大两校美学教研室的成立，为编写教材提供了一定的条件。在1952年全国院系调整时，虽然北大哲学系的科研力量在全国最强，但哲学系并没有设置美学专业，也没有人开设美学课。据李醒尘回忆，最初哲学系在辩证唯物论和历史唯物论教研室设置了美学组，成员有王庆淑、杨辛和甘霖，由做哲学系党务工作的王庆淑负责。1960年，在美学组的基础上成立了美学教研室，王庆淑因党务工作任务重而没有参加美学教研室，由杨辛担任教研室主任，教员有甘霖、于民、李醒尘和阎国忠，金志广专门作资料工作。后来为了响应建设马克思主义美学的倡议，宗白华、马采被调进了美学教研室，朱光潜编制在西语系，但他的研究、教学工作大都属于美学教研室的业务。那时，北大也只是开设了一些专题课性质的美学课程：朱光潜讲西方美学史，宗白华讲中国美学史，杨辛和甘霖讲美学原理。继北大美学教研室之后，中国人民大学哲学系也成立了美学教研室，室主任是马奇。这两个有独立建制的美学教研室的成立，为美学的教学和科研提供了保障，也成为编写《美学概论》的重要力量。

50—60年代进行了美学大讨论，讨论的主要目的是为了清除朱光潜的资产阶级美学思想的影响，并进一步展开对资产阶级思想的全面而深入的批判，有非常明确的政治目的。但与心理学等其他学科相比，美学讨论基本上仍然保持在学术的范围内，也没有把美视为小资产阶级、资产阶级的专利而中断了美学讨论。因此，美学讨论仍有不少收获，特别是确立了探讨美的本质的哲学基础。讨论中形成了以唯物主义、唯心主义和辩证唯物主义为哲学基础的美的本质观，基本上确立了美学研究中的四个流派。从美学大讨论的实际情况看，美的本质是讨论的主要问题。而且，对许多具体问题的讨论大都是着眼于从哲学上进行唯物主义、唯心主义的区分，常以标签代替了对具体问题的分析，美学研究与具体的审美现象、文艺现象较为脱离。这些缺陷与当时我国的美学研究的整体水平有关，也与受到苏联美学讨论的影响有关。从美学讨论中可以发现：一方面学术界对美学研究具有的浓厚的兴趣，美学在社会上的影响也很大；另一方面，与讨论的热烈程度相比，当时美学的普及程度确实令人担忧，美学的教学状况更是非常薄弱，美学的普及和提高显得非常必要，对学术界、学生和普通群众都是如此。而且，当时的美学教材建设基本上没有展开，难以进行有效的美学教学。据胡经之回忆，1950年代，国内还没有人写美学著作，到了1957年才翻译出版了法国列菲伏尔的《美学概论》和苏联瓦·斯卡尔仁斯卡娅的《马克思列宁主义美学》。[①]因此，总结美学大讨论和以往美学研究的成果，形成一些比较一致的看法，以教科书

---

① 李世涛：《文艺美学大可为——胡经之先生访谈录》，《东南大学学报》（哲社版）2006年第3期。

的形式确定下来，既有助于对大众进行美学知识的普及和提高，又有助于推进美学研究的深入发展。在当时的条件下，编写教材不失为一条促进当时美学发展的捷径，也是时代对美学发展提出的要求。

此外，发生在美学讨论期间的"美学小组"事件也值得关注。1956年七八月份，在黄药眠、朱光潜等先生的倡导下，以自愿结合的方式成立了美学小组，黄药眠、蔡仪、贺麟、宗白华、朱光潜、张光年、王朝闻、刘开渠、陈涌、李长之和敏泽等10多位学者参加过小组的学术讨论，《文艺报》的敏泽担任美学小组的秘书，负责会议的联络和组织工作。美学小组是新中国成立后我国成立的第一个美学组织，也是一个组织松散而自由的学术社团，讨论的主要地点在《文艺报》，讨论涉及了美学的对象问题、美的主观与客观问题、美的主观规律性问题、美感的差异性、形象思维和逻辑思维在创作和欣赏中的原则等问题，曾经对中西雕塑的差异性进行过深入的讨论，但进行过3次讨论后就停止了。[1]

由此可以看出，从新中国成立到"文革"期间，除了个人性的研究外，我国美学界的主要活动就是美学讨论、美学小组以及之后展开的《美学原理》的编写活动，也可以看到，当时的美学原理研究、美学分支学科研究、美学史、美学资料建设、美学研究机构的建制、专业研究队伍的培养、美学教育和美学教材建设等方面的基础都很薄弱，亟待加强这些方面的建设。这种状况也是编写美学教科书的重要背景。

二、编写《美学概论》的组织机构

这次全国高校文科教材的编写工作，是在中宣部领导下进行的，由时任中宣部副部长的周扬主抓。同时，还要求高教部参与，杨秀峰牵头并负责高教部的有关事宜。

---

[1] 敏泽、李世涛：《"国家不幸诗家幸，赋到沧桑句便工"——敏泽先生访谈录》，《文艺研究》2003年第2期。

中宣部和高教部联合设立了全国文科教材编写办公室作为具体的办事机构，具体负责教材的规划、协调和组织工作，由胡沙、季啸风（曾经在国家教育部工作过，现为国家图书馆的退休干部）负责具体的日常工作，他们受中央宣传部教育处一名姓吴的副处长的领导，这位副处长则直接对周扬负责。业务方面则由各个学科的组长负责，如哲学组的组长是艾思奇，哲学组副组长是齐一，全国文科教材编写办公室给各个学科的组长、副组长与教材的主编分配任务，并负责他们之间的联系。

据齐一回忆，他当时担任全国文科教材编写办公室哲学组副组长，他主要负责美学学科的联络和组织工作，直接与各位教材的主编联系，宣布上级的有关指示。当时，美学学科的教材规划是这样的：《美学原理》的主编是王朝闻；《西方美学史》的主编是朱光潜；《中国美学史》的主编是宗白华。齐一代表教材办公室分别给王朝闻、朱光潜、宗白华传达、布置了任务，并沟通双方的联系。但美学学科的规划并没有完全实现，后来的结果是，朱光潜独立完成了两卷本的《西方美学史》，并于1963年7月出版；《美学原理》完成了初稿；宗白华负责的《中国美学史》没能编成，只是进行了中国古典美学资料的选编工作。实际上，包括由任华担任主编的《西方哲学史》等在内的好多规划教材都没有完成。

《美学原理》教材编写组根据自己的实际情况，对日常工作进行了具体的安排：《美学原理》教材编写组组长是王朝闻（著名雕塑家，时任中国美术家协会党组成员）；副组长是马奇（中国人民大学哲学系美学教研室主任）、杨辛（北京大学哲学系美学教研室主任）；负责支部工作的是中国人民大学哲学系的田丁。由于王朝闻担任中国美术家协会的工作，他平时在城内办公，工作需要的时候才来党校；马奇在人民大学还担任着具体的行政工作，身体也不是很好，可能还因为他与教材编写组对美学研究对象的分歧，他也不常到编写组。因此，在相当长的一段时期内，实际工作是由杨辛和田丁具体负责的。

三、关于《美学概论》主编的选择问题

在访谈过程中，许多学者都不约而同地谈到了关于《美学概论》主编的选

择问题，他们谈到了自己对这个问题的看法，但很多人都有困惑和疑问：为什么周扬选择没有选择其他人(特别是蔡仪先生)而选择了王朝闻担任《美学原理》的主编？由于当事人已经去世，笔者只能根据多位访谈者的看法，希望能为这个问题的理解提供一些线索和猜测性的结论。

2001年10月，王朝闻在回答笔者提问时曾经回忆说，在一次好多人参加的会议上，突然听说周扬要张光年、王朝闻主持高教部的美学教材的编写工作。最初让张光年当主编，让我当副主编。张光年当众推掉了，周扬就让我来当这个主编。①我们知道，张光年辞去了主编之后，周扬决定由王朝闻担任主编，这都是事实。但是，朱光潜、蔡仪、李泽厚专门从事美学研究，在美学大讨论中很有影响并发展成为独立的一派，新中国成立后黄药眠主要从事文艺理论研究，在美学讨论中也很活跃。而当时王朝闻是雕塑家，并没有专门从事美学研究，而且在美学讨论中也并不怎么活跃。但周扬为什么选择王朝闻担任《美学原理》的主编而没有选择其他人呢？

当时，黄药眠已经被打成了"右派"，李泽厚很年轻，他们显然不宜担任主编。当时担任哲学组副组长、负责美学组联络工作的齐一先生认为，《美学原理》的主编要求是党员，而且蔡仪已经担任《文学概论》的主编，就让王朝闻担任了《美学原理》的主编。朱光潜不但不是党员，而且还有一段为国民党服务的经历，在美学讨论中他的美学思想曾经被视为资产阶级、唯心主义的靶子受到过批判，而且已经计划由他担任《西方美学史》的主编。从这些情况来看，朱光潜显然也不再合适担任《美学原理》的主编。所以，这些人中就蔡仪有担任主编的可能。

蔡仪是我国著名的马克思主义美学家，也是老党员，他新中国成立前在重庆"国统区"从事抗日救亡活动，曾经在郭沫若领导的第三厅工作，那时他就有多种文艺论著问世，其《新美学》是我国最早运用马克思主义理论来研究美学的代表性成果，并且建构了独立而完整的美学体系。新中国成立后他先是在

---

① 李世涛、戴阿宝：《王朝闻先生访谈录》，《东方丛刊》2002年第4期。

北大文学研究所，后到中国科学院社会科学学部文学研究所的文学理论组，担任理论组组长，一直从事美学和文学理论的研究工作。但周扬却没有选择蔡仪担任《美学原理》的主编，而让他担任《文学概论》的主编。以至于聂振斌发出了这样的困惑："周扬让王朝闻主持编写《美学概论》，而不让蔡仪主持，却让蔡仪主持编写《文学概论》。其实，把他俩的工作调换一下可能更合适些，但不知为什么周扬不那么做。"[①]这实际上也是令许多人费解的问题。

王朝闻是来自延安的艺术家和文艺评论家，五六十年代他已经创作了许多雕塑作品，出版过《新艺术创作论》等文艺评论著作，有丰富的艺术创作和艺术欣赏的经验，当时他是中国美术家协会党组成员之一。但他没有专门地学习和研究过美学，在美学讨论中并不怎么活跃。但有一点可以肯定的是，他与周扬的私人关系一直很好。周扬担任过延安"鲁艺"的院长，王朝闻曾经是"鲁艺"的学员，他们都曾经参加过延安文艺座谈会。1942年王朝闻为延安中央党校大礼堂创作了毛主席的雕像，后来又创作了刘胡兰塑像、民兵塑像，当时就很有名气。因此，在延安时他们就认识，加上他们之间的师生关系，这些因素都加深了周扬对王朝闻的信任。还有一件事可以说明周扬和王朝闻之间的私人关系。据王朝闻回忆，60年代，他的《一以当十》遭到批判，处境非常困难，他曾经向时任中宣部副部长的周扬求助，通过核查原书渡过了难关。[②]而且，王朝闻知识面广、思想开放，很有艺术家的气质，容易与人沟通，做过管理工作，有灵活性，这些特点与周扬本人的性格有相通之处。后来，王朝闻自学理论，在华北大学就教过创作方法课，1948年在中央美院教的也是创作方法课，并开始发表理论方面的短论，想必周扬也了解王朝闻的这些经历和理论基础。所以，周扬可能既欣赏王朝闻的艺术修养，又认可其驾驭教材的理论水平，可能这就是周扬决定让王朝闻担任《美学原理》主编的主要因素。此外，还有一些因素值得考虑：在美学讨论中，王朝闻写文章不多，不属于四派中的任何一

[①] 李世涛、戴阿宝：《聂振斌先生访谈录》，《文学前沿》（十），学苑出版社2005年版。
[②] 李世涛、戴阿宝：《王朝闻先生访谈录》，《东方丛刊》2002年第4期。

派,这样更容易吸收美学讨论的成果,也有利于保障教材的客观性和全面性;全国研究美学的人员较为分散,由王朝闻出面,从组织上讲比较合理性。

但蔡仪的情况就不同了。40年代,周扬主要在延安工作,蔡仪主要在"国统区"工作,不知道这段时间他们是否熟悉,可能他们之间的交往主要在新中国成立后。还有一点可以肯定的是,新中国成立后周扬与蔡仪之间的关系一直不太融洽。美学大讨论时,周扬在中宣部工作,美学讨论的选题也是经他同意后才展开的。美学讨论时,周扬希望朱光潜写文章作自我批评,并承诺他可以进行反批评,朱光潜的文章在《文艺报》、《新建设》都发过,既可以说明自己的观点,又可以反驳别人的批评,但蔡仪的有些文章却不允许发。[1]这不可能不影响到他们之间的关系。之后,就是选择《美学原理》主编的事情了。后来的发生一些事情也说明了他们关系的不和谐,其中发生在编写《文学概论》中的一件事很有说服力。编写《文学概论》时,已经是反右、反修之后,为了适应当时的形势,突出毛泽东文艺思想的重要性,周扬要蔡仪在《文学概论》中贯彻毛泽东的文艺思想。但在蔡仪看来,文艺是反映生活的特殊方式,反映生活既要有倾向性,又要有真实性,这与毛泽东文艺思想所坚持的文艺为政治服务、文艺是阶级斗争的工具有一定的距离。为此,蔡仪主张重新编一本《毛泽东文艺思想》的教材,使它与《文学概论》各有侧重,并让张炯、王燎荧负责编出了提纲。但把两本书的提纲一起送给周扬后,被他否了,只让他编一本《文学概论》。结果,《文学概论》比较注重突出政治性,其学术性比《美学概论》要差些。[2]他们的私人关系可能会影响到周扬的选择。关于周扬与蔡仪之间的关系,李泽厚认为,"蔡仪嘛,周扬不喜欢他。当时有这样一个逻辑,认为政治上是马克思主义,那学术上也一定是马克思主义,便一定要高明一些。但到了蔡仪那里就行不通。周扬就是认为他不行。"[3]从李泽厚的说法中,我们至少可以发现,周

---

[1] 李世涛、戴阿宝:《聂振斌先生访谈录》,《文学前沿》(十),学苑出版社2005年版。
[2] 李世涛:《杨晦、周扬与文学理论教材建设——胡经之先生访谈录》,《云梦学刊》2006年第3期。
[3] 戴阿宝:《美的历程——李泽厚访谈》,《文艺争鸣》2003年第3期。

扬不大喜欢蔡仪，其具体原因就不得而知了。因此，我们还需要考虑其他因素，才可能全面地理解周扬没有让蔡仪担任《美学原理》主编的原因。

在这个问题上，毛崇杰认为，周扬与蔡仪没有私人过节，完全是思想体系不同的问题。周扬翻译过车尔尼雪夫斯基的《生活与美学》，其思想体系就是从车氏那里来的，是费尔巴哈式的人本主义，也很容易与《手稿》的人本主义联系起来。这样，就导致了两人理论体系上的不同。此外，我们还可以发现，蔡仪的美学研究严谨、逻辑性极强，是美的本质讨论中公认的一派，他批评过其他派别的非马克思主义倾向和反马克思主义倾向，其他人也批评他的美学是机械论，这个因素可能会影响到他能否客观对待其他美学派别的问题；文学所是编写《文学概论》的重要力量，蔡仪在那里工作，如果把他与王朝闻调换一下，在管理、组织上都存在着舍近求远的问题，显得不太顺畅。

结合被采访者的这些看法，大概只能从这些因素推测来这个问题的答案了。从深层次看，周扬与蔡仪的美学体系不同，这影响到他们之间的私人关系。周扬可能无形中受到他与王朝闻、蔡仪关系的影响，也考虑到王朝闻与蔡仪各自的性格、研究特点和组织关系等方面的因素，才作出了这样的决定。这个问题看似无关紧要，但实际上却很重要，可以从这个角度理解中国当代美学史的一些学术问题。我们可以假设，如果让蔡仪担任《美学原理》的主编，可能编出教材与现在的《美学概论》会有很大的不同，这也可以从蔡仪80年代主编的《美学原理》得到证明。但遗憾的是，历史是不能假设的！

四、教材编写组的成员

最初参加教材编写的北大的教师有杨辛、甘霖、于民、李醒尘；人大的教师有马奇、田丁、袁振民、丁子霖、司有伦、李永庆、杨新泉。王朝闻担任主编后，调入了中国科学院社会科学学部哲学所的李泽厚、叶秀山；武汉大学哲学系的刘纲纪；山东大学中文系的周来祥；《红旗》杂志社的曹景元；北京师范大学中文系的刘宁；中央美术学院的佟景韩；音乐所的吴毓清；《美术》月刊的王靖宪（后来调往人民美术出版社）；中宣部文艺处的朱狄；兰州师范学院的洪毅然等。这些人都参与了教材的资料整理工作、讨论工作。

大约在1962年8月,王朝闻留下了李泽厚、叶秀山、刘纲纪、杨辛、甘霖、刘宁等一部分人,在党校继续写作,其他人都陆续回原单位工作。1964年,《美学原理》编写组写出了一部40多万字的讨论稿。1966年"文革"爆发,编书中断,编写组解散,编写组成员回原单位。

"文革"后,王朝闻分头让参加过教材编写的社科院和北大的学者修改,杨辛、甘霖、李醒尘都做了不少工作。1979年的暑假,王朝闻又找了刘纲纪、刘宁和曹景元三人帮助他修改,最后由他本人与刘纲纪、曹景元定稿。

在编写教材过程中,老一辈的美学家不但亲自参加了教材的编写,还发挥了传帮带的作用,以其良好的学风、严谨的治学态度培养和熏陶了中青年学者,使他们在编写教材过程中学到了不少美学知识和研究方法,提高了自己的文化修养和美学研究水平,为以后的学术研究打好了基础。

五、编写教材的大致过程

随着"大跃进"弊端的逐渐暴露,大学教学、教材的问题也显得非常突出。北大美学教研室和人大美学教研室成立之后,很快就面临着教学工作,教材建设也就被提到了议事日程。杨辛和马奇两位美学教研室主任商量后,决定两校合作,并计划在1962年7月之前编写出一套马克思主义美学的教科书。据李醒尘回忆,1961年5月9日下午,两个美学教研室的部分同志在人大开会,讨论后共同制定了计划,马奇谈了几点注意事项:政治挂帅;理论联系实际;反对修正主义;贯彻党的双百方针等等。参加这次会议的北大美学教研室的教师有杨辛、甘霖、于民和李醒尘,人大的教师有马奇、田丁、丁子霖、李永庆和杨新泉。

但是后来情况发生了变化,计划也就被改变了。据李醒尘回忆,1961年5月27日,两校参加编写教材的教师被召集到民族饭店(位于当时的白象街)7楼48号开会,王朝闻主持会议,马奇传达了周扬的指示,决定把这些老师从北大、人大抽调出来,再与其他单位抽调的人一起组成《美学原理》编写组,由王朝闻担任主编,归全国文科教材办公室领导。以后,他们将与已经集中起来的《文学概论》、《现代文学》等编写组一起，都住到高级党校去集中编写教材，当时首先应该做的工作是搜集资料。那时，由于党校的住房还没有安排好，因此《美学原理》编写组于1961年6月13日暂时先搬到了石驸马大街88号教育部招待所，编写组在这里工作了两个月左右，期间的主要工作是搜集资料、读书、讨论和调人，也等待新调的人前来报到。在这段时间内，齐一给编写组同志传达了周总理在文艺座谈会上的讲话，王朝闻给编写组同志传达过周扬和陈毅的有关文艺问题的讲话，大家都认真地讨论了这些讲话。

据于民回忆，1961年8月20日，《美学原理》编写组搬到了中央高级党校，那时大部分人已经报到了，8月31日开始讨论有关部编书的事宜。当时，美学组、哲学组住在党校的北楼，文学概论组、现代文学组住在党校的南楼，在同一个餐厅就餐。前后大约有20多人参加编写组的活动，北大的老师有杨辛、甘霖、于民、李醒尘，人大的老师有马奇、田丁、袁振民、丁子霖、司有伦、李永庆、杨新泉，后来陆续调入的有中国科学院哲学所的李泽厚、叶秀山，武大的刘纲纪，山大的周来祥，《红旗》杂志社的曹景元，北师大的刘宁，中央美院的佟景韩，音乐所的吴毓清，《美术》杂志的王靖宪，中宣部文艺处的朱狄，兰州师院的洪毅然等。教材编写组还从北大、北京师大的图书馆借来有关美学的书籍，建立了一个小图书室，由李醒尘和丁子霖负责资料工作。

编书的前期工作主要是搜集资料、消化资料和讨论提纲。从开始编教材起，编写组就非常重视调查研究和资料建设。编写组拟定了中国美学资料选编，马克思、恩格斯论美；西方美学家论美和美感；西方现当代美学；苏联当代美学讨论；中国当代美学讨论；马克思的《1844年经济学—哲学手稿》论文选；西方主要国家大百科全书美学词条汇编等七个专题，进行美学资料的搜集和整理工作。通过这些资料，编写组了解了中外美学研究状况，也了解了美学基本理论问题研究方面的新进展，为编写教材打下了牢固的基础。其中，有如于民先生一样专门整理美学资料的，也有如李泽厚、刘纲纪一样主要从事研究工作但也编资料的。编写组经讨论后确定，把马克思主义作为探讨美的本质的哲学基础，以马克思主义对"生活本质"、"人的本质"的论述和马克思主义实践观为根据，来处理美的本质、美的对象、审美主客体及其关系和审美现象。其中，美的本质是教材的重点和难点，对这个问题的处理会影响到整部教材的主要观点、结论、结构。因此，主编王朝闻非常重视这个问题，他首先肯定美的本质是可以被逐渐认识的，然后带领大家反复地讨论这个问题。王朝闻曾经幽默地说："这个问题好像在草堆中抓兔子，反正兔子就藏在草堆中，跑不掉，我们可以逐步缩小包围圈。"他把美的本质称为"红毛兔子"，把美的本质的研究称之为"抓红兔"。在他的带领和启发下，大家集思广益，在充分吸收前人研究成果的基础上，终于得出了自己的结论。据刘宁回忆，在编写教材过程中，王朝闻把自己丰富的艺术创作经验和欣赏经验讲给大家听，讲他对审美现象的认识。例如在颐和园休息时，他利用散步的机会，给大家分析了中国园林艺术的审美特色，如何在园林布局中做到动静结合、曲径通幽，以及达到以小见大、以一当十效果的方法等等，使大家能够把抽象的理论与丰富多彩的审美现象结合起来，既提高了大家的审美修养和分析问题的能力，也有助于提高编写教材的质量。此外，编写组还请朱光潜等学者给编写组成员讲课，给大家带来了新的知识和信息，开阔了他们的学术视野。

编书后期的主要任务是写作。大约是1962年8月，王朝闻留下了李泽厚、叶秀山、刘纲纪、杨辛、甘霖、刘宁等一部分人，在党校继续写作，其他同志就都陆续回原单位了。经历了一年多的时间，大约就是1964年，《美学原理》编写组写出了一部40多万字的讨论稿（16开，人民文学出版印刷后供内部使用，主要用于征求意见，并没有出版）。1966年"文化大革命"爆发，整个编书工作被迫中断，美学编写组也随之解散了。

"文革"后，美学和美学研究开始复苏，美学教材又成为美学教学中的问题。这时候，《美学原理》的修改和出版重新被提到议事日程。教育部要求重新修改这本书，并专门拨了款，人民出版社希望出版这本书，并让该社的田士章担任此书的责任编辑。

王朝闻先是分头让参加过教材编书的社科院和北大的教师修改，但感到不满意，就找了刘纲纪、刘宁和曹景元三人帮助他修改。由于刘纲纪和刘宁都是大学教师，就把修改时间定在1979年的暑假。据刘宁回忆，这次修改，全书的基本论点和章节安排都没有作大的改动，对原书的删节比较多，对于争议的问题，不作武断的结论。他们先到哈尔滨，后来为了避免干扰，就转移到了牡丹江的镜泊湖，用近一个月的时间，先把全书讨论了一遍。在修改过程中，他们希望新教材尽可能全面地反映出美学研究的成果，并客观地评介各种美学观点，并系统地介绍一些美学基本知识。对于写进教材的观点，尽量使其有理有据，依据材料加以论证，并使读者容易理解。对于那些讲不清的或有争议的观点，就存而不论。王朝闻有丰富的艺术创作和欣赏的经验，也有一套明确的见解。所以，整个教材的修改尽量体现王朝闻的艺术观，教材中艺术创作、艺术欣赏的部分，主要依据王朝闻的艺术观。1981年6月这部教材由人民出版社正式出版，出版时书名改成了《美学概论》。

六、编写教材的资料建设

在《美学原理》的整个编写过程中，一直都非常重视资料工作。早在王朝闻担任主编之前，教材编写组的主要任务就是熟悉情况、读书、搜集资料。王朝闻到任之后，也非常重视资料的搜集和整理。

实际上，这时的资料工作是整个编写教材活动的一个重要环节和有机组成部分。但教材组的资料工作是有侧重的：前期编写组的主要工作就是根据各个专题进行资料的搜集、整理和汇编，参加讨论、撰稿的成员也大都参与了资料工作；虽然后期的主要工作转入讨论和撰稿，但又专门指定一些人从事资料工作，同时也要求他们参与对问题的讨论，只不过重点有所侧重而已。

具体而言，承担搜集、整理和汇编各个专题资料的分工是这样的：**刘纲纪主要负责马克思、恩格斯论美专题；于民主要负责中国美学思想史资料选编专题**（宗白华指导了资料整理工作，提出了不少建议，实际上也参与了资料的搜集工作）；**李醒尘等主要负责西方美学家论美和美感专题**（朱光潜为准备《西方美学史》翻译了很多资料，原计划作为《西方美学史》的附编，但因为没有完成，就没有与《西方美学史》一起出版，由于这些材料没有发表，也就成为该专题的主要来源）；**李泽厚主要负责现当代西方美学专题；刘宁主要负责苏联当代美学讨论专题**。最后，《美学原理》编写组编出了《中国美学思想史资料选编》（油印本，三本）和《西方美学家论美和美感》（铅印，内部资料），编出的其他专题资料还有：马克思、恩格斯论美；苏联当代美学讨论；马克思《1844年经济学—哲学手稿》论文选；中国当代美学讨论；西方主要国家大百科全书美学词条的汇编。这些资料帮助了《美学原理》的编写者全面而系统地了解了这些专题的研究成果，极大地促进了教材的编写工作。从后来出版的《美学概论》可以看到，许多资料都被吸收进了教材，教材在对美的本质的处理上借鉴了马克思主义的实践观，并非常重视马克思《1844年经济学—哲学手稿》的美学思想；教材列有专门的章节介绍了西方美学史、中国美学史对美的本质的理解。①一方面，这些资料作为论据被教材的撰写者广泛地引用；另一方面，教材编写组对这些资料进行过多次的研究、讨论，在充分地消化和吸收这些材料的基础上，形成了该教材的基本观点。从现在看来，这些资料在当时还发挥了一种非常特殊的作用。在当时较为封闭的情况下，这些资料有助于开阔学者们的视野，从中外比较的角度考虑许多问题，为该教材吸收国外的学术成果提供了保障和条件，也提高了整个教材的学术水准。在这些资料中，朱光潜翻译的西方美学资料，刘宁整理的苏联美学研究的成果，李泽厚整理的西方现当代美学资料，以及编写组整理的马克思的《1844年经济学—哲学手稿》研究论文，都起到了开阔视野的作用。

　　如果仅从美学资料的建设而言论，可以说之前的美学资料建设是真正地一穷二白，因为在此之前，这些工作基本上就没有人做过。所以，整理美学资料面临着很多困难。其中，编选中国美学史资料的难度更大。这里仅仅以当时编选中国美学史资料的情况为例，就可以说明整理资料工作的艰辛。

　　中国历史悠久，有非常丰富的美学思想，但并不系统，而且大都分散在浩如烟海的典籍之中。而且，当时中国并没有真正意义上的美学，只有从国外传来的一些美学观念，还缺乏真正地吸收、消化，美学的本土化建设还没有被提到议事日程，甚至连美是什么、美学是什么都缺乏统一的认识。因此，整理和编选中国美学史资料所面临的困难和问题是可想而知的。

　　在这种困难的情况下，教材编写组中从事中国古典美学资料工作的同志充分发挥自己的主动性，并借助北大美学教研室的力量，终于完成了整理中国美学史资料的任务。实际上，这个项目最初是北大美学教研室的项目，后来于民被调

---

① 参阅王朝闻主编：《美学概论》，人民出版社1981年版。

到《美学原理》教材编写组,并负责编选中国美学史资料的工作,于民身兼两职。这样,这个项目也就成为《美学原理》教材编写组的项目,于民还动用了北大哲学系美学教研室的力量来完成这项工作。据于民回忆,他为此还专门请教过朱光潜好多次,并从朱先生那里借过《词话丛编》等书。宗白华学贯中西,对中西哲学、美学、艺术都有很深的造诣。恰好他也负责《中国美学史》教材的编写工作,于民就向他请教编写中国美学思想史资料的问题。宗白华认为,应该先有史,后有资料,他所说的"史"首先指的是文论史、画论史等,完成这些史之后,再编中国美学史资料。但教研室大部分教师的意见是,要从当时的实际出发,先做些资料的搜集和整理工作,然后再搞史。后来,教研室决定先搞资料,并让宗白华当主编,他同意了大家的意见。在编选资料过程中,利用教材编写组的图书馆,还从其他图书室调来了很多图书,再从这些古代典籍中找出与美、审美有关的书籍。他们从这些书籍中,把凡是与审美、艺术有关的内容都摘录下来,再把美学史的资料与文论史的资料进行了区分,并编选成了最初的资料[①]。这样编选的资料很多,经宗白华审定后,删去了将近一半多才定稿。最后,油印成三册供教材编写组使用。

此外,在编选中国美学史资料时,他们还广泛地吸收了学术界的意见和建议,尽量提高整理资料工作的质量。据于民回忆,在整理中国古典美学资料时,资料整理者曾经以"北京大学中国美学史资料编写组"的名义给当时中国著名的文史专家郭沫若、侯外庐、魏建功、刘大杰、黄药眠、郭绍虞等先生写信征求意见,这些专家都有回信。他们大都非常认真地阐明了自己的意见和建议,他们的回答不仅涉及中国古典美学领域,还涉及古代文化史、思想史和古代典籍等领域,这些意见包括了入选的范围、内容、分类、断代、体例等具体问题。虽然他们不是研究美学的专家,但他们所发表的意见和建议大都很中肯,有些意见和建议直到今天仍然很有参考意义,也很值得重视。例如郭沫若将入选资料的《尚书》部分发表了中肯的意见,指出了部分材料的真伪,建议

[①] 李世涛:《于民先生访谈录》,《云南艺术学院学报》2006年第4期。

注意克服资料汇编中可能出现的"大头症",并建议收录《书谱》;侯外庐建议,要把美学、文艺理论和文章学的资料区别开来;魏建功建议,按照时间线索进行分期,并切要有反映整个美学发展情况的总目;刘大杰补充了自己认为有价值的美学资料;黄药眠指出了分类中出现的不妥之处,并就分类发表了自己的意见,认为应该注意区分不同的阅读对象,并补充了自己认为应该入选的美学资料。当时,这些专家知识渊博,在文史界享有很高的声誉,这些意见和建议不仅对编写中国美学史资料起到了很大的作用,而且也鼓舞了资料整理者和教材编写者的士气,有助于鼓励他们克服困难,顺利地完成这些任务。从今天的眼光来看,这些专家的意见和建议也仍然具有重要的参考价值。而且,他们都已经去世,这些书信也是研究他们学术思想的重要材料。

这些资料还对新时期以来的美学研究起到了非常重要的作用。"文革"后,北大美学教研室中从事中国美学史研究的部分学者对《中国美学思想史资料选编》进行了重新修订,最后由中华书局出版了《中国美学史资料选编》(上下卷)。在《西方美学家论美和美感》(铅印,内部资料)的基础上,北大美学教研室中从事西方美学史研究的部分学者对这些资料做了加工、补充,除了使用了朱光潜先生的译文外,还补充了一些译文。据李醒尘回忆,他们还在缪灵珠家人的帮助,从他的遗稿中选用了部分资料,并最终编成了《西方美学家论美和美感》,并由商务印书馆于1980年5月出版。此外,李泽厚负责编写的现当代西方美学专题以文章的形式发表了;苏联美学讨论专题资料基本上在刘纲纪主编的《美学述林》上发表了。这些资料在上个世纪80年代的美学复苏和"美学热"中都发挥了很大的作用,对于人们认识中国美学发展史、西方美学发展史、马克思主义美学、苏联当代美学都起到了不可替代的作用。2001年,王朝闻还从另一个角度肯定了当年的资料整理工作的价值:"'文革'之后,过去只做资料工作而未能参与撰写篇章的同志,大都能够独立作战,教授美学和出版专著,这与当年收集和整理资料是密切相关的。"[①]而且,这些资料在今天仍然不

[①] 李世涛、戴阿宝:《王朝闻先生访谈录》,《东方丛刊》2002年第4期。

失其重要的价值。迄今为止，其中的有些资料仍然是美学研究的基本参考书和必备书，《中国美学史资料选编》和《西方美学家论美和美感》仍然被现在的美学研究者频繁地征引。

七、周扬与《美学原理》编写工作

周扬一生对文艺都保持了浓厚的兴趣，也研究过文艺理论、美学。20世纪30年代周扬曾经在上海领导过"左联"的工作；40年代曾经担任过延安"鲁艺"的院长，编辑出版过《马克思主义与文艺》，翻译过车尔尼雪夫斯基的《生活与美学》。周扬在延安时，朱光潜给他写信，希望到延安去，但由于周扬的回信晚了一个月。当朱先生接到信时就已经在嘉定教书了，错过了到延安去的机会。实际上，五六十年代的美学讨论是在周扬提议下进行的，而且，《文艺报》的选题计划也是经周扬批准的，其主要目的是为了批判朱光潜的资产阶级美学思想的消极影响。在讨论之前，周扬与朱光潜商量，先由朱光潜进行自我批评，同时还允诺他可以进行反批评，他对朱光潜是比较尊重的。[①]1958年，周扬在北大中文系作过一次《建设中国马克思主义美学》的演讲，这也是他第一次提出了这样的口号，说明他对学苏联和"大跃进"的过激做法并不满意。周扬的这些经历当然影响到了他对美学教材的规划。

在规划大学文科教材时，周扬分别选择王朝闻、朱光潜先生担任《美学原理》、《西方美学史》的主编。不知让宗白华担任《中国美学史》的主编是否是周扬的提议，但最终也是由他决定的。因此，可以说是周扬规划了美学教材，并选定了这些教材主编。

当周扬决定由王朝闻担任《美学原理》主编之后，就鼓励他说："要钱给钱，要人给人，你可以按需要从全国调人。"与传统学科相比较而言，当时的美

---

① 敏泽、李世涛：《"国家不幸诗家幸，赋到沧桑句便工"——敏泽先生访谈录》，《文艺研究》2003年第2期。

学研究力量很薄弱，研究人员也很分散，而且，《美学原理》教材编写组成立得比较晚。在这种情况下，他们从全国各地调来了新人，搬到中央高级党校，并很快地理顺了关系，进入了正常的工作状态。这应该与周扬的支持不无关系。

在教材的编写过程中，周扬更是对这部教材给予了关照，他多次到编写组，鼓舞大家的士气，并对一些包括整理美学资料、研究美的本质和美学研究队伍建设等在内的具体问题发表过意见和建议。

在整理资料期间，教材编写组曾做过几个专题性质的资料汇编，周扬在接见他们的时候，还专门肯定了他们这方面的成绩。刘宁还回忆起另外一件事。当时，从国外寄给洪毅然的材料说，马克思曾经给美国的大百科全书写过美学的辞条，编写组特意把它翻译出来，并请朱光潜等一些专家来鉴定、讨论，最后被否了。这件事也惊动了周扬，他还专门过问过此事。

美的本质是全书的核心和重点，为了取得共识，编写组付出了很大的力量，不但阅读了很多材料，还组织过很多讨论，周扬对美的本质的研究也很关心。据杨辛回忆，当时周扬曾经说过，"至少要查一查门牌号，关于美的本质，历史上有哪些人谈过这个问题？对，对在哪里？错，错在什么地方？这个工作一定要做，一定要做好调查。"①这对于研究前人在研究美的本质上的得失，编写组重新认识美的本质，都起到了积极的作用。

编写组刚开始工作，周扬在接见编写人员时，就寄希望于他们，希望能从他们中产生几个美学家。1961年，周扬曾经说："一个大儒（学者）在一个地区招一批徒弟（门生），一个带一批，在一批中又出几个，由这几个再去带一批，这样一来不断滚雪球地成长起来，形成一支队伍。"②也就是说，如果老一代能够身体力行地起到示范作用，年轻一代能够好好地提高修养和知识水平，那么，借助于编写教材这件事，就可以不断地培养新的美学研究人才，促进美学队伍的建设。也许，在规划教材时，周扬就有这方面的考虑。实际上，教材编

---

① 源自杨辛先生提供给作者的打印稿。
② 同上。

写活动也起到了这样的作用。

编写《美学原理》教材是特殊的历史时期发生的事件，本文从以上七个方面还原了这个事件的情况，希望由此了解一些编写美学教材的事实，也加深我们对中国当代美学史和这个历史时期的了解。如今，《美学原理》的编写活动距今已近半个世纪了。回顾这段历史，不但可以使我们清楚地了解中国当代美学史，而且也可以使我们了解当代美学所走过的曲折道路，从而总结其经验、教训，并促进其发展。

原载《开放时代》2007年第4期

《人大复印资料·美学》2007年第10期转载

第三编
詹姆逊的文化理论与批评

作为世界级的批评大师，詹姆逊勇立潮头、纵横捭阖、勤于变革，他关注现实，并灵活地穿梭于文学、艺术、哲学等学科之间，以其深刻的思想和丰富的创见为我们提供了诸多启示。本编研究了詹姆逊的意识形态理论、全球化理论、时空理论、"文化研究"，有助于我们理解其思想和欧美文化研究的进展，对于促进我国文化批评、文化研究的发展也大有裨益。本编关于后马克思主义的研究，有利于廓清詹姆逊学术研究的性质，并与前述问题形成有益的补充。

还原意识形态的运作过程
——弗雷德里克·詹姆逊的意识形态理论

"意识形态"这个词最初由希腊语"观念"和"学说"组成，其本义指观念形态的思想，是分析现实而得到的学说或抽象的理论体系。法国哲学家德斯图·德·特拉西最早使用过它，后来马克思、葛兰西、阿尔都塞等人都做了发挥，但迄今仍没有一致的认识。经典马克思主义是在不同语境中使用"意识形态"这个概念的，它主要三种较普遍的意义：（1）指某特定阶级或阶层所共有的信仰体系；（2）指与科学的知识或真理相对立的虚幻的信仰体系，称之为虚假意识、虚假观念；（3）泛指一般意义上的产生意识或观念的过程。意识形态也是文学批评的重要视角，曾得到了众多批评家的重视，马克思主义文学批评尤以意识形态批评见长。美国文论家弗雷德里克·詹姆逊极为重视意识形态的阐释视角，而且他曾对意识形态理论进行过深入的研究。可以说在意识形态这个理论舞台上，他和当代诸批评家进行了富有成效的交锋、对话。

一、马克思主义理论谱系中的意识形态话语

当代意识形态理论主要以特拉西、马克思、阿尔都塞等人的意识形态理论为基础。特拉西使用该词时，已经强调了意识形态对人们理解和改造世界的作用，实际上已经暗含了其实践功能和政治意图。马克思主义认为，在阶级社会中，存在着占有主要生产资料的阶级与被剥夺主要生产资料的阶级，这种支配关系构成了阶级。一方面，社会需要通过动用国家机器来维持特定的阶级关系；另一方面，社会还需要通过意识形态来调节社会矛盾和阶级关系。而意识形态调节社会关系再生产的作用方式更隐蔽，作用效果更明显。它能够容忍在一定的条件下，尽可能地提供被支配阶级获取必要的东西及其发泄不满的途

径，使他们能容忍自己的处境；同时也使支配阶级相信其权力和社会地位的合法性，能促进他们做相对的让步，以长久地维持这种状况。意识形态维护了统治阶级的经济基础及其统治地位，因此便具有了阶级性。同时也不能否认，有时可能会因符合客观而具有一定的科学性和真实性。从社会存在决定社会意识出发，马克思主义要求从经济基础决定的各种要素出发去理解意识形态。

葛兰西对阿尔都塞有直接的影响。葛兰西重视"领导权"——"政治，知识和精神上的领导"——的作用，它要求领导阶级不但要有能力阐明各阶级的利益，而且还要有能力成为领导的"集体意志"，后者的作用更大。由此出发，葛兰西认为意识形态是"人们意识到自身及自身各项任务的领域"，其领导对象包括国家、道德和知识的指导作用等。他进而指出，社会主义革命的方式不仅应该有对资产阶级正面进攻的"运动战"，而且还包括与资产阶级进行长期斗争的"阵地战"。通过政治斗争和意识形态斗争，瓦解资产阶级的统治，建立起由无产阶级领导的全民集体意志，知识分子要承担起阐释有机意识形态的任务。建立起"文化霸权"有利于获得人民与同盟力量的支持，意识形态斗争的胜利就成了革命成功的有效手段和保障。因此，无产阶级要把"文化霸权"放在战略地位上对待。这也意味着对包括领导权、知识及道德等文化因素的重视，这有助于克服用"阶级斗争"代替一切政治斗争的狭隘做法，使人们从新的角度理解意识形态的功能和地位。重视文化对革命的积极作用和意识形态的功能是西方马克思主义的重大转向，这极大地影响了马克思主义的发展，意识形态也由此丰富起来。

阿尔都塞是对当代意识形态理论产生了重大影响的理论家，他的理论也影响到詹姆逊的意识形态理论。马克思曾说过："统治阶级的思想在每一时代都是占统治地位的思想，这就是说，一个阶级是社会上占统治地位的物质力量，同时也是社会上占统治地位的精神力量。支配生产资料的阶级，同时也支配着精神生产的资料。因此，那些没有精神生产资料的人的思想，一般的是受统治阶级支配的。"[①]

---

① 《马克思恩格斯选集》第一卷，人民出版社1972年版，第30页。

据此，阿尔都塞强调，法律、政治制度及意识形态是生产关系再生产的保障。意识形态的功能——"意识形态是统治阶级根据自己的利益调整人类对其生存条件的关系所必需的接力棒和跑道"——是通过教育、宗教、文化建设等国家机器实现的，它属于私人领域，有相对的自主性，各阶层的人能在此表达自己的要求和权利。他认为，意识形态有其规定性：首先，起作用的条件是无意识性。人总是存在于既定的社会关系之中的，意识形态先于个体而存在，并对个体发生作用，但作用的方式是无意识的。因此，"意识形态根本不是意识的一种形式，而是人类'世界'的一个客体，是人类世界本身。"[1]一般情况下，形象或概念的表象体系是意识形态的存在形式。其次，意识形态是社会历史生活的基本结构。阿尔都塞认为，特定的历史主体形成了该时期社会的主体，并呈现出不同种类总体的形式，再由某种更复杂的特殊类型将其统一起来。恩格斯认为，作为历史发展的主要动力之一，意识形态通过强制、调和等手段发挥功能，使社会得以存在和发展。从这种意义上看，意识形态是人类社会发展中的一种基本结构，它伴随着人类社会的存在、发展，其内容可能不同，但作为社会历史的基本结构，也是其他领域难以替代的。再次，意识形态是真实关系与想象关系共同决定的结果。"意识形态是人类依附于世界的表现……是人类对人类真实生存条件的真实关系和想象关系的多元统一。"[2]也就是说，它是"个人与其生存的现实环境之间的想象性关系的再现"。意识形态的实践性在于"体验自己的行为"，通过概念、形象体系借助于想象性机制再现出人与环境之间的关系，进而影响到人的行动。意识形态还可以再现出人与环境之间的真实关系，但想象机制是意识形态实践中的支配因素。因此，意识形态的性质是想象性的，它支配、主导了真实关系，有浓厚的虚假性、主观性和非科学的色彩。意识形态的实践性主要表现在意识形态国家机器与特定主体的相互作用中。个体成为主体是意识形态发生作用的条件。阿尔都塞指出了形成意识形态的四个步骤：一是社会召唤个人成为主体；

---

[1] [法]路易·阿尔都塞：《保卫马克思》，商务印书馆1984年版，第202页。
[2] 同上。

二是个人把社会视为主体，屈从于它，并最终形成主体；三是主体与社会主体间的相互识别，以及主体对自己的识别；四是主体把想象当作现实，并据此确定自己的行为。阿尔都塞进而指出意识形态是无处不在的，就是反思意识形态时也难以避免其局限，不可能有纯客观的、中立的"事实"和真理。从这个意义上讲，我们承认意识形态的虚假性，即自称掌握了真理的意识形态是不能完全相信的。

阿尔都塞的意识形态理论从多个视角说明了意识形态及其运作方式，理论自身的包容性增强了其阐释有效性。它克服了其他意识形态理论的脱节："那就是精神状态与社会制度之间的脱节，人的主观世界中意识形态的作用，与意识形态外部的起源及其在社会现实各种历史性制度中所发挥的功能之间的脱节。"①他强调意识形态的想象性本质，对于分析文学作品的意识形态有明显的亲和力，由此发展而来的"症候阅读"都为詹姆逊建立自己的意识形态理论提供了选择的余地。

二、精神分析学的影响

在精神分析学派中，弗洛伊德和拉康对詹姆逊意识形态理论的影响最大。弗洛伊德认为，潜意识与意识处于对立的状态，意识是对潜意识进行改造和装扮的产物。阐释的目的便是从文本的表面中寻找出潜意识信息。这种阐释模式的基础是"表征与被压抑的思想之间，显意与隐意之间，掩盖与被掩盖信息之间的差别"②。它吸引詹姆逊去寻找意识形态表象掩盖的潜意识内容，即真实的动机和意图。

詹姆逊对拉康的接受主要表现在两方面：其一，主体的建构性，即主体是一个不断建构的过程。弗洛伊德认为，主体受欲望和本能冲动的支配。但拉康认为，主体与其外部的社会文化标志（即"他者"）相互作用，它们的作用形

---

① [美]杰姆逊：《后现代主义与文化理论》，唐小兵译，北京大学出版社1997年版，第281页。
② [美]詹姆逊：《快感：文化与政治》，王逢振等译，中国社会科学出版社1998年版，第15页。

成了主体的无意识。因此，相对于主体来看，"无意识就是他者的话语"。主体的建构离不开与自我的想象关系，自我不是孤立的，无意识（或语言）是联系自我与他人的中介。这样，主体成了自我与环境之间作用和重构的过程。在很大程度上，詹姆逊赞同阿尔都塞的意识形态观，即"个人与其生存的现实环境之间的想象性关系的再现"①。这意味着他也把意识形态视为一种想象性的建构，事实上，意识形态自身在主体建构过程中也发挥了重要的作用。他认为，"这个意义上的意识形态便是在那些秩序的国度里植入主体的地方；无论符号秩序（换种说法，社会自身的共时性网络和位置与角色的运动系统）还是实在秩序（换种说法，历史本身的历时演进，时间与死的国度）都在它们的结构激烈地超越了个人经验"②。从这个角度看，由于人是在先在的社会形式与语言中存在的，通过意识形态的"体验和想象机制，个人主体建立起与社会集体系统之间的"关系。由此可以断定，作为"必不可少的幻想和叙事的地图"，意识形态必将在任何社会中为主体安排好位置，从而发挥其意识形态功能。其二，拉康的真实概念和象征概念也影响了詹姆逊，这使詹姆逊能恰当地看待意识形态的功能。我们可以从构成拉康的人的主体的想象界、象征界、现实界来理解意识形态的功能。想象界主要关涉个人与自我之间的想象（或意象）关系。象征界是一种秩序，它规划了个体的生命活动。语言的介入是象征界发生作用的前提和主要方式，语言表达出了无意识的信息。现实界指未经语言作用的原始世界。"现实"指直接的生活机能和作用，由于没有通过象征和想象的环节，它没有名称，不能被言说。想象和象征是产生现实性的前提。事实上，詹姆逊强调的是，拉康的现实绝对拒斥任何象征的再现，这种象征的再现最终要退隐到想象中去，我们处于无所不在、无时不在的象征秩序中，任何思想都不能脱离象征秩序。这样，"拉康的真实实施时拒斥任何象征化，而象征却不是虚假的。象征在结构上既为真实所决定，又为真实所解构。若在真

---

① [法]路易·阿尔都塞：《保卫马克思》，商务印书馆1984年版，第202页。
② [美]詹明信：《晚期资本主义的文化逻辑》，张旭东编，北京三联书店1997年版，第258—259页。

实世界的迷宫里行动，象征是一幅不可或缺的地图。"①对于詹姆逊而言，由于意识形态仍然是个体与现实之间的建构过程，所以它必定受制于先在的社会形式，在结构上由真实所决定，但本身又被真实所解构，这构成了意识形态的不确定性。意识形态有助于建构主体和指导主体的行动，这种实践功能使任何人都离不开它。鉴于此，很难对意识形态作出价值判断，这样，对意识形态的关注需要转化为对意识形态如何满足历史需要的关注，即意识形态运作的语境，这必然建立起意识形态与历史之间的关联，这也构成了阐释学的主要任务。

任何时代都有自身的需要，这种需要经常影响到意识形态的实践，并形成文本意识形态的语境。这要求面对具体的语境，辩证地思考意识形态的历史性。作为阐释的主符码，历史始终是意识形态的决定因素，它表现为个别主体的个案史或社会群体的集体历史。对詹姆逊而言，一方面，历史意味着对那些"从必然王国进入集体王国"的集体抗争的事情的叙事，从未来的意义上重估的社会历史事件；另一方面还意味着诡计："历史就是伤人的东西，它拒绝欲望，给个人和集体的实践设定了无情局限的东西，它将其公开意图变成了可怕的、颇具讽刺意味的逆转。"②历史也因此具有了确定性和不确定性，但作为缺席的原因，历史始终起着决定意识形态的作用。历史化意味着要恢复遭受意识形态压制或歪曲的历史特殊性。任何文本都充满了个人政治欲望、阶级话语和文化革命的空间，可由此展开对文本的意识形态的分析。

三、詹姆逊的意识形态观

詹姆逊的意识形态理论有着广阔的理论背景。在西方后现代社会的语境中，他是在与当代诸理论家的对话中确立起自己的意识形态理论的。詹姆逊认

---

① [加]谢少波：《抵抗的文化政治学》，陈永国等译，中国社会科学出版社1998年版，第73页。
② Fredric Jameson. *The Political Unconscious: Narrative as a Socially Symbolic Act*. Cornell University, 1981: 102.

为,西方发达国家已经发生了重大的变化,很难再继续套用传统马克思主义的阶级概念了,阶级难以反映社会的经济结构,而且很难找到马克思时代的贫困阶层了。但可以将其理解为一种思维方式,作为一种科学的分析方法来使用,这样,它仍有其阐释的有效性,即可以用它进行认知测绘,以分析个人所属的群体及其在社会结构中的位置。[①]因此,应该以相对的辩证的态度对待它。对待其意识形态概念也应如此,意识形态有如下规定性。

其一,由于不能用价值判断和绝对的观点对待它,就需要针对社会语境,在各种互动的关系中去理解它。从这个角度看,意识形态是阶级对话的产物,为了达到维护某种局面的目的,不同的利益集团通过对话表达出自己的看法,然后再在双方都有所妥协的情况下达成共识。

其二,意识形态主要通过"意识形态素"(Ideologem)体现出来。意识形态素是"社会之间基本上是敌对的集体话语中最小的意义单位"。任何意识形态都无法自行显现出来,需要通过文本叙事表现出来,但叙事文本常把"意识形态素"作为表现对象,这样,意识形态就成了"意识形态素"与叙事文本的中介,意识形态可以通过叙事文本体现出阶级之间对对方的批判性反思。称为"意识形态素"还意味着是能够被辨识出来的最小单位,例如,在《失乐园》中,弥尔顿试图证明上帝对人类是公正的,同时上帝也是迫害人类的暴君。詹姆逊把体现在文本中的这个矛盾称为"意识形态素",由此作者展开了对英国资产阶级社会的沉思。

其三,意识形态带有阶级的偏见性,出于维护本阶级利益的需要,任何阶级的理论都自觉或不自觉地夸大了自己的合理性,并极力贬低其他阶级理论的合理性。从这种意义上讲,这种歪曲打上了意识形态色彩。从某种程度上讲,任何文化或文本(包括理论文本)都有其意识形态性。正因为如此,需要指明这些偏见,同时对此进行批判性反思。其原因在于每个时代都有自己的需要,这种需

---

① Fredric Jameson. *Marxism and Form: Twentieth Century Dialectical Theories of Literature*. Princeton University, 1974:7.

要都要通过该时期社会中的支配阶级与被支配阶级表现出来。通过自己的言说，支配阶级试图证明目前的状态是最好的："我们的社会秩序并非总是你们想变成的那种形式，但在眼下它是你们所能希望的最好形式。"①而且将其价值和体制普遍化和自然化，并不惜歪曲现实。而被支配阶级也从自己的利益出发，通常以偷偷摸摸或欺骗的策略，企图抗争和破坏支配性价值体系。为此双方都要对现实进行削足适履式地剪裁，以自圆其说。从这种意义上讲，意识形态是阶级斗争的"战场"。

其四，由于意识形态的运作与其背后的历史现实及社会活动实践密切相关，因此阐释就是要找出思想——形式产生和实践的历史语境及辩证逆转。前者表现为意识形态是如何产生的；后者表现为意识形态如何被使用和利用的。例如，追求个性、自由，在资产阶级上升时期，有力地反对了封建主义，发挥了重要的作用，同时也有助于建立资产阶级的个性主体。但是，随着资本主义的全球性扩张，自由和个性的观念也得以扩张，它掩盖了晚期资本主义时期主体精神分裂的事实，实际上也参与了资本主义支配性意识形态的共谋，或者说它已经成了资本主义意识形态的有机组成部分，以此诱使个体选择资本主义的价值体系，实际上以资产阶级的价值重写了尊重个性的普遍价值，结果，这起到了维护资本主义现实的作用。因此要从其实际运作过程中把握其"辩证时刻"。

四、历史、叙事与乌托邦

根据历史自身的需要分析文本的意识形态，这可从詹姆逊阐释学的3个视界表现出来。第一视界把文本视为象征性的建构，意味着对不能够解决的社会矛盾的想象性解决；第二视界把文本视为个人话语的言说，要从个人的言语中揭示出其阶级依据；第三视界把文本视为文本意识形态交锋的场所予以阐释，这

---

① Fredric Jameson. *The Political Unconscious： Narrative as a SociallySymbolic Act*. Cornell University, 1981：56.

是生产方式发展不平衡造成的结果。这样的阐释意味着詹姆逊把阶级及其斗争视为意识形态产生的根源,历史也依据自身的需要对意识形态进行重新编码。但贯穿这3个视界的是对形式的意识形态的分析。由于任何文本都是历史困境的象征性反应,因此要在社会历史与观念之间建立起叙事的中介,并且把美学趣味的变化置于社会历史变化的大背景之下。这样,通过对形式的分析,以找出形式的意识形态性及形式中积淀的意识形态,从而把对意识形态的研究置换成对其叙述形式——政治无意识——的研究。

詹姆逊认为,任何文化都具有意识形态性。意识形态无时、无处不在,有其历史规定性,具有多种功能。海登·怀特认为,詹姆逊的意识形态理论源于阿尔都塞:"意识形态不是——对詹姆逊——对可感知现实的谎言、欺骗或歪曲,而是屈从或超越难以忍受的社会生活关系的意图。"[①]鉴于意识形态对文化和文学所起的决定性作用,詹姆逊把意识形态视为结构性的存在:"意识形态是一种双重结构,其基本结构特征可作为一种虚假意识描述为自我展示的可能性——一种观念或信念系统、一种抽象价值、一种意见或偏见——也可描述为一种初始叙事、一种有关对立阶级集体性格的最终阶级幻想。"[②]由于每个社会都存在着一定的生产方式和生产方式残余,这决定了社会中的意识形态冲突。从这种语境中产生的文本必然会带上这种信息,有的文本以理论的方式直接表达出来,有的通过文本的表层内容(如作品的主题、人物的观念等)表现出来,有的通过形式表现出来。这样,意识形态表象表达了潜在的政治无意识内容,而对这种意识形态的分析便可以揭示出其潜在的内容。从这种意义上讲,意识形态充当了政治无意识的叙事形式。

詹姆逊承认,任何文化实践及其产品都有其社会现实的背景,都是对社会现实问题的实质性或想象性的解决,这反映了人要求克服现实异化状态的愿望,文化反映了人们对集体统一体的"乌托邦"追求,文化既是意识形态的,

---

[①] 转引自[加]谢少波:《抵抗的文化政治学》,陈永国等译,中国社会科学出版社1998年版,第92页。
[②] [美]詹姆逊:《政治无意识》,王逢振、陈永国等译,中国社会科学出版社1998年版,第92页。

又是乌托邦的。因此，意识形态与乌托邦密不可分。

乌托邦的作用可以从詹姆逊释义的3个层面表现出来。在个人欲望的层面上，乌托邦常表现为对自由和欲望的追求与满足，但欲望和自由总有其产生的社会现实根据、其语义和语境的历史性，这也就使乌托邦同时获得了意识形态性。在阶级社会中，以赋予价值自然性和普遍性为手段，或通过对社会整体的承诺等方式来抹杀差异，乌托邦就作为一种因素参与了意识形态的具体运作，成为为意识形态霸权或反霸权辩护的工具。事实上，从阶级社会中意识形态话语的斗争中便能看到乌托邦所起的作用：当支配性意识形态以自然化和普遍化的策略确立自身合法性和统治地位的时候，实际上也承诺了通过维持现状实现绝不可能达到的理想，从而成功地利用了乌托邦的力量服务于自己的意识形态实践。同样，对抗性意识形态也通过瓦解现行价值体系和体制来作为承诺达到某种理想的条件，可以说，斗争双方都把乌托邦作为手段来抹杀社会的差异或导致社会的分化，在借用乌托邦力量的过程中，乌托邦就参与了意识形态的斗争。其实，在这里，乌托邦、普遍性和始源性都被用作使阶级话语获得自然性或普遍性的目的，以期在意识形态斗争中取得主动权。

在詹姆逊释义学的历史层面上，同样能看到乌托邦在文化革命中的作用。从社会形态的更替看，每种社会形态都是不平衡的，是对抗性意识形态与生产模式共存的状态，这种状态为未来的更合乎人性的理想社会形态留下了空间。这样，各阶级操纵的意识形态就会出面，声称自己是未来理想社会形态的代言人，这种承诺形成了有利于维护自己意识形态霸权的历史观。尽管如此，詹姆逊仍看到了历史发展对这些乌托邦承诺的拒绝。一方面，意识形态纷纷标榜了自己的乌托邦理想；另一方面，历史现实总是无情地粉碎了这些乌托邦承诺。乌托邦存在并参与了社会实践和文化革命，但总被否定，这种矛盾也反映了乌托邦欲望持久存在的现实。詹姆逊倾向于从共时性的角度来描绘社会状况及其中的冲突，这较好地阐释了意识形态的运作。但从历时性上看，詹姆逊仍认为生产方式的替换是"不可避免的"。这反映了其历史观对终极的社会集体统一体的乌托邦理想的诉求，这种乌托邦在社会革命和文化革命双方的意识形态中都能表现出来，只不过支配性意识形态标榜自己更靠近乌托邦的目标而已。这可以从詹姆逊的解释中得到印证:"就其表达集体统一体而言,不管什么类型的阶级意识都是乌托邦的……不管什么类型的已成形的集体或有机组织——压迫者和被压迫者完全一样——在自身之内都不是乌托邦的,而仅仅就此而言,那就这些集体自身是某种获取的乌托邦或无阶级社会的最终具体的集体生活的轮廓方案而言。它们才是乌托邦的。"[1]从意识形态与历史构成的反讽关系中,詹姆逊看到了意识形态的乌托邦性。

从詹姆逊的3个阐释视界都可以看到文化与意识形态、乌托邦的共谋,其关系密不可分。实际上,这还从更宽泛的意义上反映了詹姆逊的文化观,即文化有意识形态与乌托邦的双重功能。作为对现实压制的反弹,文化必然要给人以理想和希望,这种承诺必将指向集体统一体的无阶级、更合乎人性的乌托邦,也许从目前看,绝无实现的可能,但现实的维度会促成人类对这种"集体梦想"的永远追求。而文化的历史维度又决定了文化作为阶级象征的功能,意识形态对乌托邦的利用使二者处于共谋关系。这样,文化、意识形态和乌托邦便形成了三位一体的同构关系。

五、詹姆逊意识形态理论的困境

在詹姆逊意识形态理论的背后还有更深刻的动机,这种动机也构成了其意识形态理论的矛盾性,从而使其产生了难以克服的局限。晚期资本主义把人们置于一个特殊的后现代语境,对詹姆逊而言,要回应后结构主义的挑战,还要重建马克思主义的阐释有效性,这使他只得调和两种阐释主符码。他试图努力超越善与恶的二元对立,这促使他的理论"实践"局限在理论文本的建构上,相信理论能代替实践对现实发生作用。在这种调和中,其理论失去了马克思主义的实践锋芒,即对不平等现实的批判和改造。结果,詹姆逊便遭到更为严重激进的理论家的非难。由于仅限于理论上的操作,詹姆逊的意识形态只能作为

---

[1] [加]谢少波:《抵抗的文化政治学》,陈永国等译,中国社会科学出版社1998年版,第91页。

阶级话语冲突的符码而存在,这种象征性结构既为真实所决定,同时又消解了真实,但又需要它的示意。这种意识形态观与其历史观密切相关,即历史是存在的,但永远不可能被把握,人们只能通过文本去接近历史。当以对待历史的方式对待意识形态时,詹姆逊便只能从文本的意义上来看待意识形态了,结果造成了他在政治上的矛盾或乏力。詹姆逊对乌托邦的矛盾看法,也源于其历史观的矛盾。他认为,一方面历史的发展无情地粉碎了个人的欲望、集体与社会的规划;另一方面,生产方式由低级向高级的发展又是历史发展的必然,从这种运动中能把握到历史的真实。这种历史观决定了他对乌托邦作用的怀疑,尽管他强调乌托邦的功能有助于调动起社会集体的力量,但毫无疑问的是,对乌托邦的不适当强调仍然可能造成强势话语的压迫,也有可能使集体力量被导向歧途。

詹姆逊意识形态观的矛盾更深层地源于他置身于其中的晚期资本主义社会。晚期资本主义社会是资本主义发展的第三个阶段,这个阶段有明显的特点:国家削弱了对政治、经济的干预,社会本身的调节能力增强,这有助于预防、弱化社会矛盾和社会冲突。阶级的区别也不太明显了。商品逻辑渗透到一切领域,消费主义意识形态空前扩张,科学技术从思维到日常生活的方方面面加剧了人的异化处境,这都加剧了人精神上的分裂。同时资本主义的意识形态也给人以更多的民主与自由的承诺,消费主义意识形态给西方社会带来的民主也加强了,人们在平面化的生活中有了更自由的感受。而且中产阶级大量涌现,这都使确立无产阶级的标准及其在阶级斗争中的主力军地位变得困难起来。正是在这种意义上,詹姆逊认为发达国家中已不存在阶级了,马克思的阶级学说已经过时,需要发展,以适应时代的需要。随着西方消费社会的发展,它对包括马克思主义在内的对抗话语有极强的包容性,为此,有必要通过在限定的文本空间内的努力以发挥其政治潜能,詹姆逊及其同道就在象征和形式的层面开辟了文化革命的空间,以实施其反霸权的战略。正因为如此,他吸取了马克思主义的方法和理论模式,把文本实践与现实拉开了距离,把现实视为无法把握的客体,仅限于在文本内把握现实,但文本化的现实毕竟不是现实,文本的实践有助于现实人们的审美实践,通过社会活动达到改变和改造现实的作用,但其作用的大小是确实应该受到质疑的。同样，詹姆逊的意识形态理论也存在着同样的问题，他主要是在象征和形式的意义上谈论意识形态的，这样，他通过文本意识形态的斗争，以利于开辟文化的反霸权空间，但这种努力对现实中意识形态斗争的作用就要受到质疑了，因为文本把握的现实与现实之间毕竟有差异，我们就要考虑文本中意识形态的实践价值。此外，还与他对现实阶级状况的把握有关。我们认为，阶级之间界限的模糊并不能否认阶级存在的客观事实，也不是否认阶级存在的理由，意识形态及资本仍然是划分阶级的重要依据，而且承认阶级划分的意识形态标准和资本本质的不变，也就意味着阶级分析的有效性。鉴于此，就应该承认马克思主义阶级理论阐释的有效性。詹姆逊对马克思阶级理论有效性的怀疑和否认，正是其理论发展的必然逻辑，也是他在理论上进行调和的必然结果，也许这正是其理论的意识形态性。

原文载于《外国文学》2003年第3期

《人大复印资料·文艺理论》2003年第2期转载

重构全球化的抵抗空间

——詹姆逊的全球化理论

詹姆逊并不是以全球化研究而闻名的理论家,但他积极关注全球化问题,并追踪研究全球化的各种变体,形成了有自己鲜明特色的全球化理论。他的全球化理论无疑应该引起我们的重视,也是我们理解全球化理论和我们自身现实处境的重要参照。1994年10月9—11日,在杜克大学召开了"全球化与文化"国际研讨会,詹姆逊提交了题为《论作为哲学问题的全球化》的论文,他第一次全面而系统地阐述了他对全球化的理解,这篇文章后来收入由他与三好将夫主编的会议论文集《全球化的诸种文化》(The Cultures of Globalization),1998年由杜克大学出版社出版。自此以后,他继续关注全球化问题,连续撰写多篇关于全球化问题的论文,《全球化和政治策略》(Fredric Jameson, Globalization and Political Strategy, New Left Review, Winter 2000)、《全球化中的恐惧和厌恶——对威廉·吉布森的<模式认识>的反思:一种当代风格的辩证》(Fear and Loathing in Globalization New Left Review, Vol.23)、《全球化的想象》(The Imaginary of Globalization, Collective Imaginary: Limits and Beyond, ed. Enrique Larreta)、《论全球化和文化》(On Globalization and Culture)[①]和《再现全球化论》[②]等文章,从多方

[①] 这篇论文是詹姆逊应王宁和王逢振之邀所撰写的,曾先后刊登于《南方文坛》和王宁主编的《全球化与文化:西方与中国》(北京大学出版社2002年版)。与这篇论文的内容基本相同的是詹姆逊的另一篇论文《论全球化的影响》(王逢振译,《马克思主义与现实》2001年第5期)。笔者阅读后发现,这两篇论文基本上是由此前的论文《论作为哲学问题的全球化》改写而成的,没有更新的观点。

[②] 2004年6月,詹姆逊来北京参加中国人民大学举办的"詹姆逊与中国"学术研讨会。之后,他去清华大学进行学术演讲,还出席了郑州大学举办的"全球化和本土文化"国际讨论会,这两次演讲都涉及了全球化问题。目前见到的译稿分别是郭英剑翻译的《再现全球化论》(《郑州大学学报》2004年第5期)、王逢振翻译的《论全球化的再现问题》(《外国文学》2005年第1期)和陈永国翻译的《全球化与赛博朋克》(www.culstudies.com,发布时间:2005年6月6日)。由于笔者没有见到英文原稿,而且这几个文本中属王逢振翻译的《全球化的再现问题》最为系统、全面。所以,这里以他的译稿为讨论文本,其重要性在于它反映了詹姆逊对全球化问题的新思考和对原来研究思路的拓展。

面、多层次和多种视角研究了全球,这些文章也有助于帮助我们理解詹姆逊的全球化研究。本文拟围绕反映了其主要观点的文章《论作为哲学问题的全球化》、《全球化和政治策略》和《再现全球化论》来研究他的全球化思想、全球化研究的特点,及其对我们的借鉴意义。

一、理解全球化:哲学的视角

詹姆逊最早系统而全面地探讨全球化的论文是《论作为哲学问题的全球化》。在这篇论文中,他首次提出了全球化的概念:"全球化是一个传媒概念,交替地掩盖和传播文化或经济意义。"[①]但是,他又反对完全从媒体和通讯的角度看待全球化问题。原因是,通讯和技术所引发的变化已获得了整个文化的维度,而且,通讯和技术又与经济的发展不可分割。当涉及全球化的价值判断时,有人会把全球化视为福祉,而有人会相反地视之为灾难,这种差异需要从意识形态的角度予以说明。同时,也可能出现两种另一种形式的对立:通讯和技术的发展,带来了新媒体的发展,使彼此差异、对立的文化能够相互容忍、共存,并被置于多元主义文化之中,促进了世界文化的丰富性和多样性。与此同时,处于从属地位的阶级、性别、种族、群体也通过通讯技术的发展而进入了公共领域,导致了大众民主化及其全球的发展。如果转向经济领域,我们不得不面对更严重的同一性,这种同一性、标准化与丰富多样性形成了巨大的反差。但在詹姆逊看来,全球化的这两种对立似乎处于一种辩证的关系中,至少是二律背反之中。具体来说,对经济领域同一性的判定也可以转换到文化领域:全球文化的美国化或标准化、取消了地方差异和所有民族的集团化。而对文化领域多元化、差异的判定也可以转换到经济领域:"开放市场将导致生产力的纯增长,人类终于开始掌握交换、市场和资本主义的超验满足,这是最

[①] [美]弗雷德里克·詹姆逊:《论作为哲学问题的全球化》,《外国文学》2000年第3期。

基本的人类可能性和最保险的自由之源。"①正是这些对立、矛盾、含混和内容的可替换性为全球化研究提供了可能的路径。

根据这些线索,我们首先可以把"全球化视为文化的进出口"。这样,全球化就是各国、各民族之间的文化商品的正常交流和流通。如果从这个角度看,就会有文化的多元主义、语言的多元主义的表面现象和由此引发的意识形态辩护。但实际情况并不如此,在文化商品流通之前,美国文化、英语就占据了文化交流的支配地位。对其他发展或落后国家而言,建立在这种实力不对称基础上的文化贸易则充满了垄断、压迫和不平等。对此进行辩护的意识形态会认为,凡是涉及这种文化流通的"所有因素和价值都是相等和等价的。"但这是绝对不可能的,文化交流双方的产品的选择、流通和消费的各个环节都会受到不均衡的权力的影响。实际上,以英语、英美文化等为代表的西方强势文化早已成为世界性的语言和文化;其大众文化也成了全球的消费品。这些文化在全世界畅通无阻,是那些弱势的语言和文化所望尘莫及的。同时,这种貌似自由、平等的文化交流也是以挤压、牺牲世界大多数的文化为代价的,并给这些国家、民族带来了巨大的破坏:既包括物质方面的财经利益和社会方面的价值观的破坏。为此,需要给这种意识形态"去魅",追问文化背后的经济动因。从经济的角度看文化现象,例如有世界性影响和巨大商业利润的美国影视业,不但在经济上成功地赚取了大量的利润,而且还破坏了世界其他地方的民族电影。同时,好莱坞的电影还是一次晚期资本主义的政治侵略和文化侵略,随着电影等大众文化的入侵,改变了文化输入国人们的价值观,全面地瓦解了其传统文化和日常生活习惯,也意味着相应的生活方式的输入。反过来讲,生活方式的输入也是进一步扩大经济贸易的重要条件:"没有日常生活,经济体系就几乎不能继续扩大和移植。"②而且,其破坏是巨大的。但这种文化商品的流通是以全球化的名义展开的,其中蕴涵的经济、文化和政治因素值得深究。正是意识形态辩护遮蔽了这些事实和背后的利益

---

① [美]弗雷德里克·詹姆逊:《论作为哲学问题的全球化》,《外国文学》2000年第3期。
② 同上。

诉求，詹姆逊一针见血地指出："我们现在必须回到美国的立场上来，强调美国与其他国家之间的根本不平等。换言之，这些地区之间不可能存在着平等：在新的全球文化中根本没有起飞阶段……"[①] 通常，全球化和后现代性的高扬者乐观地认为，全球化意味着解中心和差异的再生产；但悲观主义者则认为，全球化意味着千篇一律和标准化。对此，詹姆逊认为，不应该从这两种观点中选择出自己的观点，而应该强化这两种观点之间的"不相容性和对立性"，以把握其特殊矛盾。日本、西欧和第三世界都不可能具有抵制美国化的意志和力量，他寄希望于一种原教旨主义的宗教文化。

有人认为，拉美的文学和音乐都战胜了北美，这似乎提供了一种抵抗方式，反对了以跨国商业来决定地方和民族生产的发展方向，或者使那种生产向有利于自己的方向发展。但应该看到，这些成功只是特例，全球其他一些国家的电视几乎全部被进口的北美节目所垄断。这种区分经济与文化的做法也难以自圆其说：一方面，从范畴和层面上把经济与文化区分开来，势必陷入哲学的困境；另一方面，后现代主义理论也是对这些区分的否定，即经济本身变成了文化，文化也逐渐变成经济，这表现在景观社会和广告业，也表现在高雅文化的消解和大众文化的迅速发展。实际上，也存在着经济与政治、文化与政治之间的融合和对立，但应该根据各自的情况区别对待。在拉美国家中，权力与国家是同一的，但在英美第一世界中，权力就是资本主义。因此，在拉美国家中强调商贸等经济因素，就是为了摆脱国家的统治，是有积极意义的；但在第一世界中，仍然必须肯定国家及其权力，防止右翼重新将其私有化，以保护社会福利和国家为社会立法的功能。同样，在拉美的环境中，需要强调多元性以抵制统一性的压抑；而在北美的环境中，有必要通过肯定性的统一来对抗多元性的压抑。鉴于此，詹姆逊认为，在抽象和相互联系的层面上，民族层面上适用的东西转化到国际层面时，需要被颠倒过来。但这里仍然存在着辩证的运动，即同一性与差异性的对立已经转化为统一性与多元性的对立。因此，不但要关

---

① [美]弗雷德里克·詹姆逊：《论作为哲学问题的全球化》，《外国文学》2000年第3期。

注差异性与同一性、统一性与多元性之间的对立,也要关注它们之间的转化,以及这些辩证运动的具体条件。以此审视全球化时就会发现,从全球化层面看同一性的威胁,差异的对立面是跨国体系自身、美国化、单一的标准化的消费意识形态和标准化的产品,而不是民族—国家的权力。在此,民族—国家及其民族文化发挥着积极的作用。在这种意义上,要重视民族文化的作用,以此来抵制后现代大众文化的扩散,并激活真正的差异和多元的草根文化。只有如此,才能有效地抵制世界市场、跨国资本主义和第一世界的大资本权利借贷中心的侵蚀。

詹姆逊的分析吸收了黑格尔在《小逻辑》中分析同一性与差异性之间关系的哲学思想,即在分析现象时,需要通过同一性与差异性的辩证运动,去寻找现象背后的终极矛盾及其基础,以接近总体的环境本身,并把握事物的存在。他的全球化研究也是如此,他注意从同一性与差异性的辩证关系中把握全球化的运动轨迹,并从纷繁杂乱的现象中寻求其最终的动因,从而全面地把握作为总体的全球化及其运动。

詹姆逊在为《全球化的文化》所写的前言中,扼要地论述了突出全球化现象的重要事件:"一件毫无疑问是所谓冷战的结束,随之而来的是国家间不同集团的敌对关系为各种商业关系所取代。另一件是当前信息、通讯技术的发达,特别是某些技术让新的市场得以形成,其中最突出的就是新的全球范围内的金融管理。"[①]他还特别地强调,全球化主要源于商业和金融,应该把它的所有现象与资本主义联系起来考虑,否则就抓不住其根本原因。

二、全球化在各领域的表现

《全球化和政治策略》侧重于阐释全球化在不同层面、具体领域的表现和导致的问题,以及解决这些问题的策略。

---

① [美]詹姆逊、三好将夫主编:《全球化的文化》,马丁译,南京大学出版社2002年版,第1页。

詹姆逊分别是从技术、政治、文化、经济和社会的层面来提出和分析问题的，我们也依此进入他对全球化的分析。第一，从技术层面看，全球化主要指传播技术的发展和普及、信息革命的来临，还包括由此引发的工业生产和组织、商品营销等方面的变化。从这个层面看，大多数学者都认为，全球化趋势是不可避免和阻挡的，借助于破坏、阻碍技术的创新和流通来抗拒全球化，是行不通的。同时，如果以此作为应对全球化的政治策略，也必将是失效的。詹姆逊对此有些怀疑，技术的全球化是否还存在着除此之外的其他发展路向？是否存在不受技术全球化影响的空间。如果有这些可能，那势必影响到应对全球化的策略。第二，从政治层面看，涉及对全球化的政治判断，主要的问题是民族—国家的作用，即民族—国家是过时、终结，还是仍继续发挥作用？在詹姆逊看来，正确回答这个问题，需要考虑到帝国主义各种表现形式。帝国主义主要经历了三个阶段："一战"之前的殖民帝国主义，以美国、日本和许多欧洲国家为代表；"二战"后的冷战式的帝国主义，以美国和西欧的强国为代表；冷战后的后现代帝国主义，主要以美国和完全依靠美国的卫星国为代表，这些国家只允许美国拥有核武器、认同人权和美国式的选举、通过政策限制移民和劳动力的自由流动、在全球范围内推行自由市场经济、以武力干预的方式发挥着世界警察的作用。只有在这种世界秩序的格局中，才能理解民族—国家的作用。以此来看，美国外交主要考虑的仍然是它的国家利益，它也以民族—国家的身份与各国打交道，民族—国家之间的较量依然存在。因此，詹姆逊认为，后现代帝国主义国家的民族—国家的权力仍然在增长，其他民族—国家的权力受到了削弱，民族—国家的作用并没有失效。其他民族—国家的自治受到削弱，表面上看是集体尊严的丧失，但最终要通过文化和经济反映出来，并引发政治方面的考虑，这就涉及了民族主义。美国人会认为，美国代表了世界的普遍利益，只有民族主义才抵抗全球化，并要求其他民族—国家都承认这一点。与此相联系，美国还以普遍主义的名义在全球推行自由市场经济。此外，源于欧美的现代性也以普遍主义的名义在全球流行开来。詹姆逊认为，在当下的语境中，现代性显得非常可疑，被用来掩盖宏大的、集体性的社会目标。实际上，美国人所说的民族主义、新自由主义和现代性都具有意识形态性，都有意无意地掩盖了自己的政治目的和特殊的国家利益，以普适性的名义在全世界进行宣传和推广。因此，要特别警惕和仔细辨析其政治意图。第三，从文化层面看，全球化的主要问题是世界文化的标准化，以及深层意义上的对特定种族—民族的生活方式的破坏。由于美国的大众文化、价值观和生活方式在全世界的扩张，使各民族—国家的文化工业、生活方式都面临着危机，有被美国化的危险，其结果是常常引发文化恐惧。其中，对文化恐惧的习惯性反应是低估了文化帝国主义的力量，也就是美国大众文化在全球的影响并不像我们认为的全都是坏的。以此为根据，就会肯定一种文化或身份，即美国大众文化的影响只是表面性的，存在能够不被美国文化同化而且又能保持其固有属性的文化。实际上，这只是一种政治策略。如果高估了文化帝国主义，势必会降低受威胁的国家、社会和文化的地位，为了确保政治上的正确，有必要实行这种策略。在詹姆逊看来，"一切文化的政治都必须面对一种修辞的选择：一方面是在肯定文化群体力量中的过分自负，另一方面是对它的策略性的降低。"①这就会引发政治策略与政治目的之间的矛盾。如果高估受威胁的国家、社会和文化的地位，就会突出其英雄性和英雄人物，有助于鼓励其民众，但这可能使由此而来的自信因无视现实状况而蹈空；如果低估了受威胁的国家、社会和文化的地位，突出这个群体的悲惨地位，则可能使更多的人了解其真实情况并唤起人们最大程度的支持，但这样做又潜在着很大的危险："你愈坚持这种悲惨和无权的现状，其主体就显得更为软弱和被动，也更容易被人支配，并因此被视为讨厌的形象，甚至可以说正是他们剥夺了被自己所关心的那些人的权力。"②就是说，这两种做法都只能作为政治策略，它们都有助于达到某种政治目的，但也可能会影响到其他政治目的的实现，要反对对此做非此即彼式的取舍。因此，詹姆逊的结论是："这两种策略都是政治艺术所必需的，而且它们之间不存在调和的可能性。应根据不同历史时期、发展地区的机遇和再现的需求，来选择其行

---

① Fredric Jameson. *Globalization and Political Strategy*. New Left Review, 2000(Winter).
② 同上。

动的策略。但是，人们必须以那种政治和战略的方式对此予以考虑，否则就不可能在实现政治正确性的前提下解决这种特殊的二律背反。"①第四，从经济层面看，经济逐渐渗透到全球化的各个层面：操控新技术、引发对地缘政治的兴趣和由后现代性而导致的文化融于经济、经济融于文化。广告对商品的审美属性的强化、景观社会的出现都促使经济向文化的运动；娱乐业标志着文化向经济的运动。詹姆逊认为，非美国的观众很容易对美国的大众文化产生兴趣，部分原因在于其现代性或后现代性的推波助澜，这也在无意识中起到了为西方(以美国为代表)文明普遍性辩护的作用，尽管表面上看是文化问题，但其实质却是经济问题。甚至可以说："这里的文化已经绝对地转化为经济，而且这种特殊的经济还确定性地规划了政治日程，并支配着政策的制定。"②借助于经济层面，我们可以看到全球化的经济、政治和文化层面的融合。我们必须重视跨国公司和金融资本这些全球化的经济范畴。我们应该看到，跨国公司削弱了民族—国家的权力，特别是民族—国家的管理经济的权力，导致了担心跨国公司超过政府权力的焦虑；通过跨国公司与政府的合谋出现了各种形式的商业活动；跨国公司通过把自己的经济活动转移到国外更便宜的劳动力市场而破坏了本国的劳动力市场。金融资本主要涉及资本和投资的流动，虽然它也伴随着劳动力和工业能力的流动。金融资本潜在的危险是，有可能使民族—国家严重依赖国外资本、投资和贷款，导致了民族工业的畸形发展；可能破坏许多国家农业上的独立；难以预料和避之惟恐不及的世界或地区性的金融危机，其破坏性有时可能在极短的时间内造成全球某些地区的整体贫困，即使那些最强有力的国家政府也无能为力。从经济的角度看，不可逆转性是全球化过程的特征，反映在科技政治、文化和金融等方面。诸如科技不可能再回到简单的发展水平、帝国主义统治的不可逆转性、地方文化最终毁灭的不可逆转性和金融领域危机、毁灭不可逆转性。第五，从社会层面看，全球化意味着消费文化、消费社会的全球蔓

---

① Fredric Jameson. *Globalization and Political Strategy*. New Left Review, 2000(Winter).
② 同上。

延，这也是经济全球化的另一面相。消费文化的实质是，经济已渗透到社会，消费是社会和日常生活不能离开的，消费已成为社会结构的组成部分。消费文化的来临意味着传统社会的终结，消费具有个人性和分裂性，它能够破坏家庭、血缘关系和村庄等"有机形式"，从而毁灭旧的日常生活结构和社会的契约关系，取而代之的是新的日常生活和社会关系，其中商品消费是导致所有这一切的直接原因。

詹姆逊在区分出全球化的技术、政治、文化、经济和社会等层面的过程中又揭示出了它们之间的联系。他也以同样的方式来探讨全球化的政治策略，以确定我们分析出了什么，忽略了什么。就技术层面来说，我们不能绝对地否定路德主义——路德主义以破坏新的机器与技术的方式维护我们的利益，这种策略的价值是它能够唤起对深入我们内心的技术的不可逆转性的怀疑。这样，我们就可能设想一个没有高科技的世界，即设想生活在一个脱离了既定的全球体制的世界。这时候，我们实际上就已经进入了政治的层面，即民族政治的层面。詹姆逊认同帕斯·查特基(Parthe Chatterjee)的观点——民族主义冲动一定要包含比民族主义更多的内容，并成为宏大政治目标的组成部分，否则作为其目的的民族独立就失去了意义——这为许多国家的历史所证实。这些国家虽然摆脱了旧的殖民统治，获得了自己的独立，但很快又陷入资本主义全球化的力量，受到金融市场、外国投资的压迫。事实上，应该把这种纯粹的民族主义与反对美国帝国主义的民族主义区别开来，而反对美国帝国主义就是反对体制或全球化本身。由于存在着民族主义立场的基本矛盾——力图使特殊性普遍化，也由于全球化与民族主义的矛盾，所以，詹姆逊才认为："普遍与特殊的对立，其实是现存于全球体制中的民族—国家内历史语境中的内在矛盾。这也许是反全球化的斗争——尽管可以部分地在民族领域展开——却不能完全从民族或民族主义方面取得成功的更深层的哲学原因，虽然按照我对戴高乐主义的看法，民族主义的冲动可能是不能缺少的动因。"[①] 就反对美国帝国主义的民族主义而言，

---

① Fredric Jameson. *Globalization and Political Strategy*. New Left Review, 2000(Winter).

日本和欧盟是社会、经济上反全球化的最有力的力量，但又与美国有着既依赖又矛盾的复杂关系。在文化层面上，全球化极大地破坏了原来的日常生活，只有从政治上遏制这种破坏，才能有效地抵抗西方的"文化帝国主义"，也只有伊斯兰的原教旨主义可能承担这种使命，但伊斯兰早期的抵抗已经过时，只有结合全球资本的新变化，伊斯兰教才能进行文化、经济上的有效抵抗。具体来说，伊斯兰教也应该把信仰、政治等层面的反全球化运动最终落实到经济和社会层面。詹姆逊仍然强调了联合、团结的作用，以及把集体的力量作为反全球化政治策略的重要意义："现在，我们可以用乌托邦一词来表述所有要求集体生活的筹划和表征——不管它们以怎么曲折或无意识的方式表现出来——并在促进全球化真正进步或创新的政治反应中，确认社会的集体性作为最重要的核心的地位。"[①]

三、全球化的再现

2004年6月詹姆逊来北京参加中国人民大学举办的"詹姆逊与中国"学术研讨会。之后他去清华大学进行学术演讲，还出席了郑州大学举办的"全球化和本土文化"国际讨论会，这两次演讲的主题都是全球化问题，目前可以见到的三个译稿。由于作者没有见到英文原稿，而且这几个文本中属王逢振的译稿[②]最为系统、全面，这里以他的译稿为讨论文本，研究詹姆逊对全球化问题的新思考，特别是他对全球化的再现的看法。

在这篇文章中，他重申了他对全球化的看法："我用这个词表示一种特定的历史进程，它明显不同于国际主义，也不同于旧的贸易网和联系，它有一种非常不同于形容词帝国主义的含义。它是资本主义第三阶段的发展，它的出现既有自动控制和电脑等技术的原因，也有生产性质的原因——与古典的工业生

[①] Fredric Jameson. *Globalization and Political Strategy*. New Left Review, 2000(Winter).

[②] [美]詹姆逊：《论全球化的再现问题》，《外国文学》2005年第1期。

产的性质完全不同。它的特点是普遍的商业化和劳动力的跨国流动；不甚确切地说，它的特点有时就是美国化；它的文化的上层建筑是我们常说的后现代主义或后现代性；它与20世纪80年代和90年代出现的金融资本主义的独特性质有着密切的联系。"①

应该说，这些解释基本上重复了以前的观点，即资本主义的扩张是全球化的动因；全球化的基础是资本主义当下的发展状况；如果从经济组织形式的角度来理解全球化的话，其文化方面的上层建筑就是后现代性。但值得注意的是，他否定了对全球化的狭隘的理解，即把全球化理解为美国化。美国的政治、经济、文化、生活方式等在全球的扩张是全球化的重要现象、内容和动因之一，但仅以此来概括全球化就犯了以偏概全的错误，其内涵和外延都宽泛得多。而且，这种解释并没有触及到全球化的本质，还妨碍了人们对它进行更深入的研究。

值得注意的是，詹姆逊在这篇文章中重提认知测绘，并借助于认知测绘来重新审视全球化（特别是全球化的再现）问题。詹姆逊的认知测绘的思想来源于凯文·林奇（Kevin Lynch）的《城市意象》和阿尔都塞派的意识形态理论，最早曾经在著名的《后现代主义，或晚期资本主义文化逻辑》中系统地阐述和运用过。这里，他肯定了认知测绘也就是再现方式，并进一步区分了认知测绘的两种意义："首先，它旨在强调再现不可避免地走向失败，再现不可能成为被模仿的事物，而后者当然属于完全不同于模仿的性质。于是，作为第二种特征，认知一词的意思不是因为它强调这种再现观的重要，而是把这个过程从美学拉进认识论：它在世界内部改变我们的方向，它是一种必要的行动框架和指导，尽管它并不为了存在而要求行动。"②为了更准确地理解他的论述，我们需要结合他在其他地方对认知测绘的论述："如何考虑它，如何想象它，如何从政治上意识到它，如何再现它——这些也许是任何认知测绘的四个方面——或者说一种概念，一种日常生活的意识形态的形象，一种正在提高或

---

① [美]詹姆逊：《论全球化的再现问题》，《外国文学》2005年第1期。
② 同上。

正变得明确的对现象的政治意识,并最后在可能存在或必须创造的情境中寻求再现的方式。"①

詹姆逊从认知测绘的这些意义出发,分析了两种全球化的认知测绘。第一种是把美国视为宏观全球化的微观缩影,但这是一幅寓言式的图画:"我们必须意识到,我们自己传统的、内在化的美国原型（民主、自由、平等,等等）遭到了刻意的破坏,并被转变成一种新的、据称代表世界本身的图画。"②在这个意义上,美国的政治、经济、文化、生活方式等在全球的扩张是全球化的重要现象、内容和动因之一,其最根本的动机是美国自身的国家利益,但美国把自己打扮为世界的代表和化身。实际上,美国制造的这种神话不攻自破,原因是自己所标榜的价值观念被自己的行动所破坏了。由此,我们看到了全球化对主权国家的破坏,从地方的农业、工业开始,逐渐扩展到文化和国家的主权。同时,也由此建立了美国与这些国家之间的密不可分的联系,产生了严重依赖,甚至根本就离不开美国的状况。而且,这些国家所遭受的这些破坏是根本不可能恢复的,只能是每况愈下,其独立和自治也只能是幻想。第二种是对矛盾和否定性的测绘。从地图与贸易航线的关系看,贸易航线根本离不开地图,它的有效性是不容怀疑的。但地图之于全球化的作用就不同了:"全球化像资本主义一样,充满了种种矛盾,而且在自身矛盾和统治过程中不断形成一些困境,只有改组整个过程本身才可能超越它们。……但是,地图无法表示这个过程的无休止的能动力量及其不断的重新安排,或从一个地方跳到另一个地方。"③由于全球化充满了矛盾、变化和不确定性等复杂情况,确定的、简单的地图是无法满足这种需求的,描绘全球化需要对矛盾和否定性进行测绘。譬如金融投机和货物的非法走私这类超出了正常贸易范围的交易,也是全球化中经常出现的经济现象,描绘全球化就需要这种测绘,而类

---

① 王逢振、谢少波编:《文化研究访谈录》,中国社会科学出版社2003年版,第112页。
② [美]詹姆逊:《论全球化的再现问题》,《外国文学》2005年第1期。
③ 同上。

似于地图之类的测绘是无能为力的。

詹姆逊否定了把全球化等同于贸易航线的思考路向。有人否认全球化与资本主义(特别是当代资本主义)的联系,视全球化为扩大了的贸易航线,甚至把它的起源追溯到新石器时代。詹姆逊认为,鉴于当代贸易关系网络的复杂性——存在着某种程度一体化的地区、被贸易封锁的地区和愿意保留贸易壁垒的地区,但贸易航线不能显示这种贸易关系。因此,这种看法是不正确的。他还否定了另一反对全球化的观点。这种观点认为,地图有可能是假象,而测绘的效果就是制造幻觉,其功能是虚构,所以也不能再现全球化。但在詹姆逊看来,"这是另一种地图,它旨在隐蔽更深层的地图,更深层的一系列的空间关系;全球化也以这种方式发生作用。"[①]他解释说,纪录片也需要虚构,通过对这些虚构的记录,给观众以真实的感觉。纪录片与虚构之间的关系,测绘与再现全球化之间的关系,具有某种相似之处。全球化是一系列连续的变化,只有观察到所有的变体,才能把握它。因此,全球化同样需要地图,通过测绘再现出它的全貌。从这个角度看,"今天,全球化确实不是一系列新的从一点到另一点的地理关系,而是所有那些点的同时性,是突然意识到多种生活同时在全球所有地方同时进行的同时性。"[②]也就是全球范围内感觉的同时发生,这种感觉的同时发生反映了集体性的积极力量。这是詹姆逊通过认知测绘发展出的关于全球化的新观点,也就是,全球范围内彼此之间影响的加深和互动。这类似于吉登斯的看法:"全球范围内的社会关系的密切,把不同地方联系在一起,遥远地方发生的事情可以影响到当地的事情,反之亦然。"[③]詹姆逊仍然强调了此前提出的全球化的悖论和辩证运动,并承认再现全球化的困难。他声称,自己并不是为了提供一个全球化的概念,也不是为了提供全球化的真实图像,而是为了找到再现全球化的二律背反:"但在再现领域,常常潜伏着某种悖论,即要抓住

---

① [美]詹姆逊:《论全球化的再现问题》,《外国文学》2005年第1期。
② 同上。
③ Anthony giddes. *The Consequences of Modernity*. Polity Press, 1990: 64.

再现的两难困境或二律背反的问题，本身就已经是要以某种方式解决它们：当我们开始发现不存在的解决办法时，当我们发现大量的问题本身就是我们寻求的再现时，我们就已经理解并解决了这些问题。"①也许，这种解决问题的方式是为了避免我们落入各种先在的预设或抽象的概念和观念的陷阱，直接面对全球化的现实本身，从全球化的现实、存在的悖论和辩证运动出发，以更好地理解其变化过程。

综观詹姆逊的全球化论述，我们认为，其全球化理论的主旨就是揭露全球化话语背后的意识形态。应当说，我们在承认全球化带给落后或发展中国家和地区发展机遇的同时，也应当承认它也加剧了国家和地区间的不平等，其中隶属于发达的民族—国家或总部设立在那里的跨国公司是全球化的最大受益者，全球化的根本动力则是资本和资本主义的全球扩张。但许多全球化话语则强调全球化的正面因素，设法掩饰其背后存在的剥削和不平等，这就是其意识形态，这也是值得我们警惕的。更严重的是，全球化带来的暂时的"发展"和"机遇"，可能是以将来的巨大损失和对跨国资本的严重依赖为代价的。但落后或发展中国家被"发展"的现象所迷惑，不仅没有这种意识，而且还可能成为这种意识形态的"共谋"或支持者。着眼于全球化的意识形态批判视角，詹姆逊强调了全球化与后现代性、美国化之间的关系。他把后现代文化视为消费社会的重要特征，后现代性是"文化变成经济、经济变成文化"，它是全球化在文化方面的上层建筑。这样，全球化与美国化（或美国的扩张）有着密切的关联，即美国化是全球化的重要内容，这个视角有助于我们正确地把握全球化的本质，但他并没有狭隘地把全球化与美国化等同起来，因为前者要比后者复杂、丰富得多。詹姆逊还强调，要从辩证的角度来理解全球化的运动，从同一性与差异性的运动中来把握全球化的总体，也就是要求我们不但要从不同的各个层面及其相互联系来看待全球化的运动，还要的寻求这些层面的某种更一般化的运动。同时，我们还应该依据辩证思维的原则和各种具体情况的复杂性、

---

① [美]詹姆逊：《论全球化的再现问题》，《外国文学》2005第1期。

特殊性来处理好统一与多元、民族与国际、民族主义抵抗与资本主义扩张之间的关系等问题。

　　与国际学术界相似，我国学术界对全球化也有不同的理解。而且，由于中国遭遇全球化的特殊性，中国学者对全球化的论述显得更为复杂。今天，国际之间的交流加剧，无论是否承认全球化的命名，我们都必须面对这种现实。因此，研究全球化及中国的变体，是为了更有效地认识我们自己的真实处境，以更有准备地应对未来。相信詹姆逊的全球化理论能为我们提供有益的借鉴。

原载《现代哲学》2006年第2期

重构时空的政治维度
——詹姆逊的时空理论

作为认识世界和人类社会的重要范畴，对时间和空间的理解从某种程度上规定了我们对世界和社会的认知，也影响了知识的构成，人们的经验、意识和行为方式。因此，任何理论都必须面对和处理时空问题，并反映到它自身的理论建构中。同样，对詹姆逊的后现代主义理论来说亦是如此。作为该理论的重要组成部分，詹姆逊的时空观不仅反映了他对后现代语境中时间和空间的独特理解，也反映了他对后现代语境中的自然、社会和人的认知，以及对人们有效应对环境行为的探索。为此，我们有必要研究他的时空观，同时我们也可以以此为路径进入他的后现代理论。

一、时空变迁：从现代到后现代

在传统社会中，人们通常会认为，时间和空间都是一种物质现象，是不以人的主观意志为转移的客观存在，也是能够以数量来准确测算的。借助于时间，人们能够从事物的变化中把握其存在；空间是物质存在和运动的方式，也是固定的、不变的，人可以借助空间为事物定位，也可以认识周围的环境。因此，人是时空中的存在物，是不能脱离时空存在的。否则，人就难以对事物、自己及其环境进行定位，也会因失去方向感而容易迷失。同时，时间、空间还是组织人们经验的重要范畴，对人的经验、认识有重要的作用。

但随着现代社会和后现代社会的来临，时间和空间都有了新的表现形式，而且，这种变化重新组织了人们的思维、感知和经验，又引发了人们时空观的重大变化，并对传统的时空观构成了巨大的挑战。

其中，在现代主义文化中，出现了客观时间与主观（或心理）时间的分别。前者是按照过去、现在和未来的顺序依次展开的客观存在，具有不可逆转性，是能够计量的；但后者是一种经过了主体体验的主观性的存在，渗透了主观的感受和重构，也不必严格按照过去、现在和未来的顺序，可以随主观意识的流动在这三者之间进行跳跃，而且某一时间内的各个时刻是相互渗透的，是不可分割的质的变化之流。而且，现代主义文化认为，主观时间对人类有更重要的意义。现代性强调了时间的重要性，它对时间的强调着眼于未来，即现在之所以具有特别的意义，是因为现在是通往未来的过渡，过去的重要性也因此而减弱。现代主义的时间意识必然导致对起源、变化、发展和目标的重视，从而形成了重视历史的独特的发展意识。此外，在时间与空间的较量中，时间往往获胜："通过时间消灭空间"（戴维·哈维语）。人们对二者的认识也大相径庭：时间代表了先锋，是变化的、丰富的、革命性的，它充满了生机；但空间却成了停滞、刻板和僵化的代名词。这样，时间就占据了重要位置，空间的重要性也就大大地减弱了。意识流小说就是这种时空意识的产物，意识流小说打破了以过去、现在和未来顺序展开的时间的限制，小说的叙事以主人公意识的活动展开，在时间的隧道中任意跳跃，借助于飘忽不定的瞬间感受来表现精神活动的变化轨迹。现代主义文艺对超越短暂、瞬间而追求永恒的迷恋、语言上的刻意雕凿、时空运动的逆转与交叉，也都是这种独特的时间意识的反映。

后现代社会的到来，引发了社会结构、生产方式和日常生活的变化，时间和空间的表现形式也随之改变，与之相伴的是时空意识的改变。詹姆逊认为，后现代主义社会对当下的体验日渐重要："我们整个当代社会系统开始渐渐丧失保留它本身的过去的能力，开始生存在一个永恒的当下和一个永恒的转变之中，而这把从前各种社会构成曾经需要去保存的传统抹掉。"①这也是历史意识改变的原因。历史意识表现为人们理解和把握历史的方式，包

---

① [美]詹明信：《晚期资本主义的文化逻辑》，张旭东编，北京三联书店1997年版，第418页。

括对历史进程中的事件及其联系、发展趋势的看法,历史意识又能够直接影响到对现实的理解和把握。以历史的断裂为前提,后现代主义文化认为,历史规律、历史进步是人们虚构出来的权力话语,有意夸大人类自己的能力、力量和作用,历史是纯粹偶然的片断。这样,集体记忆和文化传统溢出了文化层面,呈现出与过去断裂的类似于精神分裂的体验,人沉醉于现时体验的欣悦中。历史感的消失引起了后现代时间意识的变化,历史感的消失打断了时间的连续性,过去和未来从时间的链条上消失了。在拉康看来,正是因为不能区分语言的能指和所指之间关系,才出现了精神分裂症:"精神分裂的感受是这样一种有关孤离的、隔断的、非连续的物质能指的感受,它们无能于扣连一个连续的序列。"①詹姆逊认为,在后现代社会中,"精神分裂式"的体验无处不在,后现代主义文艺给人的感受就是"精神分裂式"的体验:"一种缺乏深度的全新感觉,这种'无深度感'不但能在当前社会以形象(image)及'模拟体'(simulacrum,或译作'类象')为主导的新文化形式中经验到,甚至可以在当代'理论'的论述本身里找到。……后现代给人一种愈趋浅薄微弱的历史感,一方面我们跟公众'历史'之间的关系越来越少,而另一方面,我们个人对'时间'的体验也因历史感的消褪而有所变化。"②这就导致了后现代社会所特有的"景观文化"。在各种文化产品中,真实的过去被悬置起来,过去变成了文体、图片,人们借这些景观来消费历史,满足自己的欲望。好莱坞的怀旧电影将后现代的"景观文化"表现得淋漓尽致:"怀旧影片的特点,就在于它们对过去有一种欣赏口味方面的选择,而这种选择是非历史的,这种影片需要的是消费关于过去某一阶段的形象,而并不能告诉我们历史是怎样发展的,不能交代出个来龙去脉。"③这样,人仅仅记忆和体验孤立的现在,形成了类似于精神分裂的后现代的时间体验。而

---

① [美]詹明信:《晚期资本主义的文化逻辑》,张旭东编,北京三联书店1997年版,第410页。
② 同上,第433页。
③ [美]杰姆逊:《后现代主义与文化理论》,唐小兵译,北京大学出版社1997年,第1版,第227页。

且，惯常的按顺序组织事物，形成句子组织的行为也被破坏了。后现代主义小说中充斥了零散、破碎片断的偶然组合，现时体验无意识地随意组合，直接呈现出了体验的无意识、混乱的状态，从而使后现代文本打上了浓厚的拼凑（pastiche）痕迹。虽然同为对其他风格或文体的模仿，但后现代主义文艺的拼凑是不能与现代主义文艺的戏仿（parody）等量齐观的：前者仅仅是空洞的模仿，丧失了主体的意图和价值取舍，使模仿没有价值的增删；但后者则保持了主体的价值和目的，是有意而为之的行为。

在詹姆逊看来，后现代社会的发展，改变了时间和空间的表现方式，也使二者之间的关系发生了根本的变化。时间的意义正在逐渐丧失，取而代之的是空间的霸权地位，即"时间变成了永远的现在，空间也是如此。现在，我们与过去的关系就成为空间的关系。"①随着科技的发展，空间障碍被削弱（甚至消除），但这并没有削弱空间的作用，反倒使我们对全球空间中的事物的变化更为敏感，从而增强了空间的重要性，也弱化了时间的作用。实践已经表明，通过时间空间化可以大大地提高生产力，并加速社会的进程。这样，社会日益需要通过"时间的空间化"获得发展。同时，对个体而言，由于连续的时间意识、历史因素从思维和人们的体验中的消失，人们仅停留于现时的体验，时间成了无穷绵延的现在时，转变为空间性的存在。这导致了新的空间形式，这种空间形式把时间的连续性转变为空间上的并列，从横向切断了与其他符号的联系，从纵向排除了对深层意义的追问，从而把体验变成了孤立的当下体验，体验之间形成了偶然的、不确定的拼凑（Collage）关系。事实上，不仅仅是时间空间化了，甚至一切事物都空间化了："从平淡感到某种新的永久的现在：我们分析的这一轨道暗示了后现代主义现象的最终的、最一般的特征，那就是，仿佛把一切都彻底空间化了，把思维、存在的经验和文化的产品都空间化了。"②这些都是时间空间化的表现。在后现代社会中，

---

① Douglas Kellner, ed. *Postmodernism, Jameson. Critique.* Washington: Maospmmeive Press, 1989: 46.
② [美]詹明信：《晚期资本主义的文化逻辑》，张旭东编，北京三联书店1997年版，第293页。

时间意义的消逝和时间的空间化意味着放弃了对起源、变化、发展方向、历史和时间的探寻，但不同空间的并置、交错有可能开拓人类的想象与思维，为乌托邦想象提供了更大的可能。这种新的时空形式会把我们带到他所说的"超空间"。

　　作为严肃而敏感的理论家，詹姆逊能够直面现实，及时地抓住当今发达资本主义国家中时空的最新变化，时空变化对个人经验、文化已经产生的影响，以及可能产生的后果。应该说，这些看法确实抓住了当代发达资本主义中社会现实的一些变化，有助于我们从社会、文化和个人经验等方面认识当今资本主义的这些变化，这也体现了他的问题意识和关注现实的勇气，是值得肯定的。我们同时也应该看到，这些观点主要基于其美国生活的经验，但问题是，这些经验是以他为代表的知识精英的体验，还是普通民众的经验？这些都是需要他来回答的，也许只有提供实证性的材料才有说服力。此外，詹姆逊还从宏观的角度描述了现代时空向后现代时空的转变，但在现代主义（或后现代主义）文化中，他所说的时空经验是对时空的唯一的体验类型，还是众多体验类型中的一种？如果是后者，这些体验类型之间的关系与分量如何？这些问题都是詹姆逊应该回答的，否则我们就无法理解时空在资本主义时期的变化，以及特定时期的时空状况，但他对此则语焉不详。这些都是值得我们深思的。

二、从"超空间"到"认知测绘"

　　时间和空间是人们感知世界的重要参照，也是塑造人的经验的重要因素，与现代主义文化注重时间相比，后现代主义文化更为注重空间。在詹姆逊看来，后现代空间就是他所说的"超空间"，詹姆逊以洛杉矶市的鸿运大饭店(The Bonaventure Hotel)为例，具体说明了后现代空间及其给我们的感受。鸿运大饭店的玻璃装饰把饭店与城市周围的环境孤立开来，整个建筑犹如孤岛，容易使人丧失位置感；入口的标记和位置都非常模糊，顾客容易迷失；建筑的内外、前后和高低都很混乱，极容易迷惑人，采用了自动楼梯和电梯，增加了自己判断和行动的难度。这种建筑给你的感受是:"你浸淫其中,就完全失去距离感,使你再不能有透视景物、感受体积的能力,整体人便溶进这样一个'超级空间'之中……"①这样,你也就进入了后现代的"超空间":"空间范畴终于能够成功地超越个人的能力,使人体未能在空间的布局中为其自身定位;一旦置身其中,我们便无法以感观系统组织围绕我们四周的一切,也不能透过认知系统为自己在外界事物的总体设计中找到确定自己的位置方向。人的身体和他的周遭环境之间的惊人断裂,可以视为一种比喻、一种象征,它意味着我们当前思维能力是无可作为的。"②也就是说,"超空间"使我们的身体难以感知周围的世界、思维难以有效地判断和反映事物,它拆解了"形而上学的深度"和"批判的距离",从而使丧失了掌控自己和世界的能力。其结果是,我们只能无能为力地迷失于空间之中。而且,更为可怕的是,"超空间"比实际存在的空间还要"真实":"一个充斥幻影和模拟的空间,一个纯粹直接和表面的空间。超空间是空间的模拟,对它而言,不存在原始的空间;类似于与它相关的'超现实',它是被再生和重复的空间。可以说,超现实比现实更现实;它没有事物本身肮脏的物质性,却可传达对事物的感觉、事物的'物性'。"③究其根源,复制性是"超空间"的前提;超空间是必须通过复制才能产生的东西,如果不被复制,它就不能存在。处于这样的空间,人们的主体、感知方式和经验都面临着新的挑战,同时也要受到"超空间"的重新塑造。

我们不但无法对自己和近距离的周围环境进行定位,而且还面临着更大的威胁,我们还有可能陷入全球信息网络的汪洋大海而无力自拔:"在当前的社会里,庞大的跨国企业雄霸世界,信息媒介透过不设特定中心的传通网络而占据全球;作为主体,我们只感到重重地被困于其中,无奈力有不逮,我们始终

---

① [美]詹明信:《晚期资本主义的文化逻辑》,张旭东编,北京三联书店1997年版,第495页。
② 同上,第497页。
③ [英]肖恩·霍默:《弗雷德里克·詹姆森》,孙斌等译,上海人民出版社2004年版,第172页。

无法掌握偌大网络的空间实体,未能于失却中心的迷宫里寻找自身究竟如何被困的一点蛛丝马迹。"①更为可怕的是,这种状况还对任何集体行动构成了挑战,甚至影响到乌托邦冲动:"它使我们不再对乌托邦的允诺空存幻想,不再寄望于乌托邦世界所带来的基要政治转变;总之,对于这一切,后现代空间都让我们终止期望,终止一切的欲求。"②乌托邦冲动的淡化,有可能削弱想象力、集体行动的动力和政治意识,对政治革命无疑是不利的。

我们处于"超空间"之中,但现代的空间概念已经失效,借助这些空间概念,我们已无法认清空间的构成、结构和方向。而且,我们的思维、认知也难以应对全球的复杂而庞大的信息网络。由于作为总体的空间是"缺席的在场",我们永远无法再现它,只能通过直接的、有限的环境来把握它。因此,詹姆逊提出了"认知测绘"(cognitive mapping)的概念,借助于美学的构想,以寻求对空间和我们自己的更清醒的认识,同时也是为了实现更具现实意义的政治上的变革。

詹姆逊的认知测绘的思想来源于凯文·林奇(Kevin Lynch)的《城市意象》和阿尔都塞派的意识形态理论,他在《后现代主义,或晚期资本主义文化逻辑》一文中曾经系统地阐述过这个概念。凯文·林奇在《城市意象》中提出,在道路复杂、方向混乱又容易使人迷失的城市中,人们难以为自己和城市的总体定位,但人们可以根据此前的经验在自己的头脑中想象一个近似于现场图的东西,以此为自己和周围的环境定位,从而摆脱被动的处境。阿尔都塞在论述意识形态时,曾提出过一个著名的论断:意识形态是"个人与其真实境况之间的想象关系。"詹姆逊在阿尔都塞和林奇的论述中发现了相通之处:"认知绘图使个人主体能在特定的境况中掌握再现,在特定的境况中表达那外在的、广大的、严格来说是无可呈现(无法表达)的都市结构组合的整体性。"③詹姆逊把这些

---

① [美]詹明信:《晚期资本主义的文化逻辑》,张旭东编,北京三联书店1997年版,第497页。
② 同上,第492页。
③ 同上,第510页。

思想结合起来,重新阐释了认知测绘的概念,以帮助我们认识后现代社会的空间,并使我们有效地应对周围环境和更复杂的全球信息网络。

我们把詹姆逊的论述与批评实践结合起来,知道"认知测绘"的概念有两层含义。其一,"认知测绘"是一种再现的方式,但这种再现必然会失败的,原因是这种再现不同于模仿,也不可能达到与被模仿者相同的效果;其二,"认知测绘"尽管有想象等美学因素的介入,但仍然应该强调其认识论意义,它作为一种行动的必要框架来引导、影响和指导我们,使我们采取适当的应对环境的方式,也许它并不必然导致直接的行动。詹姆逊在回答中国学者提问时,概括了自己对这个概念的解释:"如何考虑它,如何想象它,如何从政治上意识到它,如何再现它——这些也许是任何认知测绘的四个方面——或者说一种概念,一种日常生活的意识形态的形象,一种正在提高或正变得明确的对现象的政治意识,并最后在可能存在或必须创造的情境中寻求再现的方式。于是,在这里,按照这样一种扩展了的认知测绘的概念,人们会发现对一种经济类型的理论认识,对集体主体性的种种分析,对政治行为的质疑,以及对美学的再现的问题。"[①]如此看来,认知测绘不但有助于我们认识自己及周围的环境,也利于我们全方位地审视我们的既定认识,洞察事物的真实状况,为自己的行为提供合理的参照。Colin MacCabe洞察到这个概念的重要价值:"在詹姆逊的概念类型中,认知绘图表述得最不清楚但却最为关键。关键的原因在于,认识绘图是政治无意识的行踪不定的心理学、是对后现代主义进行历史分析的政治的边缘、是詹姆逊达到其目的的方法论的正当理由。"[②]

由于受到空间和社会的混乱的影响,我们容易迷失。但认知测绘能够帮助我们克服这些障碍,为个人主体和集体主体重新定位,以重新获得行动和斗争的能力,这也是政治革命的重要步骤。詹姆逊在《后现代主义或晚期资本主义

---

① 王逢振、谢少波:《文化研究访谈录》,中国社会科学出版社2003年版,第112页。

② Fredric Jameson. *The Geopolitical Aesthetic, or Cinema and Space in the World System*. Indina University Press and BFI Publishing, 1992:xiv.

的文化逻辑》中,把"认知测绘"与政治革命联系起来,提出了这个概念蕴涵的政治意义:"在这后现代空间里,我们必须为自我及集体主体的位置重新界定,继而把进行积极奋斗的能力重新挽回。就目前的现状而言,我们参与积极行动及斗争的能力确是受到我们对空间以至社会整体的影响而消褪了、中和了。倘使我们真要解除这种对空间的混淆感,假如我们确能发展一种具有真正政治效用的后现代主义,我们必须合时地在社会和空间的层面发现及投射一种全球性的'认知绘图',并以此为我们的文化政治使命。"[①]在之后的《认知的测绘》中,詹姆逊更为强调认知测绘的政治意义,希望通过社会测绘帮助我们认清自己所处的历史时刻和全球范围内的阶级关系,并强化集体与个人的政治经验,以推进全球政治的发展。他还出于政治的考虑把完成的认知测绘作为任何社会主义政治规划的必要组成部分,并对认知测绘寄予了厚望:"尽管它自身的可能性完全可能会依赖于以前的政治开放,这样,它就将肩负着越来越重的文化任务。然而,即便我们不能想像这样一种美学的生产,但正如乌托邦思想本身的情况所示,继续想像这样一个事物的可能性,这种努力本身就具有某种肯定的因素。"[②]他把认知测绘的文化政治作用提高到与乌托邦思想相类似的地位,也希望以此来克服"超空间"所导致的想象、集体行动和乌托邦精神的衰退,重新发挥空间的政治作用。

詹姆逊对后现代空间的认识,主要体现在这两个概念中。前者揭示了后现代空间的模糊、混乱、距离感的丧失和复制性的特点,以及对人的经验、意识、思想和行为所产生影响,特别是在削弱人们政治意识和乌托邦想象中所导致的不良后果;后者则着眼于后现代时空对个体、集体的认知与政治所造成的困境,试图提出了应对这些困境的方法。他主要借助心理学、美学的成果来组织人们的时空经验,重新焕发主体对时空的认识和能动作用,以克服后现代社

[①] [美]詹明信:《晚期资本主义的文化逻辑》,张旭东编,北京三联书店1997年版,第515页。
[②] [美]詹姆逊:《认知测绘》,王逢振主编:《新马克思主义》,中国人民大学出版社2004年版,第307页。

会中人们的政治意识和政治变革意识的疲软。应该说,詹姆逊基本上把握了当代发达资本主义国家的现实,特别是政治现实,诸如传统意义上的政治斗争的消逝、旧的划分阶级标准的失效、集体意识与集体行动可能性的减弱,以及大众政治意识的淡薄等等,并希望借主体的力量克服政治上的困境。但这个方案的实际效果确实是值得怀疑的,因为詹姆逊的后现代主体是分散、零碎、软弱和容易迷失的,这样的主体如何能承担起进行政治革命的使命呢?这使其方案的价值和意义大打折扣。在此,霍默的质疑确实是值得深思的:詹姆逊"面对资本主义彻底全球化的穷凶极恶,詹姆森只能诉诸政治上相当含糊的认知测绘概念,它将个人主体放在这样一个并不值得羡慕的位置上,即努力去测绘或者说表现那无法表现的全球系统和总体性本身。由于这根据定义是不可能的,所以个人主体的最后凭借看起来只能是寄希望于某种迄今为止尚待理论化的政治反应形式。"①实际上,这些困境只是其更大的政治构想的困境的表征,有更深层的原因,也是我们下面需要进一步探讨的。

三、詹姆逊空间理论的运作

恩斯特·曼德尔(Ernest Mandel)在《晚期资本主义》中是根据长波(longwave)理论来看待资本主义的,即资本主义按大约每波50年的周期发展,每波都是在前一波基础上的辩证扩张,并包含了许多商业周期,这意味着资本主义生产存在着周期性的繁荣和萧条。曼德尔依据资本运作特点把资本主义分为市场资本主义、帝国主义或垄断资本主义和当前的资本主义三个阶段。他在对资本主义分期的同时,也界定了各个时期的空间性,揭示了其"相同而又不平衡"的发展状况。詹姆逊采用了曼德尔的分期,把资本主义分为三个时期:市场资本主义、垄断资本主义和跨国资本主义,这三个时期资本运作的形式分别是自由竞争、垄断和跨国运作。詹姆逊对资本主义的分期,既有历时的发展与更替,又

---

① [英]肖恩·霍默:《弗雷德里克·詹姆森》,孙斌等译,上海人民出版社2004年版,第189页。

有共时的不平衡性,其中包含了异质空间的并存。

亨利·列菲伏尔反对仅仅在物质的意义上理解空间,把空间分为物质空间、精神空间和社会空间,并强调了社会关系和实践社会关系之于空间生产的建构作用。根据传统的看法,空间是物质性的存在,是客观、中立的,这种观念影响到对包括社会空间在内的整个空间的理解,结果使人们忽视了社会实践对社会空间的作用。列菲伏尔着意纠正这种观念的盲视,他对空间的看法可以概括如下。首先,不能只从物质的意义上认识空间,还应该从精神和社会的角度认识空间,这样,他把空间划分为物质空间、精神空间和社会空间。其次,空间与社会的生产和再生产有着不可分割的关系。从这种意义上讲,空间是被生产出来的,它有其社会性:"它牵涉到再生产的社会关系,亦即性别、年龄与特定家庭组织之间的生物—生理关系,也牵涉到生产关系,亦即劳动及其组织的分化"①。为此,我们要从特定生产方式的角度来认识空间和空间逻辑,承认空间是特定的生产力、生产关系的产物,与一定的生产方式相对应。而且,还应该从意义更为宽泛的社会实践来认识空间,重视社会实践对空间作用。实际上,空间与社会实践是一种相互生产、相互影响的辩证互动关系:"每个社会都处于既定的生产模式架构里,内含于这个架构的特殊性质则形塑了空间。空间性的实践塑造了空间,它在辩证性的互动里指定了空间,又以空间为其前提条件。"②同样,空间与社会关系之间的联系也是如此,社会关系生产空间,空间反过来也生产社会关系。实际上,社会空间与社会实践是密不可分的:"在目前的生产方式里,社会空间被列为生产力与生产资料、列为生产的社会关系,以及特别是其再生产的一部分。"③最后,列菲伏尔还为我们提供了理解空间的政治视角:"空间已经成为国家最重要的政治工具。国家利用空间以确

---

① [法]亨利·列菲伏尔:《空间:社会产物与使用价值》,包亚明主编:《现代性与空间的生产》,上海教育出版社2003年版,第48页。
② 同上。
③ 同上,第50页。

保对地方的控制、严格的层级、总体的一致性,以及各部分的区隔。因此,它是一个行政控制下的,甚至是有警察管制的空间。空间的层级和社会阶级相互对应,如果每个阶级都有其聚居区域,属于劳动阶级的人无疑比其他人更为孤立。"① 从政治与空间生产的关系来看,阶级斗争对空间生产具有特殊的作用:"今时更甚以往,阶级斗争介入了空间的生产。只有阶级冲突能够阻止抽象空间蔓延全球,抹除所有的空间性差异。只有阶级行动能够制造差异,并反抗内在于经济增长的策略、逻辑与系统。"②

詹姆逊分析后现代空间的思路基本上是这样的:他接受了曼德尔对资本主义三个阶段的划分;又接受了列菲伏尔的影响,在分析空间时,把空间类型与特定的生产方式联系起来,揭示了生产方式对空间的建构;他还把个体对空间的感受、空间对个体经验的组织和影响考虑进来,最后形成了对后现代空间的分析。詹姆逊提出了与资本主义生产方式相对应的空间类型:欧氏几何空间、帝国主义空间和后现代空间,它们分别与市场资本主义、帝国主义（或垄断资本主义）和晚期资本主义的生产方式相对应。在欧氏几何空间里,空间是无限等价和延伸的,个人能够适应环境,个体经验与真实体验环境的方式是和谐的;帝国主义（或垄断资本主义）空间的特点是结构性的分裂,即个人经验与体验环境的适当的方式之间出现了断裂;在晚期（或跨国）资本主义空间中,个人经验与环境之间的分裂更为严重,甚至已发展到了对立的程度:"在这种环境中,个体经验如果是可靠的,就不可能是真实的;如果同一内容的科学或认知模式是真实的,那它就是个体经验所无法捕捉的。"③

在《后现代主义,或晚期资本主义的文化逻辑》中,詹姆逊从历史和现实的双重视角集中地展示了他对后现代空间认识,并且把空间问题置于后现代政治

---

① [法]亨利·列菲伏尔:《空间:社会产物与使用价值》,包亚明主编:《现代性与空间的生产》,上海教育出版社2003年版,第50页。
② 同上。
③ [美]詹姆逊:《认知测绘》,王逢振主编:《新马克思主义》,中国人民大学出版社2004年版,第297页。

的核心,把空间作为进行政治构想的基本根据:"我们所称的后现代(或者称为跨国性)的空间绝不仅是一种文化意识形态或者文化幻象,而是有确切的历史(以及社会经济)现实根据的——它是资本主义全球性发展史上的第三次大规模扩张(在此以前,资本主义曾有过两次全球性的扩张,第一次促进国家市场的建立,而第二次则导致旧有帝国主义系统的形成;这是两个各有其文化特殊性,也曾各自衍生出符合其运作规律的空间结构)。……历史境况变了,我们今天已经不再身处古典时期的历史困境。因此,我们不可能回归到当时特定的历史境况下所产生的特定美学实践。而另一方面,我们在此要提出的空间概念,却能为大家带来一个正确合我们历史境况以空间概念为基本根据的政治文化模式。"①詹姆逊高度重视空间在当代社会中的作用,这与美国后现代地理学家爱德华·W.苏贾(Edward W.Soja)的看法极为相似。他认为,现在是空间,而不是时间遮蔽了我们对事物的正确认识。因此,有必要消除空间性的神秘和面纱,这样做也有助于从实践、政治和理论的角度正确地认识现实。而且,对空间的认识也是认识资本主义及其变化所必须的:"在先进的资本主义的统治下,空间组织已十分突出地与各种社会关系的主导性制度的再生产联系在一起。同时,这些占据主导性地位的各种社会关系的再生产成了资本主义本身生存的主要基础。"②这说明了空间研究的理论和现实意义,也间接地说明了詹姆逊的空间研究的必要性。自上个世纪90年代以来,詹姆逊倾向于以悖论(或二律背反)而不是以矛盾来研究时间和空间的,这主要体现在他根据1991年韦勒克系列演讲后出版的专著《时间的种子》中,他揭示了后现代社会中时间的取消和空间的整体化。矛盾是辩证的,也是可以解决或消除的,但悖论的双方处于对立状态,并不能在更高层次上获得抽象的统一。就后现代社会中的时间而言,一方面,时间以前所未有的加速度在变化,生活方式、时尚、消费和其他所有的一切都在迅速地改变,概莫能外;另一方面,标准化、雷同程度却从没有现在这么强烈,在全世界范围内,从时尚、消费到生活的各方面又是惊人的相同。而且,这相互对立的二者是如此强烈地共

---

① [美]詹明信:《晚期资本主义的文化逻辑》,张旭东编,三联书店1997年版,第506—509页。
② [美]爱德华·W.苏贾:《后现代地理学》,王文斌译,商务印书馆2004年版,第139页。

存，这就是后现代时间的悖论："绝对的变化等于停滞"。关于后现代社会中时间与空间的关系，詹姆逊认为："空间看来确实不需要一种时间的表现；如果空间不是绝对不需要这种时间修辞，那么至少可以说，为了其他的修辞和代码，空间绝对压制时间性和时间的修辞。"①后现代社会中的时空面临着这样的变化：加速度变化所导致的时间的停滞和空间对时间的绝对压制。随着资本主义经济由福特主义向后福特主义的过渡，生产过程和生产的商品都趋向于灵活，生产也从大规模的投资向服务贸易转变。而且，资本也超越了独立国家的界限向多国发展。这种新的时空形式正是晚期资本主义的产物。

但在后现代社会中，时间的停滞是否意味着时间的消逝？除了后现代空间外是否还存在有其他类型的空间和空间体验？后现代社会中时间与空间的关系究竟怎样？这些问题都是詹姆逊的后现代时空理论应该回答的，但我们却无法从詹姆逊的论述中得到明确的答案。同时，在詹姆逊的空间研究中，不但看不到他对现代空间状况的描述，而且其后现代空间给我们的主要印象大都是负面的：混乱、含混、缺少方向感和距离，应该说，他基本上是以二元对立的方式来处理现代空间与后现代空间之间的关系的。霍默对詹姆逊的后现代时空关系的质疑可谓一语中的：詹姆逊的后现代空间概念"存在着一种全有或全无的修辞；空间不能完全消灭时间这一最初的限定被以下一条断言直接破坏了，即在表现的层面上，空间绝对压制时间的能力才明显是关键。"②空间并不能绝对地压制时间，也就是说，詹姆逊对后现代时空关系的基本判断出了问题，这对他的后现代时空理论的损害将是巨大的。詹姆逊把后现代主义作为晚期资本主义的文化主导，意味着后现代主义文化、生产方式与此前的传统并不是一刀两断的，也还存在着其他类型的文化和生产方式。但他在处理后现代社会中的时空问题时，却没有考虑到后现代社会中时空问题的复杂性，只涉及了后现代的空间类型，并赋予其消极的价值

---

① [美]詹姆逊：《后现代性的二律背反》，王逢振主编：《现代性、后现代性和全球化》，中国人民大学出版社2004年版，第307—308页。

② [英]肖恩·霍默：《弗雷德里克·詹姆森》，孙斌等译，上海人民出版社2004年版，第188页。

判断，没有充分考虑到时空的共存问题。同时，他也借口后现代社会中的时间的停滞将这个问题简单化了。这些缺陷是需要我们注意的。

四、詹姆逊时空理论的意义与局限

谈及对时间和空间的研究，在过去相当长的一段历史时期内，马克思主义极为重视时间和历史，却排斥和放逐空间，使空间研究显得相当薄弱，这不能不说是一种遗憾。从这种意义上讲，詹姆逊的空间研究有重要的意义，特别是与马克思主义对空间的漠视相比，詹姆逊的时空研究具有扭转局面或开拓性的意义。

应该说，詹姆逊的时空研究在目的上是非常明确的，即为了克服后现代空间所导致的政治困境，试图重新焕发左派政治的生命力。为此，他以时空为视角，结合资本主义发展中时空的变迁，立足于晚期资本主义社会的时空状况，特别是"二战"后发达资本主义国家中时空的最新变化，探索了新的时空的产生、形式、特征，及其对社会和个体经验的塑造，并积极寻求时空变革的可能。他的研究试图能为现实政治变革提供有益的参照，也丰富和深化了西方马克思主义对空间主题的探索。这是应该充分肯定的。

在其时空研究中，詹姆逊以马克思主义为主要思想资源，广泛而积极地参与了与包括新马克思主义和各种非马克思主义在内的理论派别的对话，并探索了在这些理论之间进行符码转换的可能。这种探索在一定程度上弥补了马克思主义过去研究的不足，也使马克思主义的空间研究成为整个学术界空间研究的有机组成部分，参与了与其他理论派别的对话。同时，詹姆逊的空间研究也有利于启发我们重新审视马克思主义空间研究的成绩和局限，以空间研究带动对其他问题的研究，为马克思主义的发展开辟新的可能和前景。

苏贾把空间化的途径分为三种："后历史决定论"、"后福特主义"和"后现代主义"。本体论方面的历史决定论至少在上个世纪中就极为重视构建时间中的存在，"后历史决定论"与此格格不入，这种历史决定论试图在对历史、地理和社会的阐释中求得平衡，致力于重新阐述社会存在的本质和概念化；"后福特主义"式的空间化方式反映了"二战"后资本主义经济繁荣结束之后所产生的新的社会空间的重构,这主要体现为积累体系向规范方式过渡,它伴随着工业生产制度的大规模纵向整合、大众消费主义、不断的无计划的市郊化、福利国家在凯恩斯学说指导下所实施的规划和更多的公司寡头的垄断地位的巩固等现象。①在他看来,"后现代主义"式的空间化方式"寓于文化和意识形态的重新变革、对现代性的经验性意义进行不断更新的界定、空间和时间的一种全新的后现代文化的崛起。此种空间化顺应了我们依凭科学、艺术、哲学和政治行动的各种计划来思考和应对当代的各种机遇的独特性——各种危险和机会——的方式的各种变化"②。在这种空间化的方式中,地理学的作用日渐重要。苏贾认为,詹姆逊对空间问题的处理恰当地体现了这三种空间化方式的交汇。实际上,詹姆逊着眼于从政治目标出发来处理时空问题,注意了对左派政治进行宏观的空间化的规划,也注意运用微观政治学来揭示了后现代空间的对事实的遮蔽和扭曲,以及隐藏在空间背后的种种权力运作和控制。也就是说,詹姆逊"以物质和文学的眼光勾勒出一种潜隐而又隐敛的人文地理学,这种人文地理学必须成为激进的后现代主义政治学抵抗的对象,也成为这样一种揭开毫无存在必要的面纱的手段:大量吸取当代诸种重构过程的工具性养分。"③

综观詹姆逊的空间研究,这些意义是值得肯定的:詹姆逊吸收了时空研究的成果,注意从社会与时空之间的辩证互动(即社会之于空间生产的意义,时间对社会和个体的塑造)中展开研究,克服了那种把时空作为被动的、纯客观的物质论时空观的局限,有一定的纠偏意义,也丰富了马克思主义对时空的研究;詹姆逊重视对历史的阐释,但他能够把社会、历史的研究与地理的因素综合起来予以研究,拓宽了马克思主义(特别是西方马克思主义)的研究思路;詹姆逊仍然是在马克思主义的框架内研究时空问题的,他注意从发达资本主义国家的社会、经济和政治等方面的现实状况出发,把这些变化与时空的变化结合起来考虑,并从中寻找时空变化的

---

① [美]爱德华·W.苏贾:《后现代地理学》,王文斌译,商务印书馆2004年版,第94—95页。
② 同上,第95页。
③ 同上,第97页。

原因，同时又注意吸收其他思想资源，将马克思主义与这些理论结合起来并进行对话，揭示出时空背后的权力运作；詹姆逊的时空研究注意了"二战"后西方发达资本主义国家（尤其是美国）的变化，特别是经济管理方式及其导致的经济变化、消费主义的兴起和新保守主义的国家干预政策等因素对空间的影响，突出了这些因素在生产后现代时空中的作用，有助于促进对后现代社会时空的理解；詹姆逊特别重视文化抵抗的政治意义，注意再生产的作用，纠正了以往倾向；詹姆逊突出了时空的后现代性，他把后现代主义视为资本主义在跨国资本时期的发展，表现在社会、经济、政治和文化等层面，这些具有新质的因素共同形成了后现代空间，它以巨大的断裂与此前的空间区别开来，当然也有继承的成分在内。正是这些倾向使詹姆逊的空间理论具有了鲜明的特色。

但我们也应该承认，詹姆逊的后现代时空理论也存在着诸多矛盾和困境，导致这些矛盾和困境的原因是多方面的，但我认为，应该主要从以下方面找原因。其一，对差异政治上的矛盾态度。詹姆逊认为，在权力集中的法国，微观政治是有益的，但美国政治的前途是联合各群众集团的联盟政治。正如迪尔所说的，詹姆逊"特别关注原始制度以及与日益高涨的社会运动相关联的对抗性文化，他认为，不存在什么社会运动能够充当新的阶级政治的观念基础。与此同时，他还试图摈弃国家概念来分析后现代政治思想的可能性"[①]。因此，詹姆逊怀疑传统意义上的政治和阶级斗争的作用，寄希望于非中心的政治和各个政治联盟，但是这些联盟很难（甚至根本）就不可能结合起来，这种差异政治也势必影响到整体的斗争效果。这就导致了他对差异政治的矛盾态度——既抱有希望又贬低，这也影响到了其后现代时空理论。其二，詹姆逊对后现代主体的矛盾态度。他承认了后现代主体的零散、破碎和无力，但又对这种软弱的主体抱有一定的希望，起码他对作为联盟政治的主体有一定的期待，这种矛盾是造成"认知测绘"困境的主要原因。其三，詹姆逊重视文化的作用，并致力于发掘

[①] [美]迈克·迪尔：《后现代血统：从列菲伏尔到詹姆逊》，包亚明主编：《现代性与空间的生产》，上海教育出版社2003年版，第109页。

文化在政治抵抗中的意义，特别是对于抵制资本主义全球扩张的意义。为此，他既要努力消除市场话语的霸权，揭示其意识形态性——夸大其作用、掩盖其缺陷，使民众的团结服务于联盟政治："一个没有等级制的社会，一个自由人民的社会，一个同时拒斥各种市场经济机制的社会，是可能团结一致的。"[①]同时，他还希望借助于乌托邦的力量，保持想象和构建不同于资本主义的社会的能力。重视文化在社会变革中的作用是西方马克思主义的传统，这也是詹姆逊非常重视的，但应该明白，文化的作用是有限的，要适当地强调其作用。其四，符码转换的紧张。詹姆逊承认马克思主义阐释学的优先性，积极吸收其他理论的思想资源，并致力于促进它们之间的对话。但应该看到，这些理论各有自己的视角、侧重点和问题意识，而且它们之间存在着一定的张力、矛盾和对立。因此，立足于自己的立场，充分而有效地吸收其他理论资源，是当代马克思主义面临的重要任务，对詹姆逊也是如此。由于他始终徘徊在以解构主义为代表的后现代主义理论和马克思主义之间，这影响了其政治选择，也对其后现代时空研究产生了不良的影响，他不能像分析晚期资本主义生产方式那样彻底地分析时空问题，就是不同理论之间的紧张所导致的结果。

客观地说，詹姆逊对后现代时空的研究是成绩与缺陷并存。虽然有不少矛盾和困境，但毕竟跨出了重要的一步，既带动了马克思主义对后现代时空问题的研究，又为马克思主义与其他理论派别的对话争得了一定的发言权，也是我们进一步研究这些问题的重要起点，这都是我们应当充分肯定的。同时，我们也应该正视其后现代时空研究的矛盾和困境，以避免重蹈覆辙。

原载《甘肃社会科学》2007年第2期
《人大复印资料·美学》2007年第6期转载

---

① [美]詹姆逊：《认知测绘》，王逢振主编：《新马克思主义》，中国人民大学出版社2004年版，第305页。

文化研究的"他者"视角
——詹姆逊视野中的"文化研究"

　　文化研究是20世纪五六十年代起源于英国并迅速扩展到美国等其他国家的学术思潮和研究方法，其中，伯明翰学派在推进文化研究的纵深发展和传播方面功不可没。美国的文化研究继承了英国文化研究的一些成果，并根据自己的文化实践进行了重写。文化研究脱胎于文学批评，但又发展成为独立的理论派别，并落脚于文化批评。通过修正传统的文化研究，文化研究有意识地颠覆了其重视精英文化、轻视大众文化的倾向，它不但重视对影视、广告、流行歌曲、传媒等大众文化的研究，还重视研究非主流的、边缘的文化。与传统的文化研究相比，文化研究特别关注文化与社会之间的关系，阶级、种族和性别中存在的剥削和不平等，有强烈的社会批判色彩和政治意识。同时，文化研究以马克思主义、后殖民主义、话语理论等为思想资源，吸收了语言学、文学、社会学、哲学和传播学等学科的研究方法，以跨学科而闻名。

　　詹姆逊的研究经历了文学研究、文学的文化研究和文化批评三个阶段，但都贯穿了马克思主义的立场。同样，他的文化研究也以马克思主义为主要思想资源，致力于对其他理论的分析、借鉴和对话，形成了综合的、有主导性的独树一帜的马克思主义文化批评。应当说，詹姆逊的文化研究并不是传统的文化研究和严格意义上的文化研究，但由于他能够博采众长，广泛地借鉴了包括文化研究在内的当今欧美重要理论的成果。所以，其文化研究与目前流行的文化研究又有密切的关系。同时，他又把欧美的文化研究作为自己的研究对象予以批判性的分析，与之保持了一定的距离，这种距离感也使他获得了对文化研究的清醒认识。本文拟借助于"他者"的视角，通过詹姆逊对文化研究的分析，帮助我们认识文化研究及其变体的得失，从而促进我国的文化研究的良性发展。

一、从学科发展看"文化研究"的合法性

　　文化研究的出现有其必然性，也就是说，现实的发展使文化的构成、存在形态和格局都发生了很大的变化。随着精英文化的式微，其影响也逐渐减少，原来精英文化独霸天下的局面被打破，大众文化逐渐得到人们的青睐，并取代了精英文化的霸权地位。同时，由于文化工业的发展，文化逐渐被纳入到商品生产的轨道，商业价值成为衡量文化产品的根本标准，审美向日常生活的方方面面渗透，这些因素不但为大众文化的发展起到了推波助澜的作用，而且也改变了文化的生产方式和存在形态：大批量的生产代替了个体化的创造；高雅文化与通俗文化之间的界限模糊、消弭了。鉴于文化所发生的这些变化，传统的文化观、研究方法都遭到了巨大的挑战，需要新的研究来适应文化的这种转变。同时，还有来自学院派文化批评的需求。"二战"后，欧美资本主义虽然充满了危机和挑战，但仍然有长足的发展，其社会现实方面都发生了深刻的变化，阶级界限的模糊和划分阶级标准的失效。这些因素都给知识分子带来了巨大的困惑，也促进了知识分子对新出现的文化现象及研究方法的关注。而且，求新求异一直是欧美学院派知识分子重要的价值追求，加上学院对知识创新的需求，这些动力也促进了文化研究对跨学科研究的重视。正是在这些因素的促动下，文化研究才应运而生。从学科发展的角度看待文化研究，应该着眼于两个方面：文化研究与文学研究之间的关系；文化研究对传统的文化研究的发展。

　　众所周知，文化研究脱胎于文学批评，最初从事文化研究的学者主要是文学批评家和文学研究者，而且主要供职于英语系，正是他们敏感的探索才引发了文化研究的产生，只是后来才有社会学等学科的加入。正因为如此，文化研究才遭到许多诸如文学研究等传统学科的非难，其存在的合法性受到了强烈的怀疑和否认。一些文学理论家认为，文化研究重视对文学的文本之外因素的研究，实际上只是一种外部研究。由于文化研究忽视了对审美属性的研究，结果使文学研究沦为社会学、思想史、政治学的研究。因此，文化研究是反诗意

的、非文学的研究，不宜提倡，这种意见在文学界很有市场。如果仅仅从这种角度来看文化研究，显然是不全面的，也有失公允。应该说，文化研究是从不同的视角对文学现象所进行的研究，它的关注点与传统的文学研究有很大的差别，但文化研究的视角和关注点是很有必要的。我们知道，传统的文学研究非常重视对作家、作品的研究，但对文学的其他因素研究得较少。在詹姆逊看来，文化研究的学科特点赋予了其宽阔的视野："文化研究由于必须考虑文化生产、生产体制和文化产品以及接受等等复杂多变的关系，因此一些原来被忽略的问题，或不成其为问题的那些东西就被带出来了。例如经典、文学史、性属、主流等等。所以文化研究也不是只有一种方式，它可以根据自己的领域具体化。"①具体到文学研究领域，传统的文学研究经常忽视对作品的生产模式、作家创作和作品出版的体制、作品的接受与传播等因素的研究，所做的工作是很不够的。而且，传统文学研究对文学经典、文学史的研究也是有欠缺的：往往忽略了对经典化过程的分析、非文学因素在形成经典中所起的作用；也忽略了对文学史叙述中的权力、虚构的分析，对诸如突出有些作家、作品的人为因素与偶然性的分析等等。传统的文学研究或忽视了这些因素，或根本就没有意识到这些因素。因此，文化研究扩大了传统的文学研究的对象和范围，填补了这些研究的空白，有其必要性和合理性。正是在这种意义上，詹姆逊肯定了文化研究之于文学研究的意义："而文学研究的方式可以有多种，其中并不存在某一种方式就优于其他的方式，只是各人所选择的角度，想要达到的目的不同而已。所以文学研究在今天出现了许多新的方式和角度，这是好事情，只会给文学注入新的活力。"②但是，我们也不能因此走到另一个极端，否定传统的文学研究的价值，而应当根据研究目的采取适当的研究方法。

从学科发展的角度看，文化研究的出现是必然的；从文化研究与传统文化研究之间的关系看，也有其存在的合理性。传统的文化研究基本上都是在严格的专

---

① 王晓路：《詹明信访谈录》，《外国文学》2003年第3期。
② 同上。

业范围内进行的，各个专业都有自己明确的研究对象、专业界限和研究方法。我们知道，英美的经验主义、实证主义都很有市场，英美的学术界都有过一段严格的专业化研究时期，这时的学术研究壁垒森严，各个专业都有自己的独立领域、学科规范，造成了画地为牢、各自为政的状况。由于这些研究的专业性很强，并局限于一定的范围，其弊端是缺乏对复杂的研究对象的综合性地把握和跨学科的研究。所以，此后的许多研究出于对以往学科划分的不满，有意识地克服专业化的缺陷，积极地吸收其他学科的研究成果，出现了许多综合性的研究，学科发展也呈现出跨学科的趋势。同样，文化研究也适应了这种趋势，在对这种专业化研究进行的反拨中应运而生，有其必然性。虽然文化研究吸收了后现代主义、新历史主义、后殖民主义等文化理论的资源，但文化研究又以其特有的学科特点从中独立出来，譬如它与后现代主义文化理论就有很大的不同："因为它并不鼓吹抹杀高雅与低俗之间的疆界，宣扬微型群体的多元论，也不鼓吹以形象和媒体文化取代意识形态方面的政治斗争。"[①]因此，文化研究是对学科专业化的更大规模的反叛，积极地扩大研究对象、吸收其他学科的研究方法，打破各学科之间的藩篱，几乎吸收了一切可资借鉴的思想资源，堪称跨学科研究的典范。由于对专业化研究的巨大反叛，文化研究就引起了一些专业化较强的学科的不满。诸如一些社会学家更是以传统的社会学标准来衡量文化研究，指责文化研究抢夺研究领地的"越界"行为，排斥和否定文化研究的成果。从这些非难中我们就可以明白文化研究所引发的冲击。詹姆逊正是从这个角度指出了文化研究的合理性："它的崛起是出于对其他学科的不满，针对的不仅是这些学科的内容，也是这些学科的局限性。正是在这个意义上，文化研究成了后学科。"[②]而且，文化研究还从增强现实关怀、强化问题意识入手来克服传统文化研究的弊端。传统的文化研究习惯于以二元对立的方式把文化分为高雅文化和大众文化，而且以精英的立场来判

---

① [美]詹姆逊：《论"文化研究"》，王逢振编：《文化研究和政治意识》，中国人民大学出版社2004年版，第16页。

② 同上，第2—3页。

断不同文化的价值,从事自己的研究。其结果是重视高雅文化及其研究、排斥大众文化及其研究,从而把大量的文化现象排斥出研究的范围,其局限是相当明显的。随着"二战"后社会的变化,文化的形态也发生了很大的改变:"由于作为全自律空间或界的文化黯然失色,文化本身落入了尘世。不过,其结果倒并不是文化的全然消失,恰恰相反的是其惊人扩散。"①这样,传统的文化研究已经捉襟见肘,难以适应时代的要求了。在这种情况下,文化研究抛弃了二元对立的思维模式、打破了文化自主的"幻觉"、解构了精英的文化价值观,注意研究文化活动的各个环节和日常生活中存在的大量的文化现象。不但如此,文化研究还积极介入现实,严肃地探讨了包括音乐、电视、性别、权力的形式等在内的许多大众文化现象,涉足了传统文化研究的许多禁区,开拓了诸如少数民族族裔文化、青少年抵抗文化等许多新的研究领域,表现出了理论干预现实的冲动,从而使"知识分子能够更紧密地跟踪从所谓后现代性中生发出来的日常生活的种种形式"②。从这种意义上说,文化研究拓展了传统文化研究的思路、方法和领域,增强了对现实的关怀和干预,试图克服学院式的专业化研究的局限。正是出于对学科专业化发展趋势和学院化研究脱离实际的不满,文化研究才挑起了造反的旗帜,试图以跨学科的研究和干预现实的理论追求获得自己的位置,这也是文化研究存在的合理性。尽管文化研究存在种种不足,但这些基本倾向是值得肯定的。

二、阶级·种族·性别·身份

文化研究自诞生之初就有强烈的政治意识,极为重视阶级因素,特别是工人阶级的阶级意识、日常生活和文化。英国的文化研究与"新左派"有密切的联系,"新左派"有很大的政治抱负,积极参与现实变革,其成员试图在理论上进行民主社会主义的探索,并把其理论运用到实践中去。"新左派"引发了

---

① [美]詹明信:《晚期资本主义的文化逻辑》,张旭东编,北京三联书店1997年版,第381页。
② [美]詹姆逊:《马克思主义与理论的历史性——詹姆逊与张旭东的对话》,王逢振编:《新马克思主义》,中国人民大学出版社2004年版,第156页。

早期的文化研究对阶级的关注,如霍加特的《文化的用途》就以亲身经历展示了英国工人阶级的生活和文化;E.P.汤普森的《英国工人的形成》则研究了早期英国工人的阶级意识、日常生活和文化。之后,特别是文化研究传到美国后,文化研究的政治色彩减弱,特别是没有对阶级给予应有的重视。针对美国的文化研究的现状,詹姆逊提出了克服这些局限的设想。第一,既要分别研究特定社会现实中的阶级、种族和性别,又要把它们联系起来进行综合的研究,不能把它们割裂开来进行孤立的研究。第二,要重视对阶级范畴及其各种新的存在形式的研究。随着美国社会两极分化的愈演愈烈,阶级因素将会重新活跃起来,被置于社会问题的前台。而且,社会的变化也使阶级的存在形式发生了很大的变化。因此,要结合经典马克思主义的阶级观点,分析阶级的各种新的变化和存在形式,其中包括"完全形成的阶级,自在自为的阶级,通过各种复杂的历史和社会过程获得了'阶级意识'的潜在的或结构意义上的阶级"[①]。第三,探讨种族和性别问题时,一定要考虑到社会阶级因素,否则就会削弱对它们的研究,美国的文化研究的局限就是缺乏对社会阶级因素的必要的关注。实际上,性别问题是由背后的阶级和经济因素诱发产生的,如果离开阶级和经济因素,仅仅从生理、习俗和文化等方面来研究性别问题,无疑是有局限的。同样,对种族的研究也不能离开阶级因素。根据马克思主义的理解,如果把阶级与种族进行比较:前者有可能获得与社会同步的发展;后者"必然受到自身特殊的自我定义和构成性特点的限制"。其发展结果是,阶级比种族更有发展前途:"种族冲突可以发展扩大为阶级冲突,而阶级冲突退化为种族竞争则是一种限制性的离心发展。"[②]这样,离开了阶级关系,就不可能解释清楚种族问题。而且,在詹姆逊看来,种族与阶级之间的关系非常密切:"只有在种族范畴转变为阶级范畴以后,才能找到消除这些斗争的方式。一般而言,种族冲突

[①] [美]詹姆逊:《论"文化研究"》,王逢振编:《文化研究和政治意识》,中国人民大学出版社2004年版,第28页。

[②] 同上,第29页。

不可能被解决或消除，只能升华到一种不同的、可以消除的斗争。阶级斗争，由于它不是以一个阶级对另一个阶级的战胜为目的，而是以废除阶级范畴本身为目的，所以它提供了这样一种升华的原型。"①因为阶级斗争和阶级范畴终究是要消亡的，只有清楚了种族向阶级转变的方式，才可能解决种族问题，所以更不能脱离阶级因素来研究种族问题。

詹姆逊还对文化研究的身份研究给予了特别地关注。身份（也被称为认同）指主体对其起源、自我认识和归属等问题的判断，主要由个人身份和集体身份组成。前者主要指主体对自己的情感、价值及其归属的判断；后者指主体面临不同的文化时，对集体文化自我与他者的判定。在詹姆逊看来，文化指两个或两个以上的群体之间的关系，文化与集体身份建构关系密切。当一种文化试图借用另一种文化时，客观上就意味对对方的权威性的承认和敬意，可能伴随着集体性的嫉羡；当一种文化试图拒绝另一种文化时，就意味对对方的否定，可能伴随着集体性的憎恶。这样，文化势必影响到集体身份的建构。受到后殖民主义、解构主义、后现代主义等文化理论的影响，文化研究强调了身份的多重性、不确定性和虚构性，消解了作为身份基础的责任和立场，从而使身份研究面临着虚无主义的威胁。鉴于此，詹姆逊强调了责任、立场之于身份建构的重要性："如果没有力图结合、引导和协调各种身份、各种责任和立场的促动性张力，就不可能出现真正有意义、富有成果的作品和思想。"②同时，为了克服身份研究中的虚无主义倾向，詹姆逊及时地告诫我们，身份研究要提防后现代主义的多元论的侵蚀："各种群体身份之间的张力能够提供一种更强大的角逐场，但是这一切有可能被争雄的后现代主义及其所提倡的多元论变相地抽空或消除……"③从而应当处理好主体立场的多重性与身份建构中的结构等问题。

---

① [美]詹姆逊：《论"文化研究"》，王逢振编：《文化研究和政治意识》，中国人民大学出版社2004年版，第29页。

② 同上，第15—16页。

③ 同上，第16页。

三、理论旅行·学院政治·权力分析

"二战"后,资本主义的发展导致了统治方式的改变,社会的矛盾和对立也表现出新的特点:阶级之间的界限趋于模糊,种族压迫与性别不平等逐渐突出。面对这些新的社会问题,文化研究积极介入社会现实,通过其强烈的政治意识表达自己的现实关怀。一方面,文化研究关注政治、社会中存在的压迫与不平等,并力图予以改变,特别是在早期的文化研究中;另一方面,文化研究主要以学术方式参与政治,借助学术发出自己的声音,注重通过理性的分析揭示了文化与政治的关联,特别是权力(包括政治因素)对文化的影响。所以,文化研究有浓厚的学院政治色彩。实际上,文化研究只是对大致相近的学术旨趣的一种粗略概括,内部呈现出不同的特色,并不是完全一致、整齐划一的。就英国的文化研究来说,就经历了从文化论到结构论的两种研究范式的变化:前者强调经验、信念、价值观等个体因素在形成文化中所扮演的能动性;后者把个体作为发挥整体社会结构功能的要素,强调环境对人的能动性的制约和对文化的影响。

文化研究传到美国后又有了很大的变化,这是"理论旅行"中所出现的问题,涉及理论的"时差"问题。当理论脱离了原始语境时,往往会发生一些变化,这是常有的事情。但美国的文化研究丧失了文化研究应有的激进和战斗性,背离了文化研究的主旨,是应该引起重视的。究其原因,英国的文化研究注重对流行文化、亚文化和青少年抵抗文化的研究,是从研究具体的文化实践中产生的,与文化实践关系密切;但美国的文化研究借鉴了英国文化研究的一些结论和抽象的研究方法,用来进行自己的研究。而且,由于美国的反种族歧视运动、女权主义运动、生态主义运动等新社会运动的发展,文化研究的政治视野逐渐扩大到阶级之外的种族、性别和文化政治,其政治意识、现实关怀锐减,这强化了美国的文化研究的学院性。因此,与英国的文化研究相比,美国的文化研究与现实的距离更大些,更多的是一种学院政治。美国的文化研究把斗争的领域拓展到学术领域,诸如课程设置、专业教学、修正经典和对学院内平等身份的诉求等等。这样,其战斗性和激烈的程度就会弱些。批判精神是文化研究的最重要的特征,如果失去了批判意识和斗争意识,也就丧失了其存在的合法性。同样，对于文化研究这样的具有强烈的政治色彩的学科，如果政治意识淡化了，很可能沦为知识和概念的操练，从根本上背离文化研究的主旨，从而也丧失了这门学科的发展动力和活力。实际上，有的文化研究为了满足求新的需求，以新的话语和学科相标榜，成为招徕读者的时髦学科，也确实丧失了其创造性。由于美国的文化研究丧失了对具有斗争意义事件的介入和对重大社会改革的承诺，结果被改造后，其激进性和战斗性丧失殆尽。詹姆逊还看到了美国的文化研究的另一个局限：缺乏历史感。在詹姆逊看来，美国人认为，其他国家的现实都是由文化决定的，唯有美国是个例外。而且，只有美国人才能代表全人类，才是普遍性、普遍人性的代表。其结果是："美国人看问题无须任何历史角度，也许连阶级观点也不需要。……他们不在自身特定的环境中看待自己。"[1]缺乏历史感导致了美国人的夜郎自大和盲目性，这也体现在文化研究中，并导致了其局限性："阻断了分析具体对象与思考理论问题之间的联系。"鉴于对美国的文化研究局限性的清醒认识，詹姆逊提出了改进的方向：一方面要历史地对待研究对象及其具体环境，注重文化研究的历史维度；另一方面又需要与美国现今的文化保持一定的距离，以真正地研究其得失，并认清自己在研究的态度、视野等方面的盲目和封闭。只有这样，才能促进美国本土的文化研究的深入发展。

詹姆逊看到了多数文化研究的学院色彩，并从这个角度看待文化研究的政治性："文化研究是一种愿望，探讨这种愿望也许最好从政治和社会角度入手，把它看做是一项促成'历史大联合'的事业，而不是理论化地将它视为某种新学科的规划图。这项事业所包含的政治无疑属于'学术'政治，即大学里的政治，此外也指广义上的智性生活或知识分子空间里的政治。"[2]虽然学院政

---

[1] [美]詹姆逊：《马克思主义与理论的历史性——詹姆逊与张旭东的对话》，王逢振编：《新马克思主义》，中国人民大学出版社2004年版，第157页。

[2] [美]詹姆逊：《论"文化研究"》，王逢振编：《文化研究和政治意识》，中国人民大学出版社2004年版，第1页。

治所涉及的范围已经大为扩大，包含了许多社会的冲突和矛盾，但与实际的政治介入还是有一定距离的。

文化研究的学术政治还表现为对权力分析的迷恋。事实上，文化既被制度限制又为制度服务，其纯粹的独立、自治和超越只是种假象。但传统的文化研究有意无意地把文化产品从社会中孤立出来，作为独立自主的对象来研究，忽视了整个文化活动对文化产品的影响。而且，还有意识地强调研究者的中立、客观，研究过程的科学性和逻辑性，并以此作为结论具有普遍意义的论据。文化研究从人们习以为常的文化现象入手，揭示了文化背后权力的运作、政治因素和意识形态，特别是知识在权力运作中的作用，促使人们破除了对文化的神秘感和理想化、抛弃无意地美化事物的习惯，以平常心看待文化现象。因此，权力分析不失为一种行之有效的研究方法，由此介入文化问题，也有助于促进我们对文化的真实状况和文化研究过程的理解，它具有积极的意义。但权力分析的作用和范围都是有限的，又不能把文化的所有问题都归结为权力。否则，就可能遮蔽事物的真正原因，也会影响权力分析的效果，甚至导致某种意义的政治倒退："确认知识与权力有关，确认认识论与处于支配地位的政治之间的关系，力图将政治本身作为一个单独的例子或实践的可能性加以解释，并且通过将知识与标准的所有形式转化为纪律、控制和支配的形式，实际上这种认同是整个从更狭隘意义的政治中撤离出来。"① 正是在这种意义上，詹姆逊认为，应该把权力分析放到合适的位置。

四、文化研究·马克思主义·知识分子立场

文化研究的许多理论家都出身于社会的低层，有"左翼"倾向，所以文化研究很自然地选择了马克思主义。事实上，马克思主义（特别是西方马克思主义）也是文化研究重要的思想资源之一，它影响了文化研究的主旨、研究视角和倾

---

① [美]詹姆逊：《后现代转向》，胡亚敏等译，中国社会科学出版社2000年版，第104页。

向。马克思主义对资本主义进行了迄今为止最深刻、最激进地批判,尤其揭示了资本主义意识形态的全面渗透和虚假性。文化研究吸收了马克思主义的批判性和意识形态的理论,特别是阿尔都塞的意识形态理论,从个人与其环境之间的想象性关系的角度,揭示了意识形态对个体价值和行为方式的塑造,以及个体的主动选择与行动。同样,葛兰西的文化霸权理论也对文化研究产生了深刻的影响,文化研究致力于发掘个人认同与统治阶级的文化之间的复杂关系:既对立、矛盾,又渗透、部分地相互依赖。但是,文化研究与马克思主义所处的环境已有很大的不同:其面对的社会现实已不是往昔的资本主义;其学术环境也有很大的变化,需要通过与各种学术思想的交锋与对话求得发展。这些因素影响了文化研究的思想资源、知识谱系和理论倾向,使文化研究与马克思主义之间的关系变得更为复杂:既有继承、一致的一面,也有误解、歪曲、对立的一面。詹姆逊既看到了文化研究对马克思主义的继承,也看到了文化研究(特别是美国的文化研究)对马克思主义的曲解。就前者而言,他认为,"文化研究或'文化唯物主义'实质上不啻为一项政治事业,而且实际上确实是一种马克思主义事业。"①文化研究也是"对马克思主义的替代和对马克思主义的发展。"这是他对文化研究的整体判断,但英国和美国的具体情况又有很大的不同:英国的文化研究有强烈的现实关怀、社会责任和远大的抱负,与马克思主义的联系较为密切;美国的文化研究更为学院化,对马克思主义的误读、歪曲较多。这些误读、歪曲主要体现在对宏大理论和总体性的拒绝、以权力代替生产方式等方面。

美国的文化研究大都比较青睐微观政治、学院政治,以及后殖民主义、解构主义、女权主义等理论,拒绝宏大理论和宏大叙事,当然也包括马克思主义理论及其历史进步、社会发展观念,从而丧失了其批判性。尽管美国的文化研究中或明或暗地存在着总体化的倾向,但它们还是竭尽全力地歪曲、反对总体

---

① [美]詹姆逊:《论"文化研究"》,王逢振编:《文化研究和政治意识》,中国人民大学出版社2004年版,第17页。

性及其作用,其方式是先歪曲然后批驳,甚至动用了政治的谩骂。在马克思主义的语境中,总体性是指借助于某个视野的统一视角把所进行的观察与工具、素材联系起来,形成一定的关系。但有些文化研究者的理解是,总体性意味使让一切差异服从于"某种极权主义的、同质的有机总体"。结果,总体性压制了差异、多元、偶然,导致了专制和压迫,并成为罪恶的根源。在此,詹姆逊继承并赋予被伯明翰学派发展了的"连接"概念以总体性的含义:"这种连接是一种突发性的、有时甚至是转瞬即逝的总体建构,在此总体建构中,种族、性别、阶级、民族性和性生活交错汇合到一起,形成一个发挥作用的结构。"①文化研究对马克思主义的背离还表现在:迷恋权力分析,把权力分析放在不适当的位置,甚至以权力分析代替对生产方式的研究。对文化进行权力分析固然可以揭示文化背后的权力支配关系,打破其神秘感,但并不能从中找出问题的根本原因,还可能以此代替对生产方式的分析,从而走向马克思主义的对立面:"权力这个问题,韦伯和福柯都先后系统地阐述过,不过研究权力是一个反马克思主义的步骤,旨在取代对生产方式的分析。对权力的研究固然开辟了新的领域,产生了一些丰富的、令人着迷的新材料,但是使用这些材料务必留心它所附带的意识形态后果,知识分子更应该警惕那种祈灵保佑式的如醉如痴的自我陶醉。"②因为生产方式比权力更为根本,它决定了权力的运作,因此要克服对权力分析的盲目陶醉和崇拜,把权力分析放在适当的位置,从更为根本的生产方式入手来分析文化问题,而不能以此替代对生产方式的分析,以防止落入权力的意识形态陷阱。同时,研究生产方式还有更大的意义:"为了研究某一种文化,我们必须具有一种超越了这种文化本身的观点,即为了解资本主义文化,我们必须研究了解另外一些来自完全不同的生产方式的文化。"③

---

① [美]詹姆逊:《论"文化研究"》,王逢振编:《文化研究和政治意识》,中国人民大学出版社2004年版,第22页。

② 同上,第41页。

③ [美]杰姆逊:《后现代主义与文化理论》,唐小兵译,陕西师范大学出版社1986年版,第13页。

实际上，处理好文化研究与马克思主义之间的关系，也是我国当前的文化研究所面临的问题。而且，就与马克思主义之间的关系来说，包括后殖民主义、新历史主义等在内的许多当代西方理论也都存在着类似的问题，这可以引发我们深入地思考诸如马克思主义对分析当今社会文化问题的有效性、如何促进马克思主义与其他理论的对话等问题。

许多社会学家在理解知识分子问题时都持一种"悲剧意识"，即作为观察者的知识分子必然有其难以克服的主观性，这种主观性也影响到自己在沟通认识对象与认识行为的效果。因此，要反对任何先入为主的"理论预设"、倾向和对社会事务的积极介入。在詹姆逊看来，"悲剧意识"观借助于知识领域的盲点，以原罪的方式鼓励知识分子放弃对世界的责任和义务："对与我们自身观察者视点相关的一切的占有，对社会承诺的放弃，将社会认识与世界行动截然分开的企图，以及对世界行动的可能性所持的悲观态度，这一切似乎构成了对这种特殊的（结构性的）原罪的赎罪行为。"① 詹姆逊通过否定这种悲观主义强调了知识分子的政治意识和现实关怀，实际上也肯定了文化研究的基本的政治追求。知识分子与其出身的阶级、选择的阶级之间有着复杂的关系，虽然存在着知识上的盲点，但仍然需要在保持距离与倾向之间的平衡中寻找解决问题的办法。因此，对于知识分子来说，福柯设想的"个别知识分子"和到民间中原罪式的"大众化"方式都不足取。在此，詹姆逊重申了"萨特式"的知识分子立场："当你无法消除某种矛盾时，最好的办法是抱住矛盾不放，从中攫取自我意识。这样做至少比压抑或人为地制造这种或那种良知更可取一些。"② 詹姆逊曾经对知识分子做出过这样的展望："正如全球性劳工运动从未形成，真正的国际性的知识分子联盟也没有出现。不过，既然新的技术可能性使得商业中心与金融中心间的接触和交换急剧加快，知识与思想的网络也一定会抓住这种

---

① [美]詹姆逊：《论"文化研究"》，王逢振编：《文化研究和政治意识》，中国人民大学出版社2004年版，第33页。

② 同上，第34页。

机会并利用这种可能，不然的话就太不可思议了。我觉得事情正朝这个方向发展，当前世界各地不少国家里的思想文化运动或活动比现代主义或帝国主义时代有着远为明确清晰的意识。"①文化研究强调政治意识和现实关怀，这或许有助于促进世界性的左翼知识分子的联合。

詹姆逊从学科发展、政治意识和现实关怀等方面肯定了文化研究的合理性及其取得的成绩，但又指出了其迷恋于权力分析、学院政治、批判性的削弱和对马克思主义的改良等局限，希望文化研究重建强烈的问题意识，以其批判的姿态有效地介入现实、干预现实，同时也获得学科上的发展。自20世纪末，文化研究传入我国，在扩大研究对象、拓展研究方法与视野等方面对促进我国的文学、文化研究起到了不可替代的作用，但也暴露出了不少问题，诸如盲目崇拜所导致的创新不够、理论推绎多于具体的分析、学院内的自说自话、缺乏批判性与干预现实的力度、热衷于权力分析等等，而且这些问题已经影响了其进一步的发展。从这种意义上说，了解文化研究及其发展中的得失，对于理解文化研究、促进我国方兴未艾的文化研究，都不失为有效的途径，而詹姆逊对文化研究（特别是美国的文化研究）的看法更是深化我国的文化研究的一个难以替代的捷径。因此，相信这些意见和建议对我们都具有一定的认识价值和借鉴意义，并对我国的文化研究起到真正的推动作用。

原载《天津社会科学》2007年第6期

---

① [美]詹姆逊：《马克思主义与理论的历史性——詹姆逊与张旭东的对话》，王逢振编：《新马克思主义》，中国人民大学出版社2004年版，第162页。

后马克思主义
——一种模棱两可的马克思主义*

近年来,后马克思主义引起了国内学界的广泛关注,但是,对后马克思主义的认识上存在着巨大的差别和分歧。事实上,这些问题在国际学界和马克思主义内部也同样存在。其中,后马克思主义的性质,及其与马克思主义的关系,是理解后马克思主义的关键,本文尝试对此作出自己的理解。

一、众所纷纭的后马克思主义

从辞源学的角度看,迈克尔·波兰尼在1958年出版的《个体知识:走向一种后批判哲学》中,使用过后马克思主义概念;丹尼尔·贝尔在《后工业社会的来临》中使用并阐发过这个概念;1970年代末期,辛德斯、希斯特在后马克思主义研究领域已经颇有影响;1985年,随着拉克劳、墨菲的《霸权与社会主义战略》的出版,他们是把这个概念作为"具体理论的纲领性名称"来使用的,"后马克思主义"的概念和思潮才为学术界注意,之后便引来了更为广泛的关注和重视。实际上,后马克思主义并没有一个固定、一致的界定,而是一个内涵丰富、流派纷呈、歧义迭出、不断变化的概念,仅英文表述就有"postmarxism"、"post-Marxism"、"post-Marxism"、"post-Marxism"四种,其含义的模糊、不确定就更甚了。[①]尽管如此,并不妨碍根据其大致倾向进

---

* 本文为中国艺术研究院招标课题"西方马克思主义艺术理论研究"(10ZYYB01)的成果。

[①] 周凡:《后马克思主义概念的发生学探察》,周凡、李惠斌主编:《后马克思主义》,中央编译出版社2007年版,第1页。

行一些界定，这里就介绍几种看法。

英国马克思主义理论家戴维·麦克莱伦曾经把后马克思主义界定为"马克思之后的马克思主义"，这种界定都是取其最泛化的意义，但因其范围太大而缺乏实质性意义。麦克莱伦还对后马克思主义作过一个狭义的界定："后马克思主义"是一种"试图将马克思主义的社会主义同后现代主义思想结合起来的思潮。"①

马恰特（Marchart）认为，20世纪80年代以来，后马克思主义概念的使用就不太准确和规范，它很难被描述为一个学派，而只是被描述为一种学术思想的倾向和趋势。后马克思主义的重要特征为："破除了明确的'经典'马克思主义（例如第二和第三国际）的核心理论，并在其他观点上又与马克思主义的方案保持着联合的一个概念。"②后马克思主义正是以此区分了自己与此前的马克思主义的。

詹姆逊认为，在资本主义经历结构性变革的时期，才可能出现后马克思主义。他把后马克思主义分为两代：第一代以伯恩斯坦的修正主义为代表，是对资本主义从国内资本主义时期向帝国主义时期转变时的反应，产生于现代化或现代主义时期，其代表性著作是伯恩斯坦的《社会主义的前提与社会民主党的任务》；第二代（或当代）后马克思主义是对资本主义从现代时期向后现代时期转变时的反应，其代表性著作是巴里·辛德斯（Barry Hindess）与保罗·希斯特（Paul Hirst）的《论<资本论>》、欧内斯托·拉克劳（Ernesto Laclau）与尚塔尔·墨菲（Chantal Mouffe）的《霸权与社会主义战略》等。③

美国政治学家伊萨克则把以辛德斯、希斯特、拉克劳、墨菲为主要代表的马克思主义作为后马克思主义，他实际上采用了狭义的后马克思主义概念。④

我们还是看看后马克思主义最重要的理论家是如何看待后马克思主义的。

---

① [英]戴维·麦克莱伦：《当代马克思主义流派》，《北京大学学报》（哲社版）1997年第1期。
② [德]马恰特：《什么叫后马克思主义》，http://wmarxism.fudan.edu.cn/tab_disp.asp?id=19&tab=jdqk.
③ [美]詹姆逊：《论现实存在的马克思主义》，《马克思主义与现实》1997年第1期。
④ [美]杰弗力·伊萨克：《后马克思主义与新社会运动》，李惠斌、叶汝贤主编：《当代西方马克思主义研究》，社会科学文献出版社2006年版，第86—96页。

在《霸权与社会主义战略》的第二版序中,拉克劳与墨菲第一次明确地说明了他们理解的后马克思主义:"依据以上一系列新的问题和发展回到(重新激活)马克思的范畴必然导致对其解构,即置换它们可能性的一些条件,发展那些超越具有范畴应用特征的任何事情的新可能性……为了按照当代的问题重新阅读马克思主义理论,必然包含对它的理论核心范畴的解构。"①

中国学者也对后马克思主义做出了回应。曾枝盛区分了广义的后马克思主义和狭义的后马克思主义。广义的"后马克思主义"指"马克思之后的马克思主义";狭义的"后马克思主义"指20世纪70年代以后出现的晚期资本主义时期的马克思主义。早期的后马克思主义重视后现代主义的影响,及其与经典马克思主义的断裂;后期的后马克思主义质疑马克思主义的合法性和存在的必要性,其体系、思想资源和具体主张等方面的特点都很显著。狭义的后马克思主义主要包括:以雅克·德里达为代表的"解构主义的马克思主义"(或"后结构主义的马克思主义");以詹姆逊为代表的"文化批判的马克思主义";以哈贝马斯、里科尔为代表的"后解释学的马克思主义";以拉克劳和墨菲为代表的"激进政治的后马克思主义"。此外,狭义的"后马克思主义"分为左、中、右三翼:以詹姆逊、索亚、曼德尔等为代表的左翼"后马克思主义",该派重视马克思主义传统,并努力吸收各种理论资源,以发展马克思主义;以德里达、哈贝马斯为代表的中翼"后马克思主义",该派以矛盾的态度对待资本主义、社会主义和马克思主义,主要以实用主义的、学术的眼光看待马克思主义;以拉克劳和墨菲为代表的右翼"后马克思主义",该派认为马克思列宁主义已经过时、失效,要"修正",甚至"抛弃"马克思主义。②

周穗明也区分了广义、狭义的后马克思主义,他认为,所谓"后马克思主义"(post-Marxism),国际上一般是指在20世纪70年代末由于"欧洲共产主义"的失

---

① [英]拉克劳、墨菲:《后马克思主义的理论和实践》,李惠斌、叶汝贤主编:《当代西方马克思主义研究》,社会科学文献出版社2006年版,第77页。

② 曾枝盛:《"后马克思主义"的定义域》,《学术研究》2004年第7期。

败所引发的"马克思主义危机"之后，流行于20世纪80年代西方发达国家的一种非马克思主义性质的新马克思主义思潮。在广义上，苏联解体后的90年代以来西方和东欧的许多新马克思主义流派都被纳入"后马克思主义"的范畴。以最狭义而言，"后马克思主义"特指直接以这一称谓冠名的英国的拉克劳和墨菲的理论。①周穗明对后马克思主义作了广义的理解，后马克思主义和"后现代马克思主义"的意思大致相同，其性质都不是马克思主义。

综上所述，后马克思主义及其解释都充满了分歧、差别，很难获得一个各方面都认可的定义，但是，它是一个有着大致倾向和旨趣的理论思潮。鉴于此，我们认为，后马克思主义是继西方马克思主义之后的一种新的马克思主义理论思潮，它继承、修正（修正远远大于继承）了传统的马克思主义，力图用修正了的马克思主义解释当代资本主义。也就是说，后马克思主义的目标是解构、超越经典马克思主义，并由此与经典马克思主义拉开了距离，成为与经典马克思主义相矛盾、对立的一个理论思潮。这样，后马克思主义的定义不宜太宽泛，应该有针对性、合乎实际，狭义的后马克思主义应该指以辛德斯、希斯特、拉克劳和墨菲为代表的具有大致相同的思想特征和倾向的一种新马克思主义，这也是本文对后马克思主义的界定。

二、后马克思主义的历史背景

自20世纪六七十年代以来，西方发达资本主义国家出现了包括女权主义运动、和平运动、生态运动、身份政治等在内的名目繁多的新社会运动，这些运动成为抵抗当代资本主义的一股重要力量。这些运动与"二战"后的西方社会变化关系密切：消费主义意识形态甚嚣尘上、妇女大量涌入劳动力市场、战争与核竞争的威胁、生态危机，等等。显而易见的是，这些运动与传统的社会运

---

① 周穗明：《后马克思主义关于当代西方阶级与社会结构变迁的理论述评》，《国外社会科学》2005年第1、2期。

动和社会斗争模式大不相同，它们主要表现为一种非阶级性的对抗，而不是阶级性的对抗。这些运动挑战了经典马克思主义的阐释模式和现代政治理论。同时，也亟待新的理论阐释这些运动。后马克思主义正是由此应运而生的，它既从这些运动中吸取了理论的灵感，又从一定程度上解释了这些运动，并为这些运动提供了理论上的支持。后马克思主义从某些方面继承了马克思主义，又吸收了后现代主义、后结构主义、女权主义等西方当代理论资源，探索了新形势下"左翼政治"的发展。从这种意义上讲，后马克思主义有其存在的必要性和合理性，但也为此付出了巨大的代价，它所犯的错误也是不容忽视的。

后马克思主义认为，与经典马克思主义产生的时代相比，当代资本主义社会的境遇、时代特点和政治形势都已经发生了根本的变化，马克思主义需要应对这些变化并修正其错误的、不适应时代发展的部分，以更好地发挥其作用。这些变化具体体现如下。

（一）20世纪70年代迄今，西方资本主义通过调整生产关系缓和了其基本矛盾，这些发达资本主义国家相继克服了危机，借助于科技创新和对外扩张获得了进一步发展的动力，并取得了不同程度的发展，不仅与经典马克思主义所预言的资本主义的衰退、灭亡相距甚远，而且还出现了比较繁荣的景象。对于后马克思主义来说，一方面是社会主义实践的挫折、失误和失败；另一方面是资本主义在应对危机和创新方面的能力和潜力。在这种情况下，从社会进步的角度看，除了现代化和普遍改良的选择外，至少目前还看不到其他更有效地促进社会发展的道路，而资本主义则成为实现这些目的的最直接的、最明显的道路。

（二）传统的阶级政治、政党政治已经衰弱，需要重新认识、评价这种变化，并寻找替代性的政治斗争形式。在发达资本主义国家内，服务业、第三产业在国家经济中所占的份额越来越大，甚至取代了传统的工业生产的地位；工人阶级从生产业逐渐转向服务业；传统的工人阶级的数量锐减，工人阶级的构成也发生了很大的变化，经济因素等传统的划分工人阶级的标准也失去了其有效性；随着大量白领工人的涌现，工人阶级的斗争也逐渐衰弱。这样，阶级、阶级的概念和阶级分析都丧失了其价值，马克思主义的阶级政治与政党政治也已经失效，并需要重新认识传统的阶级政治、政党政治及其作用。与此相对，各种新社会运动纷纷涌现，并挑战了传统的阶级政治、政党政治。

（三）科技的发展带动了资本主义社会生产力的发展，资本主义国家通过宏观调控等策略调整了生产关系，从一定程度上缓和了生产力与生产关系之间的矛盾，也从一定程度上纠正了其所犯的错误，有时还表现出极强的创造财富的能力。但是，经典马克思主义低估了资本主义的这些能力，悲观地看待资本主义及其发展，并得出了错位的结论。

（四）随着当今发达资本主义国家进入后工业社会、消费社会、消费资本主义、后现代主义社会或晚期资本主义社会，传统的生产和生产观念已经过时，服务业和消费主义观念逐渐占据了主导地位。商品生产与消费的逻辑全面渗透，消费主义的意识形态使商品崇拜发展到顶峰，进而影响了人们的日常生活、思想和行为方式。资本主义的变化引发了发达资本主义国家政治的巨大变化：政治的中心由国家转向日常生活，由集体政治转向个人政治。这样，晚期资本主义的政治就出现了个人化和日常生活化的特点。发达资本主义国家的政治斗争也主要从阶级、经济等领域转移到了消费、文化活动、日常生活等领域，由阶级关系、经济关系转向了社会关系。这样，发达资本主义国家的政治斗争形式、阶级构成都发生了重大的变化。后马克思主义认为，鉴于这些变化，需要重新勘定阶级斗争的边界，政治领域内对等级、支配和不平等的所有反抗都具有合法性和意义。这样的界定拓展了马克思主义所理解的政治斗争的领域和内容，也使后马克思主义的政治斗争具有了开放性。

（五）随着相当多的社会主义运动的失败，传统意义上的社会主义革命概念已经失效，需要重新理解社会主义革命及其作用，时代的发展也呼唤建立社会主义霸权式的新型革命。后马克思主义据此认为，社会主义运动不仅要对抗、解构资本主义体系，也应该在资产阶级的意识形态内活动，通过激进的多元民主的策略，在与自由主义核心价值观的对抗中建立起社会主义的领导权。

三、后马克思主义与马克思主义的对立

后马克思主义与马克思主义既有联系，又有区别，其区别更为明显。具体

而言，后马克思主义在历史唯物主义、阶级与阶级斗争、政党政治、科学社会主义、宏观叙事等问题上解构、修正了马克思主义，建立起了自己的理论体系。其理论主张及其与马克思主义的对立主要表现为以下几个方面。

（一）后马克思主义解构了历史唯物主义及其社会历史观

历史唯物主义认为，社会是一个由多方面、多层次构成的系统的有机整体，其变化具有连续性，并呈现出一定的规律和进步的趋势；生产力和生产关系、经济基础与上层建筑之间的基本矛盾决定了社会的状况和发展趋势；生产力的发展决定了生产方式由低级向高级的发展，也导致了旧的社会形态的解体和新的社会形态的产生，社会形态由最低级的原始社会向更高一级的奴隶社会、封建社会、资本主义、共产主义社会的进化；阶级斗争是阶级社会发展的动力和基本原因。但在后马克思主义看来，社会是由各种碎片偶然拼凑起来的聚合体，它充满着偶然、不确定性和随意性，没有所谓的有机联系、系统性和稳定性；社会具有话语性，它是依据话语规则构造起来的差异的系统，社会的不同事物可以通过类似于叙事的差异予以区分，应该从话语性、建构性来看待社会及其变化；不存在决定社会变化的最根本的、本质的和终极的原因，社会的变化没有目的、逻辑，没有连续性和必然的规律，应该反对设定社会变化的基础和终极原因，也应该反对历史唯物主义所说的社会变化的目的和必然规律；上层建筑独立于经济基础、意识形态独立于生产关系，都有其自主性、独立性，生产关系、上层建筑也同样不能决定国家、政治的自主运行。由此观之，社会历史是自主的、非决定论的，它只是对毫无关联的偶然性事件的叙事或建构，并不是具有本质的整体和实体，但历史唯物主义不但以本质主义的方式来看待和对待社会问题，还把社会的变化归结为社会生产力（又可以还原为科技）的发展，把复杂的社会变化问题简化为一种经济问题或技术问题。结果，历史唯物主义变成了一种技术决定论、还原论和本质主义。正如西蒙·托米所揭示的，"在他们看来，'人类的本质'并不是专横地'展现为'先验的'必然性'或'不可避免性'（necessity orinevit ability）。基础/上层建筑的目的论逻辑也不适合他们，事实上其他任何解释历史和社会变迁的模式也不适合他们……如果后马克思主义有一种'自我形象'的话：那么它就是这样一种形象：建立在承认历史发展的完全偶然性和境遇之上,明确地拒绝历史唯物主义的必然论图像"。① 因此,后马克思主义反对历史唯物主义的本质主义、还原论、决定论和目的论,以其开放的社会发展观解构、超越历史唯物主义,并以此来说明社会的存在及其发展变化。

马克思主义强调理论对现实的能动反映、历史与逻辑的统一,在分析实际存在的社会关系的基础上,提出了历史唯物主义。但是,后马克思主义只讲社会的话语性,反对因果关系和事物之间的逻辑关联,结果,社会历史就成了一系列偶然的、毫无规律而言的碎片。后马克思主义不但反对因果逻辑关联,而且还把马克思主义错误地解读为本质主义,从根本上否定了历史唯物主义等马克思主义理论的科学性、完整性及其当代意义。

(二)后马克思主义解构了马克思主义的阶级概念,以非阶级的对抗取代阶级的对抗

马克思主义认为,阶级的产生需要具备这些条件:阶级成员在社会结构中处于大致相同的位置,他们以共同的利益为基础,具有相似的经济、政治倾向与要求。阶级就是基于这些规定的利益共同体,它表现为一种群体的、团结的力量,阶级的政治要求反映了其客观的利益。但在后马克思主义看来,社会中不存在固定的、一致性的客观利益,这样就难以从共同的利益中产生一致性的经济认同,也难以产生建立在经济认同基础上的阶级;经济与政治之间没有必然的对应关系,经济要求、经济要求的一致性也同样并不必然导致政治要求和政治要求的一致性;社会成员的身份是变动不居的,并且难以固定下来。这样看来,就无法从经济要求中产生阶级,团结的、统一的工人阶级更是无从谈起。而且,当代资本主义已经进入了晚期资本主义,阶级性的对抗并不重要,传统的阶级概念和阶级划分已经没有多少实际意义了。正是在这种意义上,拉克劳他们认为,传统马克思主义遭遇了新形势下

---

① [英]西蒙·托米:《后马克思主义、民主与激进政治的未来》,周凡主编:《后马克思主义:批判与辩护》,中央编译出版社2007年版,第285页。

的困境:"其中心定位于阶级斗争和分析资本主义经济矛盾的传统马克思主义话语已很难适应纷纭而现的各种新矛盾,如今正是这些新矛盾深刻地改变了社会主义政治斗争生发作用的场域。"①

马克思主义不但承认阶级与工人阶级存在的现实,还强调了阶级对抗和经济因素的优先性,把政治视为阶级利益(又可以还原为经济利益)的反映和表现,并从阶级利益、阶级关系(及其更始源性的经济利益与经济关系)的角度来看待和处理政治问题。但后马克思主义认为,马克思主义的阶级论也犯了本质主义和还原论的错误,需要解构其阶级概念。因此,为了纠正其错误,需要把政治和意识形态从经济、生产关系中独立出来进行分析,反对经济决定阶级利益和阶级关系的观点,也反对把政治和意识形态还原为阶级利益、阶级关系。后马克思主义的重要代表辛德斯与希斯特就反对马克思主义强调经济关系的优先性,并把马克思主义的这个特点视为其意识形态和社会改造目标的必然产物:"经济关系在马克思主义中并且更一般的在社会主义话语中被赋予的话语优先性不能构想为现实的本体论结构的结果,相反它是一定的政治意识形态和一定的政治目标——即资本主义生产关系的社会主义改造这一目标——的结果。"②他们是在虚假意识或错误观念的意义上来使用意识形态这个概念的,并借助于这个概念说明马克思主义在强调从经济关系看待阶级现象时所犯的错误。实际上,他们已经否定了产生阶级的可能性,更否定了马克思主义的阶级概念是对现实的阶级关系的真实反映,并宣告了这个概念的失效。

在阶级性对抗与非阶级性对抗的关系上,马克思主义认为,在私有制社会中的各种社会对抗中,阶级性对抗是最重要的,它是其他各种社会对抗的基础,它决定并影响了其他各种社会对抗的性质、作用和发展状况;离开了

---

① [英]拉克劳、莫菲:《社会主义战略,下一步在哪儿?》,周凡、李惠斌主编:《后马克思主义》,中央编译出版社2007年版,第51页。

② [美]杰弗力·伊萨克:《后马克思主义与新社会运动》,李惠斌、叶汝贤主编:《当代西方马克思主义研究》,社会科学文献出版社2006年版,第89页。

阶级性对抗，就难以全面而科学地评价非阶级性对抗的得失。正如马克思主义所强调的："人类的全部历史(从土地公有的原始氏族社会解体以来)都是阶级斗争的历史，即剥削阶级和被剥削阶级之间、统治阶级和被压迫阶级之间斗争的历史。"①但是，马克思主义在肯定阶级性对抗的重要性的同时，并不否认非阶级性对抗的作用。马克思主义还认为，在原始社会和未来的共产主义等公有制社会里，阶级性对抗就不存在。鉴于此，马克思特别强调指出："阶级的存在仅仅同生产发展的一定历史阶段相联系。"②而且，马克思主义还强调，不能否定非阶级性对抗的重要性，应该肯定并发挥其重要性，从而有助于充分地发挥阶级性对抗的作用；在客观、科学地评价非阶级性对抗的作用时，要注意非阶级性对抗的范围和适用性，不能脱离实际、随意夸大其作用。事实上，在这个问题上，后马克思主义与马克思主义之间同样存在着巨大的分歧和对立。后马克思主义认为，马克思主义过分地夸大了阶级性对抗的作用，已经难以适应时代的发展，需要修正、抛弃马克思主义的传统；马克思主义无视当代资本主义社会的变化，特别是非阶级性对抗的存在及其作用；对当代西方发达资本主义社会中存在的反对种族压迫、反对性别歧视等非阶级性对抗的重要作用，马克思主义不仅缺乏必要的重视，甚至还贬低其作用。后马克思主义认为，性别关系、种族关系并不必然反映阶级关系，也不能被还原为阶级关系，在当今发达资本主义国家中，种族和性别的对抗比阶级性对抗更为重要。

女权主义、和平运动、生态运动等新社会运动是晚期资本主义社会的产物，这些运动已经成为抵抗当代资本主义的重要力量，也是后马克思主义所倚重的最重要的政治力量。但是，后马克思主义认为，这些运动表现的主要不是阶级性的对抗，而是非阶级性的对抗。而且，新社会运动及其表现出的非阶级性对抗已经挑战了传统马克思主义的阶级理论。拉克劳、墨菲从这个角度表示

---

① 《马克思恩格斯选集》第一卷，人民出版社1995年版，第257页。
② 《马克思恩格斯选集》第四卷，人民出版社1995年版，第547页。

了对传统马克思主义的不满:"许多社会对抗和对于理解当代社会来说至关重要的问题,外在于马克思主义的话语领域并且不能被已有的马克思主义范畴和术语(特别是使马克思主义成为令人怀疑的封闭理论体系的术语)概念化,而且这些问题导致了社会分析的新出发点。"①而且,忽视非阶级性的对抗也是当代马克思主义的缺陷:"即便当代马克思主义者抛弃了历史目的论和社会变化的必然性信条,他们对当代社会权力的分析几乎仅仅停留在阶级关系问题上。"②因此,从这些方面看,后马克思主义关注并分析了非阶级对抗的重要性,对于促进当代左翼政治运动及其理论的发展发挥了不可替代的作用,也从一定程度上补充了传统马克思主义理论的不足,并因此具有一定的理论意义和实践价值,这是我们应该肯定的。尽管如此,后马克思主义在试图纠正马克思主义的缺陷时仍然犯了矫枉过正的错误,它无视阶级性对抗的重要性及其大量存在的事实,并无限地夸大非阶级性对抗的作用和实际存在,是有悖于实际的。后马克思主义反对从因果关系研究阶级性对抗,丧失了从这个角度揭示非阶级关系的可能,在标榜解构、超越马克思主义的时候,只是抽象地继承马克思主义,没能有效地分析各种权力形式之间的关系,并为此付出了巨大的代价。

(三)后马克思主义否定了马克思主义的阶级政治和政党政治,并代之以身份政治

在马克思主义的视野中,只要社会存在着不同的阶级,阶级概念就会生效,阶级政治和政党政治就具有存在的价值和必要。但是,后马克思主义认为,马克思主义的阶级概念是决定论、还原论和本质主义性质的概念,建立在其基础上的阶级政治和政党政治也存在着同样的局限,它难以适应时代的需要,需要重新构想新的政治斗争形式,这就是身份政治。后马克思主义吸

---

① [英]拉克劳、墨菲:《后马克思主义的理论和实践》,李惠斌、叶汝贤主编:《当代西方马克思主义研究》,社会科学文献出版社2006年版,第77页。

② [美]杰弗力·伊萨克:《后马克思主义与新社会运动》,李惠斌、叶汝贤主编:《当代西方马克思主义研究》,社会科学文献出版社2006年版,第87页。

收了后现代主义、话语理论等当代西方理论资源，形成了对身份和身份政治的理解。在后马克思主义看来，身份有其规定性："身份来自于暂时性的话语认同，包括种族、性别、文化上的认同，是多样化的社会角色认同，从而不同于以客观利益为基础的阶级概念。身份是多元的、异质的，并且是不断变迁和流动的，它是随着对话语的认同而随机建构起来的。"①后马克思主义所理解的社会与身份的关系非常密切："社会是依照话语规则而构成的非稳定的差异系统，构成差异系统的并不是以客观利益为基础的阶级关系，而是不同身份的群体关系，身份才是各种社会关系的基础。"②具体到身份政治，考夫曼（L.A.Kauffman）有一个恰切的界定，即身份政治是"'一种关于激进政治的新原则：身份应当成为政治视野和实践的核心'，它包括两个方面：第一，身份成为政治立场的组织动员力量；第二，阐发、表现和肯定某种身份成为政治的中心任务。"徐贲认为，身份政治的运作比较灵活，其作用也较为有限："身份政治并不需要依赖国家、政党、或者军队这类组织体制，也不一定在这一类政治领域中直接起作用。"③身份政治重视观念等方面的斗争，并把这些斗争引入政治领域，成为政治斗争的新形式。以此为参照，个人认同、个人的身份选择和变化、个人体验都具有政治意义。这样看来，身份政治一方面有助于形成多元政治，扩大斗争的领域；另一方面，需要客观、全面地评价身份政治的得失，其作用是有限的，它不可能涵盖和替代所有的政治斗争形式，也不能取代阶级政治和政党政治所起的基础性作用。同样值得注意的是，身份政治可能潜在着诸多危险，如果不加以引导，它甚至有可能阻碍政治的健康发展。斯蒂芬·贝斯特（Steven Best）对此有清醒的认识，身份政治只有以社会的整体性变革为目标，否则，就面临着退化的危险："没有这个重点，文化政治和身份政治

---

① 陈炳辉：《墨菲的后马克思主义理论》，李惠斌、叶汝贤主编：《当代西方马克思主义研究》，社会科学文献出版社2006年版，第134页。

② 同上。

③ 转引自[美]徐贲：《走向后现代与后殖民》，中国社会科学出版社1996年版，第205—206页。

就依然限制在社会边缘,并且处在退化到自恋、快乐主义、唯美主义或者个人治疗的危险之中……在这种情况下,政治仅仅是个人化的。"①徐贲以美国的身份政治为例,说明了身份政治的得失。20世纪60年代,美国的黑人民权运动和妇女运动在争取黑人、妇女的平等与权利,重新认识自己和确立其价值观等方面都发挥了重要的作用,同时其争取的"心理平等"也为建立公民政治奠定了基础。但70年代以后的一些身份政治则发生了变异:"这种身份政治不再重视权力压迫关系和体制结构,而把身份的自我审视从公民政治的准备变成了一种自恋肯定。它强调生活方法的差异自由,好像一切不同的差异都具有相同重要的政治意义。它彻底否定公众生活和私人生活的界限,把自我改变当作社会改变。它极端强调某一种特殊的身份的重要性,而对联系不同身份的社会政治伦理漠不关心。"②从美国身份政治的实际发展情况看,身份政治的局限性是非常明显的。后马克思主义的身份政治是对西方新社会运动的阐释、总结,有其现实根据和合理性。但后马克思主义仅仅强调身份政治的作用和重要性,并排斥、否定其他政治斗争形式,这种倾向是错误的。实际上,身份政治只是当代政治生态的一个有机组成部分,它不能替代和抹杀其他的政治斗争形式。因此,身份政治只有在适合发挥其作用的领域内才可能有效,否则,如果随意夸大其适用性,则可能走向其反面。

当然,后马克思主义对当代西方政治形势(特别是对阶级政治、政党政治作用的否定)的判断,决定了它对身份政治的基本态度。后马克思主义对包括阶级政治和政党政治在内的政治斗争形式的排斥、失望和否定,才导致了它对身份政治的不恰当的强调。我们应该对此有清醒的认识,并科学地认识身份政治的作用。在发达的资本主义国家中,包括阶级政治和政党政治在内的传统政治形式的衰弱确实是事实,也是需要我们正视的。但是,阶级政治和政党政治是否真的丧失了其主导地位(或完全没有意义),仍然需要进一步的研究和观察,并不能草率地得

---

① [美]斯蒂芬·贝斯特等:《后现代转向》,陈刚等译,南京大学出版社2002年版,第372页。
② 转引自[美]徐贲:《走向后现代与后殖民》,中国社会科学出版社1996年版,第207页。

出这样的结论。

阶级斗争是马克思主义的重要内容，抛弃了阶级和阶级斗争的观念，对于马克思主义来说，无异于釜底抽薪。加拿大马克思主义学者艾伦·伍德非常确切地说明了阶级斗争与马克思主义的有机联系："阶级斗争是马克思主义的核心。这在两个不可分割的意义上都是如此：对马克思主义来说，正是阶级斗争解释了历史的动力，正是阶级的消灭，即阶级斗争的对应物或最后结果，才构成了革命进程的最终目标……这种历史视阈和这一革命目标的不可分割的统一就是首先把马克思主义同社会变化的其他概念区别开来的东西，没有这一点也就没有马克思主义。"① 伍德对阶级之于马克思主义的重要性的理解，远比后马克思主义更为科学。

（四）后马克思主义解构了马克思主义意义上的社会主义革命的主体和科学社会主义

由于处于社会的底层，在政治上、经济上受到资产阶级的剥削，具有相同的经济地位和共同的利益，这些因素是形成无产阶级及其阶级意识的根本原因。工人阶级已经结成统一的、团结的政治力量，成为社会变革的主力和动力，这样，社会主义就成为以工人阶级为主体的解放运动，无产阶级还可以团结、联合其他阶级并完成社会主义革命，从而最终实现人类的解放。但后马克思主义却认为，在当今发达资本主义社会中，已经无法产生马克思主义意义上的阶级和工人阶级。而且，社会主义的含义已经彻底地改变了，社会主义是"随机建构起来的认同的结果，社会主义运动只是一种话语政治……社会主义运动则是对多元化的民主和社会主义话语的认同，所以社会主义策略在于通过激进的多元民主形成社会主义的话语霸权。"②

---

① 转引自[美]杰弗力·伊萨克：《后马克思主义与新社会运动》，李惠斌、叶汝贤主编：《当代西方马克思主义研究》，社会科学文献出版社2006年版，第95页。

② 陈炳辉：《墨菲的后马克思主义理论》，李惠斌、叶汝贤主编：《当代西方马克思主义研究》，社会科学文献出版社2006年版，第133页。

这样，社会主义只是一种理想、信仰、认同和政治话语，只要认同社会主义话语、认同激进的多元民主，就可以成为社会主义者和社会主义运动的主体。社会主义者包括工人阶级，也同样包括所有认同社会主义的人。因此，工人阶级就不再是社会主义运动的唯一主体了。社会主义民主的目的是为了消灭等级制和剥削，是资本主义民主的发展和深化，与资本主义民主有一定的联系，社会主义运动是争取激进多元民主的斗争，它可以与资本主义民主共存，而不再以工人阶级推翻资产阶级、建立无产阶级专政为唯一和主要的目的。

在科学社会主义的视野中，资本主义社会的基本矛盾——生产的社会化与生产资料的私人占有制之间的矛盾——是资本主义社会根深蒂固的、难以克服的矛盾，其结果决定了资本主义与社会主义的必然对立，也决定了资本主义的灭亡和社会主义、共产主义的胜利。但后马克思主义认为，资本主义具有巨大的创造力，它依靠这种力量创造和积累了巨额财富；资本主义也有巨大的发展潜力，也具有强大的修正、纠正其错误的能力，它已经多次成功地克服了其危机，还可以如此地重复下去，并且能够长久地存在。马克思主义夸大了资本主义的危机，低估了资本主义创造财富和纠正错误的能力，并以此预言资本主义的灭亡和社会主义的胜利。因此，需要修正马克思主义的这些错误。实际上，即使在马克思主义内部，对于资本主义生命力的判断也有分歧。经典马克思主义认为，生产力与生产关系的基本矛盾决定了资本主义的灭亡和社会主义、共产主义的胜利，无产阶级必将成为资产阶级的掘墓人。西方马克思主义对此则有其独特的看法，它看到了资本主义在提高生产力、调节生产关系与资本主义的基本矛盾、宏观调控和吸纳异己力量等方面的能力，也对资本主义国家的迅速消亡表示了质疑。后马克思主义接过了这个问题，并得出了更为极端的结论，从根本上否定了并修正了经典马克思主义的结论。他们认为，虽然资本主义和社会主义之间存在着矛盾、对立和斗争，社会主义也应该反抗资本主义的等级制、剥削、压迫，但二者并非水火不容。而且，自由、民主和平等等资本主义的核心价值观也是社会主义需要的。

后马克思主义的政治目标在墨菲那里得到了更明确的表述："我们的目的是将社会主义诸目标再一次纳入多元民主的框架之中，并坚持认为必须使这些目标与政治自由主义制度结合成一个有机整体。"①因此，社会主义可以吸收、借鉴资本主义的核心价值观的有益成分，把"社会主义宗旨与资本主义的自由民主原则结合在一起"，消灭资本主义的等级制、压迫，以实现社会主义的理想、目标。当然，这样的社会主义与资本主义是有联系的："并非是同资本主义完全决裂，而是对资本主义民主的内在发展的社会主义。"②凯尔纳和贝斯特曾经敏锐地揭示了以拉克劳和墨菲为代表的后马克思主义的政治追求："赞成社会主义政治，但拒斥马克思主义，信奉后现代理论和现代自由主义传统，把社会主义理想界定为'激进的多元民主'。"③但是，社会主义与资本主义话语对抗之后的结果如何，后马克思主义并没能做出其有效的分析。因此，后马克思主义与科学社会主义之间的对立是显而易见的。

在科学社会主义的视野中，社会主义运动和共产主义的建立都需要革命，即以工人阶级为主体的无产阶级通过革命的手段，推翻资产阶级政权，建立起自己的政权，只要存在着阶级矛盾和阶级对立，革命就有其合理性和必要性。但是，在后马克思主义看来，在晚期资本主义社会中，资本主义能够通过自身的调节适应新的形势，并向好的趋势发展，革命的必要性已经丧失，仅依靠改良就足够了；革命的条件已经不复存在，无产阶级与资产阶级的划分已经很成问题，传统的无产阶级革命模式已经不能适应现实的发展而失效了，也没有实际意义了。事实上，第二国际时期的修正主义正是这种类似思想的倡导者，他们排斥革命，寄希望于改良，他们的思想对后来的马克思主义（也同样包括后马克思主义）产生了很大的影响。

（五）后马克思主义以"本质主义"为借口反对本质和因果关系，也解构了以其为基础的马克思主义理论

在批判所谓马克思主义的"宏大叙事"、"决定论"和"本质主义"

---

① [英]墨菲：《政治的回归》，江苏人民出版社2001年版，第103页。
② 陈炳辉：《墨菲的后马克思主义理论》，李惠斌、叶汝贤主编：《当代西方马克思主义研究》，社会科学文献出版社2006年版，第135页。
③ [美]道格拉斯·凯尔纳、斯蒂文·贝斯特：《后现代理论——批判性的质疑》，张志斌译，中央编译出版社1999年版，第237页。

时，后马克思主义也否定了因果关系。在当代西方各种后学中，对本质主义的批判已经成为一种时尚，后现代主义和解构主义更是不遗余力，并以其激进和彻底的姿态为学界注目。后马克思主义继承了反本质主义的传统，把反对本质、反对因果关系的思想运用到对各种社会问题的分析中。首先，后马克思主义反对马克思主义的阶级论、阶级概念、阶级观。其次，后马克思主义反对本质主义式地理解社会关系问题。后马克思主义认为，社会的各种要素共同组成了一个关系的网络，彼此之间共生共存、相互影响，不存在谁决定谁的问题。这样看来，历史唯物主义是一种本质主义，它错误地、机械地区分和理解生产力与生产关系、经济基础与上层建筑、生产方式与意识形态、物质与精神、存在与意识等范畴及其关系，需要纠正其错误；既然社会要素之间不存在决定性的关系，更不存在终极的决定因素，就不能认为经济利益、经济要求决定政治利益和政治要求，更不能认为经济是阶级和政治的最根本的决定因素。最后，后马克思主义反对本质主义式地理解各种权力形式之间的关系。后马克思主义反对本质主义的权力观和权力分析，既然各种权力形式都没有本质，那么它们之间也就不存在谁决定谁的问题，也同样无法确定孰轻孰重。在后马克思主义看来，经典马克思主义不仅承认权力的本质，也是从本质主义的视角来理解各种权力形式之间的关系，并确定了彼此之间的轻重：经济上的支配关系最为重要，它形成了阶级，也决定了政治要求；阶级对抗优于性别、种族等其他形式的对抗。既然如此，就要解构马克思主义的权力观，强调性别、种族等权力形式之于阶级权力形式的优先性。

  事实上，马克思主义承认本质，并致力于揭示现象背后的本质，但它反对固定的本质观，它同样是从关系的视角来理解事物及其关系的，根本不是本质主义。需要指出的是，马克思主义承认因果关系的存在及其重要性，坚持只有揭示事物的因果关系才能获得事物的本质。但后马克思主义为了纠正其所谓的马克思主义的错误而拒绝了因果关系，这种弃婴泼水的行为付出了极大的代价。例如，以权力分析为例，其结果是，后马克思主义既不能揭示权力的本质，也不能清楚地说明各种权力形式之间的关系。美国学者伊萨克一针见血地指出了后马克思主义与马克思主义在因果关系问题上的尖锐对立："拉克劳与墨菲在批判马克思主义的决定论形式时,坚持提出一种与因果关系相对立的、对社会生活的自然主义的和话语性的理解,这种理解暗示着对社会关系的因果分析与承认社会关系从历史上讲的可争议性及偶然性的不相容。"①也就是说,后马克思主义在强调偶然性的同时也有意地拒绝和忽视了因果关系,以至于影响了其阐释的力量。实事求是地讲,马克思主义能够有效地分析各种权力形式及其因果关系,这正是马克思主义的优越性,但这种分析的力量恰恰是后马克思主义所不具备的,其原因是:后马克思主义"没能认识到作为一种现实主义的社会理论的马克思主义的真正优点,也没有认识到足够朴实的马克思主义所能提供的对各种权力关系之间的因果关系所作的结构性说明的不可或缺性。"②由于拒绝了因果关系,后马克思主义不可能从因果关系揭示各种权力的本质及其关系,这就导致了其致命的缺陷:"在分析各种社会关系、权力以及在社会中通行的不同形式的作用力的时候,需要的是一种互补性。这就要求分析阶级关系和阶级作用力。但是,它也要求对另外许多不可化约为阶级关系的关系及斗争进行分析,既要分析它们的特殊性,也要分析它们之间的相互联系。"③鉴于此,后马克思主义应该继承马克思主义重视因果关系的优良传统,而不是抛弃马克思主义所倡导的因果关系。

综上所述,在以上五个方面,后马克思主义对马克思主义都存在着诸多的误读,实用主义的解释,这也是其所有理论运作的基础,即"其基础是对马克思本人的著作和马克思主义传统进行了令人怀疑的解读"④。这样看来,后马克思主义与马克思主义的距离、不同都是显而易见的,这五个问题也反映了马克

---

① [美]杰弗力·伊萨克:《后马克思主义与新社会运动》,李惠斌、叶汝贤主编:《当代西方马克思主义研究》,社会科学文献出版社2006年版,第91页。

② 同上。

③ 同上,第94页。

④ [美]理查德·D.沃尔夫、史蒂芬·库伦伯格:《马克思主义与后马克思主义》,周凡、李惠斌主编:《后马克思主义》,中央编译出版社2007年版,第209页。

思主义与后马克思主义之间的重大差别。鉴于此，我们认为，后马克思主义是一种模棱两可的马克思主义，它与经典马克思主义存在着非常大的差别，至少存在着很大的距离，据此，就不能把它们等量齐观。

《马克思主义研究》2009年第10期

第四编
中西现代性

现代变革之于西方、中国的社会转型具有无与伦比的重要性,这已成共识。但是,如何看待西方现代化和现代性的进程却难有共识。对此,三位大师纷纷亮剑、各出奇招:詹姆逊("单数的现代性")与艾森斯塔特("多元现代性")针锋相对、互不相让;施特劳斯则独辟蹊径,把目光投向远古,乞灵于消逝已久的古代文明及其智慧。事实上,他们的言说已经引发了论争的波澜。其论述有助于认识西方社会、文明、现代性的复杂性和演变,对于认识我们自己的处境也大有帮助。本编关于中国现代性的论述,无疑是我们自己的问题及其求解。

现代性领域中的中国问题
——詹姆逊与中国现代性道路的选择

近年来,现代性成了大陆学界的热门话题,社会学、文学、美学等人文社会科学学科都争相谈论。现代性之所以更有亲和力,原因可能是人们感到它比后现代与我们的距离更近些。现代性概念在大陆学界的流行一方面受到国外近年来的现代性研究的影响,另一方面也与汉语学界学术转向有关,即重新反思传统、关注近现代传统变迁与我们当下的社会、文化之间的关联。研究现代性,就是正视我们自己的问题,也是社会发展的必然要求。本文从西方现代性研究的学术背景出发,围绕近年来国内对詹姆逊的现代性理论的讨论,探讨了詹姆逊的现代性理论,及其与中国现代性问题,特别是中国现代化道路选择问题的关联。

一、西方后现代语境中的现代性理论谱系

在当代西方学者的使用中,现代性(modernity)有时期(period)、特性(quality)、体验(experience)三种意义,而且在目前的现代性研究中都可以找到分别对应与这三种角度的研究成果。实际上,其意义演变经历了一个漫长的过程。根据西方学者的研究,特别是语言学的研究表明,"现代"一词出现在中世纪经院神学,modern直接来自于意大利语modernus,它是由拉丁语"modo(最近、刚才)"演变而来的。对"现代性"概念颇有研究的姚斯(Hans Robert Jauss)认为,这个词5世纪就存在了,指的是古罗马帝国向基督教世界发展的过渡期,当时也出现了古代(antique)和现代(moderni)的对应词。① 马泰·卡

---

① Hans Robert Jauss. *Literarische Tradition und gegenwat*, in *Literaturgeschichte als Provokation*, Suhrkamp, 1970, PP11—57.详见[美]詹姆逊:《对现代性的重新反思》,文学评论,2003年第1期或H.Steffen编:《现代性的面相》(下),1965年版,第154页,转引自刘小枫:《现代性社会理论绪论》,上海三联书店1998年版,第62页。

林内斯库(Matei Calnescu)提出了从基督教的角度看待现代性的视角,认为现代性概念起源于犹太—基督教的末世论历史观中蕴涵的宗教世界观,与特定的时间意识密不可分,即在"线性不可逆的、无法阻止地流逝的历史性时间意识的框架中,现代性这个概念才能被构想出来。"①在法国,19世纪前半期才开始使用"现代性"(modernite)这个词。但波德莱尔(Charles Baudelaire)的界定——"现代性就是过渡、短暂、偶然,就是艺术的一半,另一半是永恒和不变。②"——因其强调对"现时"的体验和把握,而具有了在现代性概念史上里程碑式的意义。沿着"经验"的路径,就有了本雅明、齐美尔等人建立在对于体验上的对现代性的阐释。与此不同,还有马克斯·韦伯、马克思、曼海姆(K.Mannheim)等社会学家从理性分化、社会结构等方面的研究。这些研究有相似的关注,但彼此又各具特点。这种状况既奠定了之后的现代性研究的基础,又为现代性理论的复杂性埋下了伏笔。

其实,"现代性"是个涉及多种领域、有多种内涵而又不乏内在紧张关系的概念。正如汪晖所言,现代性概念的词源学说明:"第一,这一概念涉及经济、政治和文化等不同层面,是一个整体性的、却又具有内在冲突和矛盾的概念,其核心是时间框架中的历史观;第二,这一概念有其历史的形成过程,是在特定时期的具体的政治、经济和文化活动中产生的;通过词义由贬义向褒义的转变,现代性话语重构了人们与历史、未来及自身的关系,最终所导致的却是一种自己反对自己的传统;第三,这一概念通过对具体历史内含的遗忘而被启蒙时代用于总体历史的描述,从而它本身不过是该时代价值观或意识形态对于历史的目的论的命名。"③

实际上,在上个世纪的50年代,现代化研究曾经是欧美学术研究的一个热点。随着后现代主义文化思潮的兴起,现代性研究才逐渐归于沉寂,大有被后现代研究吞噬之势。1976年,丹尼尔·贝尔的《资本主义文化矛盾》出版,他

---

① [美]马泰·卡林内斯库:《现代性的五幅面孔》,顾爱彬、李瑞华译,商务印书馆2003年版,第19页。
② [法]波德莱尔:《波德莱尔美学论文选》,郭宏安译,人民文学出版社1987年版,第485页。
③ 汪晖:《韦伯与中国现代性问题》,《汪晖自选集》,广西师大出版社1987年版,第7页。

强烈地谴责了后现代主义对社会造成的混乱。很快，德国的哈贝马斯就回应了贝尔的呼吁，发表于1980年的《现代性：一项未完成的工程》左右开弓，批评了贝尔的"老保守观念"，也批评了福柯、德里达等"法国年轻保守派"对现代性的反对。之后，他在美国的演讲《现代性对后现代性》也迅速发表，由此引发了持续数年的"德法之争"。这样，许多欧美思想家纷纷介入，现代性问题成了多种学科争相关注的焦点，也就出现了现代性研究复兴。全面地梳理现代性的概念不是本文的任务，我这里只想介绍西方现代性研究复兴中的几种主要观点，为论述詹姆逊的现代性思想作些铺垫和参照。

在当代西方复兴的现代性研究中，让-弗朗索瓦·利奥塔 (Jean Francois Lyotard) 和尤根·哈贝马斯(Jugen Habermas)的论述很具代表性。现代指的是"依靠元话语使自身合法化"而建立起来的科学，这些元话语需要求得"精神辩证法，意义阐释学，理性主体或劳动主体的解放、财富的增长等某个大叙事"[①]的支持。现代性就是指依靠元叙事、宏大叙事建立起来的观念、思想和知识，也可具体化为启蒙运动以来关于理性、启蒙、解放和进步等知识体系。现代知识借助于本质主义产生合法性，追求同质化的认识律令、道德律令等方式树立了权威。但应该看到，现代知识需要元话语，而那些元话语又依赖于宏大叙事的支持，借助于同语反复，二者得以共谋并形成了合法的、权威的知识。在利奥塔看来，后现代就是对元叙事的怀疑，随着合法化的元叙事机制的衰落，叙述功能也"失去了自己的功能装置：伟大的英雄、伟大的冒险、伟大的航程以及伟大的目标"[②]。因此，现代性的衰落也是必然的。但在现代与后现代的关系上，利奥塔认为，"一部作品只要一开始是后现代的，那就会具有现代性。照这样理解的后现代主义在其最终目的上并不是现代主义，而是现代主义的初期状态，因而这一状态是稳定不变的。"[③]与此相对，哈贝马斯则极力为现代性辩护。他吸

[①] [法]让-弗朗索·利奥塔：《后现代状况：关于知识的报告》，车槿山译，北京三联书店1997年版，第1页。
[②] 同上，第2页。
[③] 同上，第50页。

收了马克斯·韦伯(MaxWeb)对社会领域的区分：科学、道德和艺术。他认为，随着宗教与形而上学的分离，从18世纪以后，"从这些古老的世界观中遗留下来的问题已被人安排分类以列入有效性的特殊方面：真理、规范的正义，真实性与美。那时它们被人当作知识问题、公正性与道德问题、以及趣味问题来处理。科学语言、道德理论、法理学以及艺术的生产与批评都依次被人们专门设立起来。人们能够使得文化的每一领域符合文化的职业，而文化领域内的问题成为特殊专家的关注对象"。[①]这样，专家就控制了文化领域表现出来的认识—工具结构、道德—实践结构和审美—表现结构。具体而言，"十八世纪为启蒙哲学家们所系统阐述过的现代性设计含有他们按内在的逻辑发展客观科学、普遍化道德与法律以及自律的艺术的努力。同时，这项设计亦有意将上述每一领域的认知潜力从其外在形式中释放出来。启蒙哲学家力图利用这种特殊化的文化积累来丰富日常生活——也就是说，来合理地组织安排日常的社会生活"[②]。现代性就成了一项"未完成的工程"。利奥塔是反对现代性最为激烈、最为彻底的学者，但应该看到，这与他受过对现代性态度暧昧的米歇尔·福柯(Michel Foucault)的影响不无关联。福柯反对把现代性作为一个时代或时代的特征，而是作为态度来看待的："……我自问，人们是否能把现代性看作为一种态度而不是历史的一个时期。我说的态度是指对于现时性的一种关系方式：一些人所作的自愿选择，一种思考和感觉的方式，一种行动、行为的方式。它既标志着属性也表现为一种使命。当然，它也有一点像希腊人叫做êthos(气质)的东西。"[③]在福柯看来，作为态度的现代性"使人得以把握现时中的'英雄'的东西。现代性并不是一种对短暂的现在的敏感，而是一种使现在'英雄化'的意愿"。[④]福柯是在讽刺的意义上使用"英雄"这个词的，即并不是通过试图留住转瞬即逝

---

① [德]哈贝马斯：《论现代性》，王岳川、尚水：《后现代主义文化与美学》，北京大学出版社1992年版，第16页。
② 同上，第17页。
③ [法]福柯：《何为启蒙？》，杜小真编：《福柯集》，上海远东出版社1998年版，第534页。
④ 同上。

的时光或使之永远存在的方式使之神圣化。福柯把"启蒙"称之为"敲诈",他认为,只有通过"对我们的历史存在作永久批判",才可能克服"启蒙"的局限,这也是现代性气质应有的特征。正是福柯开启了对现代性的怀疑,这也影响到利奥塔、吉登斯、鲍曼等人的现代性理论。

安东尼·吉登斯(Anthony Giddens)对现代性的理解较为稳健,它指的是:"在后封建的欧洲所建立而在20世纪日益成为具有世界历史性影响的行为制度与模式。'现代性'大略地等同于'工业化的世界',只要我们认识到工业主义并非仅仅是在其制度维度上。工业主义是指蕴含于生产过程中物质力和机械的广泛运用所体现出来的社会关系。作为这种关系,它是现代性的一个制度轴。现代性的第二个维度是资本主义,它意指包含竞争性的产品市场和劳动力的商品化过程中的商品生产体系。"①他着眼于社会变迁揭示了互有关联的现代性的三个主要来源:"时间和空间的分离"、"脱域(disembeding)机制的发展"和"知识的反思性运用"。其中,"知识的反思性运用"——"关于社会生活的系统性知识的生产,本身成为社会系统之再生产的内在组织部分,从而使社会生活从传统的恒定性束缚中游离出来"②——的作用很特殊。由此,他认为,并不存在后现代性时期。在我们所处的时代中,现代性更为普遍化,而且发展得更为极致。

齐格蒙特·鲍曼(Zygmunt Bauman)与吉登斯的研究思路相似,但他是在与"矛盾性"的关联中来理解现代性的,具体而言,"矛盾性"指这样的时期:"一段历史时期,它肇始于西欧17世纪的一系列深刻的社会结构和思想转型并成熟为(1)一项文化筹划——随着启蒙运动的发展;(2)一种由社会完成的生活形式——随着工业的(资本主义的,以及后来的社会主义的)社会的发展。"③他也是这样把现代性视为一个时段:"我们可以考虑将现代视作一个时段。在这一时段中,(世界的、人类生境的、人类自身的以及这三者间的关联的)秩序得到反思;假如它终止了抑或风光不

---

① [英]安东尼·吉登斯:《现代性与自我认同》,赵旭东、方文译,北京三联书店1998年版,第16页。
② 同上,第47页。
③ [英]齐格蒙特·鲍曼:《现代性与矛盾性》,邵迎生译,商务印书馆2003年版,第7页。

在了，那么，它就是一个思想问题、关怀问题和一个认识到自身、意识到确是一种有意实践并惟恐留下裂缝的实践问题。"①他虽然把现代性作为一个时段，但强调了其对实践的反思意识。而且，这个时期的社会与文化之间也充满了紧张。在现代性与后现代性之间的关系上，他认为，"后现代性并不一定意味着现代性的终结，以及对现代性的怀疑和抛弃。后现代性顶多（抑或，不过）是一颗由于并不完全喜欢自己所看到的一切并感觉到变革冲动，因而久久地、专注地、严肃地反观自身，反观自己的状况和以往行为的现代之心 (modern mind)。后现代性是现代性的成年：现代性在一段距离之外而非从内部反观自身，开出详细的得失清单，对自己作深层心理分析，发现以前从未清楚地说出过的意向，并感到这些意向彼此抵消，不具一致性。后现代性是现代性与其不可能性的妥协，是一种自身监控的现代性——是清醒地抛弃了曾经不知不觉所做的一切的现代性。"②他强调了后现代性与现代性之间的复杂的联系，特别是后现代性在外部对现代性的反思。他两人的结论与美国比较文学学者马泰·卡林内斯库 (Matei Calinescu) 的结论颇为相似，卡林内斯库首先区分现代性、现代主义和现代化，他进而指出，大约在19世纪前出现了"资产阶级的现代性"与"作为美学概念的现代性"的分裂。他认为，前者是"科学技术进步、工业革命和资本主义带来的全面经济社会变化的产物"。从思想观念上看，"它大体上延续了现代观念史早期阶段的那些杰出传统。进步的学说，相信科学技术造福人类的可能性，对时间的关切（可测度的时间，一种可以买卖从而像其他商品一样具有可计算价格的时间），对理性的崇拜，在抽象人文主义框架中得到界定的自由理想，还有实用主义和崇拜行动与成功的定向"③等中产阶级的核心价值观。后者引发了先锋派的产生，自浪漫派起就确立了激进地反资产阶级的态度。具体而言，"它厌恶中产阶级的价值标准，并通过极其多样的手段来表达这种厌恶，从反叛、无政府、天启主义直到自我流放。因此，较之它的那些

---

① [英]齐格蒙特·鲍曼：《现代性与矛盾性》，邵迎生译，商务印书馆2003年版，第7页。
② 同上，第409—410页。
③ [美]马泰·卡林内斯库：《现代性的五幅面孔》，顾爱彬、李瑞华译，商务印书馆2003年版，第48页。

积极抱负（它们往往各不相同），更能表明文化现代性的是它对资产阶级现代性的公开拒斥，以及它强烈的否定激情。"①

同是在"体验"的路径下阐释现代性，但马歇尔·伯曼(Marshall Berman)研究的社会学角度、比较的方法都使其研究鞭辟入里、独辟蹊径。他认为，现代性就是："发现我们自己身处一种环境之中，这种环境允许我们去历险，去获得权力、快乐和成长，去改变我们自己和世界，但与此同时它又威胁要摧毁我们拥有的一切，摧毁我们表现出来的一切。"②这种经验在全人类蔓延，涉及诸如"时间与空间、自我与他人、生活的可能性与危险"此类的经验。而且，在19世纪与20世纪还有着较大的差别："19世纪的思想家同时既是现代生活的热心支持者又是现代生活的敌人，他们孜孜不倦地与现代生活的模棱两可和矛盾作斗争；他们的自我嘲弄和内在紧张是他们的创造力的一个首要源泉。20世纪的思想家们则远比他们的先驱更加倾向于极端化和平面化。现代性或者受到盲目的不加批判性的热情拥抱，或者受到一种新奥林匹亚式的冷漠和轻蔑的指责；无论在哪种情况下，现代性都被设想为一块封闭的独石，无法为现代人塑造或改变。对现代生活的开放见解被封闭的见解所取代，'既是/又是'被'非此/即彼'所取代。"③

这样看来，就有了从规划（哈贝马斯）、态度（福柯）、叙事（利奥塔）、时期（鲍曼）、经验（伯曼等人）等方面理解现代性的角度，而且这些阐释彼此之间还存在着差异、分歧，以至于矛盾，它们之间的紧张源于现代社会、文化及其关系的复杂性。此外，由于哲学、社会学、美学和文学关注点的不同，更加剧了现代性思想的多样性。

尽管存在这些分歧，但我们还是可以找出现代性思想的基本倾向，即现代性概念主要反映了西方世界自"启蒙运动"以来发生的社会方面的变革、创新，社会与文化之间的对抗、矛盾，以及由此引发的世界范围的人们的种种情

---

① [美]马泰·卡林内斯库：《现代性的五幅面孔》，顾爱彬、李瑞华译，商务印书馆2003年版，第48页。
② 同上，第15页。
③ 同上，第28页。

感、体验、意识和反思。就现代性思想的来源而言，它是西方的发明和专利；就这种现象的存在而言，现代性是超越民族、国家、宗教的全球性的社会、文化现象。同样，现代性已经渗透到中国社会、文化的方方面面，而且与我们每个个体的存在密切相关。正是从这种意义上，我们才能够从比较的角度，从西方现代性的理论谱系中辨识出詹姆逊的现代性理论的独特性，它与中国的现代性问题的关联，从而确立我们的努力方向。

二、詹姆逊：从后现代性返身现代性

在现代性研究中，詹姆逊没有像其他有些学者一样去抢夺现代性话语权，迅速占领制高点，而是表现了相当的低调，甚至有些为现代性研究泼冷水的味道，这是颇为值得我们玩味的。尽管如此，他还是极力表明了自己对现代性的态度和对现代性的理解，以有利于纠正人们的错误认识。综观詹姆逊有关现代性的论述，其现代性思想主要集中在以下的方面，这些思想也很值得我们重视。

（一）詹姆逊主要是从时期 (period) 的意义上来看待现代性的。从社会层面上看，现代性主要指在资本主义发展时期内发生的社会变革，即资本主义在垄断阶段或帝国主义阶段的发展；从文化、文艺层面上看，现代性主要表现为以现代主义精神为代表的文化，以及由此确立的思想、价值和精神倾向。具体来说，新的时间意识开始出现，即时间的"可测量性"、"可生长性"和"不可确证性"在文艺作品中开始被表现，这也是产生现代性的条件和标志："对时间这种新的不加掩饰的经验，才在西方——在关键的1857年，即波德莱尔的诗歌年和福楼拜的第一部小说出版年——产生出最初对'现代'的表达方式。"[①]而且，文化现代性与社会之间的关系是复杂的：文化现代性受到了资本主义前期的经济基础和生产关系的决定，受到资产阶级的意识形态的影响，它既是对帝国主义或垄断时期的资本主义的社会政治上的变革的及其意识形态的——革新、创造、异化、危机——的反映，又表现了对

[①] [美]詹姆逊：《政治无意识》，王逢振、陈永国译，中国社会科学出版社1999年版，第8页。

后者的不满、抗议和抵制。而且，文化现代性在前期与后期的表现也有所不同：前期大都表示了对资本主义社会的不满、抗议和反抗；但后期有所转变，有的文化被资本主义体制所吸纳、同化、收编，有些文化甚至被奉为经典，最终成为资本主义文化的有机组成部分。因此，文化现代性是帝国主义阶段或垄断资本主义阶段的文化逻辑。鉴于现代性的复杂性，我们应该从不同的层次来对待它。

（二）现代性是一种叙事。詹姆逊对现代性哲学持一种悲观的态度，也否定了发明现代性概念的行为本身，这主要基于他对现代性的理解，即现代性属于叙事的范畴，没有实质性意义："现代性哲学基本是没有用的，没有向我们说明任何事情，没有取得任何成果。我觉得我很有理由这样认为，因为现代性不是一个概念，不是一个人们对它进行调查的社会学状况，现代性属于叙事范畴。现代性永远是一个有讲述内容的故事。人们不能从中衍生出哲学。"[①]也就是说，现代的各种变革是通过现代性的中介得以展开、实施、持续和完成的，没有现代性所起的支持、宣扬和维护作用，就绝不可能有现代变革的实践。实际上，现代性通过叙述现代变革的合法性、取得的成果和美好的前景，坚决抵制和反对那些阻碍变革的意识，最终广泛地动员了社会力量，为人们提供了参与现代变革的勇气、信心和决心，使现代变革深入人心。其中，现代性所承担的正是叙事的功能。当然，在现代性的叙述中，为了构造现代性的神话，为了使现代变革的故事讲述下去，不乏为了达到其目的的种种叙事手段、技巧和策略。因此，只能以叙事学的态度和视角来对待它，也不能用社会学调查的方法对此予以验证。

（三）强调现代性研究中的意识形态批判。重视意识批判是詹姆逊的学术研究的重要特点，这样的特点也贯穿于其现代性研究，并成为其现代性研究的最显著的特点。现代性的意识形态不仅表现在现代性理论的构建中，还表现这些现代性意识形态的虚假性、对现实真实情况的压制，及其蕴涵的政治考量。现代性倡导进步、不断地创新、发展主义的意识形态，推动了社会的进步，但也导致了一些诸如破坏环境、生态失衡、商品崇拜、拜金主义等问题。现代性

[①] [美]詹明信等：《回归"当前事件的哲学"》，《读书》2002年第12期。

的意识形态片面地强调前者,为现代性树立起了民主、自由、进步等正面形象,淡化、掩盖、否认后者,其虚伪、虚假性都是明显的,妨碍了我们真实地认识现实、有针对性地改造现实。随着工具理性和市场的畸形发展,现代性也消解了神圣事物、传统、伦理道德、自然的人际关系的合理性,导致了人的精神、价值上的空虚与危机。此外,现代性以创新、进步的名义压制了一些真正的创造和进步;现代性理论对自由、民主、个人主义、主体和创造的论述不乏真实性,但也掩盖了一些事实和真相;现代性理论服务于资产阶级主体和资本主义的扩张,但有意无意地掩盖了其目的,片面强调其存在的合法性。这些意识形态批判都使詹姆逊的现代性论述独具特色。

(四)在现代性与后现代性的关系上,詹姆逊认为:"现代性是未完成的现代化的社会状态,而后现代性对应于其现代化趋于完成。"①也就是说,现代性和后现代性是资本主义发展过程的依时间顺序连续展开的两个阶段,前者是现代化社会的未完成状态,后者是现代化的完成了状态。

在现代性与后现代性之间的关系上,吉登斯视后现代性为虚无主义、相对主义的哲学,否认其存在。利奥塔则认为,后现代主义不是将要灭亡的现代主义,而是初期的现代主义,我们处于与现代性完全断裂的后现代性之中。这些都是詹姆逊不能接受的。在詹姆逊看来,我们已经处于后现代时代,这是我们必须正视的现实,后现代性与现代性既有继承,也有断裂,而且断裂更为突出。后现代性的两个主要后果是:"一是农业的工业化,即传统的农民社会的彻底瓦解;二是无意识的殖民化和商业化,也可以说是大众文化和文化工业。"②在这两方面,现代主义时期的发展程度是远不能与现在相比的。即使在阐释现代性的时候,也不能忽视后现代的语境和前提,即"任何有说服力的现代性'理论'都必须认真对待后现代性和现代性的断裂的这个假设。"③否则就

---

① 王逢振、谢少波编:《文化研究访谈录》,中国社会科学出版社2003年版,第103页。
② Fredric Jameson. *A Singular Modernity*. Verso, 2002:12.
③ [美]詹姆逊:《现代性的神话》,《上海文学》2002年第10期。

有可能落入现代性意识形态的陷阱。

实际上，通过对现代性与后现代性之间的关系的不同理解，可以找到阐释现代性的两条路径的分殊：一条是鲍曼、吉登斯、卡林内斯库等人的理解，即存在着两种现代性，后现代性也是一种现代性，它是对现代性的抵制、反思，也可以称之为"自反现代性"；一条是詹姆逊的理解，即现代性是后现代境遇中现代性，也是一种后现代性。同样，在中国学者中也存在这样的分歧。这也可以部分地解释中国大陆学界在接受詹姆逊演讲时出现的复杂性。由于采取前一种理解的思路，也就有了王一川等人的看法："后现代性应属于现代性进程中的一种特殊状况；它是在现代性进展到一定的时刻出现的，呈现为现代性的自我表现反思或反抗状况。可以说，后现代性属于现代性内部自我表现消解或自我反抗力量的集中爆发形态，可称'自反性现代性'或现代性的自反状态。后现代是在现代性进展到需要自反的特殊的危急时刻才悄然现身的，同样，它也可能在完成了自身的自反使命后依旧悄然隐身于现代性话语之中。隐身不等于消失，而应属于'缺席的在场'。后现代性总会借助现代性话语而呈现自身。"①由于受詹姆逊的影响，把现代性视为后现代性，这是大陆学者对詹姆逊的期待，但詹姆逊的思想已有所转变："如果说此前他是力图用一种总体性的辩证法来整合诸种后现代，以实现后现代的合法化的话，那么，他现在则是反思后现代，向我们指出'后现代'里所包含的潜在的危险。"②昔日的后现代大师，今天却大谈后现代性的危险，使中国学者的期待落空，势必导致中国弟子对他的不满，也就有了"文化教父"等不敬的称谓。

（五）在现代性模式的选择上，詹姆逊认为，现代性是单数的，即尽管各国现代化的环境、条件、努力程度不同，但各国的现代性都难以避免地受到英美现代性模式的影响和支配，这是不以人们的主观意志为转移的。这个结论是残酷的，这种残酷性来源于资本主义现代性自身，接受它也需要一定的勇气和

---

① 王一川：《是后现代激活了现代》，《社会科学报》2002年11月7日。
② 曾军：《中国学者为何"背叛师门"》，《社会科学报》2002年11月7日。

求真精神。

（六）坚持现代性研究的历史意识。强调概念的历史性，或者说，历史地阐释概念是詹姆逊的一贯作风，"始终历史化"——这个居于《政治无意识》开头的指导原则——始终是詹姆逊分析问题的重要视角。同样，对现代性的分析也没有例外。在分析现代性时，也应该把它的每一种意义都还原到其语境中，并分析其实际含义及其运作中蕴涵的意识形态，即彰显了什么、遮蔽了什么、其实际目的又是什么。实际上，现代性也确实是个历史的阶段性的概念。在詹姆逊的《现代性的神话》的演讲中，他首先强调："我们必须把现代性概念历史化、阶段化。"在西方现代性发展史上，各个时期现代性的具体含义都有不同的侧重："17世纪现代性的核心是用数学原理解释宇宙、社会；18世纪的现代性强调理性、人权和社会的进步；19世纪的现代性指的是工业化运动；20世纪现代性强调的是对工业化运动的反思以及对其恶果的抵制；目前的现代性则主要是普遍的市场秩序在全球的推广。"①但是，目前的现代性成了一个空洞的、无所不包的"伪"概念："它本身既不包含历史性，也不包含未来性。"而克服其弊病的方式也是詹姆逊的一贯主张："我们真正要做的是用那个叫做乌托邦的社会欲望全盘取代现代性的主题。"②詹姆逊强调以对未来负责的意识，通过集体力量来有效地抵制资本主义和跨国资本的全球扩张。詹姆逊还强调了历史之于现代性理论的重要性：尽管现代性不是历史或历史事件本身，但它们是对这些历史或历史事件的叙事和解释，历史事实既是判断这些叙事有效性的重要依据，也是这些叙事有效性的重要保障。

三、从中国问题出发寻求外来理论与实践的结合

2002年8月，詹姆逊在上海作了题为《现代性的幽灵》的演讲，演讲在上海

---

① 陆扬：《关于后现代话语中的现代性》，《文艺研究》2003年第4期。
② [美]詹姆逊：《现代性的神话》，张旭东译，《上海文学》2002年第10期。

的《社会科学报》发表后，立刻就引发了部分中国学者的不满，论争也随之展开。[①]在部分讨论文章中，论者的情绪空前高涨，詹姆逊的"文化白求恩"形象消逝殆尽，代之以"文化教父"、"布道者"等"桂冠"。这次讨论主要涉及对现代性研究凸现的态度、西方与第三世界的现代性、现代性与后现代性之间的关系、詹姆逊的西方文化霸权等问题。如果说此前大陆学界接受侧重于文学和对后现代主义的理解或普及的话，那么，这阶段的接受则侧重于他的文化思想与中国现实与文化的深层次的关联的追问，主要关涉到西方现代性与中国现代性的道路选择，以及西方现代性思想资源之于中国社会和文化的意义。

作为一个"事件"，这个讨论可以告一段落。这次讨论澄清了不少问题，其作用是很明显的。但其中所包含的重要主题，许多深层次的问题也是一次讨论难以解决的，仍有进一步探讨的必要。为此，本文拟以这次讨论中涉及的核心问题（也是最为争议的问题）——西方现代性与中国现代性之间的关系——为探讨对象，以反思詹姆逊的现代性理论之于我们的意义。

在讨论之前，我们应该明确，詹姆逊对现代性的研究主要是基于作为美国学院派知识分子的立场，有明确的目的和针对性的，即呼唤集体的力量抵制资本主义在全球的扩张，希望产生有效的政治抵抗方式、新的抵抗领域和力量。他对包括中国在内的第三世界的肯定，一方面寄希望于第三世界对全球资本主义扩张的抵抗，特别是全球范围内的英美霸权；另一方面也希望为发达国家提供可资借鉴的资源和经验。我们应该看到，尽管他同情第三世界，主观上也真诚地希望能为第三世界服务。但由于他的立足点、问题意识、目的和经验都有

[①] 詹姆逊的演讲最初以摘要形式发表在2002年9月19日的《社会科学报》，随即在《社会科学报》展开了热烈的讨论。之后，《文汇报》"学林版"也刊登了演讲的部分内容，张旭东又翻译了完整的演讲稿，以《现代性的神话》为题刊发于《上海文学》2002年第10期。具体讨论见《社会科学报》2002年9月19日、《社会科学报》2002年11月7日、《社会科学报》2002年12月26日、《社会科学报》2003年7月3日。之后，讨论波及《文艺研究》等刊物。除了《社会科学报》刊发的讨论文章外，还有陆扬《关于后现代话语中的现代性》，《文艺研究》2003年第4期；张旭东《詹明信再解读》，《读书》2002年12期，何家栋《警惕对联式悲歌》，《文艺争鸣》2003年第3期；王鸿生《文化批评：政治和伦理》，《当代作家评论》2002年第6期等。

很浓厚的美国"左翼"学院知识分子的特点,他对中国的认识也是非常有限的。而且,通过努力,有的认识他是可以改变的,但有的根深蒂固的思维方式、观念则是很难根除的。因此,我们在接受他的理论的时候,一定要正视客观存在的这种偏差,要承认他的理论武库不可能提供发展中国所需的所有武器,而不能求全责备。鉴于此,我们应该以平和的心态来对待詹姆逊的理论、判断或随意性的议论,尽量避免情绪化的、民族主义式的态度。面对詹姆逊的理论,我们应该注意辨析,从我们自身的问题出发,积极寻求其适合于我们的东西,并与实践结合,才可能有所收益。否则,如果不加以区别、机械地套用,希望求得问题的一揽子地解决,其结果也只会是失望。

当然,各国的国情和基础不同,应该根据实际选择适合自己的现代化发展模式,走不同的现代化道路。这是无可厚非的,也是客观现实的必然要求。但应该看到,事情的发展并不以人的主观意志为转移,有时外在的力量可能会改变或者部分地改变你的选择,行动的结果也往往是各种主客观因素相互牵制、相互作用的"合力"。同样,作为错综复杂的社会全方位变革的现代化建设更是如此。实际上,从世界各国的现代化的历程看,它们始终是在选择适合自己国情的现代化发展模式、道路的,但各种因素的制约使其结果各不相同,对此,我们应该寻找那些影响因素中的决定因素。假使不同的国家选择了相同的现代化发展模式,其结果也不可能完全相同。

对于英美之外的国家,尤其是广大的第三世界国家,面临的形势无疑是极为尴尬的:一方面,现代化是自身发展的必然要求和选择,也是必须直面的历史发展趋势,任何国家都不可能孤立于现代化的潮流之外;另一方面,世界的政治、经济和文化的大的格局已基本形成,英美等发达国家已经占据了某种程度上可以支配世界发展的有利位置,凭借其经济、军事等国力优势,不仅按照他们自己的价值观和有利于他们国家利益的原则,制定了国家之间交往和合作的游戏规则,而且还建立起了有影响力的现代性的话语权。依靠这些优势,他们会从政治、经济、文化和意识形态等方面或自发或强制性地影响第三世界各国的现代化进程。从这种状况看,第三世界国家的现代化建设既有自身的需要和发展的光明前景;又有西方的诱惑、陷阱;当然更多的是双方的互利互惠，是挑战与机遇共存共生的结局。这样看来，第三世界国家的现代化建设无非有两种结果：第一，第三世界国家的现代化建设迎合了西方发达国家的各种需要，国家获得的受益没有国家的投入大，从总体上衡量，弊大于利；第二，尽管第三世界国家的现代化建设要付出些代价，但第三世界国家与西方发达国家各取所需，实现了双赢，而且这种代价是必要的，有时甚至在短期内是见不到实际利益的，但从总体上看，利大于弊。同样，对于包括中国在内的第三世界国家而言，这种局面是必须面对的，但正确的选择则是要求得自己的最大发展，保障自己的国家利益不受损失。当然，我们应该尽可能地达到第二种结果。

在关于现代性的不同形式的论述中，詹姆逊反复地强调，"但我想强调的是世界各国正变得相似或标准化的方式，而不是赞颂这些文化差异的方式。人们还可以证明，文化差异不论有多么深刻的社会基础，现在也正在变成平面化的，正在转变成一些形象或幻象，而那种深厚的传统不论是否曾经存在，今天也不再以那种形式存在，而是成了一种现时的发明。"[①]实际上，他指出了一个司空见惯的现象，即尽管各国现代化的起点、环境和条件有巨大的差异，各国的努力程度也不尽相同，但现代化的结果又非常相似，不仅现代化实践的标准化和雷同的现象比比皆是，而且以现代性的名义对文化差异和传统的改造、消灭也在加剧，这更增加了现代性的同质性。现代性模式的标准化体现于社会总体的建设和改革中，弥漫于经济、文化和日常生活的方方面面，这是不以人的主观愿望为转移，但又必须面对的客观现实。面对这种无可奈何的结果，詹姆逊不无沮丧而真诚地说："我真的不认为每个国家有它自己独特的现代性的条件。……可以肯定地说的是，文化的起点不同，存在着产生现代性的特殊的地域环境，因此人们付出的努力不同。"[②]针对"替换性的现代性方案"或"复数的现代性"的说法，詹姆逊认为，这些说法都是为了区别全球化自由市场意义上的现代性与老的现代性，以说

[①] 王逢振、谢少波编：《文化研究访谈录》，中国社会科学出版社2003年版，第104页。
[②] 同上。

明"无论你多么不喜欢英美现代性模式,无论你如何不喜欢这种现代性为你预备好的'低贱者'的位置,这种不快都会被一种令人放心的'文化'观念所打消,它告诉你,你可以根据自己的文化塑造一种不同的现代性"①。即通过把现代性与民族文化联系起来,以遮蔽自己的真实处境。初次读到詹姆逊的论断,也许我们都很难接受,认为他是顽固地坚持自己的观点。实际上,也正是这个论断引起了中国学者的不满和发难。有的讨论文章指出,詹姆逊同情过包括中国在内的第三世界,但现在,他又立足于自己的西方中心主义的立场,居高临下地训导第二、第三世界只能被动地接受西方的观念。对此,有论者认为,每个国家都有自己选择现代化模式的权利,中国的现代性与西方模式的差异是明显的,也不同于亚洲其他国家。詹姆逊否认现代性的多样性,把第三世界的现代性定位于对标准化的、霸权式的英美模式,是武断的、是西方中心论的文化霸权。我们应该认真思考造成这种落差的原因。如果把他列举的这些事实与其结论联系起来看,我们不难明白了。实际上,对詹姆逊而言,他的单一现代性的结论是基于他自己观察所得出的结论,并不是他心血来潮时的唐突之见。我们可以有不同的看法,也可以对这个结论提出质疑,但都应该尊重许多国家的现代性日趋标准化的事实。事实是,詹姆逊已经为我们找到了现代性结果变得标准化的真正症结,即资本主义在全球的扩张。他认为,当这样言说时,我们便意味着"我们忽视了现代性的另一个根本意义,这就是全世界范围里的资本主义本身。资本主义全球化在资本主义体系的第三或晚期阶段带来的标准化图景给一切对文化多样性的虔诚希望打上了一个大问号,因为未来的世界正被一个普遍的市场秩序殖民化"②。这才是影响许多第三世界国家现代性的关键因素。如果看不到这一点,把詹姆逊通过自己观察得出的结论,看作是他的西方霸权和殖民心态的流露(甚至有意为之),则是大错特错了。一方面,现代性即使有点西方文化霸权的因素,但二者是不能画等号的,也不能因此就放弃对现代性的追求;另一方面,这也确实冤枉了詹姆逊。

---

① [美]詹姆逊:《现代性的神话》,《上海文学》2002年第10期。
② 同上。

当我们强调多种现代性模式及其合法性的时候，也许是更为根本的民族主义及其体现的意识形态在背后起作用，在直接或间接地影响着我们的情绪、思维、价值判断和践行。事实上，一些学者对詹姆逊的讨伐就有浓厚的民族主义的情绪在起作用，有些发怨气的因素。当我们被詹姆逊的结论所激怒时，当我们言词凿凿地批判詹姆逊的西方情结和殖民主义心态时，我们千万不能被一时的感情冲动、被一些表面的现象所驱使，而应该冷静下来，保持我们的问题意识，进而探究这些现象下遮蔽的真问题，思考我们面临的真正问题。我们当然应该肯定包括民族意识、民族价值、民族传统和民族文化等在内的民族主义，但其前提是必须对其予以正确地辨析，继承那些合理的、与现代价值相吻合的、有利于我们民族发展的精华，抛弃那些落后的、陈腐的、与发展背道而驰的糟粕，而不能形而上学地全盘接受或拒斥。应该说，我们有民族自尊心，我们需要平等，但民族主义经常与民族情绪等非理性的东西相联系，仅仅通过情绪上的发泄以获得心理上的平衡和自我表现满足是远远不够的。这种心理如果不是由自卑产生的心虚，也是建立在虚幻基础上的自慰式的自欺欺人，这不但于事无补，而且还会遮蔽我们的视野，使我们夜郎自大，盲目地排斥国外现代性的经验，与世隔绝。因此，我们应该克服民族主义意识形态对我们的影响，以平和的心态，客观地看待现代性问题，承认国外现代化建设的合理的、先进的东西，通过各个层面的对话来扩大自己的视野，融入世界的现代性建设的大潮，避免成为民族主义意识形态的牺牲品。在实践上，我们应该认真地学习国外的现代性经验，接受他们积累起来的规律、规则，通过我们的努力真正地达到平等。在此，李琳的看法倒值得我们重视："我们不必过激地站在后现代立场上批判现代性，我们应该意识到西方现代性过程中形成的一些基本原则，对于我们当前的现代性建设仍然具有普遍的有效性。毕竟，现代性对于我们来说，仍然是未完成的，甚至仍然是非常缺乏的。总之，对于中国来说，只有把民族性和世界性统一于现代性之中，才可能找到真正的出路。"[1]此外，我们还

---

[1] 李琳：《杰姆逊的"现代性"与中国的现代性建设》，《社会科学报》2002年11月7日。

应该看到另一种可能性，即在辩护自己的现代性模式及合法性的时候，我们可能成为民族主义意识形态的同谋，与国家的保守力量或意识形态相呼应，为坚持落后文化、拒斥先进文化张目；也可能由此掩盖了国内其他问题的紧张和矛盾冲突，实质起到转嫁矛盾、避实就虚的消极作用。对于第三世界国家的现代性建设而言，詹姆逊的提醒倒更值得我们深思，以避免落入类似这样的陷阱。

我认为，詹姆逊的提醒不是什么殖民主义心态，也不是其西方文化的优越感的体现，恰恰是他的清醒的表现，他看到了制约第三世界各国现代化建设的关键因素，他从许多第三世界国家现代化的复杂的现象中看到了令人诧异的相似性，原因在于英美等发达国家现代化模式对第三世界各国人民心理上和第三世界各国的现代化建设实践的巨大影响、现代化后发国家对其的"克隆"，以及其背后的英美等发达国家的支配地位对于第三世界国家现代化建设的制约和压制。从这种意义上讲，我们应该感谢詹姆逊，是他提醒我们注意是哪些因素影响和制约着我们的现代化建设的，这些东西常常是容易被忽略的关键因素，我们也应该重视他的这些有针对性的意见。

詹姆逊的现代性理论对我们的启示是多方面的，有利于我们保持清醒的头脑，切实而扎实地做好我们自己的工作，站在有利于我国现代化建设的立场上，根据中国的实际国情，以开放、批判的态度对待国外的现代化模式，积极地吸收对我们自己有利的经验，同时也对西方现代化可能带来的负面影响有清醒地认识，趋利避害。特别是要利用我们作为现代化后发国家的优势，对西方发达国家因现代化建设带来的弊病如环境问题、伦理问题、盲目创新和漠视传统等问题的严重后果有明确的认识，并在我们自己的现代化实践中尽量地予以解决和克服，避免重蹈西方现代化建设所引发的错误的覆辙。同时，我们还应该抱有现代化建设的世界视野，除了向英美等世界发达国家学习外，我们还应该向其他第二世界甚至第三世界的发展中国家学习。由于我们与这些国家过去、现在的处境比较相近，与这些国家面临的实际问题较为形似，这种经历上的亲和性使我们更容易沟通，更容易学习他们的经验，也更可能有针对性地避免他们走过的弯路。

无论承认与否，在新时期以来的中国文化地图中，詹姆逊的理论都发挥过巨大的作用，也占据着难以替代的地位。詹姆逊走了，但他不会消失，永远会以"缺席的在场"的方式继续发挥作用。但问题的关键是，面对尚有一段距离的现代化道路，我们该怎么办？中国的知识分子该怎么办？我想，唯一的选择就是直面现实和我们的真实境遇。从这种意义上讲，张旭东的提醒倒值得我们认真对待："真正富于创造性的理论，只能产生于'本土'知识分子将西方理论与本国实际相结合的社会政治实践过程中。在这一点上，当代中国批评理论是不应苛求包括詹明信在内的任何西方知识分子的。"①否则，我们还能有何作为呢？

原载《东南学术》2005年第5期

《中国社会科学文摘》2006年第2期转载

---

① [美]张旭东:《詹明信再解读》,《读书》2002第12期。

现代性的多元之维*
——艾森斯塔特的"多元现代性"理论及其对中国的启发

"多元现代性"观念与我们并不陌生。2002年詹姆逊(Fredric Jameson)在上海所作的"单一的现代性"的报告,就招致了国内一部分学人的强烈批评,并涉及了关于单一或多元现代性的讨论,由此可以反证"多元现代性"观念与我国学术界的亲和力。①2004年泰勒(Charles Taylor)曾经到上海作过关于这个议题的报告,并受到了学界的欢迎。②但从我国学界对"多元现代性"观念的研究来看,艾森斯塔特并没有被引起足够的重视,也可以说是被严重忽视的,只有很少的社会学文章涉及他的理论,甚至他的理论根本没有进入许多文化研究者的视野。

艾森斯塔特(Shmuel N. Eisenstadt)是以色列的社会学家,他的比较现代化研究和多元现代性研究都独树一帜,在国际学术界享有很高的声誉。实际上,他的《帝国的政治体系》、《现代化:抗拒与变迁》等著作都已被翻译成中文出版,并在专业领域内产生了一定的影响。但令人奇怪的是,与国内学术界对吉登斯(Anthony Giddens)、鲍曼(Zygmunt Bauman)、卡林内斯库(Matei Calinescu)、泰勒、伯曼(Marshall Berman)等学者的现代性理论的竞相追逐相比,可以毫不夸张地说,艾森斯

---

* 本文系国家社科基金《现代性视域中的西方艺术思潮》(11BA010)的成果。

① 讨论的详情见李世涛:《现代性视领域中的中国问题——詹姆逊与中国现代性道路的选择》,《东南学术》2005年第5期。

② 泰勒先在北京商务印书馆作了《比较法国革命与俄国革命》的学术报告,之后他又在上海作了以"多重现代性"为议题的学术讲座,并与学者们进行了交流,仅笔者读到的综述文章就有刘擎:《多重现代性的观念与意义》,参见许纪霖、刘擎主编:《丽娃河畔论思想》,华东师范大学出版社2004年版;童世骏:《多重现代性、斯特劳斯和当代知识论》(http://www.cul-studies.com/community/tongshijun/1576.html),上海的《东方早报》还报道了讲座的盛况。

塔特的现代性研究确实被冷落了；他的多元现代性研究也一直没有能够引起我国学术界的重视，从我国对多元现代性理论的接受来看，仅仅从泰勒中国之行所受到的隆重礼遇而言，就知道艾森斯塔特的影响根本无法与之相比。究其原因，可能与艾森斯塔特没有处在国际学术中心有关，国际学术话语权的不平等使国内学界对英美发达国家的学者尊敬有加，而忽视（甚至无视）了那些边缘的有价值的学术研究。实际上，与上述学术大师相比，艾森斯塔特的理论对中国有更多的关切，不仅因为以色列与中国的国情比欧美发达国家更为接近，还因为艾森斯塔特对中国的研究要比上述其他学者深入得多。从这种意义上说，我们更应该关注艾森斯塔特的研究。本文无意于研究艾森斯塔特的全部学术思想，仅研究其多元现代性理论及其对中国的意义。

一、多元现代性的形成

对任何研究来说，界定研究对象的含义都是非常重要的，现代性的研究也是如此。但迄今为止对现代性的理解仍然没有定论，它仍然是一个众说纷纭、莫衷一是的概念，这与不同研究者切入现代性问题的路径不无关系。不同的研究路径不但决定了研究的视角、切入点和内容，也决定了研究的方向和结论。因此，我们还是选择艾森斯塔特理解现代性的路径为切入点，看他是从哪些方面来把握现代性的，从而进入他的"多元现代性"的论说。

艾森斯塔特是这样理解现代性的。首先，他是从文明的视角来理解现代性的，现代性也是一种文明，但这种文明是一种独特文明，它与历史上其他类型的文明的区别在于：它是轴心文明的转折的产物。其次，现代规划所导致的人的自主性、开放的未来观念和反思意识，与现代文明有着密切的关系，它规定了这种文明独特的文化前提和政治前提，也决定了现代性的基本预设、文化特征、政治取向、意识形态前提和制度前提。最后，现代性是一个多方面、多层次的复杂的综合体，它不断地变化、不断地重构，但这种重构是继承与变异的统一，也是多方面力量相互作用的结果。这些方面构成了现代性的各个侧面，也是研究现代性需要正视的问题。不但在研究现代性的历史、现实问题和发展趋势等问题时需要考虑这些因素，而且在进行相关判断时也需要考虑这些因素。实际上，正是对现代性的这些方面的把握，促使艾森斯塔特以此为起点，发展出了其"多元现代性"观念。

作为对社会发展状态、趋势的一种宏观性的描述和概括，现代性是一个多维的复合性的概念。为了全面而深入地把握它，我们可以从构成现代性的主要因素入手，分析它们在现代性形成过程中的作用，进而就可以把握现代性的复杂性和多元现代性的形成。这也是艾森斯塔特的思路，他主要分析了现代性的主要构成因素，诸如作为现代规划的现代性的文化方案、现代性的政治方案，集体和集体身份的建构，现代性的意识形态模式和制度模式，传统和社会历史经验在形成现代性时所起的作用、非西方社会对最初的现代性的挪用、国际因素的影响等等，这些因素既产生了最初的西方现代性，也产生了多元现代性。我们尝试从这些因素入手来解释多元现代性的形成。

现代规划包括现代性的文化方案和政治方案，它们在最初形成时，带来了现代性的意识形态前提和制度前提。其中，现代性的文化方案起着非常重要而独特的作用："现代性的文化方案带来了人的能动性和人在时间之流中的位置的观念的某些独特转变。它持有这样一种未来观念，其特征是通过自主的人的能动性，众多的可能性能得以实现。社会秩序、本体论秩序和政治秩序的前提和这类秩序的合法化，不再被认为是理所当然的了。围绕社会政治权威的秩序的基本本体论前提，产生了一种强烈的反思意识——甚至原则上否定这种反思意识的合法性的现代性最激进的批评者都具有这种反思意识。"①现代性文化方案所导致的反思意识比此前的社会更为强烈：对于存在于特殊社会或文明中的超验图景和基本本体论概念，不但可能有多种不同的解释，而且还可以被质疑。而且，这种反思意识有可能使现代性进行自我纠正、自我更新，获取不断发展的动力。现代性文化方案使个体获得了前所未有的自由感：除了固定的角色之外，他们还需要承担多种其他的角色；他们有可能属于超越地域的、处于

---

① [以色列]S.N.艾森斯塔特：《反思现代性》，旷新年等译，北京三联书店2006年版，第39页。

变化之中的共同体。总之，现代性文化方案极为重视人的自主、解放和创造，希望把人从传统政治和文化权威等各种束缚中解放出来，以扩大个人和制度的自由度和活动领域，这必然导致对人的反思意识、探索精神和掌控自然（包括人性）能力的强调。这些观念的结合产生了现代性文化方案的自信：人的积极的、有意识的活动能够塑造社会。这种自信由两种途径（既互补，又矛盾）得以实现：人的现实行动可以弥合超验秩序与世俗秩序的鸿沟，实现一些乌托邦和末世论的构想，使人面对无限开放的未来；同时也认识到个体、群体的多元目标与利益的合理性，认识到对共同利益的不同解释的合理性。

实际上，正是现代性文化方案形成了现代规划的基本特征，即人的自主性与开放未来的结合；人的有意识的行动可以塑造社会。现代规划的基本特征决定了现代政治秩序和集体认同与边界的前提，也使政治秩序的概念和前提、政治领域的构建和政治进程的特征都发生了根本性的变革。现代性政治方案的出现，极大地冲击了传统的政治秩序，并引发了社会的重大变化："新概念的核心在于，政治秩序的传统合法化已经衰竭，而建构这一秩序的各种可能性则相应地被开辟出来，结果，人类行动者如何建构政治秩序的问题上，出现了聚讼纷纭的局面。它把反叛的倾向、思想上的反律法主义与建立中心、设立制度的强烈倾向结合起来，引起了社会运动、抗议运动。这些运动成为政治过程的一个持久成分。"[1] 现代性政治方案使现代政治领域和政治进程呈现出这些基本特征："最重要的首先是政治场域和政治过程的公开性，其次是强调'社会'的边缘阶层、社会的全体成员应直接地、积极地参与政治场域的活动。第三是出现了中心渗透边缘、边缘侵入中心的强烈倾向，相应地，中心与边缘的区分变得模糊不清了。第四，中心（或多个中心）被赋予了奇里斯玛的品质，与此同时，各种抗议主题和象征也被中心所吸纳，这些主题和象征作为这些中心的前提的基本的、合法的组成部分，变成了近代超越理想的组成部分。"[2] 这些主题和象征主要有平等与自由、正义和自

---

[1] [以色列]S.N.艾森斯塔特：《反思现代性》，旷新年等译，北京三联书店2006年版，第83—84页。
[2] 同上，第84页。

主、团结和认同等,也构成了现代性规划的核心。

现代规划的基本特征也决定了建构集体和集体认同边界的方式。首先,把集体认同的基本成分(市民成分、原生成分、普遍主义成分和超越的"神圣"成分)从思想上绝对化。其次,集体认同的市民成分更为重要。再次,政治边界的建构和文化集体边界的建构之间关系密切。最后,既强调集体的领土边界,又强调集体的领土的和/或特殊主义成分与更为广泛的普遍主义成分之间的紧张。此外,集体的认同和建构还以反思的形式被质疑,并成为具有浓厚意识形态色彩的斗争和争论的焦点。[①]正是从现代规划中产生了两种主要的现代性的意识形态:一种是极权主义的意识形态,它强调集体的优先权,视之为本体论实体,强调其诸如民族精神之类的初始的、精神性的特征;另一种是雅各宾主义的意识形态,它强调政治原则的优先权,认为人的努力能够重建政治和改造社会。其共同特征是:"怀疑公开的政治程序和制度,尤其是代议制和公开讨论的制度。其次,它们都表现出一种专制独裁的倾向,排斥他人,并且竭力把被排斥者妖魔化。"[②]但现代性的意识形态在现代性文化方案和政治方案上的表现又有不同:前者的意识形态表现为理性至上的原则,即把实质理性或价值理性统摄到工具理性之下,或把它统摄到总体性的道德乌托邦理想之下;后者的意识形态表现为与多元化对立的极权式的全面控制的合理性,但现代性政治方案也承认个体和集体利益的多元化,以及对它们的多重解释的合理性。现代性的意识形态不但影响到个体、群体的方方面面,也体现在对社会制度的影响上,而且后者更为重要,它直接影响到的现代性的制度选择。

在现代性的产生和发展过程中,虽然历史经验和传统经常被视为社会进步的障碍而受到拒斥,但其作用实在是不能忽视的。例如,传统对原教旨主义的影响,历史经验的影响使日本和印度的民主模式与欧洲、美洲的民主模式大相径庭。在艾森斯塔特看来,在当代社会的发展中,社会的历史经验和传统不仅

---

① [以色列]S.N.艾森斯塔特:《反思现代性》,旷新年等译,北京三联书店2006年版,第83—84页。
② 同上,第74页。

不会消亡，也不可能只能够产生封闭的文明，而是以特殊的方式延续着自己的历史和模式。它们与现代规划结合起来，获得了现代品质，并成为塑造现代社会的重要力量，发挥着其独特的作用："这些不同的经验，影响到现代性的不断互动、对任何单一的社会和文明的冲突、不断构成的共同参照点以变化不定的多种方式得以成形。"①

从现代性的发展历史来看，现代性的扩张经常伴随着经济上的侵略、政治上压迫和军事上的威胁，这势必影响到现代性的形象。特别是对于非西方社会而言，一方面现代性意味着进步和社会发展的趋势，它们渴望实现现代性，融入世界并成为世界的一部分；另一方面，先天性的不平等和面临的各种压迫，使它们对现代性产生了一种矛盾、抵触和抗拒的情绪。这样一来，就形成了非西方社会对现代性的爱恨交加的态度，并影响了其现代性的建构。这些原因促使非西方社会挪用最初的西方现代性的主题和制度模式，根据自己的利益与需要对其进行不断地利用、选择、重释和重构，并逐渐产生了不同的意识形态和制度模式。

此外，现代性的扩张还伴随着民族—国家之间、政治经济权力中心之间的冲突和对抗，以及权力中心为争取国际霸权而展开的斗争。有时候，这些矛盾、冲突、对抗和斗争还非常激烈，甚至到了只有依靠战争才能解决的程度。这些因素也参与了现代性的建构，并促使现代性的制度和文化发生了某些变化。

在现代性的扩张过程中，现代规划与制度性的政治、经济和文化结合起来，共同塑造了现代性发展的动力，再与不同的传统和历史经验相结合，形成了现代性的制度模式和意识形态模式。此外，国际性的因素也是促使现代性的制度模式和意识形态模式发生变化的重要原因。正是通过这些因素的共同的、相互的作用，才最终产生了现代性和多元现代性的结果，也是现代性、多元现代性研究中必须考虑的因素。

---

① [以色列]S.N.艾森斯塔特：《反思现代性》，旷新年等译，北京三联书店2006年版，第438页。

二、"多元现代性"观念的多重阐释

何谓"多元现代性"？借用艾森斯塔特的原话就是："现代性的历史，最好看作是现代性的多元文化方案、独特的现代制度模式以及现代社会的不同自我构想不断发展、形成、构造和重构的一个故事——有关多元现代性的一个故事。"①

艾森斯塔特曾经多次解释过"多元现代性"的观念，但在《宗教领域的重建：超越"历史的终结"和"文明的冲突"》一文中，他对这个观念做了迄今为止最为全面的解释："第一种含义是，现代性和西方化不是一回事；西方模式或现代性模式不是唯一的、'真正的'现代性，尽管相对其他现代图景而言，它们在历史上出现的时间在前并继续成为其他现代图景的至关重要的参照点。第二种含义是，这类多元现代性的成形，不仅在不同国家间的冲突上留下了烙印，因而需要将民族—国家和'社会'作为社会学分析的普通单位，而且在不同的纵贯全国的(cross-state)和跨国的领域打下了烙印。多元现代性概念的最后一层含义是认识到这类现代性不是'固定不变'的，而是不断变化的。正是在这类变化的架构内，当代时期宗教维度的兴起和重构，才能得到最好的理解。"②

艾森斯塔特的解释为我们理解这个观念打下了很好的基础，但鉴于这个观念的丰富性，仍然需要从多个角度进行阐释。"多元现代性"观念既是对现代性的历时性的描述，也是对现代性的共时性的描述，这需要从时间和空间的双重角度予以解释；既是对事实的描述，也是理论反思的产物。我们尝试从这些方面入手逐一分析这个观念的多重含义。

现代性的产生和发展过程大致是这样的。最初的现代性是特定时间和地域的产物，即最初的现代性产生于17世纪的西欧，产生时带有其明显的特征：

---

① [以色列]S.N.艾森斯塔特：《反思现代性》，旷新年等译，北京三联书店2006年版，第14页。
② 同上，第412页。

"欧洲现代性的独有的特征开始时主要是努力形成一种'理性'的文化、有效的经济、民众（阶级）社会和民族国家，在这当中，'理性'扩展的趋势越来越清楚，并形成了一种以自由为基础的社会和政治秩序。"①但后来，随着帝国主义和殖民主义的扩张，现代性也随之超出了其发源地西欧，扩张到欧洲其他地方，再进一步地扩散到美洲、亚洲、非洲等世界各地，最终成为一种全球性的现象。军事侵略、经济上的渗透和掠夺、殖民主义的统治等因素的结合促成了现代性的扩张，其中占优势地位的军事、经济和通讯技术是现代性扩张的重要前提。

从时间上来说，现代性可以被划分为最初的现代性、古典时期的现代性和20世纪末以来的现代性。现代性的萌芽可以追溯到中世纪，经过长时间的发展，终于在17世纪的西欧形成了最初的现代性；如果说最初的现代性较为单一的话，那么在现代性的古典时期，现代性就呈现出了多元的态势，从19世纪到20世纪的六七十年代，作为现代性缩影的领土国家、革命国家和社会运动纷纷涌现，展现了现代性的多元图景，这些后来发展出来的各种现代性与最初的现代性既有相同之处，又有变化和差异。这个时期的现代性在作为其前提的现代规划、文化方案、政治方案、意识形态和制度模式等方面都有很大的不同，在具体面貌和发展态势上都呈现出了多元化的局面；自20世纪末以来，随着社会的变化，出现了一些新的现象，诸如原教旨主义，种族宗教，包括女权运动、生态运动等在内的各种各样的新社会运动，以及新的散居者和新的少数民族，这些新的现象都使经典的现代民族—国家模式受到挑战，也挑战了最初的现代性模式，使现代性又有了新的发展、呈现出不同的形态和特点。由此看来，不同历史时期的现代性都有很大的差异，具有多元化、多样性的特征。

从空间上来说，虽然同属于欧洲，但西欧的现代性与由此发展而来的诸如东欧、中欧等其他欧洲地区的现代性就有很大的差异；虽然同为发达地区，但

---

① [以色列]S.N.艾森斯塔特：《历史传统、现代化与发展》，谢中立、孙立平主编：《20世纪西方现代化理论文选》，上海三联书店2002年版，第364页。

美洲与欧洲的现代性也有很大的差异;亚洲、非洲的现代性与欧美的现代性之间的差异就更大了;在美洲内部,北美、加拿大和拉丁美洲的现代性之路就大为不同;即使同属于儒教文化圈,中国、日本和新加坡的现代性也有很大的差异,更不要说它们与印度之间的差异了。虽然这些现代性有相似之处,但政治、文化、制度模式和意识形态模式的具体面貌又大相径庭,呈现出了多元化的表现形式和发展态势。

从事实上看,最初发源于西欧的现代性,以及由此发展而来西方的现代性,在其文化前提、政治前提、意识形态模式和制度模式都有很大的变化,西方现代性扩张所导致的亚洲、非洲等地的现代性的变化就更大了。结果我们看到,现代性的发展不但突破了最初现代性的前提,而且,现代性发展出了诸如西欧、美洲、中国、日本和印度等多种类型,而不是单一的文明模式和制度模式。20世纪末以来现代性所发生的变化更有说服力,这个时期出现了的新社会运动倾向于由国家转向地方;新的散居者和新的少数民族挑战了经典的现代民族—国家模式,反对民族—国家的同质化文化的束缚。这些运动的目的是为了争取在教育、公共通讯等中心的制度领域和国际上的自主性,同时也在公民认同及与之相关的权利等方面争取自主性,由此促进了种族的、地区的、地域的和跨国的等被压抑身份的建构。此外,还有浓厚宗教色彩的原教旨主义和种族宗教运动,多种多样的排他主义的种族运动,这些运动有着浓厚的全球色彩,仍然具有现代品质。而且,随着资本主义全球扩张的加剧,跨国组织、国际移民等现象引发了许多国际性的问题(诸如全球犯罪等),它们都挑战了经典的民族—国家模式,削弱了民族国家控制和管理其政治、经济的能力;同时也削弱了民族国家对暴力的垄断权,出现了许多分裂主义和恐怖主义活动。这些运动和全球化趋势都加剧了现代性的变化,使现代性呈现出新的特点。这些现象从事实上有力地说明了现代性的多元化和多样性。

从理论上看,"多元现代性"观念不但是反思、反拨现代化理论的产物,而且还积极地借鉴了后现代主义等文化理论的成果。实际上,在20世纪50年代,以帕森斯(T.Parsons)为代表的现代化理论一度支配了欧美学术界的现代性研究,成为占主流地位的最有影响的理论。现代化理论依托历史进步主义,认为非西方社会将会通过抛掉自己的传统、采用西方（特别是美国）先进的现代化模式而取得发展，西方的现代化模式将会为世界带来全面的进步；现代性模式和制度模式也将是单一的，世界将呈现出同质化（西方化或美国化）的图景。由于受到世界冷战格局的影响，现代化理论表现出了维护西方霸权和继续扩张的极强的意识形态性，它的自信和乐观是建立在对现实的简化和歪曲之上的。现代化理论忽视了现代性的矛盾、冲突和内在紧张，也忽视了现代性的破坏力量，甚至对"一战"、"二战"对世界所造成的毁灭性的创伤也充耳不闻，更缺乏必要的理论反思，并因此产生了不良的影响。现代性的发展打破了现代化理论的预言，也启发人们从理论上反思其片面性和诸多错误。艾森斯塔特不但多次直接地批评过现代化理论，而且还从各个方面指出过现代化理论的错误和褊狭。通过对"多元现代性"观念与现代化理论的比较，我们可以发现，在现代性的模式和制度、传统与社会历史经验之于现代性的影响、现代性的发展图景、现代性的价值判断和现代性内在关系的认识等方面，二者的差别和对立都是显而易见的，前者反思了后者的理论预设、前提和意识形态性，批评与纠正了后者的错误和理论盲点，进而形成了独特的现代性的观念。此外，艾森斯塔特也受到了后现代主义的影响。我们知道，西方学术界继20世纪50年代的现代化研究高潮之后，便出现了后现代主义研究，并有取代现代化理论之势；接着在20世纪的七八十年代又出现了新一轮的现代性研究。实际上，后现代主义话语的部分动力就来源于对现代化理论的质疑和反思，20世纪末以来的现代性研究不但是对现代化理论的反拨和反思，而且也是对后现代主义提出的问题的反思，并由此引发了学术界广泛关注现代性、重新认识现代性的高潮。其中，后现代主义致力于颠覆中心与边缘的二元对立和等级秩序，挖掘被压抑对象的潜力，强烈地质疑了西方霸权和西方中心主义的意识形态。后现代主义话语对现代化理论和其他现代性话语的冲击是巨大的：不仅反对西方的现代性是本真的、唯一的现代性，也反对了西方现代性的霸权和同质性，同样要承认西方之外的现代性的合法性。这些方面也是艾森斯塔特强调的，后现代主义话语对"多元现代性"观念的影响可见一斑。而且，在艾森斯塔特看来，从不同方面体现了现代性的最新变化的新社会运动也与后现代主义存在复杂的关系，诸如流散者的身份认同等新社会运动就是在后现代主义理论的直接指导下产生的,并反映了后现代主义的某些理念。艾森斯塔特把这些运动视为体现了现代性最新发展的运动,虽然他不像有的论者那样把这些运动视为后现代运动,也不承认后现代性已经取代了现代性,但他仍然承认这些运动与后现代主义之间的互动关系,也部分地接受了新社会运动对现代性的反思。因此,其"多元现代性"观念同样也受到了后现代主义话语的影响。

正是从时间与空间、事实观察与理论反思的角度,才形成了多元现代性观念,我们也只有从这些角度入手才能够全面而深入地认识"多元现代性"观念的丰富性和复杂性。

三、直面破坏性的多元现代性批判

自现代性诞生以来,对它的批判就一直没有间断过。我们可以列出诸如维科、哈曼、卢梭、德·迈斯特、卢卡契、霍克海默、阿多诺、马尔库塞、海德格尔、德里达、福柯、鲍曼等一长串的名字,对现代性的批判既有"左翼"阵营,也有"右翼"阵营;既有现代性的倡导者,又有现代性的反对者;既有人文学者的激情宣泄,又有社会科学学者的冷静分析;既有来自外部的批判,又有对现代性内在危机的批判;在这些批判中,有的真实,有的偏激,有的保守,有的反动。这些批判大都从不同角度涉及了现代性的局限、消极面和破坏性。其中,霍克海默、阿多诺、鲍曼等学者把现代性的破坏性揭示得淋漓尽致,并把它视为现代性发展逻辑的必然产物,诸如鲍曼的名著《现代性与大屠杀》则为我们提供了由现代性发展出来的一桩桩令人发指的事件。艾森斯塔特也加入了批判现代性的大合唱,尽管他也从外部批判了现代性的消极面,但他主要还是从现代性的内在结构的紧张和冲突中揭示了现代性的破坏力。

正如硬币的正反面一样,现代性的阴暗面(即现代性的破坏性因素)与现代性的积极因素一起,构成了现代性的整体,忽视任何一方面的认识都是不完整的。谈起现代性,我们经常想到现代性带来的成就,诸如自由与民主的扩大、科技的进步、物质生活水平的改善等等,但往往缺少对它的消极后果及破坏性,及其原因的认识和分析，尽管现代性的积极意义远大于其消极后果。当然，现代性的消极结果是多方面的，但从其破坏性入手来研究其消极结果，无疑是一个很好的切入点。实际上，破坏性也是多元现代性的消极后果之一，正是从揭示现代性的破坏力入手，艾森斯塔特由对现代性的批判过渡到对多元现代性的批判，尤其是对多元现代性的破坏力的批判。

现代性的内在矛盾和紧张，资本主义制度的发展与政治领域中的民主化要求之间的矛盾和紧张，这些矛盾又与民族国家之间的冲突、争夺中心霸权的冲突交织在一起，这些因素导致了现代性的破坏性，也改变了人们对现代性的乐观态度。通常，人们经常从外在与内在的视角度来认识现代性的阴暗面。从外在的视角来看，现代性的前提和制度阻碍了人的创造力，削弱了人的精神的丰富性，摧毁了社会秩序、社会道德及其先验的基础，破坏了人与自然、社会的有机联系；从内在的视角来看，现代性方案所强调的人的能动性与强大的控制倾向之间存在着全面而连续的冲突，现代制度导致了社会的不平等和社会秩序的动荡。虽然有些指责过于偏激，但这些问题都不同程度地存在，有的甚至发展到了非常危险的地步。

在艾森斯塔特看来，现代规划的基本前提内部就充满着紧张与悖论，现代性的阴暗面就直接存在于现代规划的内在冲突中。这些紧张与悖论表现在："首先，存在于有关这一方案的主要成分的总体论概念和更多样化的或多元主义的概念之间（涉及到理性的概念本身及其在人类生活与社会中的地位，自然、人类社会及其历史的建构）；其次，存在于对自然和社会的反思和积极的建构之间；第三，存在于对人类经验的主要维度的不同评价之间；第四，存在于控制和自主之间。"[①] 概而言之，就是多元主义和极权主义之间的紧张和对抗，这些矛盾是造成现代性的破坏力量的最主要的原因，它也体现了现代性的破坏潜能，把暴力、恐怖、战争意识形态化和神圣化，这些破坏潜能在法国大革命和浪漫主义运动中都有明显的表现。多元主义和极权主义之间的紧张还派生出其他的矛盾，诸如乌托邦或

---

① [以色列]S.N.艾森斯塔特：《反思现代性》，旷新年等译，北京三联书店2006年版，第23页。

开放的态度与实用主义之间的矛盾、封闭的身份认同与多种身份认同之间的矛盾，这些矛盾都可能成为现代性的破坏性因素。除此之外，在现代性扩张过程中，非西方社会与西方的关系，对西方社会与现代性之间的关系的认识，也都可能成为现代性的破坏性因素。就此而言，艾森斯塔特一针见血地指出："野蛮主义不是前现代的遗迹和'黑暗时代'的残余，而是现代性的内在品质，体现了现代性的阴暗面。现代性不仅预示了形形色色宏伟的解放景观，不仅带有不断自我纠正和扩张的伟大许诺，而且还包含着各种毁灭的可能性：暴力、侵略、战争和种族灭绝。"[①]

艾森斯塔特认为，野蛮主义的根基在于人性的某些基本特征，在于构建人类社会、文化和社会秩序的活动中。社会秩序、意义系统和边界的构建与集体认同，一方面具有克服生存的焦虑、获得信任和保障创造力量等积极意义；另一方面它们也涉及权力的实施和合法化，使人感受到了社会秩序的专断和脆弱，并把对社会秩序的矛盾态度转化为暴力和侵略倾向，把他人视为陌生和邪恶的对象而予以拒斥或攻击，从而具有了破坏的潜能，极端法西斯主义和国家社会主义便是在建立集体边界过程中将现代性的破坏潜能彻底暴露出来的典型。

这种潜能能够在任何社会产生，一旦与现代规划结合起来，其建设性和破坏性的潜能都非常强烈。虽然现代性的文化方案为现代性的扩张提供了合法性，但现代性的扩张主要是依靠殖民主义和帝国主义的力量，通过战争、经济掠夺和通讯技术等手段实现的，这加剧了非西方社会与西方社会之间的对抗，使现代性的破坏潜能暴露无遗。而且，现代性的扩张也产生了西方世界中霸权之间的冲突和对抗，甚至这种对抗只有通过战争才能解决，使现代性的破坏潜能发展到了触目惊心的程度。第一次世界大战和第二次世界大战都充分地展示了现代性的破坏潜能，其中的种族清洗、纳粹大屠杀、恐怖主义更是令人发指、惨不忍睹！令人遗憾的是，现代性的破坏潜能并没有绝迹，一旦遇到时机，它就可能死灰复燃，20世纪末发生在一些前苏联加盟共和国、科索沃、卢

[①] [以色列]S.N.艾森斯塔特：《反思现代性》，旷新年等译，北京三联书店2006年版，第67页。

旺达的"种族清洗",都说明了现代性破坏潜能的顽强。现代性的破坏性是对现代文明极大嘲讽,它破除了笼罩在进步主义上的光环,呈现出现代性的残酷的一面。此外,有的现代性的消极后果则是现代性的某些方面发展到极端的产物,如现代性的扩张把启蒙运动的"理性至上"原则推向极端,使工具理性膨胀、越位,结果使工具理性有取代价值理性、实质理性的危险,造成了事实与价值、目的与手段之间的紧张,导致了人的精神的平面化和生存意义的亏空,使人成为理性的"铁笼子"的囚徒。

事实上,破坏性是现代性的内在局限和表现,也同样是多元现代性的内在局限和表现。破坏性不仅表现在最初的现代性及由其发展出来的多元现代性上面,也表现在现代性的扩张过程中所伴随的战争、侵略和压迫上面。对现代性阴暗面的批判,也同样是对多元现代性阴暗面的批判。

因此,我们既要看到现代性的成就和建设性潜能,又要看到其消极面和破坏性潜能,并分析导致这些结果的原因。同时,我们也应该认识到,现代性的缺陷有外在、内在之别:外在的缺陷容易识别和克服;而现代性的内在缺陷则是内在于其前提中的紧张、矛盾与冲突,我们更应该仔细地辨认、认真地对待。只有这样,我们才能认识到现代性、多元现代性的破坏性,才能全面地认识现代性、多元现代性,把这些消极因素扼杀在萌芽状态,或将其危害程度降低至最低,以达到趋利避害的目的。

四、"多元现代性"何为

艾森斯塔特对欧洲文明、美洲文明、印度文明和中国文明等轴心文明都有精深而扎实的研究,对这些文明的现代化进程的研究更是独树一帜。"多元现代性"观念就是他多年研究比较现代化得出的结论,既有恢宏的视野、严密的理论论证,又有强烈的现实针对性,并因此具有了非常重要的理论价值和现实意义。由于该理论的丰富性,这里很难全面地分析其得失,下面从四个方面对"多元现代性"观念之于中国现代性建设的意义略作分析。

第一,"多元现代性"观念在认识当代世界状况、全球化等方面具有的重要认识价值。在对当代世界发展状况（包括现代性）的判断中，两种观点最具影响力。一个是弗朗西斯·福山（Francis Fukuyama）的"历史的终结"，另一个则是塞缪尔·P.亨廷顿（Samuel P.Huntington）的"文明的冲突"。前者认为，社会主义与资本主义两大阵营的对立被打破之后，资本主义已经大获全胜，自由主义和市场经济将取得支配地位，现代性文化方案之间的意识形态冲突将趋于终结；后者认为，以伊斯兰教和儒教为主要代表的文明，它们反对西方、反对现代文明（现代性的缩影），仅仅在延续其历史上的文明，并形成了自己封闭的文明，未来的世界将会是这些文明与西方文明之间的矛盾、冲突和对抗。"多元现代性"观念则是艾森斯塔特对这两种观点的直接回应：虽然资本主义在世界范围内占优势地位，但现代性文化方案的意识形态模式和制度模式的冲突仍然存在，而且有时候还非常激烈，这足以说明"历史终结"论的错误；以反西方、反现代面貌出现的伊斯兰等文明不可能只产生封闭的文明，它们以特殊的方式延续着自己的历史，而且还与现代规划结合起来获得了现代品格，有时它们甚至还通过挪用西方现代性的主题和制度来反对西方，用"文明的冲突"来概括世界的发展显然是错误的。因此，尽管时有冲突发生，但当代世界的趋势只能是多元现代性的存在和发展，这是艾森斯塔特对世界现状的基本判断。这意味着，现代性的基本现实仍然是我们的思维和行动的出发点，围绕现代性展开的各种问题仍将继续存在，现代性文化前提的内在矛盾所导致的意识形态模式和制度模式（包括资本主义和社会主义）之间的紧张、冲突和矛盾，依然会继续上演；资本主义、社会主义都是多元现代性的表现，但现代性又不仅仅限于它们，还包括了更多的内容；后现代主义话语虽然从表面否定了现代性，但实际上是从不同的角度重新反思了现代性的问题，后现代性无法、也不可能取代现代性。这些观点对于我们全面认识当代世界现状、资本主义和社会主义的发展、现代性与后现代性之间的关系都是有启发意义的。此外，艾森斯塔特的全球化论述也颇有特色。他认为，现代性的古典时期（从19世纪到20世纪六七十年代）是第一波的全球化，20世纪迄今的现代性是第二波的全球化，也就是说，全球化就是现代性的扩张；全球化挑战了经典的民族—国家模式，但仍然无法从根本上消除民族—国家的力量，现代性仍然是认识全球化的主要内容，也是处理全球化问题必须面对的现实。

既然艾森斯塔特承认了多元现代性、民族—国家模式的正当性，实际上也就是否定了整齐划一的全球化模式，其论述能够帮助我们走出一味地追求与国外雷同的全球化误区。

第二，"多元现代性"观念有利于我们全面、客观而科学地认识现代性。在20世纪改革开放之初，现代化成为全民的共识，举国上下无不对之顶礼膜拜，而其他的选择都可能使我们面临着被开除球籍的危险。这样，乐观的态度和想象支配了我们对现代性的认识，现代性成为自明的、毋庸置疑、论证和反思的对象，我们只要无条件地按照西方的道路重走一遍就什么问题都解决了，迎接我们的将是无限光明的前途，甚至对现代化的反思都被视为保守、落后。现在看来，这些认识的局限是不言而喻，现实的发展首先需要我们打破现代性的幻觉，科学而全面地认识现代性，并走出适合自己的现代性道路。因此，面对现代性时，我们要认识到现代性的利弊、得失、机遇与挑战，而不至于被现代性的光环所迷惑而忘了其可能隐藏的陷阱。此外，要区别对待现代性的外在缺陷和内在缺陷：虽然外在的缺陷容易识别，但我们还是应该及早地防范这些问题；现代性的内在缺陷则比较隐蔽，是现代性与生俱来的痼疾，也是我们应该予以特别重视和警惕的因素，应尽力将其危害降至最小。现代性的扩张和建构经常以否定传统的合法性为前提，也由此破坏了社会秩序、政治秩序和其他和谐因素，造成了社会的动荡，诸如此类的问题都是由现代性的内在缺陷所导致的，也是我们必须面对的问题。在这种意义上，"多元现代性"观念对现代性破坏性的揭示，无疑能够使我们破除现代性的幻觉，直面其矛盾、冲突、残酷和野蛮性，促使我们全面地认识这些问题，并解决好这些问题。

第三，"多元现代性"观念对现代性主体自主性的强调有着重要的现实意义。"多元现代性"观念既强调西方现代性的始源地位、规范意义和参照价值，又同样强调现代性的多元化和多样性。尽管西方的现代性模式曾经在历史上发挥了重要的作用，并作为其他现代性的基本参照物而继续发挥作用，但现代性不是西方化，西方的现代性并不是唯一真实的现代性，应该把现代性从西方的霸权中解放出来，同样地重视非西方社会的现代性的理念和实践。这个观念能够启发发达国家更全面地看待现代性的得失，认真地对待后发展国家的现代性探索，它对于后发展国家的启发意义则更为重要。作为发展中国家，中国一方面要理解现代性的复杂性和利弊得失，充分地享受现代性的成果和机遇，并遵守现代文明的游戏规则，在国际上争取更大的发展空间；同时我们也应该重视自己的实际国情，从实际出发，建构适合自己的现代性。否则，如果完全按照西方的现代性模式来规范自己，不但可能发挥不了自己的长处，甚至还可能重复西方现代性的弯路，从而付出不必要的代价或坐失良机。

第四，"多元现代性"观念对传统和社会历史经验的重视，有利于发挥它们之于建构现代性的作用。我们知道，每一个国家（或民族）的传统和历史经验都是传承和发展统一，既不能完全抛弃传统，也不能照搬传统。同样，在社会（包括现代性）的发展中，传统和历史经验是塑造现代性的不可忽视的力量。多元现代性观念揭示了传统和历史经验之于现代性的重要作用，有助于帮助我们认识、发挥传统与社会历史经验的积极作用，避开其可能导致的负面影响，甚至有意识地予以改造和转化。中国传统尽管有许多阻碍现代性的因素，但它特别地重视人与人、人与自然、人与社会之间的有机联系与和谐共处；重视伦理在塑造个人与社会中的作用。这些传统在现代性建设中仍然具有现实意义，通过继承或转化还可以继续发挥其应有的作用。

中国的现代性建设尚有相当长的路要走，并将面临许多难题。为此，我们需要宽广的视野、科学的态度、勇于进取的精神和强有力的实践，国外的现代性论述也因此成为我们的现代性建设的重要资源和参照点。毫无疑问，艾森斯塔特的"多元现代性"观念应该是我们吸收的重要资源之一。艾森斯塔特的现代性理论有丰富的内容、重要的理论价值和现实意义，限于篇幅，这里只涉及了其中的一些主要部分，相信大家通过阅读他的著作能够得到多方面的收获。本文权当是"抛砖引玉"，希望中国学界能够给予他足够的重视，并从中汲取更多的、有益的资源。

原载《厦门大学学报》（哲社版）2007年第2期

西方现代性的三次浪潮*
——列奥·斯特劳斯视野中的现代性的变迁

在现代性研究中，列奥·斯特劳斯(Leo Strauss, 1899—1973)以独到和对根本问题的深刻把握著称，他并非就事论事，而是借助于古典学，以文明的源头为参照诊断西方现代社会的问题。正因为此，他对当今欧美学界产生了巨大的影响，而且，他的影响也波及大洋彼岸，引发了耐人寻味的汉语学界的"斯特劳斯热"。可以说，斯特劳斯终生关切的中心议题就是西方现代性，他的研究涉及了这个问题的基本方面。本文以其现代性三次浪潮的研究为核心，揭示了他对西方现代性的宏观把握，有利于我们认识西方现代性，同时也能够促进我们对中国问题的认识。在他看来，西方现代性的基本特点是，现代人以自身的力量和手段，把超越的、神圣的、彼岸的信仰彻底地付诸实践，使之现实化、世俗化、此岸化。换言之，"不再希望天堂生活，而是凭借纯粹人类的手段在尘世上建立天堂"①。基于这个基本判断，他揭示了西方现代性的变迁，并以三次浪潮说明了其不同风貌。

一、现代性的第一次浪潮

拒绝接受古典政治哲学引发了政治哲学的变化，也是导致现代性第一次浪潮的思想根源。这次浪潮的标志性人物是马基雅维利(Niccolò Machiavelli)、霍

---

* 本文系国家社科基金《现代性视域中的西方艺术思潮》(11BA010)的成果。

① [美]列奥·斯特劳斯：《现代性的三次浪潮》，贺照田主编：《西方现代性的曲折与展开》，吉林人民出版社2002年版，第87页。

布斯(Thomas Hobbes)、洛克(John Locke)，他们的思想文本典型体现了现代的特征，斯特劳斯细读了这些政治哲学家的著述，并由此发现了现代性的发生和展开。

（一）马基雅维利

马基雅维利扭转了政治哲学的发展方向，他采取了现实主义的务实态度，致力于探讨人的实际生活如何。他极端地怀疑正义的普遍性、永恒性和合法性，否定了缺乏社会秩序或道德秩序的社会中的正义存在的可能："一切合法性的根据都在于不合法性；所有社会秩序或道德秩序都是借助于道德上颇成问题的手段而建立起来的；公民社会的根基不在于正义，而在于不义。所有国家中最著名的那一个是依靠兄弟相残而建立起来的。"①这样，只有在具有社会秩序或道德秩序的社会中谈论正义，才有意义。

具体而言，马基雅维利对古典政治哲学的改造主要体现在以下几方面：第一，古典政治哲学颇具理想主义色彩，它重点关注人们应该如何生活，它追求最完满的正义、最好的政制（或政治秩序），并希望以政治促进德性，进而有助于人们理想地生活。马基雅维利赋予政治哲学以现实主义的品格，他极为关注人们实际上是怎样生活的，以及"事实性的、实践性的真理"。而且，他强调人应该主动地介入生活、掌控生活。第二，古典政治哲学虽然强调最好政制的重要性、指导性，但对它的建立缺乏信心，视之为不可驾驭的、偶然的命运或机遇。在柏拉图的《理想国》中，最好政制的建立需要政治与哲学之间的相互妥协、支持，但这样的可能性微乎其微。亚里士多德也持类似的看法，建立最好的政制需要与此适应的质料（或者说，所在地和当地人的自然本性），但质料主要取决于命定的、偶然的机缘，决非人力所为，即使统治者也无能为力。马基雅维利同样承认质料的重要性，但是，在对能否改变质料的看法上，他与亚里士多德产生了分歧，他认为，尽管难度很大，但并非没有可能，还是能够通过努力克服困难、改变质料的性质，并建立起最好的政制。第三，马基雅维利拒绝了作为前代政治理论家的共和

---

① [美]列奥·施特劳斯：《自然权利与历史》，彭刚译，北京三联书店2006年版，第182页。

国基础的对自然的解释。他们认为,所有存在者都趋向于其终极目的,都渴望达到完善状态;每个特殊的自然本性同样如此,都有其自身的完善状态,自然本性自身是善的,它能够提供不以人的意志为转移的标准;人也是这样,其完善状态是由作为理性的、社会动物的人的自然本性决定的。具体地说,人也以其自然本性在宇宙中占据了一个特殊的、重要的位置。但是,人具有不可避免的有限性:"人具有的是整体之内的位置,人的权能是有限的;人无法克服其自然本性的界限。"①也就是说,人只是宇宙中的特殊一份子,并不能创建宇宙的秩序,人能力的有限性源于其自然本性的界限,而自然本性又充满了偶然性和不确定性。古典政治哲学就据此规定了人的生活:"善的生活便是按照自然本性去生活,这意味着安于特定的界限;德性在本质上就是适度(moderation)。"②这样,为了生活的快乐,我们必须节制欲望。但马基雅维利抛弃了哲学的、神学的传统,他重新阐释了"德性":国家高于德性,国家应成为德性存在的原因;政治生活的正当性不应该受制于道德性;政治社会之外不可能存在道德性;虽然道德性预设了政治社会,但如果仅仅着眼于道德性的界限,就难以建立、维持政治社会。既然能掌控机运,质料也能够被改造、改进、提高,那么,建立政治社会(甚至最好的政治社会)、政治问题就能够被还原为技术问题,能够依靠人身的技术力量克服偶然的、不确定的障碍,并极大地提高成功的机会。同时,为了保障政治问题的解决,有必要降低政治目标,使之与人们的实际需求相互适应、相得益彰。这样,就能够有效地解决政治问题。

马基雅维利的巨大影响在于,他不但是引发现代性的第一次浪潮的关键性人物,而且其思想与他之后西方社会发生的两次转折的精神都不谋而合。第一次是自然科学的转折,马基雅维利的思想与这次转折表现出的革命精神相吻合。现代自然科学否定了目的因,古典政治哲学的根基也随之动摇了。而且,它对自然、

---

① [美]列奥·斯特劳斯:《现代性的三次浪潮》,贺照田主编:《西方现代性的曲折与展开》,吉林人民出版社2002年版,第90页。

② 同上。

科学的解释都迥异于传统：人不再需要遵从自然的安排，人的知性为自然立法；自然要接受人类理性的质询；"知"等同于"做"；人类的能力和潜力都是无限的；人是一切价值、真理的源泉；人的能动作用能够独立、超越宇宙的秩序及其安排。这样，科学的目的就是为了最大限度地征服自然、掌控自然、利用自然，以最终提高人的地位。自然本性的限制也由此被打破，自然与人类的关系就发生了逆转："征服自然意味着，自然是敌人，是一种要被规约到秩序上去的混沌（chaos）；一切好的东西都被归为人的劳动而非自然的馈赠：自然只不过提供了几乎毫无价值的物质材料。"①相应地，政治社会的人工性、人为性取代了其自然性："国家只是一件人工制品，应当归因于习俗（convenants）；人的完善并非人的自然目的，而是由人自由地形成的理想。"这也是现代性第一次浪潮的基本特征。第二次是政治哲学或道德哲学的转折，马基雅维利的思想与这次转折的精神的契合之处在于，他有效地建立起了政治与自然法（nature law）或自然权利（nature right）②之间的联系，他把自然权利解释为克服了人类武断的正义，建立起这种联系后，他的思想才得以发挥巨大的作用。但实际上，他这方面的工作落后于霍布斯。尽管如此，马基雅维利仍然在霍布斯开创道路上继续前行，他尤为强调自身保存的权利之于政治的重要性，其功不可没。

（二）霍布斯

虽然霍布斯不为世人所容，但他实际上仍然赓续了传统。他所认同的传统的基本前提是："高贵与正义之物本质上有异于令人愉悦之物，而且就其本性而言比之后者可为可取；或者说，存在着一种全然独立于任何人类合约或习俗的自然权利；或者说，存在着一种最佳的政治秩序，它之所以为最佳是因其合于自然。"③据此，他强调了传统古典政治哲学对最佳政制或公正的社会秩序的

---

① [美]列奥·斯特劳斯：《现代性的三次浪潮》，贺照田主编：《西方现代性的曲折与展开》，吉林人民出版社2002年版，第92页。

② "naturae right"可以翻译为自然正当、自然正确、自然正义、自然法、自然权利，其含义有不少差别，本文主要根据不同的语境，使用较为合适的表述。

③ [美]列奥·施特劳斯：《自然权利与历史》，彭刚译，北京三联书店2006年版，第170页。

追求，并认同它对政治性的追求及其关注政治、公共事物的理想主义精神。他认同古典政治哲学的理想主义传统，但它前途暗淡，他把其失败归咎于其错误的假定——人生来就是社会或政治的动物，为了挽救其衰败的命运，他用伊壁鸠鲁派的享乐主义改造了古典政治哲学的理想主义精神。他把二者综合起来，并获得了巨大的成功："于是，他成为了政治享乐主义的创始人，这种学说使人类生活的每个角落都革命化了，其范围之广超过了任何别的学说。"①由于对智慧的追求并没有达致智慧（哲学亦如此），因此，需要为实现智慧提供一个现实的支点，为了达到这个目的，就应该破除怀疑论的不良影响，同时又把怀疑论认可的东西确立为智慧的坚实基础。

为了最大可能地实现政治的最终目标，马基雅维利有意地降低了标准，用"爱国主义或纯粹的政治品行"取代了古典政治哲学倡导的德性和沉思的生活，但也由此引发了诸多难题。为了破解这些难题，霍布斯试图以自然法弥补马基雅维利的不足。他强调，首先应具备关于正义的社会秩序及其条件的知识，为此，他既要保留自然法，又要纠正人追求完满时的盲目性，希望为它奠定一个强有力的现实基础，并切实地发挥其作用。作为人最强烈的感情，"对死于暴力的恐惧"典型地体现了最根本的自我保全的欲望，因此，它自然地引起了霍布斯的关注。他认为，如果把自我保全视为正义和道德的唯一根源，那么，义务就只能是权利的派生物，也就只应该有绝对的权利而不应该有绝对的义务，霍布斯由此确立了权利的绝对性。

霍布斯的权利观从根本上改变了以前的自然法对权利与义务关系的看法，导致了自然法向自然权利的倾斜，并获得了革命性的意义。据此构建的社会秩序重视人的自然权利，在把它神圣化时，也鼓励社会成员为其权利而奋斗，从而为社会的发展提供了更大的动力。他把自然权利视为自然状态的主要特征，自然状态也由此在政治哲学中获得了空前的重要性。而且，与古典政治哲学把最佳政制的制定者、统治者、最终裁决者托付给智者和有德之人不同，霍布斯认为，每个

---

① [美]列奥·施特劳斯：《自然权利与历史》，彭刚译，北京三联书店2006年版，第172页。

人都应该成为判断其自我保全手段是否正当的最终裁判人。他对自然法的修改还引发了对道德的全新理解——德性可被简单地视为取得和平所需要的社会德性，与得到和平无直接关联的东西（诸如容忍、自律，甚至古代最推崇的智慧）都被逐出了道德领域。这样，德性必然反对与和平对立的恶，恶就成了骄横、霸道、虚荣之类的东西，作为节制自我膨胀的美德也排除到道德之外。这样，就能够通过人工操作获得社会德性，道德也就能够被还原为技术问题，这必将导致"政治享乐主义"。

"权力"（power）一词恰切地反映了霍布斯引发的震荡，它包括"力量"（potentia）、"权力"（potestas），意指"身体"之力与"法定"的权力，具有无与伦比的重要性："只有在potentia（力量）和potestas（权力）彼此之间根本相属时，正当社会秩序的实现才有了保障。国家本身既是最伟大的人类力量，又是最高的人类权威。法定的权力乃是不可抵抗的力量。最伟大的人类力量和最高的人类权威的必然重合，与最强烈的情感（对死于暴力的恐惧）和最神圣的权利（自我保全的权利）的必然重合恰相对应。"① 当然，霍布斯也承认，源于宗教的恐惧比"对死于暴力的恐惧"更为强烈，但他之所以把后者视为最强烈的情感，原因在于他的结论主要针对非宗教或无神论的社会。为此，他寄希望于正确的制度和对大众的启蒙，要启蒙大众准确地理解正义的原则，消除其贪心、邪恶，也要普及哲学并使之成为大众的意见，用哲学解决社会问题，以获得和平。同时，应该清楚的是，虽然他重视哲学的启蒙作用，但他是矛盾地看待理性的：因为宇宙的不可理解性和没有源于宇宙的支持，所以，理性是无能的。但宇宙的不可理解性又使理性能够自由创造，具备了征服自然的巨大潜力；虽然理性无法与最强烈的情感比较，但二者的结合能够获得难以想象的巨大力量。他的理性主义基于这样的信念："感谢自然的仁慈，最强烈的激情乃是唯一能够成为'庞大而持久的社会的源泉'的激情，或者说最强烈的激情乃是最合乎理性的激情。"② 鉴于此，人自身强大的自然力量就成了理性的根基，也可以据此理解我

---

① [美]列奥·施特劳斯：《自然权利与历史》，彭刚译，北京三联书店2006年版，第198—199页。
② 同上，第205—206页。

们的创造物和我们的创造本身。尽管如此，他还是为自然留下了狭小的空间，使它不至于与人类形同陌路。

霍布斯之前，人们经常按照人的目的的等级来理解自然法，其中，自身保存（self-preservation）的地位最低。霍布斯扭转了这种局面，他首先根据自身保存来理解自然法，这样，自然法首先被理解为自身保存的权利，其引发的结果是，人的权利取代自然法、人取代自然、权利取代法。细致地讲，他的自身保存的权利包含了"身体自由"的权利和舒适生存的权利，也必然要求舒适的自身保存的权利，并最终指向对经济的重视。换言之，霍布斯的转向将导致这样的观念："对于完善的正义而言，普遍的富裕与和平是充分且必要的条件。"①就此而言，霍布斯启发了洛克，洛克也极为重视自身保存权利的绝对重要性，并继续推动了从这种角度对自然法的理解。

（三）洛克

洛克恢复了搁置的神学传统，在理性与启示的对立中，他更倾向于启示。他貌似反对霍布斯，实则进一步推进了霍布斯的看法。具体而言，他的推动作用主要体现在两个方面。第一，他极为重视权利（特别是财产权）和自我保全。虽然他从上帝导出了自然法，并要自然法像法律一样规定人的义务，但在他看来，从逻辑上讲，自然权利要先于自然法，生命要先于幸福，人最强烈的欲望是自我保全，而财产又是自我保全和幸福的保障。因此，就应该强调人的权利、自我保全和财产权的绝对重要性，这种观念的意义非凡："通过将重心由自然义务或责任转移到自然权利，个人、自我成为了道德世界的中心和源泉，因为人——不同于人的目的——成为了那一中心和源泉。"②随着人成为价值之源，人的劳动、创造都被赋予了极高的价值，自然的地位就不可避免地削弱了，人对自然的征服也由此获得了正当性。第二，洛克从享乐主义——"所谓

---

① [美]列奥·斯特劳斯：《现代性的三次浪潮》，贺照田主编：《西方现代性的曲折与展开》，吉林人民出版社2002年版，第93页。

② [美]列奥·施特劳斯：《自然权利与历史》，彭刚译，北京三联书店2006年版，第253页。

的好和坏，就是快乐和痛苦"——逐渐演变为功利主义和政治享乐主义。他把最大的幸福视为"拥有那些产生出最大快乐的东西"，并等同于最大的力量，还把痛苦、匮乏作为权利产生的原因。为此，人类就应该运用力量克服自然状态的痛苦，否定自然，甚至脱离自然状态，以实现其幸福和自由。由于不存在纯粹的快乐，约束性的社会与生活的关系就不必然是紧张的，享乐主义就可以变为功利主义和政治享乐主义。

综上所述，自马基雅维利始，途经霍布斯，以洛克为终点，终于完成了古典政治哲学向现代政治哲学的第一次转折，也由此呈现了现代性第一次浪潮的轨迹，并彰显了这次浪潮的鲜明的特征："将道德问题与政治问题还原为技术问题，以及设想自然必需披上作为单纯人工制品的文明产物之外衣。"①第一次浪潮在政治上引发产生了自由民主制的理论。现代性肇始于对"是"与"应是"、现实与理想之间距离的克服，现代性的第一次浪潮降低了理想的标准，以缩小它们之间的距离，尽管如此，仍然不能弥补二者的差距。三位政治哲学家的方案都从各自角度不同程度地深化了现代性的逻辑，逐渐推进了其纵深发展。

二、现代性的第二次浪潮

现代性的第二次浪潮始于卢梭，康德、黑格尔、马克思沿着卢梭开辟的方向，从不同方面推进了现代性的进程，这次浪潮在政治上引发了共产主义的理论。就像硬币的两面，这次浪潮也展示了现代性的危机，成了现代性的第一次真正的危机。卢梭率先批判了现代性的第一次浪潮的特征，并由此拉开了现代性第二次浪潮的序幕。斯特劳斯以卢梭为例，说明了现代性第二次浪潮的危机。

卢梭的基本看法是对霍布斯的反驳、纠正和发挥，典型地体现在以下几个方面。第一，霍布斯认为，算计（心智、理性的产物）是社会的根基，作为这个根基产物

---

① [美]列奥·斯特劳斯：《现代性的三次浪潮》，贺照田主编：《西方现代性的曲折与展开》，吉林人民出版社2002年版，第93页。

的自我保全又可以导出德性、义务。卢梭否认人生来就有社会性，他把与理性对立的情感作为社会的根基，这样，在个人与社会的关系中，个人无疑获得了优先性。而且，为了捍卫个体及其独立性，他没有接受"人是社会的动物"的观念，并保留了"自然状态"的概念。第二，在霍布斯看来，自由源于自我保全，二者冲突时应该先考虑后者。他吸收了伊壁鸠鲁主义的资源，要求把人从社会约束、所有自然目的中解放出来。他放弃了传统的做法，把自然权利与"善的生活"相联系，从而解放了人的欲望："那种导源于对于自我保全的关切的、追逐权力的无尽的权力欲，就成了对于幸福的合理追求。"①但卢梭的看法正相反：自由（人为他自己立法的意义上）高于生命、高于自我保全，自由就是德性、就是善。这样，人不是理性而是自由的动物。他在霍布斯的自由和权利优先上的基础上，突出强调了义务的无条件性和道德的无功利性。他把自我立法视为自由的本质，并从自由导出了德性，即自由使人获得了德性。他区别了真正的自由、公民自由和自然状态中的自然的自由，但并不看好后者："自然状态乃是一种以盲目的欲望的支配从而是道德意义上的奴役为特征的状态。"②第三，卢梭改变了霍布斯的自然状态的标准的消极性。霍布斯的自然状态是一种消极的标准："自然状态的特征乃是这样一种自相矛盾，以至于只有一种解决之道才是充分合理的，那就是'巨大的利维坦'，它的'血液就是金钱'。"③但是，卢梭却反其道而行之，把它转化成了积极的标准。他认为，公民社会的根本特征是自相矛盾：人们因为彼此依赖而生活得并不幸福；自然状态能够克服了自相矛盾，人们获得了彻底的独立性，并能够过上幸福的生活。为此，就要超越公民社会，返回人类最初的过去状态，以享受自然状态下的自由和平等，自然状态就成为一个积极的标准，但问题是不可能返回自然状态。

既然没有返回自然状态的可能，"自然状态"就只能以理想的形式发挥作

---

① [美]列奥·施特劳斯：《自然权利与历史》，彭刚译，北京三联书店2006年版，第286。
② 同上，第287页。
③ 同上，第288页。

用。卢梭从理性、语言、社会和人的关系中，推导出返回自然状态的不可能性。他认为，"理性与语言相伴而生，而语言又是社会出现的前提：在社会之先，自然人是在理性之先的。"① 也就是说，语言、理性都先于社会，自然人也先于社会、先于理性。因此，就不能把人界定为理性的动物，自然人也不可能获得有关自然法的知识。这样看来，自然人是没心没肝的前道德的人、行善与作恶并举的次人(subhuman)，他天性善良，潜在着巨大的可完善性、可塑性。自然人首先要满足肉体的欲望，在这个过程中，心智、理性也随之出现并得以发展，在各种偶然因素的作用下，人类逐渐由自然状态进入了文明社会。既然自然人是次人，自然状态就无法为人类提供规范或者行为的标准，那么，返回自然就既无必要又无意义。实际上，当时对"自然状态"有两个基本的理解：已经消失的人类开始时的生活状况；法理意义上的自然状态，是假定的、抽象的人的原本状态。卢梭的自然状态概念倾向于前者，实际上，无论哪一种自然状态都是人类不能返回的，返回自然基本没有可能："偶然发生的必然性迫使人们离开了自然状态，并且将他改变得再也无法返回到那种幸福的状态。"② 但是，这并不意味这个概念是无效的，卢梭退而求其次，仍然据此规定了善的生活，既然无法返回自然状态，就只能在人道的层次允许的限度内最大可能地接近自然状态，从政治方面看，这种生活可能在通过契约建立的社会中实现。

切断了通往自然状态的道路后，卢梭把目光转向了历史，期待从历史过程中找到人行动的标准，即"既然他已经表明了，人类的特质并非自然的赋予，而是人们为了克服或改变自然而有所作为(或被迫有所作为)的结果：人道乃是历史过程的产物。在某一时刻——这一时刻比一个世纪更长——人们似乎有可能在历史过程中找到人类行动的准绳"③。这种可能性以历史过程有意义、历史是进步的为前提，但是，由于他无法接受这个前提，也就仍然切断了用历史解决问题

---

① [美]列奥·施特劳斯：《自然权利与历史》，彭刚译，北京三联书店2006年版，第276页。
② 同上，第288页。
③ 同上，第280页。

的通道，结果只能否定了这种可能性："他（指卢梭——引者注）认识到，就历史过程乃是偶然的而言，它无法给人类提供标准，而且如果那一过程有着某个隐蔽的目的的话，其有目的性也是人们所无法认识的，除非存在着超历史的标准。没有对于历史过程的目的或目标的预先了解，就不可能把历史过程看作是进步的。历史过程要有意义，就必须最终达到对于真正的公共权利的完美的知识；人们不具备此种知识，就不会或者无法成为自己命运的有预见力的主宰者。因此，给人们提供了真正的标准的，不是有关历史过程的知识，而是有关真正的公共权利的知识。"①这样的结果自然使人失望、失落，既然历史并不能为人类提供行动的标准，就只有转向公民社会，依靠有关公共权利的知识了。

  卢梭有时把自由社会（或公民社会）设想为"民主制"，因其最接近自然状态。而且，公民与自然人所享受的自由也很难比较："公民比之自然状态下的人更少自由，因为他不能够再依循他那不受限制的判断，然而他又比自然状态下的人有更多自由，因为他会得到他的同胞们的习惯性的保护。"②实际上，只有保障公意的正确，才能使民主制吸收自然法的成果，为此，就应该发挥立法者、宗教和风俗的作用。但是，他并没有把自由社会作为解决人类问题的途径。虽然自由社会最能满足自由，但公民社会经常与义务、德性、服从相联系，因此，它不可能存在真正的自由。实际上，德性比善更优越，爱比德性、善、公民社会更接近最初的自然状态。在人道的层面上，通过爱能够比通过道德生活、公民生活达到更高程度的自然状态。为此，应该从城邦返回家庭、爱。但矛盾的是，爱具有社会性，而人的本性却是反社会的，只有通过"孤独的遐想"以最大限度地接近自然状态。"孤独的遐想"指的是"一个人感受到自己存在的愉悦之情"，如果一个文明人全身心地沉浸于对自己的体验，摆脱了一切与己无关的社会的束缚，也摆脱了除感受自身存在之外的其他情感，他才可能返回人道层面上的自然状态。而且，这种感受与借助于别人的意见感受自己的存在相佐，作为"人民最初

---

① [美]列奥·施特劳斯：《自然权利与历史》，彭刚译，北京三联书店2006年版，第281页。
② 同上，第219页。

的情感",其目的是为了保全存在,它比自我保全更深刻,也能够引发人的愉悦。但是,这是一种公民社会中的情感,如果从这个角度讲,公民社会无益于人类,却有益于个体,这也是公民社会合理性的依据:"它允许某种类型的个人通过从公民社会中退隐、亦即生活在其边缘而得享至高无上的幸福。"①实质上,卢梭的自由是一种克服了社会约束的"终极自由",其人道内容并不明确;"自然状态"的目标也很模糊,它仅仅是达到自由的"观念上的工具"。但对于卢梭而言,虽然自由无法界定,但它不是绝对的、无限的,它经常会受到其目的的限制,甚至可能为达到特定的目的而损伤、牺牲自由,这样,有必要区分自由与放纵,并正视它与公民社会的要求之间的抵牾、矛盾。

实际上,可以把卢梭的思想视为对现代性第一浪潮的反拨。为了对抗第一次浪潮,他重新改造、启用了古典的非功利的德性概念,反对绝对君主制和现代共和制的重商主义;他吸收了霍布斯们的自然状态的概念,视之为人最初就存在于其中的状态,并极端地要求返回自然状态。结果,卢梭发现,自然状态中的人是次人(subhuman)或前人(prehuman),他在历史的发展中获得了其人性和理性。换言之,人性绝非天生的、自然的,而是历史地形成的;不能把历史过程看作目的论,其发展不可预测。而且,他否认科学、知识的增长必然导致社会和道德的进步,背离了作为启蒙运动重要倾向的进步观:"在卢梭反对启蒙进步的信念中,回归城邦是第一个要素;抗拒进步信念是其思想中的现代性危机最强有力的表现。"②这样,卢梭批判了第一次浪潮的功利性、世俗性,也批判了它对人类的力量、人工作用(以科技为代表)的片面强调,清晰地展示了现代政治哲学、现代道德哲学、现代性的深刻危机,并以此产生巨大的影响。同时,他也希望以超越性和道德来纠正第一次浪潮的弊端。但是,他不但没有达到目的,而且仍然深化了现代性的逻辑,甚至预感到第三次浪潮面临的深渊。

---

① [美]列奥·施特劳斯:《自然权利与历史》,彭刚译,北京三联书店2006年版,第299页。
② 刘小枫选编:《斯特劳斯与现代性危机》,华东师范大学出版社2010年版,第174页。

三、现代性的第三次浪潮

历史主义和实证主义都强烈地反对自然权利论,并导致了虚无主义的泛滥,也引发了现代性的第三次浪潮,其政治上的后果是法西斯主义,这次浪潮亦可称之为现代性的第二次危机。与前两次浪潮不同,第三次浪潮的实际状况更趋悲观:"构成它的是一种对生存情绪的崭新理解:这个情绪更多的是对恐惧与灼痛而非和谐与平静的体验,并且它也是(作为必然的悲剧性生存的)历史性生存之情绪;诚然如卢梭所云,人性问题无法作为社会问题来解决,但也无法从人性遁入自然;根本不可能有什么真正的快乐,或者说,人所能获得的最高成就也与快乐毫无关系。"①作为反对自然权利论的两种重要力量:历史主义包括了历史学派、历史主义和彻底的历史主义;实证主义主要以马克斯·韦伯为核心的韦伯学派为代表。下面分而述之。

历史学派上承习俗主义,诞生于对抗法国大革命以及作为其精神基础的现代自然权利论的背景中。法国大革命与现代自然权利论都主张彻底地反对传统、现存的制度、现存的秩序,并进行激进的变革。与此相反,历史学派着眼于对智慧的追求,主张保留传统、现存的制度和秩序。在思想层面上,历史学派否定了普遍的、永恒的、抽象的原则与标准,反对规范性,原因在于:"对普遍原则的认可就往往使得人们不能全心全意地认同或接受命运所指派给他们的社会秩序,使得他们疏远了他们在世间所处的位置,使得他们成了陌生人,甚至对于这世界来说也是如此。"②也就是说,如果有人以它们为标准来衡量现实,就可能引发对现状及其社会地位的不满,甚至对现实采取过激的行动。为了维护现状,历史学派就转而强调特殊、相对、具体的重要性,反对自然权利论,这样,也就不可避免地具有保守性:"历史学派一经否定了普遍规范的意义(如果不是它们的存在的话),也就摧毁了所有超越现实的努力的唯一稳固的根基。

---

① [美]列奥·斯特劳斯:《现代性的三次浪潮》,贺照田主编:《西方现代性的曲折与展开》,吉林人民出版社2002年版,第98页。
② [美]列奥·施特劳斯:《自然权利与历史》,彭刚译,北京三联书店2006年版,第15页。

因此，我们可以把历史主义看作是比之18世纪法国的激进主义远为极端的现代此岸性的形式。"①历史学派反对普遍的原则、反对人类思想的永恒性、反对历史中存在行为的标准，实际上是卢梭思想的激进发展。

历史主义继续了历史学派的做法。按照传统的看法，哲学的功能在于把握普遍的、永恒的、绝对的知识与秩序，古典形式的自然权利论也据此去追求永恒的人性、绝对的社会秩序、最好的政制、人的合乎德性的"美好生活"。但是，历史主义把历史现象绝对化："所有的哲学化本质上都属于某一'历史世界'，某一'文明'、'文化'或'世界观'。"②它以"历史经验"的差异证明不同时代、地域的人们的价值观的不同，并承认其合理性。历史主义不但否定人类具有把握永恒的能力，而且还否定人类具有预测永恒的能力："由于所有的人类思想都属于特定的历史情形，所有的人类思想就都注定了要随着它所属的历史情形而衰落，被新的、不可预料的思想所取代。"③他们由此彻底地否定了古典形式的哲学和自然权利论："自然权利是不可能的，因为完全意义上的哲学是不可能的。"④由于拒绝了自然权利，历史主义就只承认特殊性、相对性，也只能依靠特殊的、具体的行为之原则与标准，行为的原则与标准的普遍性、客观性、规范性也被否定，进而丧失了其神圣性、权威性。这样，历史成了没有目标的偶然的、断裂的、破碎的片段，"历史过程"也变得漫无目的、失去了意义，人丧失了历史的参照后，也变得无所适从。

历史主义的极端发展导致了彻底的历史主义，并最终导致了虚无主义的泛滥，它始于尼采，海德格尔紧随其后。与卢梭对历史满怀希望不同，尼采反对从历史中寻求普遍性、永恒和人行动的标准。尼采批判了前辈们的历史本质观，使历史变得问题重重。他把黑格尔的历史哲学作为靶子，进行了猛烈的攻

---

① [美]列奥·施特劳斯：《自然权利与历史》，彭刚译，北京三联书店2006年版，第17页。
② 同上，第14页。
③ 同上，第20页。
④ 同上，第37页。

击。黑格尔把历史视为理念依现实、宗教和哲学顺序展开的由低到高的发展过程，作为一个由开始、发展、顶点、衰落和终结组成的完整过程，它呈现出向合理化、理性进化的趋势。但是，黑格尔之后，这种历史观衰落了。随着"历史有顶点和终点"的看法失去了市场，历史就成了具有未完成性和不可完成性的开放过程，关于历史必然走向合理、进步的观念也动摇了，历史的内在意义、目的和发展方向是否存在都成了问题。但是，这些观念的基础没有被彻底摧毁，就只能以残余的力量发挥影响，这也成为尼采思考的起点。卢梭虽然揭示了这些问题，但没有彻底地放弃历史。尼采对根基动摇的历史失去了希望，勇敢地抛弃了理想及其背后的支持者自然、神、理性、理念，寄希望于"重估一切价值"的超人。而且，他不遗余力地批判理性、理性主义，也动摇了自由民主制甚至西方文明的根基，并展示了其危机。海德格尔更为激进地把历史视为"特殊时刻"的突然降临，因为不可预测它何时出现、何时消失，其过程也没有因果联系的贯通，实际上成了个体、群体的"命定"或偶然的机缘。尼采、海德格尔发展的彻底的历史主义更是把知识和理解活动的特殊性、相对性推向极端："一切的理解，一切的知识，无论它们如何有局限、如何地'科学'，它们都预设了一个参照系；它们都预设了一个背景、一种融通的观念，知识和理解可以在其中展开。"[①]既然一切知识、理解活动都是此时此地此境的产物，其作用也仅限于此，随着时间、地点、语境的改变，其作用也将消失殆尽，这样，势必要抛弃自然权利论。

以马克斯·韦伯为代表的实证主义则从价值中立的角度否定了自然权利论。在韦伯看来，事实与价值是不同质的范畴，二者是分离的："我们从任何事实中都抽绎不出它的具有价值的特性，我们也无法从某物之被视为有价值的或可欲的，而推断出它在事实方面所具有的秉性。"[②]鉴于其绝对的异质性，社会科学应该在道德上保持中立，换言之，社会科学应该致力于解释关于事实及

---

① [美]列奥·施特劳斯：《自然权利与历史》，彭刚译，北京三联书店2006年版，第28页。
② 同上，第41页。

其原因的问题，它无力也不应该进行价值判断。不仅如此，韦伯还否认了价值的客观性、削平了价值的等级差别，不分轩轾地把各种价值等量齐观："真实的价值体系并不存在；存在的只是一系列不分高下的价值观，它们的需求彼此之间相互冲突，而此种冲突又非人类理性所能解决。"①韦伯对价值判断的悬置，必然以牺牲价值、选择的客观性与标准为代价，价值的削平使任何选择都具有同样的合理性、同样的价值，可是，人类的理性又无法最终解决其冲突，只有依靠个人主观的、非理性的判定，其结果必然导向虚无主义。

如果拒绝了自然权利论，行动的原则、选择的标准就丧失了客观性，我们也就丧失了行动的依据，只能依靠个人的、主观的、盲目的自由进行选择。其结果就是虚无主义的泛滥："如果我们所依据的原则除了我们盲目的爱好之外别无根据，那么凡是人们敢于去做的事就都是可以允许的。当代对自然权利论的拒斥就导向了虚无主义——不，它就等同于虚无主义。"②而且，在丧失了行动的原则和标准之后，我们不但失去了对它们的信任，而且还动摇了生活的基础，我们在充分享受自由时却失去了生活的支点，丧失了与世界亲近感，并因此遭受着失去家园、无所依傍的痛苦。我们也由此面临精神的深渊和灾难性的未来："我们不再能够全心全意地依据它们而去行动。我们不再能继续作为负责任的存在者而生活下去……我们越是培植起理性，也就越多地培植起虚无主义，我们也就越难以成为社会的忠诚一员。虚无主义之不可避免的实际后果就是狂热的蒙昧主义。"③

通过斯特劳斯的勘察，我们可以发现，西方政治哲学的转折在观念上如何影响了现代社会的世俗化进程、如何影响了现代性的逻辑的发生、发展，以及现代性发展过程中的三次大的变化及其风貌，对于我们认识中西现代性都是大有裨益的。

---

① [美]列奥·施特劳斯：《自然权利与历史》，彭刚译，北京三联书店2006年版，第43—44页。
② 同上，第4—5页。
③ 同上，第6页。

历史嬗变中的中国现代性*
——中国现代性的发生兼及审美现代性的特征

随着现代性概念的蹿红,国内外的现代性研究迅速升温,成为学术界关注的焦点之一。现代性是一个涵盖了政治、经济、思想、文化、艺术等领域的包罗万象的综合性概念,涉及了哲学、社会学、历史学、心理学、文学、美学等多个学科。众多学者、学科的介入,形成了阐释这个概念的多重视角,也导致了它的多种不同含义。这样,目前国外学术界对这个概念的理解也是聚讼纷纭,没有共识性的定论。从另外一个角度看,现代性概念的不确定性也是其优势,它为现代性研究提供了灵活性和广阔的阐释空间。

与国外的现代性研究相比,国内的研究则显得更为复杂。国外(特别是欧美)的现代性研究,极大地启发、影响了中国的学术研究,为现代性研究开启了新开阔的视野、新颖的方法和巨大的阐释空间,也带来了丰富的研究成果。但是,毋庸讳言,中国的现代性研究直接借鉴了国外的研究成果,借鉴时的误读、有意挪用,导致了理解上的偏差和研究的种种局限。而且,中外现代性语境的差异以及中国语境的特殊性,都加剧了中国现代性研究的复杂性、困难,也影响了研究的质量。这体现在国内一部分学者在使用现代性概念时缺乏严格界定、想当然地运用概念,造成了论证和结论的含混;缺乏对国外研究成果的必要反思、批判,甚至直接照搬其结论,根本无助于问题的解决;现代性研究具有跨学科性,对研究者的知识结构要求很高,研究者功力不逮,致使一些论断似是而非,也亟待澄清。事实上,这些问题在中国审美现代性研究中不但广

---

* 本文系国家社科基金《现代性视域中的西方艺术思潮》(11BA010)的成果。

泛存在、习以为常，而且其严重性更甚。究其原因，与部分研究者知识储备不足、急于通过引进西学争夺话语权有很大关系，同时，也与审美的内容丰富、客观上难以把握有关。

本文立足于中国审美现代性研究的现状，尤其针对某些研究的局限，尝试提出一种思路。也就是借鉴国外的现代性、审美现代性研究的成果，以中国的社会现代化为背景，通过文化现代性的中介环节，着眼于多种力量，在古今之变、中外之争的格局中，具体地研究中国的审美现代性。

一、中国现代化的发生

研究中国审美现代性，必然要涉及中国现代性。德国哲学家哈贝马斯（Jurgen Habermas）在《现代性——一项未完成的工程》一文中提出了一种思路，他把现代性区分为"文化现代性"、"审美现代性"和"社会现代化"。①受此启发，我们可以把中国现代性分为社会现代化、文化现代性和审美现代性。研究中国审美现代性，必然要涉及中国的现代化。研究中国现代化时，我们必然要涉及一些影响中国现代化的重要因素和事件，它们对于促进中国审美现代性的形成和发展也起到了至关重要的作用。这里有必要提及以下这些因素。

战争与现代性的关系非常密切，霍尔（Stuart Hall）花大力气研究了殖民主义战争与现代性的关系②，鲍曼（Zygmunt Bauman）更是把纳粹对犹太人的大屠杀视为合乎现代性逻辑的必然结果，揭示了二者之间互相依赖、相互促进的共谋关系，特别是现代管理、科技之于大屠杀的关键作用。③尽管战争在中外现代化过程中的作用不同，但是，中国的现代化进程与战争的关系也非常密切。在西方发达国家中，战争是殖民主义扩张的基本手段，它们通过战争掠夺了大量的物质财

---

① Jürgen Habermas. *Modernism: An Incomplete Project*. Hal Foster. *Postmodern Culture*. Landon: Pluto, 1985.

② Stuart Hall and Bram Gieben. *Formations of Modernity*. Cambridge: Polity Press, 1985.

③ [英]齐格蒙特·鲍曼：《现代性与大屠杀》，杨渝东等译，译林出版社2002年版。

富，促进了本国的工业化和资本积累，为资本主义的现代化发展开辟了道路。中国晚清以来与西方列强的战争，大都以中国的失败而告终，也成为中华民族的屈辱史和伤心史，侵略者以其坚船利炮迫使中国割地、赔款、开放通商口岸，甚至出现了"国中之国"的租界。其中，鸦片战争、甲午海战和国共的最后决战对中国现代性产生了极大的影响。

鸦片战争。这次战争迫使清帝国打开了国门，被迫与西方列强进行一种不平等的贸易来往，国人既看到了经济上的差距，又见识了列强军事、科技的力量，极大地震撼了当时国人的心灵，也促使一部分有志之士思考中国的命运。此外，经济活动、传教士活动也客观地带来了国外与通商口岸与沿海地区的文化交流，以及文明、思想观念的碰撞和变革，并逐渐辐射到其他地区。

甲午海战。在这次海战中，仅有弹丸之地的日本大胜清帝国的海军，其结局与《马关条约》给中国人的震撼尤为强烈："唤起吾国四千年之大梦，实自甲午一战役始也"（梁启超语）。这种切肤之痛刺激了中国有识之士的自尊心，继"公车上书"后，一批精英开始觉醒、投身政治。他们不仅认识到了清廷的腐朽、无能，而且也认识到了西学和学习强者的重要性，特别是中外科技的差距，从而促使他们加速了翻译、介绍和学习西方科学技术的进程，科学观念、科学文明也随之得以传播。

中国共产党与国民党的最后决战。这个战役最终决定了国共两党命运和中国的基本政治格局：这次战争结束了中国长期的军阀割据、混战、分治的局面，真正地实现了大陆领土的统一；中共获得了绝对的政治权力，在大陆实行了社会主义制度；随着社会主义改造的完成，中国基本断绝了与西方资本主义国家的联系，开始建立现代意义上的民族国家；改造了大资本家、工商资产阶级和地主等敌对阶级，建立起了无产阶级的绝对统治权；打击了自由主义、保守主义、资产阶级、封建主义思想及其残余，社会主义的意识形态逐渐占据了统治地位。

在中国现代化的进程中，政治变革、政治事件都发挥着非常重要的作用，它们决定了中国基本的制度安排和政治生态，规定了各阶层的社会位置、权利、义务和命运，甚至也基本上规划了个体的命运。其中，维新变法、辛亥革

第四编　中西现代性

命、中华人民共和国的建立、改革开放等政治事件起到重要的作用。

维新变法。在有远见的知识分子推动下，封建社会内部进行了一次自我改良、自我拯救运动，但是，由于保守势力过于强大，这次改良最终流于失败。尽管如此，它仍然反映了一批先进知识分子争取国家独立、民族富强的要求，客观上反映了清帝国内忧外患、难以为继的危机，也反映了一部分清帝国统治者的危机感和要求变革的愿望。而且，改良思想之于封建保守思想的优势是显而易见的，清廷守旧势力对维新力量的镇压为革命和革命思想的传播奠定了基础。

辛亥革命。革命派洞察到了改良的局限，通过论战，他们确立了抛弃改良、进行革命的思路与合法性，并在孙中山的领导下，以武装力量的形式推翻了封建王朝，建立了中国历史上第一个资产阶级民主共和国——中华民国。尽管存在的时间不长，但意义是深远的：它第一次在中国建立了资产阶级的国家建制，使人接触了资产阶级革命的成果——国家层面的政治制度和个体层面的人权、自由、民主，这对于长期遭受封建制度、封建思想奴役的中国人而言，这两种思想孰是孰非、孰优孰劣，是不难辨别的；它还具有巨大的启蒙价值，共和的观念逐渐深入人心，尽管以后仍有复辟回潮，但是，已经尝到共和甜头的中国人很难再愿意走回头路，也失去了封建帝制赖以存在的土壤。

中华人民共和国的建立。新中国的建立，结束了长期的内乱和遭受外敌凌辱的历史，也取得了大陆领土的统一。新中国成立之后，相继进行了制度建设、社会主义改造运动和社会主义建设，社会主义的意识形态也逐渐占据了支配地位。作为新兴的民族国家，新中国实际上进行的是社会主义现代化建设。但是，由于国际形势的变化，特别是受到社会主义与资本主义阵营冷战、对抗格局的影响，新中国基本上断绝了与西方资本主义国家的来往，主要按照苏联的模式进行了社会主义的工业化运动，走上了一条与西方资本主义现代化相抗衡的不同的现代化道路，也取得了国民经济的巨大发展。但是，新中国的现代化建设是短暂的，被后来爆发的"文革"所中断。需要注意的是，由于新中国主要与社会主义国家来往，加上社会主义意识形态的绝对权威性，这样，以马克思主义为指导的社会主义思想就占据了主流的位置,并以其急风暴雨之势横扫传统、资产阶级等其他思想。因此,这一时期的现代化建设是较为封闭的,也经常受到各种政治因素的干扰。尽管如此,马克思主义的现代性、社会主义对资本主义的超越、工业化、社会动员都使这个时期打上了一定的现代色彩,当然,对封建思想的口诛笔伐也没能使这样的现代化建设与保守的小农思想完全绝缘。对"封资修"所进行的意识形态批判,也决定了这一时期中国现代化思想资源的贫乏和封闭性。

改革开放。"文革"中,中国的现代化建设遭到毁灭性打击,几乎中断,国民经济也到了崩溃的边缘。1974年,周恩来总理在政府工作报告中提出了建设"四个现代化"的方案,由于"文革"尚未结束,结果,这些方案也仅仅停留在观念层面,作为一纸空文并未落到实处。1978年,党中央开始拨乱反正、纠正以往的错误倾向,真正开始了新的现代化建设。这时的现代化仍然坚持社会主义方向和马克思主义的指导地位,但是,借鉴资本主义发达国家的现代化经验已经成为全民的共识。这样,意识形态之争暂时被悬置起来,商品生产、市场经济、第三产业的服务业、消费、私有经济这些原来被视为洪水猛兽的资本主义经济形式被广泛引入,并引发了人们观念的全方位的变革。20世纪90年代中后期以来,全球化加剧了中国商品经济的发展,私有经济、民营经济迅速崛起,新兴经济勃兴,跨国资本流通活跃,一些城市出现了类似于消费社会、后现代社会的迹象。

以上的战争和政治事件既是中国现代化的特殊时刻,又反映了中国现代化的历程。在面临"三千年未有之大变局"的历史时刻,中国经历一系列的变革,逐渐从一个封闭的天朝封建帝国演变为半殖民地半封建的社会,从推翻帝制到建立共和制的中华民国,继续发展为现代的人民共和国,并最终步入现代化的道路。通常而言,中国的现代化指的就是晚清以来中国社会告别传统、走向现代的转变,主要涉及了社会结构、经济、政治等层面的变革,中国被强行拖入世界性的现代化结构中,这种变革由资本主义的扩张引发,具有被动性和后发性。

二、中国文化现代性的展开

随着中国现代化的展开，中国文化也发生了深刻的变革，逐渐由传统文化向现代文化转变。中国传统文化以儒学为主，是农业文明、小农经济的产物，具有明显的民族性、地域性，其封闭性和保守性等缺陷已经很难适应现代化的发展，也丧失了继续发展的内在动力。而且，中外文化、文明的接触与碰撞，也加速了中国文化的现代转型。在这种背景下，文化现代性的问题逐渐展开。中国文化的现代性主要包括文化制度（或机制）和文化观念等层面的现代转变。

随着现代化的来临，中国文化的语境、文化载体、教育机制、文化传播机制都发生现代的转型，这些变化为中国文化现代性的产生提供了前提条件。

新的文化语境的诞生。鸦片战争后，林则徐的《四洲志》、魏源的《海国图志》、徐继畬的《瀛寰志略》等书籍开启了中国了解世界的窗口。鸦片战争后，中外文明接触、交流加大，并逐渐从通商口岸向沿海地区、内陆扩大，西方文明、观念开始渗透，传统文化独霸天下的局面已经一去不复返了。

文化载体的变革。文言文是中国传统文化的主要载体，也是中国抒情诗文的理想载体，能够满足农业文明社会的日常表达需要。但是，近代以来，文言文在表达复杂的情况、新事物等方面捉襟见肘，已经很难适应时代的发展。实际上，近代以来的表达中已经借鉴了一些口语、大众语，为白话文运动做了些铺垫，但是，新文化运动以明确的、极端的方式提出了白话取代文言的主张，其意义巨大："以白话取代文言，并不仅仅是一场反对文言文的文化运动，而且还是一场深刻的双重意义上的语言革命：一方面改变了传统的书面语，使书面语与口语统一起来，从而克服了传统语言的内在分裂；另一方面重建了全新的文学语言，使文学内容与形式之间获得了内在的和谐与统一。"[①]

现代教育的出现。新的教育制度促进了西学的传播与接受：随着科举考试、八股取士制度的废除（1905年），士大夫的权威遭到削弱，开始向知识分子转变；

---

① 陈旭麓：《近代中国社会的新陈代谢》，上海社会科学院出版社2006年版，第396页。

洋务运动时选派学生到国外留学，多数学习西方的自然科学技术，废除科举后，留学人数剧增，学习社会科学和人文科学的人数大增；"洋务学堂"、书院转变而成的学堂和新成立的"新式学堂"大都开设外语课和介绍西方自然科学的课程，还增设了介绍西方社会科学和人文科学的课程，培养了人才。

新的文化介绍、传播机制的诞生。诸如京师同文馆、江南翻译馆等一些专门翻译西方科技与文化书籍的机构的出现，翻译出版了不少西学文化著作；作为新生事物，也出现了一些政论与文化刊物、报纸，《东方杂志》、《青年杂志》（后改为《新青年》）等刊物在传播新知方面作用巨大。这些新的传播机制、方式都极大地促进了西方文化观念在中国的传播。

这些变革极大地推动了西学的传播，并以其丰硕的成果促进了中国文化的现代转型："到20年代后半期，知识分子所用的概念或方法已经深受西洋学术的影响，西洋学术的影响力无论在量上还是在质上都似乎遥遥凌驾在传统学术之上。"①但是，这些变化只是现代文化转型的条件，中国文化的现代性是通过下面一些重要的事件促成和逐渐形成、发展起来的。

洋务运动。洋务运动是清朝第一次大规模引进西方科技、文化的自我拯救运动，目的是借助西方的科技维护其统治。但是，由于得到清廷一定程度的支持和一些开明的实权官僚的支持，其成效是可观的。它客观上起到了开阔国人视野、培养人才的作用；当时酝酿的"中体西用"，起到了传播西学、动摇守旧思想的作用；刺激产生了类似于王韬、郑观应这样的"新型知识分子"，他们具有一定的西学知识，对时政发表了不少有价值的看法，挑战了科举和士大夫的权威，推进了新型知识人的诞生。

五四新文化运动。新文化运动提倡怀疑一切、重估一切价值的思维方式，大胆地否定了以儒家为核心的封建传统思想、伦理道德和吃人的礼教（"打倒孔家店"），动摇了封建思想的基础，为中国的现代化和文化现代性开辟了道路；它抓住并倡导了西方现代化的核心，既热情呼唤自由、平等、博爱的资产阶级人道主

---

① [日]佐藤慎一：《近代中国的知识分子与文明》，刘岳兵译，江苏人民出版社2006年版，第2页。

义思想，又重视"德先生"（民主）和"赛先生"（科学），即"我们现在认定只有这两位先生，可以救治中国政治上道德上学术上思想上一切的黑暗。"①此外，新文化运动还提倡白话文，并引发了白话文实践运动。实际上，这场运动是近代以来的文化运动的总结和深化，它以极端反传统的方式抨击了传统思想的糟粕，引进了自由、平等、民主、科学的现代观念（这也是西方现代性的核心），并引发了现代观念与传统的冲突。而且，这次运动极大地推动了现代社会的转型和现代人的诞生。面对过于强大的守旧力量，它的一些极端方式和过激行为是可以理解的，但也留下了一些值得后人警惕的后遗症。其中，"文学革命"对中国审美现代性的影响尤为深刻。陈独秀在《文学革命论》中明确提出了"文学革命"的三大主义："曰推倒雕琢的、阿谀的贵族文学，建立平易的、抒情的国民文学；曰推倒陈腐的、铺张的古典文学，建立新鲜的、立诚的写实文学；曰推倒迂晦的、艰涩的山林文学，建立明了的、通俗的社会文学。"②这些主张渗透着西方现代化的精神，既打击了传统的审美观念，又规定了新的审美趣味、观念和精神。而且，文学革命要想成功，需要得到白话文的辅助。不仅如此，白话文还能够引发了思维方式的重大转变："以清晰、精确的白话取代言约义丰的文言，其实质乃是以精确性、严密性为特征的近代思维取代具有模糊性特点的传统运思方式。这种取代既是文学语言的重建，也是思维的重建。"③

20世纪80年代的"文化热"和文化讨论。这次讨论的主体是中国社会科学院、北京大学、中国文化书院的一些人文学者与研究生，参加讨论的人数多，讨论议题明确集中在中国文化的根本出路等方面。与此相伴的是20世纪介绍西学的第三轮高潮，其中，金观涛主编的《走向世界》丛书、甘阳主编的《文化：中国与世界》集刊及丛书（包括"现代西方学术文库"和"新知文库"）影响最大，北京三联书店、上海译文出版社等出版社功不可没。刚刚打开封闭了30年的国

---

① 陈独秀：《新青年罪案之答辩书》，《新青年》第六卷第1号。
② 陈独秀：《敬告青年》，《青年杂志》第一卷第1号。
③ 陈旭麓：《近代中国社会的新陈代谢》，上海社会科学院出版社2006年版，第396页。

门,目睹了中西文明的巨大差别,"走向世界"成了全民的共识,否则就可能被开除"球籍",危机感再一次焕发了中国的现代化热情。随着西方发达国家(特别是欧美)与中国"蜜月期"的来临,中国全面、热情地拥抱西方现代化,全盘西化、彻底否定传统的声音不绝如缕。由于这次讨论援引的主要资源是西方的自由主义,知识分子的启蒙作用也得以强化。甘阳一语道破了这次讨论的天机:文化讨论的根本任务是实现中国"文化的现代化";文化讨论的根本问题是中国文化必须挣脱旧的形态,走向"现代文化形态";弘扬光大传统的最强劲手段恰恰是"反传统"。[1]乐观主义支配了多数讨论者,他们认为,中国通过复制、照搬西方的经验,就可以赶上、超越西方。电视政论片《河殇》呼唤蔚蓝色文明、贬斥黄土地文明,就典型地反映了这种文化观。在这次讨论中,批判传统、无条件地接受西方文明成为学界的共识。也许与帕森斯的现代化理论有关,他的理论预设了一个可以复制、照搬并为第三世界带来全面进步的乐观图景。但是,最主要原因在于当时特殊的氛围,中国急于摆脱"文革"和"左"倾思潮的束缚,知识界缺乏必要的知识准备,也缺乏对西方现代化的了解和反思,无法正视其阴暗面和消极性,就匆忙上阵,把西化、现代化视为中国理所当然的发展方向和追逐的目标,这种情绪和观念在当时是难免的。但是,无论如何,走现代化道路已经成为共识,讨论为以后的现代化建设扫清了思想上的障碍,也为认识西方的现代化理论打开了通道。

20世纪90年代末期开始的自由主义与"新左派"之争。20世纪90年代中后期以来,一方面,后现代主义、后殖民主义、新历史主义等西方后学纷纷涌入学界,为学界提供了新的知识结构和话语;另一方面,社会产生了新的利益分化与重组,开放初期形成的启蒙"知识共同体"趋于分化、瓦解,不同的知识分子选择了不同的道路,其价值也开始分裂、冲突,有的甚至成为特定利益集团的代言人。而且,经过大约20年的发展,主要借鉴发达资本主义国家现代化经验的中国也出现了诸如公平、民主、贫富悬殊过大等许多问题,这些问题既是此前现代化

---

[1] 甘阳:《八十年代文化讨论的几个问题》,《文化:中国与世界》第一辑,北京三联书店1987年版,第2页。

的结果，又成为制约中国进一步发展的瓶颈。同时，随着中外交流的深入，西方现代化的局限、弊端也暴露无遗，中国学界对西方的认识也更趋理性、全面，反思意识增强。反思的对象不但涉及西方现代性话语本身、成就与局限、阴暗面、合法性、适用范围，而且也涉及如何有成效地借鉴西方现代化的经验，立足本土实际，选择走符合中国国情的现代化发展道路的根本问题。此外，反思还涉及如何评价"改革开放"以来中国现代化的实践、思想资源等问题。在这种背景下，爆发了持续多年的自由主义与"新左派"之争。前者肯定了自由主义、启蒙的实践与理论价值，重申了自由、民主和启蒙的意义；后者援引各种后学和欧美"新左翼"的思想资源，反思了自由主义、启蒙的局限，也反思了主要吸收欧美现代化经验的中国现代化的局限，强调了公平、平等的重要性，并重新肯定了社会主义现代化遗产的理论价值与实践意义。争论持续多年，彼此难以说服对方，无果而终。但是，这些讨论一定程度上克服了80年代文化讨论的简单化，有助于我们深入地认识西方的现代化、文化现代性和现代性话语的复杂性与话语权问题，反思中国的现代化、文化现代性的得失，以科学的态度取代了那种对待现代化的天真的、乐观的态度。

梁启超的《新民说》恰当地描绘了20世纪初中国的思想、价值的冲突与紊乱："不意此久经腐败之社会，遂非文明学说所遽能移植，于是，自由之说入，不以之增幸福，而以之破秩序；平等之说入，不以之荷义务，而以之蔑制裁；竞争之说入，不以之对外界，而以之散内团；权利之说入，不以之图公益，而以之呈私见；破坏之说入，不以之箴膏育，而以之灭国粹。"这实际上也是中国20世纪多数时期的思想、价值的紊乱状况的真实写照。但是，从以上文化事件的演变中，我们可以发现现代性观念是如何一步步地在中国扎根、生长和繁衍的。撮其要，这些现代性的基本观念主要有："物竞天择、适者生存"的竞争观；进步的、向前发展的、有规律可循的历史观；创造、创新是发展的动力；享有自由、平等、幸福的个人权力观；民主与科学是现代社会的两翼。而且，构成现代性思想支柱的自由主义、保守主义、社会主义都积累了一定的思想资源。如今，这些观念已经作为文化现代性的成果深入人心，并得到普及，有的甚至成为我们的常识。而且，如果缺少了它们，审美现代性也就无从谈起。

三、中国审美现代性的特点

中国的现代化、中国文化现代性既是中国审美现代性的背景，又促动了审美现代性的展开，还作为一种价值规定了审美现代性的基本态势、风格、特点、得失。中国审美现代性指的是晚清开始的现代化以来，中国人的心性、情感、体验、审美趣味等方面的变化。从某种程度上讲，它是中国现代化的反映和症候，是在感知、心理、体验等审美层面上对社会现代化的反应，主要涉及艺术、文学、美学等审美方面的变革，诸如审美思潮、现代审美与美育观、现代审美趣味与审美心理等都属于审美现代性的范畴。着眼于中国现代化、审美现代性的发生，结合中国文化现代性的中介，通过对比西方审美现代性，我们可以发现中国审美现代性的基本特征。

第一，中国审美现代性具有后发性。"救亡图存"成为中国人的无奈选择，也导致了中国现代化的后发性和被动性。在西方发达国家，现代化主要涉及现代与传统的冲突，基本上属于古今之争，其审美现代性整体上呈现出一种积极进取、乐观向上的精神风貌，主人公常以探索、冒险、进取、开拓的形象出现。但是，现代化的后发性使中国现代化首先面临着中西之争，然后才是古今之争（传统与现代的冲突），还要处理诸神之争（自由、民主、科学孰重孰轻的问题）。现代化导致了现代个体诸多矛盾、分裂和暧昧的情感体验：他们对西方文明的体验是爱与恨、羡慕与屈辱交织在一起的复杂感情，现代化既能够带来物质上的富裕、国力的强大和民族的振兴，但它来自于霸道的西方列强，只得不愿意去学习、接受，并把它转化为发展的动力；中华民族既使他们失望又刺激了他们的民族意识和文化认同；他们对古老的中华传统既痛恨，又对它的消失感到惋惜（与爱国情感不无关系），既感受到了传统破坏后带来的解放、自由与独立，又体验了传统解体所导致的无所依傍的孤独、恐惧与绝望；新旧冲突既诱发了他们对未来的憧憬、向往，又带给他们一种连根拔起的无根基感和对前途的担忧；新型知识分子放弃了为做官而读书的古训，被抛入社会靠出卖智力为生，士大夫的自尊让位于对平民疾苦的体验，也体会了现代社会的转型。这是一种前所未有的情感体验，其深刻性、复杂性都是空前绝后的，这也同样深刻的影响到现代主体的审美体验。我们可以在鲁迅史诗版的心灵画卷中体验到国人心灵的激荡。

审美现代性的后发性使现代审美呈现出悲怆、悲凉、沉重的底色，它是排斥天真的快乐、乐观的。而且，这样的审美也必然要把屈辱与羡慕、怨恨、痛苦表现出来，既然现实如此残酷、难以提供艺术的素材与心灵的满足，那就只能在幻想中得到满足了。《阿Q正传》为我们提供一个后发现代化语境中审美体验的绝佳文本。

第二，审美现代性缺乏独立性，始终纠缠、徘徊于独立与功利之间、个人与民族国家之间、审美与政治之间。传统对审美有很高的期待，是把它作为"载道"或"经国之大业"的工具来看待的。近代以降，中国的民族矛盾日渐突出，人们面临的首要问题是避免"亡国灭种"，爱国救亡成为压倒一切的中心，所有活动都要围绕这个中心展开，审美自然也不能例外。这样，审美经常受到各种力量的左右、影响，偏离自己的发展轨道，使中国审美现代性的发展道路显得异常曲折。而且，审美还应该天经地义地肩负起拯救社会的责任和道义。自由、独立性、无功利性是审美（特别是现代审美）的重要特性，尽管审美现代性也提倡这些特征，但是，它们都是有限度的：在和平或相对稳定的环境中，可以讲审美，一旦审美与家庭、民族、国家利益冲突时，就只能牺牲审美了；审美现代性不鼓励或者轻视个人的审美愉悦、消遣和享受，至少也要求审美为启蒙、人生服务。而且，审美现代性经常自觉不自觉地服务于政治（甚至狭隘的政党利益）。我们知道，20世纪初，王国维对审美的认识就非常深刻、现代："美之性质，一言以蔽之，曰：可爱玩而不可利用者是已。虽物之美者，优势亦足供吾人之利用，但人之视为美时，决不计及其可利用之点。其性质如是，故其价值亦存在于美之自身，而不存乎其外。"[①]他也非常重视文艺的审美性，但其大量批评实践的落实点仍然是为了解脱人生的苦难，并不是为了提倡纯粹的美。蔡元培留德数年，深谙中西文化，但"以美育代宗教"也主要着眼审美对人生的作用。我们也曾经引进过奠基了西方审美现代性的康德理论，也引进过唯美

---

① 王国维：《王国维文学美学论著集》，北岳文艺出版社1987年版，第37页。

主义，但大都因缺乏适合的土壤而无法扎根、成长，只能是无果而终。当然，在大敌当前、民族危亡的背景下，审美现代性的这种选择有其必然性、合理性，也是无可厚非的，但是，客观地讲，这种选择使中国审美现代性获得了特殊的面貌，也因为一时的功利而影响了其审美性，也导致了20世纪文艺经典的贫乏。

实际上，功利问题一直困扰着中国的审美现代性，继政治之后，干扰不断，时至今日，经济、资本又吞噬着审美的独立性，使审美现代性向欲望、感官享乐、肉身化和"娱乐至死"的方向发展，从另一个极端销蚀着文艺的审美性。实际上，正是西方、中国审美现代性的不同语境导致了这种状况：西方资本主义的现代化发育得比较充分，随着市民社会的长足发展、公共领域独立性的增强，出现了审美、知识和道德领域的分治，知、情、意也随之独立，审美自然获得了独立的地位和价值；中国社会长期动荡，现代化道路曲折，作为市民社会基础的中产阶级的力量一直薄弱、缺乏独立性，体现了其趣味的审美现代性也就难以获得独立性。

第三，审美现代性缺乏超越性。缺少独立性，必然导致审美超越性的缺失，与西方审美现代性相比，这一点非常明显。在西方，审美现代性重视精神、感性、价值理性、情感、审美、想象、创造、独特性、天才，它与理性现代性既相互依存，又彼此对抗，二者能够彼此校正、互相补充，经常作为对立面、补充力量存在的审美现代性具有校正力量和超越性，超越性使它能够抗议现代性的缺陷，提供有益的思路和方案来纠正现代化的一些先天性缺失和实践时出现的弊端。但是，纵观中国审美现代性的发展历史，我们可以发现，它超越性的缺失是非常严重的。

审美缺乏独立，自然要削弱超越性致使中国难有纯粹的个人主义和个人："我们一方面看到中国的个人主义者极力地逃避集体，离开集体，使自己剥离社会，另一方面又看到他们始终没有跳出集体的影子。"①个人与个人主义总是与家庭、血缘、民族、国家联系在一起，这也影响了审美的超越性。从这些方面看，也就不难理解中国的审美现代性何以重视反映、再现、认识、载道、人生，这也是启蒙文艺格外发达的原因。我们知道，20世纪中国的启蒙文艺特别发达，在遭遇外敌入侵、黑暗政治高压、改革阻力、习惯惰性的任何时刻，都可以发现启蒙文艺的影子。这种状况使审美现代性与现代化之间难以构成一种张力或紧张关系，并有效地纠正或补充后者的缺陷不足，距离感的丧失自然影响了审美现代性的超越性。在这种背景下，鲁迅《野草》类的具有超越性的作品就具有一种空谷足音、夐夐独造的价值。

尽管如此，具备超越性的审美现代性并未绝迹。20世纪三四十年代，出现了一些渗透了自由主义、个人主义精神的审美理论：周作人提倡"独立的艺术美与无形的功利"，朱光潜重视文艺的审美特性，梁实秋提倡基于人性的审美观，梁宗岱提倡"纯诗"。此外，某些海派文艺、"新感觉派"的实践也很有特点。这些理论与实践一定程度地体现了审美现代性的超越性。但是，由于它们有悖于当时的大环境，因此，并未成为主流，不仅影响有限，而且，还经常被作为批判的靶子受到敌视或抨击。这样，也就不难理解，即使在"为人生"与"为艺术"的争论中，前者何以理所当然地占据了道德的制高点并获得了多数人的支持。20世纪80年代至今，"纯文学"、"纯审美"、无功利性的审美理论与实践几乎没有中断。虽然这些游离于时代边缘的超越性的审美现代性没有与中国绝缘，但最多是偶然的现象，难以成为审美主流，不但其传播范围小，而且其影响也小，效果更是有限。

本文立足于中国审美现代性的现状，借鉴国外现代性、审美现代性的研究成果，通过审美现代性的背景和中介环节，研究了政治、战争、文化、民族、国

---

① 万之：《自我与当代中国当代文学的"现代性"》，《学人》(6)，江苏文艺出版社1994年版，第494页。

家、西方现代化等多种因素对审美的影响,还总结了中国审美现代性的特点,这些特点与其价值选择密切相关,并导致了得失。本文把宏观变视野与微观分析结合起来,研究了中国审美现代性的独特性,希望能够深化当前的研究。

原载《艺术百家》2011年第1期

第五编
西方审美现代性

比较西方现代性与西方审美现代性，我们不难发现，学界对后者的看法更是异见杂陈、聚讼纷纭。鉴于目前中国学界现代性论述的混乱，本编追根溯源、追加中介环节，逐一研究了西方现代性与审美现代性在时期、特征方面的具体所指，进而总结、评价了西方审美现代性的特征与得失。此外，本编还深入微观领域，研究了审美现代性的媚俗面相、波德莱尔的审美现代性思想与审美实践。宏观的审视、微观的体察，有助于深化我们对西方审美现代性的认识，也有利于克服中国审美现代性研究中存在的粗疏、草率和盲目。

现代性的审美救赎*
——西方审美现代性诸问题

关于西方现代性的研究不可避免地涉及西方审美现代性[①]，但是，在目前的研究中，多数论者大都宽泛地使用这个概念，缺乏精确的界定，导致了研究的粗疏。因此，有必要准确地把握这个概念，以推进西方现代性研究，也为研究中国的审美现代性提供借鉴。

一、概念的界定

现代性是一个总括性的概念，它可以作进一步的区分。学界通常认为，现代性由两个组成部分，一个是审美现代性；另一个是社会现代化，或启蒙现代性、理性现代性、资产阶级现代性等。

法国诗人查尔斯·波德莱尔 (Charles Baudelaire) 很早就为现代性下过经典性的定义："现代性就是过渡、短暂、偶然，就是艺术的一半，另一半是永恒和不变。"[②]

德国哲学家于尔根·哈贝马斯 (Jurgen Habermas) 把现代性区分为"文化现代性"、"审美现代性"和"社会现代化"。他认为，审美现代性的最佳载体是前卫或先锋派文艺，审美现代性就是要"在变化了的时间意识中寻找一个共同的焦点"；它狂热地崇拜新事物、创造永恒的现在、征服没有占有的未来；它

---

* 本文系国家社科基金《现代性视域中的西方艺术思潮》（11BA010）的成果。

① 需要说明的是，本文的西方审美现代性概念是总括性的，主要指西方发达国家（特别是欧美）的审美现代性，虽然内部有差别，也不排除一些特殊情况。但这些情况对于本文的结论并无大碍。

② [法]波德莱尔：《波德莱尔美学论文选》，郭宏安译，人民文学出版社1987年版，第485页。

反叛所有的标准，表演了辩证的喜剧："它沉醉于带有亵渎神行为的恐怖的幻觉之中，然而它却总是逃避了亵渎神行为的一些细小平常的结果。"它的时间意识不可能脱离历史，只是为了反对历史的伪标准。①

美国比较文学学者马泰·卡林内斯库（Matei Calnescu）直接地指出了审美现代性的内容，他把现代性区分为资产阶级现代性和美学现代性，具体来说，资产阶级现代性是科技、工业革命和资本主义发展的结果；美学现代性则以激进地反资产阶级的态度而引人瞩目，具体而言，"它厌恶中产阶级的价值标准，并通过极其多样的手段来表达这种厌恶，从反叛、无政府、天启主义直到自我流亡。因此，较之它的那些积极抱负（它们往往各不相同），更能表明文化现代性的是它对资产阶级现代性的公开拒斥，以及它强烈的否定激情"②。

德国美学家沃尔夫冈·韦尔施（Wolfgang Welsch）把17、18、19、20世纪的现代性分别界定为"普遍数学"的新学科运动、启蒙运动、工业化和与此对立的两种现代性，"先锋派的现代主义、集权主义的现代化概念，以及永远在循环自身的现代性。"其中，审美现代性指的是波德莱尔式的现代性和20世纪先锋派的现代主义。③

我们从以上成果发现，现代性主要涉及社会、经济、政治和制度等层面的变革，类似于社会现代化、启蒙现代性或资产阶级现代性等等；审美现代性从某种程度上反映了前者，也是在情感、心理、体验等审美层面上对社会现代化的反应，主要涉及文化（部分）、文学、艺术、美学等审美层面的变革，诸如文艺复兴的审美思潮、浪漫主义审美思潮、现代主义的审美思潮和后现代主义审美思潮（应视为审美现代性的极端化），现代审美，现代美学，现代审美趣味与审美心理等都属于审美现代性的范围；审美现代性经常与现代性处于对立状态；审美现代

---

① [德]于尔根·哈贝马斯：《现代性》，王岳川等编：《后现代主义文化与美学》，北京大学出版社1992年版，第12—13页。
② [美]马泰·卡林内斯库：《现代性的五幅面孔》，顾爱彬等译，商务印书馆2003年版，第48页。
③ [德]沃尔夫冈·韦尔施：《重构美学》，陆扬等译，上海译文出版社2006年版，第119页。

性崇拜新事物和断裂，习惯于以压制过去、重视当下与未来的方式处理时间。

二、分期

根据西方审美现代性的发展状况，结合西方现代性的变迁，可以把西方审美现代性大致分为四个阶段：第一个阶段从15世纪（最早不超过14世纪）到启蒙运动；第二个时期从启蒙运动到19世纪下半叶；第三个时期从19世纪下半叶到"二战"期间；第四个时期从"二战"后（准确地说是20世纪五六十年代）至今。其中，第一个时期属于发生期；第二个时期和第三个时期属于发展期；第四个时期属于反思期。

审美现代性的每个阶段都有其重点。在第一个阶段，审美现代性关注世俗、人，反对宗教的禁欲主义，但并没有彻底否定宗教、神学。而且，审美现代性主要关注抽象的、思辨性的人，并试图从古典审美资源中寻求支持，为其合法性辩护。在第二个阶段，作为现代性基础的启蒙运动极大地影响了审美现代性，理性、人的权利与价值得到尊重，浪漫主义是这个时期审美现代性的典型。浪漫主义一方面张扬自由、个性，充分强调了情感、创造性、想象的审美特性，追求一种自然、朴素和真实的风格；另一方面反对"理性至上"和工具理性的扩张，重申信仰、精神、价值的重要性。这时的审美现代性与西方现代性开始明显地呈现一种对抗的趋势。浪漫主义还反对新古典主义（不恰当地强调理性的作用），也为现代主义的诞生作了一些准备。第三个阶段主要是现代主义审美思潮。现代主义继承了浪漫主义质疑现代性的传统，现代体验催生了唯美主义、印象主义、象征主义、超现实主义、达达主义、意识流等文艺思潮，以及为其提供理论支持的唯意志主义、直觉主义、表现主义、神秘主义、精神分析等美学观念。现代主义审美思潮拒绝、反对传统；极力发掘人的心理世界，表现欲望、本能和心理真实；重视表现、创造，反对再现、模仿；关注形式的独立价值。现代主义审美思潮对西方现代性的否定登峰造极，不但对资本主义的前途感到失去信心，甚至对人类文明的发展前途都感到悲观绝望。这些追求使现代主义具有了浓厚的悲观主义、精英主义的色彩。第四个阶段主要是指后现代主义审美思潮。"二战"后，西方社会发生了深刻的变化,也引发了审美的变迁。后现代主义反对现代主义的深度模式、精英意识而具有了平面性、通俗性;它反对现代主义的独创性而致力于复制;因历史意识的削弱而沉溺于当下的"精神分裂"式的体验;反对现代主义对审美形式(特别是文字)的执着而进行形象的消费。后现代主义是现代主义的极端发展和对现代主义局限的反思,并以反拨的方式进行实验的结果。

三、特征

审美现代性历史悠久、内容丰富,根据其实际情况,我们可以总结出一些重要特征。

(一)审美现代性生性喜新厌旧、追新逐奇

审美现代性喜欢宣称与过去决裂,极为排斥、反对所有与过去沾边的东西——传统,旧的事物、观念和习惯,传统的道德伦理。审美现代性通过反对旧、求新求异的策略建立了其合法性,也为其永远追求新奇做了铺垫。审美现代性崇拜创新、独特性,竞相追逐新鲜、新奇、新颖,为了达到审美趣味、感知、审美观、风格、创作方法等方面的"新",甚至"为赋新辞强作愁"式地"为新而新",其结果可能是"各领风骚三五天"。审美现代性的创新有不少收获,但有的是"新瓶装旧酒",有的是口号、宣言式的姿态,仅仅是一种宣泄。因此,审美现代性追求的实际效果仍然需要进一步的检验。综观审美现代性演变的历史,仅就文艺流派而言,我们可以发现,各种流派不但决绝地反对传统的审美趣味、价值、观念和创作方法,而且也义无反顾反对它们之前的流派,在反叛中确立了其立场,并进行新的审美追求。现代主义文艺流派把这种反叛性演绎得淋漓尽致。

(二)审美现代性具有无功利性或反功利性

西方近代以来,功利主义的思维方式和行为方式日渐兴盛、深入人心,并深刻地影响了人们的思维和日常生活。其中,近代哲学和科学起到了不可替代、推波助澜的作用,并把它推向了高潮。我们能够在科技和科学主义的意识形态中目睹功利主义的登峰造极的发展,它以数学化、数字化的方式看待世

界，把社会发展进行量化，强调效率压倒一切，以投入、产出的比例为绝对标准衡量成效，把成功、效益作为唯一目的。这样，功利主义广泛地渗透到西方社会的工业、科技、商业和日常生活领域，并成为现代性的重要动力。自审美现代性产生起，它就一直反思、质疑、否定功利主义。审美现代性强调其独立价值、无功利性，反对沦为认识、道德的婢女。自浪漫主义起，审美现代性就开始公开地抨击功利主义，现代主义文艺思潮则把批判推向了极端。戈蒂耶（Theophile Gautier）在《莫般小姐·序言》中所作的批判为我们提供了一份绝好的供词："只有毫无用处的东西才是真正美的；所有有用的东西都是丑的，因为它们反映了某种需要，而人的需要就像他那可怜的、残缺不全的本性一样，是卑鄙的，令人可厌的。"①

（三）审美现代性极力反对工具理性

理性化（工具理性是其核心）、合理化在型塑现代性的过程中发挥了重要的作用，也是现代性的典型特征和标志。现代性的发展使工具理性获得了长足的发展，它逐渐向管理、商业、工业、日常生活、社会制度等各方面渗透，甚至向人的信仰、精神领域扩张，其膨胀、越位导致了理性的霸权。结果，一方面导致了理性自身的分裂，加剧了工具理性与价值理性的矛盾；另一方面又引发了审美现代性对它的反对。工具理性为了追求效率、利益最大化、目的而不惜牺牲信仰、责任，加剧了生活的异化，使人为物役的现象更为普遍。自诞生起，审美现代性就从各个角度批判工具理性，伸张信仰、意义、价值理性、终极价值的合法性与重要性。理性通过贬低、边缘化或妖魔化的方式压制感性、非理性和反理性，建立了其霸权。为了反对理性的越位和肆意扩张，审美现代性重新发掘无意识、潜意识、白日梦、幻觉、感受、感性、情绪、情感、经验、欲望这些受压抑的力量，颠覆了理性的霸权，重新恢复了人的各种意识的合法性与地位，并在张扬感性力量的过程中实现自由和彻底的解放。同时，西方审美现代性也展现了世界的非理性、反理性、神秘、不可认识和不可掌控的一面，

---

① 伍蠡甫：《欧洲文论简史》，人民文学出版社1985年版，第336页。

有助于我们完整地认识世界。

（四）审美现代性有强烈的反思性

反思性是现代性的重要特征，列菲伏尔（Henry Lefebvre）、吉登斯（Anthony Giddens）、鲍曼（Zygmunt Bauman）、艾森斯塔特（Shmuel N.Eisenstadt）、拉什（Scott Lash）等思想家都非常重视现代性的反思性，甚至从这个视角介入现代性的讨论。实际上，反思性也是审美现代性的重要特征。现代性引发了西方社会的巨大变革，极大地削弱了宗教、传统、道德、家庭对个人的影响，也提高了个体的独立性和能动性，人们也由此开始反思既定的世界观与价值观、政治秩序与社会安排的合理性，并为形成新的价值观、社会形态和制度提供了可能，这是形成现代性、审美现代性的反思性的基础。但是，二者的反思各有侧重，现代性反思主要集中于社会、制度、秩序等方面。审美现代性的反思则主要集中在以下四个方面：

1.审美现代性从审美、体验的视角反思了规律、理性至上论、乐观发展论和进步主义的历史观，重申了现象、经验、偶然的合法性与世界的荒诞性。审美现代性通过体验暴露了理性、真理、科学之上等现代性观念的危机，展现了历史的断裂、倒退、循环，质疑了连续性、普遍性、必然规律、进步主义的历史观。

2.审美现代性直面现代性的局限、缺陷，反思了现代性的意识形态性，展示了在进步、发展笼罩下的"现代性工程"的消极面、畸形、阴暗和病态，并发掘了遭受现代性压制的混乱、模糊、不确定性、不合逻辑的合法性与重要性。

3.审美现代性反思了个体在传统颠覆、现代逼近时的遭际，这种反思以个体对世界、自然、社会、他人、自我、现代价值观、现代行为规范的反应（特别是审美反应）为基础，通过个体的审美视角反思了现代人的存在境况和生存困境，展现了人生的丑陋、荒诞、脆弱，揭示了人类解放、完善人性的艰难。

4.审美现代性的反思使其内部的各流派获得了发展的动力和自我纠正的能力，现代主义文艺反思、克服了浪漫主义的有机和谐论和情感泛滥。

四、超越功能及局限

为了克服、弥补现代性方案的局限，审美现代性在抗议之外，还进行了超越现代性的种种努力,并提供了一些有益的思路和方案,这也是其主要功能。

审美现代性努力超越日常生活的异化。在现代社会中,理性化、科层化、专业化对日常生活的影响越来越大,现代性加速了工具理性、功利主义向社会的渗透,加上商品拜物教的侵蚀,日常生活的平庸化、机械化愈演愈烈。马克斯·韦伯(Max Weber)洞察了审美在克服理性化泛滥中的作用:"生活的理智化和理性化的发展改变了这一情境。因为在这些状况下,艺术变成了一个越来越自觉把握到的有独立价值的世界,这些价值本身就是存在的。不论怎么来解释,艺术都承担了一种世俗救赎功能。它提供了一种从日常生活的千篇一律中解脱出来的救赎,尤其是从理论的和实践的理性主义那不断增长的压力中解脱出来的救赎。"[①]审美现代性至少从两个方面试图超越日常生活的平庸,或者通过追寻即将消失、已经逝去的精神碎片,挖掘日常生活的诗意,或者使用"陌生化"的手段唤起生活的新颖、新奇、新鲜感,从而丰富日常生活、获得精神上的满足,甚至使生活审美化:"审美的天地是一个生活世界,依靠它,自由的需要和潜能,找寻着自身的解放……在这个新的社会环境中,人类所拥有的非攻击性的、爱欲的和感受的潜能,与自由的意识和谐共处,致力于自然与人类的和平共处。在为达到此目的而对社会的重新构建中,整个现实都会被赋予表现着新目标的形式,这种新形式的基本的美学性质,会使现实变成一件艺术作品。"[②]面对异化的加剧和人的分裂,审美现代性强调以审美的态度介入现实,通过体验过渡、精彩的瞬间、令心灵震颤的偶然来获得永恒、终极价值、生命的意义。席勒感受到了现代人遭受了前所未有的分裂,并在《审美教育书简》中提出了审美拯救的方案,即通过游戏冲动(形式冲动与感性冲动的统一)实现审美的完整性,在理性与感性、此岸与彼岸、偶然与必然、被动与自由、短暂与永恒的统一中,克服现代人的分裂,为个体从审美自由走向现实的自由开辟道路。浪漫主义则致力于这样的审美实践:"用有限象征无限,用有形征无形,用死

[①] 转引自周宪:《审美现代性批判》,商务印书馆2005年版,第157页。
[②] [美]马尔库塞:《审美之维》,李小兵译,北京三联书店1989年版,第113页。

亡象征生命，用空间象征时间，用言说象征那些无以言表的东西。"① 同样，现代主义也仍然承续了浪漫主义的探索："既反抗分解的与工具性的思考与行为方式，又寻求可以恢复生活的深度、丰富性和意义的根源。"② 其目的也同样是为了落实审美救赎的方案。

审美现代性倡导人道主义，以"爱"的方案解决社会问题。现代性的兴起摧毁了传统的家庭、伦理、血缘关系的力量，有机社会削弱了，物质利害关系支配了一切。资本的扩张、恶性竞争都加剧了社会的不平等，人与人之间的关系成了赤裸裸的交换、金钱关系。审美现代性呼唤"爱"，尝试用它来解决社会的不平等和人与人关系的恶化，借助于平等、真实的友爱、情爱、亲情，以抗议、克服以物质为纽带缔结起来的人与人之间的关系。这种爱包括对自然的爱、人与人之间的爱，甚至试图跨越鸿沟，超越不同的地域、肤色、集团、阶层、阶级，它呼唤真诚、真挚、博大、纯洁的人类之爱。尽管虚幻，但也不失为对现代性构筑的冷冰冰的物质世界、理性世界的抗议，并提出了一定程度上可以补救这种弊端的方案。

审美现代性提倡以平等主义的态度善待自然。近代以降，科学技术高歌猛进，一步步地揭开了自然的神秘面纱，人们对自然的敬畏也丧失殆尽，并开始征服、榨取自然。人类也为此付出了沉重的代价："现代科技想要控制或改造自然，到头来却毁坏了自然，想要控制环境，却破坏了环境。"（哈维尔语）不加节制地开发使自然与人类反目，自然开始报复人类。随着自然、环境和生态的恶化，人类的生存境况也变得恶劣，并严重地影响了人类生活的质量。这样，在如何克服这些危机、促进人类的可持续发展问题上，现代性方案已经无能为力。事实上，审美现代性很早就以其敏感性触及了现代性的弊端。工业革命伊始，浪漫主义就严正地抗议了科技对人类精神领域的侵蚀，在对已逝理想的深情缅怀中，在对乡村、田园牧歌和中世纪的热情吟咏中，无不伴随着他们对人

---

① [英]以赛亚·伯林：《浪漫主义的根源》，吕梁等译，译林出版社2008年版，第106页。
② [加]查尔斯·泰勒：《自我的根源：现代认同的形成》，韩震等译，译林出版社2001年版，第780页。

与自然和谐相处的呼唤。德国的浪漫派更是继续向前，他们希望在人与自然的精神交流中走向统一、发展，以克服人与自然的分裂。许多现代主义者贬低经过人工作用的"自然"和科技，诸如海德格尔一些西方思想家放眼世界，甚至从东方吸收了某些与自然和谐相处的智慧，以天人合一的思路来处理人与自然的关系，试图从根本上扭转西方现代性方案的弊端。从这种意义讲，现代性的力量耗尽之时，也正是审美现代性发挥其作用之时，审美现代性的超越性是有价值的、值得重视的。

审美现代性批判还以其广阔的视野获得了超越时代的魅力，并具有了思想史的价值："在现代派的发展过程中，文学现代派将矛头指向了片面追求权力的现代人、主体哲学的自我主义以及后来建立在经济和技术基础上的剥削思想。"①这些批判也使其成为现代思想的重要组成部分。

审美现代性的超越性和补充、校正作用，是不容忽视的，对浪漫主义意义的肯定同样适合于审美现代性："浪漫主义对世界的批判尽管含混不清，但并非微不足道。"②但是，在肯定其作用时，应该实事求是地看待其局限。

审美现代性提供的自由、解放主要限于感官和观念的层面，其作用是有限度的。审美现代性试图借助审美，把人从现实的困境中解放出来，实现从审美自由向现实自由、解放的转变。审美自由、精神自由是必要的，也是现实解放的前提。但是，审美现代性主要限于体验、审美的层面，其实际效果是有限的、需要检验的。实际上，在审美现代性中，先锋派文艺是最具审美震撼力和实践潜能的，它可能使审美者打破审美与生活的界限，成为促使审美经验转化为生活实践的诱因。即便如此，其作用仍然是有限的，经过审美体验、实践之后，其作用将大大减弱。彼得·比格尔(Peter Bürger)通过先锋派文艺"震惊"效果的消费性指出了其实际作用逐渐弱化的过程："这种近乎体制化的震惊至少在

---

① [德]西尔维奥·维也塔：《现代的概念》，《人文新视野—社会·艺术·对话》，百花文艺出版社2002年版，第224页。

② [英]艾瑞克·霍布斯鲍姆：《革命的年代》，王章辉译，江苏人民出版社1999年版，第355页。

接受者的生活实践中起着反作用。这种震惊被'消费了'。所剩下的只是高深莫测的形式的性质，它们抵制从中挤出意义的努力。"①既然先锋派文艺尚且如此，就不用说其他审美形式了。

审美现代性极端强调审美，必将诱发审美的泛化、泛滥。审美现代把审美主体的体验、感觉、意志推向极端，可能导致审美的泛化、泛滥，使主体仅仅成为感觉、知觉、欲望的体验者，从而削弱了主体的基础，破坏了其统一性、连贯性。这样的主体也只能成为感觉、欲望的附庸，其作用是值得怀疑的。而且，以审美为基础的现代性批判也存在着很大的问题："在尼采那里，只有肉体、力感、权力意志才是唯一真实的，这就使得尼采只有通过审美化的泛滥来谋求对现代以个体主体为中心的理性实施批判，因此他不可能提出一种有效的社会分析和批判。"②

审美现代性片面夸大重视个体、绝对自由、个人主义的作用，可能导致极端的个人主义。审美现代性在追求自我、个性和随心所欲的自由时，可能放纵自我，引发感官崇拜、身体崇拜和对抗社会的封闭，以至于迷失自我。尽管个人主义的个人表面上强大、傲气十足，但是，畸形发展将使它难以摆脱病态、自恋的阴影："自大狂式的、急于经历各种体验的傲慢的自我，退化成了表面堂皇、自怜自爱、婴儿般空虚的自我。"③个人主义的极端发展甚至能够导致个人的毁灭，这也是一个被无数个人主义者反复实践过的悲剧。何况，现代性支配下的感觉、经验、身体仍然受到各种权力的规训："现代权力形态之所以称得上是一种生命权力，原因在于，它通过科学客观化和真理技术所制造的主体性的微妙途径，渗透到了物化肉体的深处，并占有了整个有机体。所谓生命权力，是一种社会化形式，它克服了一些自发性，并把

---

① [德]彼得·比格尔：《先锋派理论》，高建平译，商务印书馆2002年版，第159页。
② 沈语冰：《想象的透支——现代性哲学引论》，学林出版社1999年版，第224页。
③ [法]克里斯多夫·拉斯奇：《自恋主义文化》，陈红霞等译，上海文化出版社1988年版，第11页。

一切生物的生命都转化为权力化的基础。"①既然如此倚重审美个体，岂不是蹈向虚空？

  现代性与审美现代性所强调的侧重点确实不同：前者重视物质、工具—目的理性、实用性；后者重视精神、价值理性、创造、感性。而且，审美现代性经常是作为理性现代性的对立面、补充力量存在的，这种角色赋予了它一种校正力量和纠偏作用，使它能够纠正后者的失误、错误，从而推动理性现代性的发展，甚至因其远见、超越性克服了理性现代性的某些先天的缺失与后来出现的弊端，其超越性正是在这种关系中发挥出来的。但是，也应该看到，二者都是启蒙现代性的产物，具有同源共性，理性现代性的主客二分的认识方式、自我概念也是审美现代性所必需的。这样，它们既相互依存、联系，又彼此对抗、对立，这种辩证关系使二者能够相生相克、彼此校正、互相补充、相得益彰，也决定了审美现代性的基本面貌、特征和功能。因此，我们在肯定审美性的作用时，应该正视其局限，并联系它与理性现代性的辩证关系做出适当的评价。

原载《学习与探索》2012年第9期

《新华文摘》2013年第4期全文转载

---

① [德]于尔根·哈贝马斯：《现代性的哲学话语》，曹卫东等译，译林出版社2004年版，第335页。

从西方现代性到西方审美现代性[*]

——从时期角度对西方审美现代性的阐释

现代性是一个常说常新、有待于永远阐释的概念,甚至可以说,要想获得一个人人都满意的答案是不可能的。而且,目前对现代性的许多解释也是各不相同。尽管如此,我们还是可以区分出理解现代性的三种主要视角(时期、特性、体验),找出从这些视角所理解的现代性的主要含义,并选择适当的切入点进入对审美现代性的分析。

一

通常而言,在对现代性(特别是西方现代性)的认识上,主要有时期(period)、特性(quality)、体验(experience)三个基本的视角,这些视角是导致现代性歧义丛生的主要原因,介入点的不同也导致了各个学科对现代性概念的不同理解。为了避免论述的庞杂,本文主要从时期这个视角入手分析西方现代性,然后进入对西方审美现代性的阐释。

在历史研究中,为了认识的方便,人们通常以某些重要的历史时期(period)或历史事件为标志来区分不同的历史时期。这样,这些时期或事件就具有了特别的历史意义,并承担了标界的功能,借此把不同的历史时期区分开来。同样,在认识现代性这样一个概括社会变迁的概念时,也有学者从时期的角度来理解现代性。这样,就出现了一些以时期为视角来解释现代性观点。从时期的

---

[*] 本文系国家社科基金《现代性视域中的西方艺术思潮》(11BA010)的成果。

视角看，西方现代性应该被理解为从西方某一时期开始的历史活动。当然，这只是个笼统的说法，仔细地分析起来，仍然有许多类似于"家族相似"式的观点，这里仅举几种有代表性的观点。

道格拉斯·凯纳尔、斯蒂文·贝斯特认为，现代性是紧随中世纪之后展开的历史："现代性一词指涉各种经济的、政治的、社会的以及文化的转型。正如马克思、韦伯及其他思想家所阐释的那样，现代性是一个历史断代术语，指涉紧随'中世纪'或封建主义时代而来的那个时代。"①

齐格蒙特·鲍曼(Zygmunt Bauman)从"矛盾性"的角度来研究现代性，现代性指的是"一段历史时期，它肇始于西欧17世纪的一系列深刻的社会结构和思想转型并成熟为：（1）一项文化筹划——随着启蒙运动的发展；（2）一种由社会完成的生活形式——随着工业的(资本主义的，以及后来的社会主义的)社会的发展。"②也就是说，现代性是从17世纪开始的。

安东尼·吉登斯(Anthony Giddens)非常明确，18世纪是现代性的形成期："现代性随着资本主义的起源而趋于形成，18世纪可以视为其形成的明确的时间标志。现代性不只是预示着强大的历史欲求和实践，以及社会化的组织结构方面发生转型，同时在于它是社会理念、思想文化、知识体系和审美知觉发展到特定历史时期的表现。也许更重要还在于现代性表达了人类对自身的意识达到了一个崭新的阶段，人类不仅反思过去，追寻未来，同时也反思自我的内在性和行为的后果。在批判的理论家看来，现代性与其说是一项历史工程、成就或可能性；不如说是历史限制和各种问题的堆积。现代性总是伴随着自我批判而不断建构自身，这使得现代性在思想文化上具有持续自我建构的潜力。"③

---

① [美]凯纳尔、贝斯特：《后现代理论》，张志斌译，中央编译出版社2001年版，第2—3页。
② [英]齐格蒙特·鲍曼：《现代性与矛盾性》，邵迎生译，商务印书馆2003年版，第7页。
③ [英]安东尼·吉登斯、克里斯多夫·皮尔森：《现代性——吉登斯访谈录》，新华出版社2001年版，第7页。

此外，丹尼尔·贝尔(Daniel Bell)把现代性视为工业社会和后工业社会。还有论者把资本主义的起源视为现代性的开始。

从这些代表性的观点来看，我们可以从时期的角度把西方现代性确定为西方17世纪以来的历史时期，这时西方社会开始了意义深远的社会变革。当然，在得出这个结论的时候，我们应该承认，现代性的展开虽然以17世纪为标界，但它经历了一个漫长的演变过程（也可以称之为量的积累过程），其中作为历史事件的文艺复兴、宗教改革都推动了现代性的形成。也就是说，现代性以追求变化和新为重要标志，但它的"新"是相对于中世纪的"旧"而言的。从历史的角度来看，形成现代性的最早时期不应该在14世纪之前，形成现代性的最晚时期不应该在启蒙运动的之后。事实上，英国的工业革命、启蒙运动和法国大革命都毫无疑问地成为西方现代性的标志性事件。

其实，相当一部分历史学家、社会学家和现代性研究者都选择从时期的视角来研究现代性，这也说明了这个视角的优势。这个视角的优势在于：它为我们分析现代性提供了历史的视角，也就是说，现代性首先是一种历史现象，我们可以通过一些标志性的历史事件来接近它；它为现代性设定了一定的时间范围，即西方世界在14—18世纪所开始的社会转型，对现代性、现代事件和现代现象的研究不应该超出这个范围；从这个视角研究现代性，可以历史地认识现代性的产生、发展，使现代性研究获得历史感和具体性，能够克服现代性研究中的非历史化和抽象化的倾向，并防止现代性研究的泛化。当然，这种研究的局限性也很明显。我们知道，历史的发展是渐进的过程，需要长期的量变的积累，但人们把某些历史事件作为历史分期的标志，却把某些因素排斥在外，这说明分期是有相对性的、偶然性的因素在起作用，现代性研究中也存在类似的情况；追求新是现代性的重要标志，现代性事件、现代现象无不以新相标榜，但新与旧的区分也是相对的，在走马灯似的循环中，客观的标准也受到挑战。正因为此，这种研究也受到强有力的批评。福柯洞察出了这种研究弊端："我知道，人们常把现代性作为一个时代，或是作为一个时代的特征的总体来谈论；人们把现代性置于这样的日程中：现代性之前有一个或多或少幼稚的或陈旧的前现代性，而其后是一个令人迷惑不解、令人不安的'后现代性'。于是，人们就会发出追问，以弄清现代性是否构成'启蒙'的继续和发展或是否应当从中看到对于18世纪的基本原则的断裂或背离。"①利奥塔更是直指其要害："历史的分期属于现代性所特有的强迫症。分期是把时间置于历时性之中的方法，而历时性是由变革的原则支配的。"②刘小枫的看法更使我们沮丧："生存性的'现代现象'的历史时间或年代学定位是没有意义的，追溯'现代'的词源用法也没有意义。从生存品质和样式的生存性意涵来勘寻'现代'现象的定位，找到的只是随时间而推移的生存样式的服装更换。"③尽管如此，但我们必须承认，仍然有许多人从时期的角度进行研究，并有不少收获。因此，我们不能因为这种局限而完全地抹杀了这个视角的意义，应该在承认其优势和局限的基础上挖掘其潜力，以获得对现代性的更深入的研究。

当我们讨论从时期角度研究现代性的得失时，实际上也涉及了从这个视角研究审美现代性的问题，审美现代性是现代性的重要组成部分，而且有其特殊性。这种角度研究的优点和缺点对研究审美现代性同样是成立的，只不过在具体的研究中，需要结合审美的特殊性将其得失落实到审美的层面上。

二

从时期的视角分析现代性时，还蕴涵着另一种可能，就是把现代性作为一个不断发展的对象和过程来看待。这样，现代性就成为动态的、由萌芽到成熟的发展过程，这也就引发了关于现代性的分期问题，即根据现代性的发展过程将现代性划分为有明显特征的不同的历史时期，从而更准确地把握它。这里提供了几种有代表性的现代性的分期，不但有助于我们加深对各个时期的现代性和现代性整体的认识，而且还有助于阐释西方审美现代性。

---

① 杜小真编选：《福柯集》，远东出版社2003年版，第533—534页。
② [法]利奥塔：《后现代性与公正游戏》，谈瀛洲译，上海人民出版社1997年版，第154页。
③ 刘小枫：《现代性社会理论绪论》，上海三联书店1998年版，第63页。

马歇尔·伯曼(Marshall Berman)是这样划分现代性的三个阶段的。第一个阶段是从16世纪初到18世纪末。"在这个阶段中，人们开始体验现代生活；还不清楚自己受到什么东西的撞击。"第二个阶段起始于18世纪90年代的大革命浪潮。这个阶段以法国大革命为标志，"法国大革命和它引起的各种回响使得一种伟大的现代公众突然地戏剧性地出现在生活之中。这种公众共享着生活在一个革命时代里的感受，在这个时代，个人、社会和政治生活的每一个层面都会产生爆炸性的巨变。"①第三个阶段是从20世纪至今的现代性。在这个时期，现代化扩散到了全世界，"发展中国家"的现代主义文化取得了惊人的成就；与此同时，社会的碎片化加剧，不同的、缺乏联系的现代性的私人语言开始流行，这时的现代性观念也失去了与自己根源的联系。伯曼主要是依据体验对现代性进行分期的，也同时兼顾到重大的历史事件对这些体验的决定作用，二者的结合产生了这样的分期。

瑞典学者J.佛纳斯(Johan Fornas)继承了韦伯对现代性的解释，主要依据现代社会特征的变化对现代性进行了分期，他把现代性划分为"早期现代性"阶段（1500年至1800年之间）、"高度现代性"阶段（1900年至"二战"前）和"晚期现代性"（"二战"之后）三个阶段，其共同特征是："不可逆转的动态化"、"充满内在矛盾的理性化"、"分化"过程的普遍化。西方现在所处的"晚期现代性"是这样一个历史阶段：即"由于晚期现代性不但继续消解着某些尚存的前现代的残余物，同时也消解着某些早期的现代性生活方式，因此它看上去似乎是对现代性的一种逆反运动，实际上现代性的上述基本特征不但没有消失而且似乎正在变得更加急速和多样，现代性已经扩散到全球并且进入到社会生活的绝大部分毛孔之中，现代性正变得越来越具有自我反思性，同时，正在消解它的旧形式以及创造新的危机和新的可能性。"或者说，它指的"是现代性的一个强化了的、加速的、反思性的、'极端'的、'超级'的或者'晚期'的阶段"。②

---

① [美]马歇尔·伯曼：《一切坚固的东西都烟消云散了》，徐大建等译，商务印书馆2003年版，第17页。
② 谢立中、阮新邦主编：《现代性、后现代性社会理论》，北京大学出版社2004年版，第25—26页。

英国学者G.德兰梯(Gerard Delanty)根据解决现代性矛盾的方式把现代性分为前期、高度发展时期和当前三个阶段。现代性的共同特征是：'自主性（autonomy）'与'碎片化（fragmentation）'之间的矛盾或冲突：对自主性的追求主要是通过社会活动各个领域的持续分化过程来实现的，这种持续的分化过程有可能导致社会的碎片化，后者可能反过来危及人们追求的自主性。因此，如何解决这一对矛盾或冲突是现代性各个发展阶段都需要妥善解决的基本问题。"①其中，在前两个阶段，这个矛盾的解决主要是通过民族国家对分化为各个领域或部门的社会的整合而得以解决的，高度现代性时期的整合能力也达到了高潮。但随着高度现代性的发展，一方面进一步的分化导致了原来分化的界限的模糊，出现了"逆分化"的现象；另一方面民族国家的整合能力逐渐减弱，很难将社会进行充分地整合，社会趋于"碎片化"，更加剧了"自主性"与"碎片化"之间的矛盾。这种划分实际上是根据现代性的发展特征来划分的。

柯什勒克（Neuzeit）着眼于现代性的语义变化，并从这些变化中展示了现代性的几个主要时期：第一个时期，公元五世纪罗马帝国衰亡时，有与过去断裂、不可扭转的意思。第二个时期，以"文艺复兴"、"宗教改革"为标志，在15世纪欧洲所形成的现代性，当时人们所理解的时代顺序依次为：古希腊与古罗马、中世纪和现在，这个时期的现代性与中世纪是对立的，而这种对立是通过模仿古代得到的，也由此获得了自己的合法性。第三个时期，从16世纪到17世纪末，术语"新的时代"开始使用，古代成了被攻击的对象。第四个时期，启蒙运动时期，这个时期的现代性面向未来，非常重视时代的新异性的质的要求，是向未来定位的。其前提条件是："只有到基督教的末世论抛弃了它对于迫在眉睫的世界末日到来的不断期望，科学进步和'新世界'及其民族的意识的不断增长开启了新的期望视域，这种重新定位才会发生。"②到了18世纪末，现代性逐渐摆脱了中性的用法，与"进步"、"世界历史"、"革命"、

---

① 谢立中、阮新邦主编：《现代性、后现代性社会理论》，北京大学出版社2004年版，第25—26页。
② [英]彼得·奥斯本：《时间的政治》，王志宏译，商务印书馆2004年版，第26页。

"危机"、"发展"等联系起来,并与整个传统对立起来。第四个时期是19世纪下半叶,现代性逐渐发展成为新时代的观念,并直接与构成现代性本身的时间性联系起来,现代性意味着新的、时尚的,审美的现代主义的逻辑取得了支配性的地位。最后一个时期则是"新异的时间性所具有的独特而矛盾的抽象性被同时质疑与肯定"的阶段,出现了当代与现代、后现代与现代的对立。①当时人们观念的变化导致了现代性的这些语义变化,因此,这种分期实际上是观念史的分期。

沃尔夫冈·韦尔施(Wolfgang Welsch)曾经从时期的角度细致地对现代性进行了分期:17世纪,指典型的现代性,它是一门普遍的新学科运动,名之为"普遍数学";18世纪的现代性主要指启蒙运动,它特别地关注人权和社会解放运动;19世纪的现代性,指现代化运动(即工业化),但波德莱尔式的现代性和韦伯式的"理性的铁笼子"则是与此相对立的两种现代性;20世纪的现代性,既指先锋派的现代主义,又指集权主义式的现代化概念,还指那些永远在循环自身的现代性。②

以倡导"多元现代性"观念而著称的艾森斯塔特(Shmuel N.Eisenstadt)则认为,从19世纪到20世纪六七十年代是现代性的古典时期,也是现代性的第一波的全球化扩张,这个时期民族国家、革命国家和领土国家的大量涌现,经典的民族—国家模式占据了主导地位;自20世纪末到现在是现代性发展的崭新阶段,也是现代性的第二波的扩散,这个时期西方社会出现了各种新社会运动,它们从不同程度挑战了经典的民族—国家模式,民族国家的自我管理能力也受到削弱。③实际上,艾森斯塔特主要是依据多元现代性的发展特点和趋势来进行分期的。

实际上,现代性并不是铁板一块:它既有确定的、一致性的因素,又有变异性的素,而且这些因素之间充满了矛盾、分歧、冲突和对立。现代性的这些内部构成因素相互作用,才导致了现代性的丰富性和复杂性。同样,这些状况

---

① [英]彼得·奥斯本:《时间的政治》,王志宏译,商务印书馆2004年版,第24—29页。
② [德]沃尔夫冈·韦尔施:《重构美学》,陆扬等译,上海译文出版社2006年版,第119页。
③ [以色列]S.N.艾森斯塔特:《反思现代性》,旷新年等译,北京三联书店2006年版,第96—97页。

也明显地反映在以上西方现代性的分期中。这些分期的依据各不相同——有的是现代性体验的变化(伯曼)；有的现代社会特征的变化(佛纳斯)；有的是解决现代性矛盾的方式(德兰梯)；有的是现代性的语义变化和观念变化(柯什勒克)；有的是多元现代性的发展状况和趋势(艾森斯塔特)，但这些分期的基本前提则是相同的，即现代性首先意味着一个不同于传统社会的新的历史时期，它与传统社会存在着一个巨大的断裂，而且发生在这个时期的变化都可以从社会的发展历史中找到根据。但由于视角的不同，以及对社会发展状况的不同理解，才导致了这些分期的不同和多样性，因此要看到这些分期的差异、前提的一致性。对现代性进行分期，不但可以促使我们认识现代性的复杂性，而且也可以使我们更细致地认识现代性的发展过程、各个阶段的特点和整体状况。因此，这种研究是非常有必要的，但要考虑到其局限性，并在尽可能地克服其局限性的基础上来采用这种研究方法。

同样，这种研究方式对研究审美现代性也是适用的，也有利于认识审美现代性的变迁过程，获得对它的微观的与宏观的把握。但在研究审美现代性的分期时，一定要立足于审美自身的变化，不能以社会或其他的标准(特别是历史事件)来取代审美的标准。

三

作为现代性的有机组成部分和表征，审美现代性具有不可替代的作用，但理解审美现代性又离不开对现代性整体的把握，需要从现代性中寻找和分析审美现代性的起源和特征。因此，以上对现代性的理解就构成了我们分析审美现代性的基础和前提，也为我们从时期的视角分析审美现代性开辟了道路。

实际上，西方的审美现代性问题本身就非常复杂，而且它还与文学、艺术、美学、哲学等学科纠缠在一起，其宏观研究和微观研究都可以说是汗牛充栋，但至今也是众说纷纭。因此，本文也不可能给出一个标准的答案，这里仅从时期的角度来分析西方的审美现代性，尝试提出一种分析思路和原则，并希望由此展开更多、更深入的研究。

实际上，现代性、文化现代性、审美现代性是依据外延的大小依次排列的三个概念。通常来说，现代性是一个包括了政治、经济、文化和制度等维度在内的综合性的概念（即使我们从时期的视角看也是如此），文化现代性和审美现代性只是现代性的重要组成部分，而审美现代性则是被包含在文化现代性之中的更小的部分。因此，从纵向上看，现代性、文化现代性的变迁为我们研究审美现代性提供了基础；从横向上看，特定时期的审美现代性总是与该时期的现代性、文化现代性之间存在着一定的联系，因此需要在这种联系中分析审美现代性的起源和特征，也就是要考虑整体的社会背景和文化状况对审美的决定作用和影响，但它们之间的作用并不是直接的，而是要找出其发生作用的中介因素。

从时期的视角研究西方审美现代性，也同样包括两方面的内容，其一是确定西方审美现代性的起源时间，鉴于审美自身的特点，只能确定一个大致的时间轮廓；其二是对西方审美现代性进行分期。这里依次展开对这两个问题的研究。

（一）西方审美现代性的起源问题

根据从时期视角对现代性的解释，我们在研究西方审美现代性时，一定要把它的范围限定在西方的现代性的范围之内。也就是说，在理解和分析西方审美现代性时，必须从西方现代性的起源和特征出发来研究它的起源和特征；现代审美现象是审美在西方现代社会情境中的呈现，它是从现代性中衍生出来、与现代性与生俱来的现象，对西方审美现象的选择和分析也不能超出西方现代性的限定。虽然不少学者把17世纪定为产生西方现代性的标界，但应该清楚，文化现代性、审美现代性的产生和发展是渐进的、缓慢的，从总体上来说，它们没有政治、经济等层面的变化那么迅速，基本上是在经济基础和上层建筑发生了变化之后才出现的现象，当然也不乏超前型的或滞后型的审美现象，所以对审美现代性的研究要具体对待。这样一来，根据以上对西方现代性的分期，我们可以把现代审美现象视为自16世纪（最早不超过15世纪）以来审美在西方世界的呈现，西方审美现代性则是审美在这段历史时期内的变迁，它与现代性的展开存在着密切的关系。

（二）关于西方审美现代性的分期

前面我们分析过，当从时期的视角对西方现代性进行分期时，存在着分期缺乏客观标准的问题。因为这些标准具有主观性、相对性和偶然性，所以才产生了那么多不同的分期。这个问题也同样存在于对西方审美现代性的分期中，甚至有过之而无不及。在对西方现代性进行分期时，虽然也以新作为划分时代的标准，但毕竟有社会结构、社会特征等这些相对客观的存在作参照，但审美现代性就不同了。从西方几百年以来的审美变迁来看，诸多审美思潮如海浪般一浪高过一浪；审美观念不断涌现；各种各样的审美现象层出不穷；审美世界变化剧烈、异彩纷呈。其中，"新"成为各种审美思潮、审美观念和审美现象竞相标榜的价值追求，甚至成了法国现代性研究专家贡巴尼翁所说的为新而新的"新之传统"，也使人联想到瞬息万变的时尚界和服饰的变化，特定时期的时尚和服饰的变化只要与众不同就可以了，并不一定需要增添真正新的因素，就像翻新或循环使用过去的服饰仍然成为时尚一样。审美现代性的"新"面临着更大的问题：不仅"新"的标准是主观的、相对的、个体的，而且也不像现代性所追求的"新"那样具有一定的社会因素的参照。同时，审美现代性还充满了悖论和矛盾，当这些审美思潮、审美观念和审美现象都把求新作为其追求的价值和目标时，当它们都以新、现代相标榜的时候，它们有可能像时尚和服饰一样仅仅靠模仿和循环成为变化之流的一个匆匆过客或脚注，缺乏真正意义上的新和现代，并最终随时间的流逝而消失，这些行为本身也会演变为一系列无休止的命名和炒作。从上面的分析来看，分期标准的差异性造成了对审美现代性分期要比对现代性进行困难得多，这也使我们认识到这个视角的局限性，并从突破这些局限中寻求对西方审美现代性的科学的分期。

对西方审美现代性进行分期有助于加深对其特征和整体的认识，目前仍然很有必要性。从西方审美现代性的研究状况看，存在着多种关于西方审美现代性的分期。为了更科学地理解西方审美现代性，这里在分期时避免了仅仅从审美的变化进行分期，而是把社会的变化（特别是重要历史、文化事件）对审美现代性的影响考虑进来，将二者的结合进行分期。这里找出了几个对西方审美现代性有重要影响的历史事件和文化事件，不但有助于理解审美现代性的产生和发展，而且这些事件具有标界意义，也有助于对西方审美现代性进行分期。这些事件就是宗教改革与文艺复兴、启蒙运动、现代主义文艺思潮的兴起和"二战"。宗教改革和文艺复兴（特别是后者）对人的重视（"人是万物的尺度"），导致了人的关怀由天国向世俗的转移，也促成了审美向世俗、现实的人的倾斜；启蒙运动对理性和个体权利的强调，引发了社会各个领域的分化，使审美成为一个专门而独立的领域，同时工具理性与价值理性之间的对立、个体的感性与理性之间的对立开始出现并加剧，自由个体的出现为浪漫主义审美思潮的诞生开辟了道路，情感、直觉、感性、灵感这些审美元素逐渐获得了合法性；19世纪下半叶（或20世纪初）是西方审美现代性的一个重要时期，启蒙运动所倡导的自由、民主、人权、博爱等价值观和"理性至上"的原则都遭到了质疑，由此引发了对启蒙所规定的人与人、人与自然、人与社会、人与自我等关系的怀疑，在这样的背景下，浪漫主义、现实主义和自然主义等审美观念逐渐衰微，现代主义审美思潮开始产生，并得到了长足的发展。其中，1914—1918年间发生的"一战"和1917年发生于俄国的"十月革命"对现代主义审美思潮产生了重要的影响，前者使人们认识到了资本主义繁荣的虚幻性，后者促使人们开始思考资本主义的前途，并感受到了其危机四伏的困境，二者的影响使现代主义审美思潮打上了悲观和绝望的底色。"二战"后（特别是20世纪六七十年代后）西方社会在生产方式、社会结构、社会组织方式、阶级构成和生活方式等方面都发生了深刻的变化，并对人的存在产生了重大的影响，审美世界的面貌也为之改观。

根据西方审美现代性的变迁，并结合西方现代性的发展（特别是社会历史因素的重要影响），本文尝试提出一种西方审美现代性的分期：第一个时期从15世纪（最早不超过14世纪）到启蒙运动；第二个时期从启蒙运动到19世纪下半叶；第三个时期从19世纪下半叶到"二战"期间；第四个时期从"二战"后（准确地说是20世纪五六十年代）至今。其中第一个时期属于发生期；第二个时期和第三个时期属于发展期；第四个时期属于反思期。

在西方审美现代性的这些发展阶段中，每一个阶段都有各自的侧重点，并表现出了不同的特征。在第一个阶段，审美越过了中世纪的鸿沟转向了世俗和人类自身，关注世俗生活、人的理智与情感，宣扬人性、人道主义，反对禁欲主义，但并没有从根本上否定神力的存在，仍然没有完全摆脱掉中世纪神学的束缚。在这种状况下，为了合理地肯定人的存在，审美把人们的目光引向古代，通过重构古代人的审美世界，既为自身取得了合法性，也从审美角度肯定了人自身的存在。但这时审美所强调的人并不是现实存在的、活生生的个体，而是抽象的、思辨性的人类的整体，与潜在的神形成了对照，并隐含着为人的整体存在的合法性辩护的潜台词。正是在这样的基础上，审美逐渐产生和发展起来。因此，这个时期的审美具有浓厚的人文主义色彩，与西方现代性、社会之间的联系也比较密切，它与其他因素结合在一起，并呈现出了很大的含混性。其中文艺复兴的审美是强调审美的特性，典型地反映了这个时期的审美状况。在第二个阶段，启蒙运动奠定了西方现代性的基础，也对审美现代性产生了重要的影响，"理性至上"原则被确定下来，随着资产阶级革命的胜利，人的权利和价值得到尊重，为个体的发展创造了条件，也有助于审美现代性的发展，可以把浪漫主义视为这个时期审美现代性的典型。浪漫主义一方面张扬个人主义，从创造性、直觉、灵感、情感、想象、幻想、虚构、沉思、独特性、个性解放、天才等方面强调了审美的特性，并展示了对自然、朴素和真实等风格的追求；另一方面也反对启蒙运动的"理性至上"原则和理性的扩张，对工具理性引发的社会进步表示了极大的怀疑，也对价值理性的失落深感担忧。这时的审美现代性与西方现代性既有一致的一面，又有矛盾和对抗的一面，并第一次明显地呈现了现代性与审美现代性之间的对立。浪漫主义审美思潮还反对作为理性主义的审美对应物的新古典主义，并从某些方面促进了现代主义审美思潮的诞生。第三个阶段实际上是现代主义审美思潮从产生、发展到衰微的过程。现代主义上承浪漫主义对西方现代性的质疑，把一些现代体验推向极端，产生了唯美主义、印象主义、象征主义、超现实主义、达达主义、意识流等文艺思潮，与此相伴的则是唯意志主义、直觉主义、表现主义、神秘主义、精神分析等美学观念的流行。现代主义审美思潮对传统采取了怀疑和拒绝的态度，从根本上否定了一切维护社会存在的活动的合法性，而审美也只有在创造中获得其存在的价值和意义。为此，现代主义审美思潮极力发掘人的心理现实，表现心理真实和本能冲动；注重表现和创造内在的精神世界，而不是去模仿、再现外在的表面性的存在；形式本身具有独立的价值，要发掘其潜在的各种功能，使所谓的内容为它服务。同时，现代主义审美思潮对西方现代性的否定也达到了登峰造极的地步，不但对资本主义的前途感到绝望，甚至对人类文明的发展前途都感到绝望。这些原因都使审美现代性具有了危机感和悲观主义的色彩，但它仍然是一种精英主义的审美趣味。第四个阶段主要是指后现代主义审美思潮的产生与发展过程。"二战"后西方社会发生了深刻的变化，学者们对这种社会转型有不同的理解，但都承认社会所发生的重大变化，于是有了"后工业社会"、"消费社会"、"媒介社会"、"景观社会"、"电子社会"、"高技术社会"、"信息社会"、"后现代社会"、"晚期资本主义社会"等令人眼花缭乱的命名，社会的转变又引发了审美的变迁。与此前的现代主义审美趣味相比，后现代主义因反对现代主义的深度模式、审美的精英意识而具有了平面性、通俗性和消费性；因反对现代主义的独创性和个性而致力于艺术品的复制；因历史感和历史意识的削弱而沉溺于当下的"精神分裂"式的体验；因主体的消解、主体意识的衰微而呈现出体验的碎片和断裂；因反对现代主义对审美形式（特别是文字）的专注而进行形象的创造和消费。从这些方面看，后现代主义审美思潮就是对现代主义审美思潮的对抗、造反和反叛，但这只是它们之间的关系的一个面相。如果寻根追溯源的话，后现代主义的所有特征几乎都可以在现代主义中找到，只不过前者将后者的某些特点发挥到极端罢了，这构成了它们之间关系的一个面相。难怪利奥塔认为，后现代主义续写了现代主义；马泰·卡林内斯库（Matei Calinescu）认为，后现代主义是现代性的一副面孔。其中，后现代主义特别地继承了现代主义的反叛意识，不但反叛资产阶级的审美意识，而且从根本上反叛了其现实依据和理论根基。后现代主义还继承了现代主义的反思意识，并把这种反思意识推进到极端：不但反思了现代主义审美的局限，而且还反思了整个西方历史上的审美创造的局限，并从克服其局限的角度展开了自己的创造（更多是实验）尝试，其结果如何当然尚需要进一步的检验。

西方的现代性和审美现代性的分期问题都非常复杂，由于视角和参照点的不同，就可能会出现不同的分期，目前已经有许多不同的分期，这些分期也都是见仁见智、各有千秋。而且，随着研究的深入，还可能出现更多的分期。本文根据西方的现代性和审美现代性的发展情况，结合其他学者的分期，尝试提出了这种新的分期，并着重分析了西方审美现代性在不同时期内的特点和主要含义。希望这种分期和由此得出的结论有助于从时期的视角加深我们对西方的现代性和审美现代性的理解，也为理解中国的现代性和审美现代性起到抛砖引玉的作用。

原载《深圳大学学报》（哲社版）2007年第4期

阐释西方审美现代性：以特性为视角[*]

近十几年来，国内外的现代性研究迅速升温，现代性这个概念也成为学术界关注的焦点之一。现代性概念是一个涵盖了政治、经济、文化等领域的包罗万象的综合性概念，哲学、社会学、文学、美学等学科都参与了对这个概念的探讨，并形成了多种不同的、缺乏共识的解释。与国外的现代性研究相比，国内的研究则显得更为复杂。直接从国外借鉴这个概念导致了理解上的偏差，因此国内学术界在运用这个概念时出现了严重的混乱。因此，当前亟待进行概念上的清理，再从这些概念出发分析具体的现象。其实，这个思路同样适合于对包括中国的艺术、文学等现象在内的审美现代性的研究。自近代中国的国门打开以来，中国被强行拖进了世界性的整体结构之中，也由此产生了与世界其他文明形态的碰撞，中国的现代性从此展开并延续至今。审美现代性不但是中国现代性的重要部分，而且也是中国现代性的表征，折射出了中国现代性的曲折发展和历史性的变迁。中国自身的复杂性与特殊性，加上对现代性、审美现代性这些概念的误读，这些因素都使中国的现代性研究呈现出了更大的复杂性、含混性。因此，必须做些正本清源的清理工作，梳理从西方现代性、审美现代性到中国的现代性和审美现代性的语义演变过程，以达到对中国现代性、审美现代性的深刻的、全面的理解。

鉴于现代性、审美现代性本身的复杂性，出现了许多的理解这些问题的思路，加上中国的现代性、中国的审美现代性的特殊性，因此全面地清理这些问

---

[*] 本文系国家社科基金《现代性视域中的西方艺术思潮》（11BA010）的成果。

题是相当长时期内人文社会科学面临的一个重要的课题，也需要众多学科、众多学者的参与和努力。鉴于此，本文尝试提供一种分析的思路，通过对西方现代性的一种阐释（即从特性角度的阐释）以达到对西方审美现代性的阐释，也有助于理解中国的现代性和审美现代性。

一

通常而言，在对现代性（西方现代性更为明显）的认识上，主要有时期、特性、体验三个基本的视角，这些视角是导致现代性歧义的主要原因，介入点的不同也导致了各个学科对现代性概念的不同理解。为了分析的方便，这里选取了特性的视角，并分析了以这种视角理解西方现代性的代表性的观点，然后寻找适当的切入点来分析西方审美现代性。需要说明的是，这三个分析视角并不是孤立的，而是有相互关联的，只不过为了分析的方便罢了。而且，当主要从某个视角来研究西方的现代性时，通常有可能造成对其他视角的遮蔽和掩盖，因此也需要结合其他视角来说明从某一个视角所得出的结论。

从特性的视角看，现代性也具有自己的规定性。但由于这个视角过于笼统，可以从不同的角度、学科、问题来解释现代性的特性，这也是导致歧义丛生的现代性概念的原因。在卡尔·马克思看来，西方现代性的特征是资本的产生和扩张，它引发了对传统、传统的伦理与人们之间的关系、制度的巨大冲击，并建立起了新型的资本主义制度；在马克斯·韦伯看来，西方现代性的特征是理性化，是工具理性（科技理性是其主要表现形式）、形式理性对价值理性、实质理性的挤压和取代，形成了"现代性的铁笼子"；齐美尔则认为，现代性就是客观文化、物质文化对主观文化、个体文化的压制。于尔根·哈贝马斯继承了韦伯的思路，在他看来，从18世纪以后，随着宗教与形而上学的分离，科学、道德和艺术逐渐分化出来，发展成为独立的领域，并且各负其责："从这些古老的世界观中遗留下来的问题已被人安排分类以列入有效性的特殊方面：真理、规划的正义，真实性与美。那时它们被人当作知识问题、公正性与道德问题、以及趣味问题来处理。科学语言、道德理论、法理学以及艺术的生产与批评都依次被人们专门设立起来。人们能够使得文化的每一领域符合文化的职业，而文化领域内的问题成为特殊专家的关注对象。"①这样，专家就控制了文化领域表现出来的认识—工具结构、道德—实践结构和审美—表现结构。所以，西方现代性是与西方社会的分化联系在一起的。同时，他还站在现代性的立场上反对各式各样的后现代主义，把它们定性为旨在反对现代性的新的形态的保守主义，坚持现代性的合法性和未完成性，并寄希望于理性的重建。

齐格蒙特·鲍曼把"矛盾性"视为西方现代性特征，具体而言，"矛盾性"是"一段历史时期，它肇始于西欧17世纪的一系列深刻的社会结构和思想转型并成熟为：（1）一项文化筹划——随着启蒙运动的发展；（2）一种由社会完成的生活形式——随着工业的（资本主义的，以及后来的社会主义的）社会的发展。"②也就是说，矛盾性是特定时期内西欧社会在转型中所表现出来的特性。如果依此思路，还可以看到另一种矛盾性的现象，这就是马泰·卡林内斯库所说的资产阶级现代性与美学现代性之间的矛盾。资产阶级现代性是"科学技术进步、工业革命和资本主义带来的全面经济社会变化的产物"。从思想观念上看，"它大体上延续了现代观念史早期阶段的那些杰出传统。进步的学说，相信科学技术造福人类的可能性，对时间的关切（可测度的时间，一种可以买卖从而的时间，因而像任何其他商品一样具有可计算价格的时间），对理性的崇拜，在抽象人文主义框架中得到界定的自由理想，还有实用主义和崇拜行动与成功的定向"③。美学现代性引发了先锋派的产生，自浪漫派起就已经确立了激进地反资产阶级的态度。具体而言，"它厌恶中产阶级的价值标准，并通过极其多样的手段来表达这种厌恶，从反叛、无政府、天启主义直到自我流亡。因此，较之它的那些积极抱负（它们往往各不相同），更能表明文化现代性的是它对资产阶级现代性的公开拒斥，以及它强烈的否定激情"④。在卡林内斯库看来，它们之间的对立是如此的不相

---

① [德]哈贝马斯：《论现代性》，王岳川、尚水主编：《后现代主义文化与美学》，北京大学出版社1992年版，第16页。

② [英]齐格蒙特·鲍曼：《现代性与矛盾性》，邵迎生译，商务印书馆2003年版，第7页。

③ [美]马泰·卡林内斯库：《现代性的五幅面孔》，顾爱彬、李瑞华译，商务印书馆2003年版，第48页。

④ 同上。

容:"一个是理性主义的,另一个若非公然的非理性主义,也是强烈批评理性的;一个是富有信心和乐观主义的,另一个是深刻怀疑并致力于对信心和乐观主义进行非神秘化的;一个是世界主义的,另一个是排他主义或民族主义的。"①也就是说,事实上,任何社会都存在着矛盾,但现代性的矛盾尤为强烈。而且,其矛盾是全局性的,不但表现在社会的任何领域,也表现社会的各个领域之间和社会的根本性质上。

此外,许多学者都非常关注西方现代性的反思特征,并把反思性视为西方现代性的根本特性,并由此理解现代性的其他方面。安东尼·吉登斯认为,工业主义、资本主义是西方现代性的两个重要维度;"时间和空间的分离"、"脱域(disembeding)机制的发展"和"知识的反思性运用"则是现代性的三个主要来源,而"知识的反思性运用"——"关于社会生活的系统性知识的生产,本身成为社会系统之再生产的内在组织部分,从而使社会生活从传统的恒定性束缚中游离出来。"②——则发挥着不可替代的作用。虽然鲍曼把矛盾性作为现代性的特性,但他也洞察出了反思在现代性社会中发挥了重要的作用,并建立起了反思与现代性之间的关联:"我们可以考虑在这一时段中,(世界的、人类生境的、人类自身的以及这三者之间的关联的)秩序得到反思,假如他终止了抑或风光不再了,那么,它就是一个思想问题、关怀问题和一个认识到自身、认识到确是一种有意实践并惟恐留下裂缝的实践问题。"③著名社会学家艾森斯塔特认为,现代规划最初在西方产生时,带来了独特的意识形态前提和制度前提。它也带来了人的自主性和未来的观念,并引发了对社会秩序、本体论秩序和政治秩序的前提及其合法性的质疑,也就是对社会的全面的反思意识。而且,现代性的反思意识几乎渗透于社会生活的方方面面,"现代方案中的反思意识,不仅集中在一个或几个社会中流行的超越图景和基本本体论概念的不同诠释的可能性之上,而且发展到质疑这类图景和与

---

① [美]马泰·卡林内斯库:《现代性的五幅面孔》,顾爱彬、李瑞华译,商务印书馆2003年版,第343页。
② [英]安东尼·吉登斯:《现代性的后果》,田禾译,译林出版社2000年版,第47页。
③ [英]齐格蒙特·鲍曼:《现代性与矛盾性》,邵迎生译,商务印书馆2003年版,第8页。

之相关的制度模式的给定性。它使人们意识到，许多这类图景和模式存在着，并且这类图景和概念的确可以争辩。"[①]正是这种反思意识促成了对传统的怀疑，对既定的制度模式、意识形态、政治与文化的前提等因素的质疑，并探索与追求它们的各种可能性，这些反思也同样影响到个体的生存。在艾森斯塔特看来，现代性虽然起源于西方，但经历了两次世界性的扩张，现代性的第一轮扩张从19世纪到20世纪六七十年代，自20世纪末迄今为止则是现代性的第二轮扩张，在现代性的这两轮扩张中，反思性都起到了重要的作用。艾森斯塔特的解释使我们感受到了反思意识的巨大影响，我们需要认真对待它在塑造个体、现代社会和现代性中所发挥的作用。

从以上这些观点来看，西方学者对西方现代性特性的解释是各不相同，而且还可以继续地列举下去。阐释者的不同角度、学科的不同、不同的研究方法都是导致对西方现代性特性不同解释的原因。尽管如此，我们还是可以从这些观点中找出一些较为一致的理解，以取得对西方现代性特性的全面的、完整性的理解。

二

由于视角不同、学科不同、切入点不同，人们对西方现代性基本特性的理解存在着很大的不同。本文主要把反传统、理性化和反思性作为现代性的基本特性，并从这些特性阐释西方现代性的含义。

谈到现代性，人们首先想到的可能就是传统，还可以联想到一些诸如"保守"、"落后"、"落伍"、"陈旧"、"危机"、"封建"等语汇。相反，当我们谈到现代、现代性的时候，我们可能联想到"进步"、"前进"、"革新"、"革命"、"创造"等语汇。当我们再进一步谈到传统与现代之间的关系时，我们的头脑中也许会涌现出一些诸如"断裂"、"鸿沟"、"对抗"、"对立"等语汇。从这些现象中可以发现，我们实际上已经无意识地把传统视

---

① [以色列]S.N.艾森斯塔特：《反思现代性》，旷新年等译，北京三联书店2006年版，第9页。

为现代性的对立面和障碍，并欲除之而后快，尽管传统并不是如我们想象的那样充满了阻力，也并不像我们设想的那样能够从根本上铲除。但事实上，我们的这些无意识的看法已经部分地决定了传统的命运。而且，现代性发展的历史也是传统遭受打击的历史。从这种意义上来说，断裂或者说反传统就是现代性的最主要的特性，这个特性在西方现代性的发展史上一再地显现出来。传统社会主要基于一种基本的、约定俗成的规定性，它规定了社会的基本秩序、道德的约束力、血缘性的家庭所发挥的影响、个体在社会中的位置和社会成员的基本世界观、价值观。同时经济的发展也基本上把个体固定了下来。但现代性的发展却打破了这些规定性。随着社会的全面转型，首先在经济上发生了重大的变革，传统式的对土地的依赖减弱了，代之的是商业社会的崛起和政治自由度的增强，并孕育了新的社会形态。社会所发生的这些变化削弱了传统的基础，传统的这些规定也逐渐失去了其赖以产生和发生作用的土壤。由于面临着新的环境，传统发生作用的条件也发生了变化，其作用力减弱，它在人们心目中的地位也大打折扣。对个体来说，经济上的变化打破了个体所受的束缚，个体能够自由或比较自由的流动；随着个体自由度的增强，个体面临的选择和机会都增加了，这些因素使他体会到了传统的衰落，调整传统中的那些不适应社会发展的因素，并积极探索适合自己生存的各种可能。这样，无论是社会还是个体都经历了传统的束缚，特别是传统对新的社会形态、社会秩序、社会制度、个体的世界观与价值观、个体自由的束缚。同时，社会和个体也开始质疑传统的合法性，甚至从根本上反对各个领域中的传统。这构成了西方现代性的重要特性。西方现代性对传统的社会关系、人际关系、家庭的冲击，在托克维尔、马克思、齐美尔、滕尼斯和涂尔干等古典社会学家的理论中都得到了淋漓尽致的描述和精辟的分析；在托克维尔看来，现代社会把个人分裂为"原子式"的存在；马克思看来，现代社会是充满了阶级冲突和斗争的社会，它使"一切坚固的东西都烟消云散了"；在滕尼斯看来，现代社会冲垮了传统社会的"共同体"，并促使了它的瓦解；在涂尔干看来，劳动分工撕裂了完整的社会，也淡化了传统的人与人之间的密切关系。

理性化是西方现代性的又一个明显的特性。理性化是韦伯最初在描述资本主义发展时所使用的命题,也是他对西方现代性研究的重要贡献,后来经过众多学者的发挥,逐渐成为概括西方现代性特征的一个重要观念。韦伯认为,宗教能够提供对世界意义、生命意义的合理解释,也是行动意义的来源。因此,宗教不仅起着决定人生信仰、价值和方向的作用,还影响到人生道路的选择、人在现实中的行为。近代以来,西方社会出现了"理性化"的转变,伴随着资本主义的发展出现了宗教的衰微,其结果是人们信仰的坍塌。"理性化"的过程也就是"除魅"的过程,现代社会面临着"专家没有灵魂,纵欲者没有心肝"的尴尬局面。韦伯把社会行动划分为传统行动、情感行动、价值合理的行动和目的合理的行动四种类型,其中后两种类型的社会行动在西方社会发挥了重要的作用。价值合理的行动类型的行动本身就体现了对终极意义和价值的追求,与行动者追求世界和人生意义的目的直接相关;目的合理的行动只达到一个目的的工具、手段和中介,行动本身并不与终极关怀挂钩。在西方社会中,价值合理的行动和目的合理的行动之间的冲突始终存在着,但随着西方世界中宗教的衰弱和意义的"理性化"过程的展开,二者之间的分裂、冲突和矛盾加剧,其结果是前者受到挤压和排斥,后者则占据了主导的地位,二者之间的鸿沟难以弥合。目的合理性也可以被称为工具合理性、工具理性,受"客观因果法则"的制约,具有客观标准;但价值合理性缺乏客观的标准,是一种与主观有密切联系的理性。这样,人们为了达到某一个目的,就会想尽一切办法、采用各种手段,通过算计而实现其目的,并且不必顾及信仰、价值、伦理、义务、责任、终极关怀、真实的情感等这些更为根本性的因素。韦伯还区分了实质理性和形式理性,它们之间的关系与价值理性与工具理性之间的关系类似。在韦伯看来,工具理性在资本主义的产生和资本主义制度的形成过程中发挥了不可替代的作用。而且,在资本主义的发展过程中,工具理性的作用表现在科技、管理等社会的各个方面,其中在科技领域的表现最为明显,因此有学者干脆将科技理性视为工具理性的代表,并且直接以科技理性来取代工具理性,事实上二者之间是有区别的,不能够直接画等号。工具理性、形式理性无节制地发展膨胀,结果成为一种压迫性的力量,导致了对价值理性和实质理性的挤压和排斥,并引发了西方现代社会的紧张,最终形成了韦伯所说的"理性的铁笼子"。因此,西方现代性的发展过程主要是"理性化"的发展过程，可以把"理性化"视为西方现代性的特性。

西方现代性的第三个特性是反思性。相当多的学者都把反思意识视为西方现代性的特性，实际上已经触及到了西方现代性和西方现代社会的根本：传统社会不但把个体固定在相对稳定的位置上，而且也基本上规定了个体对自然、社会、道德、他人和自我的理解；但现代社会把传统连根拔起，血缘和道德的作用遭到了空前的挑战，个体被置于各种选择的交汇点上，现代社会在扩大了个体的自由、自主性和能动性的同时，也使个体开始质疑传统、既有的世界观与价值观、现存的政治秩序与社会安排，并反思其局限，这也是形成新的价值观、社会形态和制度的前提。反思意识不但促进了现代性的形成，而且还影响到现代人的思想意识和行为方式。反思的对象意识主要表现在三个方面：对传统的反思，传统的世界观、价值观、伦理观和行为规范，传统的人与自然、社会、他人和自我的关系，都遭到了质疑，其局限性被突现出来，并可能引发激烈的冲破其束缚的思想意识和行为；对知识的反思，社会系统知识的生产是社会再生产的组成部分和重要根据，当把这些知识运用于社会时，便促进了新质的形成，并对现代性产生了深刻的影响。对社会系统知识的反思和运用主要受到"权力的分化"、"价值的作用"、"未预期后果的影响"等因素的影响[①]；对秩序的反思，这里的秩序主要是指世界的秩序、人类生活环境的秩序、人类自身的秩序，以及这三者之间的关联，现代性反思、否定了秩序的"他者"，即混乱、不确定性、不合逻辑、非理性、不可协调性等，建立起了统一的、明晰的、确定的秩序，而设计、管理、征服都是必不可少的手段，这在"启蒙运动"中表现得尤为明显，并一直贯穿于现代性的发展之中。

从西方现代性概念的发展史来看，现代性的概念虽然不胜枚举，但从特征角度对现代性的阐释很有代表性，甚至可以说概括了西方现代性的主要方面，也揭示了西方现代性的重要含义。我们这里把反传统、合理化和反思性作为西方现代性的特性，并不意味着对其他特性的排斥。相反，反传统、合理化和反

---

① [英]安东尼·吉登斯：《现代性的后果》，田禾译，译林出版社2000年版，第48页。

思意识与西方现代性的其他特性相互补充、相互作用，并构成了多层次的、多维度的西方现代性的整体。作为现代性的有机组成部分和表征，审美现代性具有不可替代的作用，但理解审美现代性又离不开对现代性整体的把握，需要从现代性中寻找和分析审美现代性的起源和特征。因此，以上对西方现代性的理解就构成了我们分析西方的审美现代性的基础和前提，也为我们进一步分析西方的审美现代性开辟了通道。

三

如果按照外延的大小来排序的话，现代性、文化现代性、审美现代性是外延由大到小依次展开的三个概念。通常而言，现代性是一个包括了政治、经济、文化和制度等维度在内的综合体，文化现代性只是现代性的一个组成部分，而审美现代性也只是文化现代性的一个更小的组成部分，它被包含在现代性和文化现代性之中。因此，现代性为我们理解审美现代性提供了参照和重要前提，它也在塑造文化现代性和审美现代性方面起到了至关重要的作用。同样，我们在研究西方的审美现代性的时候，也要结合西方现代性的特性，这些特性不但决定了审美现代性的特性、内容，而且也决定了它们的具体存在形态。我们将从西方现代性的反传统、理性化和反思性等三个特性出发，逐一分析它们对西方审美现代性的影响。

从反传统的视角来看，反传统不仅是西方现代性的基本特征，也是西方审美现代性的基本特征。从西方现代性的发展历史来看，反传统不仅贯穿了现代性的整个发展过程，而且还表现在政治、文化和审美等现代性的各个侧面。甚至可以说，反传统是西方审美现代性的动力和最显著的特征：反传统不仅决定了西方现代审美思想的变化，也是西方现代美学思潮与流派更替的重要基础和表现。在西方审美现代性的发展中，在西方现代主义文艺的具体门类和流派中，反传统几乎成了其合法性的最充足的根据和发展的不二法门，从内容到形式莫不如此。而且，许多现代主义文艺流派的更替也是对自己之前的流派的否定，甚至发展成了不断否定的"新之传统"，直到产生了与现代主义存在着很大距离的后现代主义,其实后现代主义审美思想也是审美现代性的反传统逻辑的自然延伸。实际上,正是在这一点上,西方现代性与西方审美现代性存在着相似性。但应该清楚的是,西方现代性主要反对西方传统的政治、伦理和制度等方面的预设;审美现代性主要反对的是现实主义、自然主义等审美传统,并建立起了以现代主义审美趣味为主导的审美范式。此外,还存在着西方现代性与审美现代性之间的对抗,这是西方审美现代性自浪漫主义产生时就确立起来的主题,并在经典的现代主义审美思潮中达到高峰。因此,反传统是西方审美现代性的动力和最基本的特征。

从理性化的视角来看,西方审美现代性是对理性化世界的反抗,对工具理性和科技异化的反抗,这种反抗是通过感性、非理性来实现的。随着西方现代性的逐渐展开,宗教的影响力甚微,传统的价值观、伦理道德的影响都开始减弱,人们的信仰出现了危机,尼采以"上帝死了"来形象地概括当时人们的精神状况。在这种信仰危机中,审美现代性试图承担起信仰的任务,这也直接地影响到审美现代性的特征:"传统的现代主义试图以美学对生活的证明来代替宗教或道德;不但创造艺术,还要真正成为艺术——仅仅这一点即为人超越自我的努力提供了意义。但是回到艺术本身来看,就像尼采明显表露的那样,这种寻找自我根源的努力使现代主义的追求脱离了艺术,走向心理:即不是为了作品而是为了作者,放弃了客体而注重心态。"[①]西方现代性的重要特性是理性化,理性(特别是工具理性)的无节制的发展导致了理性的霸权,威胁到价值理性的存在,并形成了对感性、非理性的挤压。因此,反对理性(特别是工具理性)的霸权、反对科技对人的压迫、反对社会所造成的人的异化,成为西方审美现代性的普遍诉求。浪漫主义运动美学对自然、人的情感的重视,对工业、科技和西方文明的厌倦和反抗,都定下了西方审美现代性的基调,并在此后的西方现代审美思潮中屡屡表现出来,也成为西方审美现代性发展的主线。同时,也是从浪漫主义美学开始,西方现代性与审美现代性的矛盾、对抗和对立也逐渐表现出来。这种倾向在浪漫派文学中就

---

① [美]丹尼尔·贝尔:《资本主义的文化矛盾》,赵一凡等译,北京三联书店1992年版,第98页。

表现得非常明显：它"转向过去和乌托邦，转向潜意识和幻念，转向不可思议和神秘，转向儿童和自然，转向梦幻和放肆，一言以蔽之……转向能把他们从失败的感受中解脱出来的种种要求。"①西方现代美学家对西方现代社会有各式各样的理解：席勒称之为现代人精神分裂的时代；尼采称之为"上帝之死"的时代；荷尔德林称之为"贫困的时代"；海德格尔称之为"无家可归"、"技术的时代"、"悬于深渊的时代"；马尔库塞称之为"单面人"的时代；福柯称之为"人之死"的时代，等等不一而足，但他们对现代理性化世界的抵制是显而易见的。在理性越位、信仰崩溃的世界上，西方审美现代性致力于对理想人的发掘：席勒以"游戏冲动"来弥合现代人感性与理性的分裂；海德格尔希望诗人为存在"去蔽"，以使人"诗意地栖居在大地上"；马尔库塞寄希望于从根本上改造感性和本能的"新感性"；福柯则通过他倡导的"生存美学"来获得人生的自由与自觉。实际上，美学产生时的最初的含义就是"感性学"，它强调感性的地位，希望通过感性来抑制理性，并试图建立起感性与理性之间的合理的新型的关系。西方审美现代性则寄希望于感性、非理性对无节制地扩张的理性的反抗。弗·施莱格尔一语道破天机："我不关心看不见的一切，只关心我能闻、能尝、能触、能刺激我全部官感的一切。"②由此看来，西方审美现代性已把克服信仰危机作为自己的重要任务，通过感性、非理性来克服理性化世界，并形成了与西方现代性的对抗，这些特征贯穿于西方审美现代性的发展过程，在西方的现代美学流派上表现得也非常明显。

从反思意识的视角来看，西方审美现代性不但以审美的方式反思和表现了传统的局限性，而且其内部的各个派别也以反思的方式对待其他流派。同时，西方审美现代性还强烈地反抗西方现代性所确立的秩序、明晰、统一、规划，甚至反对西方现代性的一切束缚。从浪漫主义、现代主义和后现代主义的演变中可以发现西方审美现代性的这些特点。现代主义美学以其特有的方式反思了传统，并得

---

① [德]豪塞尔：《艺术史的哲学》，中国社会科学出版社1992年版，第55页。
② [丹麦]勃兰兑斯：《19世纪文学主潮》（第二卷），人民文学出版社1981年版，第75页。

出了极端的结论：反对审美成为道德、真理、认识的工具和传声筒，而以审美独立相标榜；人与社会之间的关系是对立的；在人与人之间的关系上坚持"他人就是地狱"；自然并不是人类灵魂的理想栖息地；人与自我的关系是表里不一的对立关系。不但如此，西方审美现代性内部的各个流派也都通过反思（主要是反叛的策略）获得其合法性、发展的动力和灵感。现代主义美学是对浪漫主义美学所追求的有机论、和谐论和情感至上论的反思与反叛；后现代主义美学反思与反叛了现代主义美学的深度模式、精英意识、历史意识、独创性和对审美形式（特别是文字）功能的过度追求，表出了平面性、通俗性、消费性、复制、断裂和对形象的消费，后现代主义也继承了现代主义的反思意识，并把这种反思意识推进到极端：不但反思了现代主义审美的局限，而且还反思了整个西方历史上的审美创造的局限，并从克服其局限的角度展开了自己的创造（更多是实验）。其次，西方审美现代性还反思和否定了西方现代性对秩序的追求，它提倡不确定性、反逻辑、非理性等现代性的，与在"启蒙运动"中建立起来并贯穿于西方现代性之中的明晰的、确定的秩序相对抗。现代主义的美学流派都非常重视感性和非理性：意识流对流动的无意识的重视；象征主义对与心灵相对应的大自然神秘现象的开掘；超现实主义通过自动化写作致力于对梦幻、梦境的记录；精神分析美学重视白日梦、潜意识表现出来的真实性，而对日常生活中的表面现象弃之不顾。通过这些探索，西方审美现代性为我们展现了世界的非理性、神秘、不可认识和不可控制的一面，也是对西方现代性认为能够掌控世界的自信心的重撞。从反思意识的角度看，西方审美现代性更多地展现出了与西方现代性之间的矛盾和对抗性。

  西方的现代性和审美现代性都是非常复杂的问题，各种阐释层出不穷，而且随着对它们研究的深入，还可能出现更多、更丰富的阐释。有道是："横看成岭侧成峰，远近高低都不同"，不同的方法、学科、角度都可能得出不同的结论。本文主要从西方学者对西方现代性特性的不同看法入手，分析了西方现代性和西方审美现代性的基本特性和具体含义，希望有助于加深我们对它们的理解，也为理解中国的现代性和审美现代性提供有意义的参照。

原载《河南大学学报》（哲社版）2007年第3期

从超越走向世俗[*]
——论西方审美现代性的媚俗面相

在人们通常的认识中，审美现代性是通过对现实的批判和拒绝而建立起来的，它代表着高雅、永恒、超越、批判、神圣和崇高，甚至不食人间烟火；而媚俗似乎就是作为其对立面而存在的，它实际上已经成为集讨好、迎合、奉承、庸俗等诸多含义的复合体。这样一来，把审美现代性与媚俗联系起来，看似风马牛不相及或不伦不类，但表象往往容易迷惑人、习以为常的看法常常经不起推敲，这就要求我们回到现实、实践中，求得对这些问题的正确理解。同样，对西方审美现代性的研究也是如此。如果我们本着尊重事实、实事求是的原则，从西方审美实践的实际出发，就会发现审美现代性远没有我们想象得那么简单、纯粹，相反，它与功利性有着千丝万缕的联系，甚至还表现出媚俗的面相。当然，作为一个多面的、多层次的、复杂的综合体，审美现代性具有多重属性，只有把这些属性都统一起来，我们才可能获得一个完整的认识，再做出分析、价值。本文不是对审美现代性的全景式的研究，通过聚焦于其媚俗的侧面，以期掌握其全貌。

一

按照学术惯例，任何研究都必须建立在一定的基础之上，对概念作必要的界定便是这样的基础性工作之一。本文的主要目的是为了研究西方审美现代性的媚俗性，因此，为了保障研究的有效性，应该首先对涉及该论题的两个重要

---

[*] 本文系国家社科基金《现代性视域中的西方艺术思潮》（11BA010）的成果。

概念西方现代性、西方审美现代性和媚俗性做出明确的界定，在清理了这些概念的含义之后，然后再研究西方审美现代性与媚俗的关系。

西方现代性研究的复兴发生于20世纪六七十年代之后，其主要原因在于：后现代主义的兴起引发了对现代性之局限的重视；学术界对现代化理论的反思。实际上，西方现代性已经有几百年的历史了，而且，对西方现代性的研究几乎也有同样的历史。但新的历史条件催生了有鲜明时代特色的研究，现代性研究的复兴不但存在着诸多的新鲜之处，而且迅速成为学术的"宠儿"，几乎所有的研究都可以与现代性拉上关系。随着现代性研究的复兴，现代性概念也开始流行，并发展到白热化的地步。现代性概念跨越了社会、政治、经济、文化和日常生活等领域，关涉到社会学、哲学、伦理学、文艺、美学等学科，并具有跨学科和反学科性的性质，关注点、研究视角和学科的不同导致了对现代性的多重阐释。这样，学术界对现代性概念的解释就充满了差别、不同和矛盾，很难得出一个统一的、能够为多数人接受的定义，甚至可以说，现代性已经成为无法穷尽其意义的"语义丛"。尽管如此，我们还是能够从众多的定义中梳理出一些共识，再进一步研究现代性问题。

为了行文的方便，这里需要说明两点。第一，在西方现代性的概念史上，"现代性"概念的家谱可以追溯到"现代"这个词，这个词在公元5世纪就存在了，但"现代性"概念的出现和界定则是西方社会进入现代以后的事情了，波德莱尔（Charles Baudelaire）的现代性概念具有里程碑式的意义，他界定的实际是西方审美现代性，他敏锐地抓住了现代审美的求新、求异的特点，正是这一点标志着现代审美实践的出现，而且他的界定对后来的现代性研究影响深远。第二，西方主流学术界通常把西方现代性分为社会现代性（或启蒙现代性、资产阶级的现代性）和审美现代性，并且强调二者之间的矛盾、对立和互补性。法国的现代性研究专家瓦岱简洁地表述了这两种对立的现代性："一是波德莱尔的'现代性'（它属于审美定义的范畴，涉及美学思考的范围），二是普遍意义上的现代性（历史的、社会学的、哲学的等等），它促使我们提出了涉及我们文化的最重大的问题，我们对我们文化的反思并没有结束。"[①]不少学者接受了这种区分和

---

① [法]伊夫·瓦岱：《文学与现代性》，田庆生译，北京大学出版社2001年版，第24页。

思路来研究现代性问题,其中,美国学者马泰·卡林内斯库(Matei Calnescu)的影响较大并具有代表性。卡林内斯库区分并细致地洞察出两种现代性的具体含义,资产阶级的现代性强调"进步的学说,相信科学技术造福人类的可能性,对时间的关切(可测度的时间,一种可以买卖从而像任何其他商品一样具有可计算价格的时间),对每个人来说理性的崇拜,在抽象的人文主义框架中得到界定的自由理想,还有实用主义和崇拜行动与成功的定向"——作为中产阶级的价值观推动了西方社会的现代化;而审美现代性则"厌恶中产阶级的价值标准,并通过极其多样的手段来表达这种厌恶,从反叛、无政府、天启主义直到自我流放"①。卡林内斯库认为,在19世纪上半叶,这两种现代性之间出现了分裂,即审美现代性对资产阶级现代性进行了公开的反叛和否定。他的看法基本上反映了西方现代性的实际,并得到了许多学者的认可。鉴于此,本文也类似地区分了两种现代性,并在这种框架下研究西方审美现代性与媚俗的关系。

  西方现代性与西方审美现代性关系密切,离开了西方现代性既无法说明西方审美现代性的起源、发展和特征。而且,这两个概念属于一种"家族相似"类型的概念。因此,这里有必要首先做些概念上的清理工作,再进行本论题的研究。

  首先,本文结合国内外学界对现代性的解释,对西方现代性、西方审美现代性进行了界定。从现代性概念的多数定义看,西方现代性是对西方自16世纪(最早不超过15世纪)开始的社会、文化转型的概括,它跨越了从文艺复兴到后现代主义这段漫长的历史时期,既是对这个历史变革的描述,又概括了这个历史变革的特征。基于这种理解,可以从历史和历史变革的特征的双重角度来理解现代性:前者意味着西方自16世纪迄今所发生的历史变迁,据此思路,可以把现代性划分为发生期(16世纪到启蒙运动)、发展期(启蒙运动到20世纪六七十年代)和反思期(20世纪六七十年代迄今)等阶段②;后者意味着西方现代性所表现出来的反传统、理性化和反思性等特征,这些特征又不同程度地表现在西方审美现代性之中,并

---

① [美]马泰·卡林内斯库:《现代性的五幅面孔》,顾爱彬、李瑞华译,商务印书馆2003年版,第48页。
② 李世涛:《时期视角:从西方现代性到西方审美现代性》,《深圳大学学报》(哲社版)2007年第4期。

由此题写了二者之间的一致性,当然这并不能抹杀它们之间的对立。这种理解基于西方社会由传统向现代的转型,既注意到了这种转型的历史背景和实际过程,又反映、把握了社会转型所出现的新质,有助于灵活地理解丰富而复杂的现代现象。

其次,从与西方现代性联系的角度来理解西方审美现代性,以及二者之间的关系。西方审美现代性是西方现代性的有机组成部分,二者之间存在着既一致又相悖的关系,离开了西方现代性,就根本无法理解西方审美现代性的产生、变化和特征[①]。鉴于此,我们认为,作为西方社会现代转型的有机组成部分,西方审美现代性指的是西方人对现代社会转型所表现出来的审美方面的回应、体验;虽然现代性引发、导致了审美现代性,但审美现代性对现代性的反应却颇为复杂,既充满了新奇、自由、兴奋、憧憬等积极的心理体验,又充满了无根感、疏离感、漂泊感、与社会的对立、无助感等负面性的心理体验;从西方审美现代性的价值诉求来看,它与西方现代性的价值既一致、相似,但更多的是紧张、矛盾和对立,而且后者更为突出。实际上,西方审美现代性还发挥了它对西方现代性的反思、批判和校正作用,这也突现了西方审美现代性的重要。

最后,涉及对审美语境中的媚俗的理解。媚俗的英文为kitsch,其基本意义指刻意地以某种东西迎合别人低级的、无聊的、平庸的趣味,还可以被引申为有意地讨好。这个词是贬义词。而且,它似乎很难与高雅的审美联系起来,即便把它与审美联系起来考虑,我们获得的大都是诸如平庸、俗气和庸俗等负面性的审美体验。为了研究的方便,这里仍需对媚俗做些界定。本文所论及的媚俗都不脱离其基本意义,但具体的用法上有细微的差别。第一,从创作心理动机方面讲,指审美创造(或文艺创作)的目的,即审美创造的主要目的是为了获取其经济利益,克莱门特·格林伯格的分析可谓一语中的:"媚俗艺术是一种替代性的经验和假造的感觉。媚俗艺术随风格而改变,但不离开其宗。除了钱

[①] 李世涛:《对西方现代性与审美现代性的阐释》,《河南大学学报》(哲社版)2007年第3期。

之外，媚俗艺术假装无所求于它们的消费者——甚至不要求他们的时间。"第二，指艺术风格。这种风格的艺术缺乏审美的独创性、情感的感染力和对欣赏者的心灵震撼，类似于消费快餐；形式上也没有创新，只是对市场上畅销艺术品的形式的模仿与重复，有陈旧和似曾相识的感觉；只要有消遣的需求即可消费。第三，从内容上看，媚俗要求艺术的内容具有新颖、好奇、刺激、热闹等特点，甚至迎合、刺激欣赏者的低级的审美趣味，以获得一种平庸的情感抚慰，帮助他们克服日常生活中的空虚和无聊。第四，从创作方法来看，他们有意识地使用成功作品的创作技巧、方法，甚至借鉴精英艺术的创作方法，但主要目的是为了获得其经济效益。我们还可以从卡林内斯库对媚俗艺术的简洁概括中获得更深的印象："首先，媚俗艺术总是有点肤浅的。其次，为了让人买得起，媚俗艺术必须是相对便宜的。最后，从美学上讲，媚俗艺术可以被看成废物或垃圾。"[①]不过，这里需要说明的是，卡林内斯库是把媚俗作为一种艺术类型来看待的，并把媚俗艺术作为与现代主义、先锋派、颓废、后现代主义并列的现代性的一副面孔（face）。本文认为，卡林内斯库的用法过于狭窄，难以全面地说明审美现代性与媚俗的复杂联系，需要适当的修正。因此，本文所使用的"媚俗"概念取其最宽泛的意义，既可以把它理解为一种艺术类型（或风格），又可以把它理解为一个特征、倾向，并且主要取后面的用法。同时，基于这样的考虑，也为了更贴近汉语的习惯，本文把face翻译为"面相"而不是"面孔"，用"媚俗面相"来概括审美现代性所表现出来特征或倾向。

以上是我们对西方现代性、西方审美现代性和媚俗的基本看法，也正是以此为起点和基础，我们才深入到西方审美现代性的内部，揭示出其被神圣、高雅、超越等神秘光环所掩盖的媚俗的一面，还西方审美现代性以真实的面目。实际上，西方审美现代性的这些方面并没有得到学术界应有的重视，这也从一定程度上反映了西方审美现代性的复杂性和丰富。

---

① 李世涛：《对西方现代性与审美现代性的阐释》，《河南大学学报》（哲社版）2007年第3期。

二

把媚俗与西方审美现代性相提并论，而且还把前者视为后者的一个面相。不仅仅因为二者有着表面上的相似或相通之处，更主要的原因是，西方现代性的发展导致了精神的世俗化倾向，并必然影响到西方审美现代性的实际状态和发展趋向。这样，媚俗就已经内化为西方审美现代性之中，使西方审美现代性必然显示出媚俗的面相。究其根源，我们可以从以下几个方面发现二者之间的联系。

西方现代性的反传统特征是导致西方审美现代性的媚俗面相的主要原因。西方现代性首先意味着西方社会由传统向现代的转型，这种转型必然导致传统的衰落。传统社会主要是通过等级、家族、自足式的经济、道德、血缘关系等纽带联系起来的，这些因素也规定了社会的基本秩序、个体在社会中的位置，以及个体对自然、社会、道德、他人和自我的理解。但现代社会的转型却打破了这些规定性：经济上的变化削弱了人们对土地的依赖程度，与之相伴的是商业社会的崛起和政治自由度的增强。这些变化削弱了传统的力量和传统赖以存在的基础，也使传统发生作用的条件发生了变化。现代社会的变化扩大了个体的自由、自主性和能动性，把个体被置于各种选择的交汇点上，人选择的机会也随之增加。其结果是，一方面，传统对个体的制约和影响越来越小，他们只有依据自己的判断行事，个人的自由度随之增强。在他们的日常生活、工作中，在与社会的广泛接触中，他们的思想观念必然会发生改变，这些因素也会促使他们开始质疑传统、既有的世界观与价值观的合法性和局限，并影响到他们的思想意识和行为方式。但是，传统力量的削弱也意味着参照标准的失效，在没有或缺乏权威的价值系统的条件下，他们必然会诉诸创新。实际上，西方现代性主要反对西方传统的政治、伦理和制度等方面的预设；而审美现代性主要反对的是传统的审美观、审美趣味，努力建立起以现代主义审美趣味为主导的审美范式。综观西方审美现代性的发展，在西方现代文艺的具体门类和流派中，反传统几乎成了其合法性和创新的最佳选择。即使在现代主义文艺流派的内部，其更替、变化和否定的倾向也是如此地强烈，直到后现代主义的产生，其实后现代主义也是审美现代性的反传统逻辑的自然延伸。由于西方审美现代性根深蒂固的反传统倾向，它可能反对包括精英艺术在内的任何既定的审美经验、审美形式。这样，当超越的、神圣的美被作为反对的对象时，西方审美现代性就必然会求助于与传统的审美经验相对立的媚俗了。

西方现代性导致了宗教的衰落，西方审美现代性被迫承担了满足精神需求的任务，西方审美现代性的世俗化为其媚俗的倾向大开方便之门。宗教在西方社会中占据着重要的地位，宗教注重彼岸、超越性、永恒和人的精神自律，在人的精神层面和世俗层面都有很大的影响，可以影响到人的信仰、价值和人的行为方式等方面。但随着西方社会的现代转型，国家对宗教的影响力逐渐减弱，宗教基本上成为纯个体的精神追求，这给人带来了自由，也不同程度地威胁到人的精神追求。"理性化"的过程也同时是"除魅"的过程，它导致价值理性（或实质理性）与工具理性（或形式理性）的分裂、冲突和矛盾，后者拼命地挤压和排斥前者，它们之间的鸿沟始终难以弥合，甚至引发了西方社会内部的紧张。这样，势必威胁到信仰、价值、伦理、义务、责任、终极关怀和真实的情感等人的精神维度。在西方审美发展史上，审美最初与宗教有密切的关系，宗教把审美作为工具来为自己服务，这种关系说明二者之间存在着超越现实的共通性。但是，随着宗教的衰落，社会的世俗化的蔓延，审美从一定程度上承担了宗教的作用，人们需要从审美中寻求精神的庇护和安慰，以弥补宗教的缺失。同时，为了满足现代人的精神需求，审美也不可能封闭在象牙塔之中，它需要满足现代人的各种类型的精神需求，也必然产生审美的世俗化倾向。现代人精神追求的多元化，加之现代人精神的平庸化趋势的增强，审美现代性在满足现代人的超越性之外，也需要满足要求人的世俗化的、平庸化的层面。这样，西方审美现代性也就会转向媚俗性审美经验。

现代审美经验的转变是西方审美现代性具有媚俗倾向的基础。社会的转型解放了个体，使个体能够自由或比较自由地流动，并促使他们探索其生存的各种可能性。因此，与传统社会相比，现代人的活动面拓宽了，他们与社会的联系也增强了，现代人享受了更多的自由，精神生活也越来越丰富、多元化。但与此同时，社会的分工导致了社会各个领域的分化，现代人的异化状态加剧，人与他人、社会、自然、自我之间的关系出现了紧张。现代性理论强调人的自主性，也刺激了现代人的畸形发展。由于现代生活节奏的加快、人的生存压力的增强，现代人的精神生活出现"扁平化"特点。我们可以发现，现代人的崇高的、超越的、神圣性的精神追求大量地减少了；相反，个人主义、自我中心主义、享乐主义、低级趣味、无聊感、空虚感、厌世感、寻求刺激、追逐梦幻、耽于平庸等精神现象如打开的潘多拉盒子一样，毫无顾忌地释放出来。这些审美经验需要被表现出来，欣赏者也需要从体验这些审美经验中得到满足，审美现代性的媚俗性也就应运而生了。即使无视这些需求，巨大的市场也会吸引审美实践的介入，甚至需要像消费商品那样来消费审美。在这种情况下，审美现代性拥抱媚俗也就势在必行了。

综上所述，西方现代性的反传统倾向、宗教作用的衰微，都从不同程度引发了人们的信仰危机，在这种危机中，西方审美现代性在满足人的精神需求的同时，也产生了其世俗化的倾向，加上现代社会审美经验的改变。这些因素导致西方审美现代性必然与媚俗结盟，并表现出其媚俗的面相。

三

西方现代性导致了社会各个领域的变化，也使审美实践具有了媚俗的潜质。而且，媚俗已经内化到西方审美实践之中，在西方审美现代性的许多方面表现出来。媚俗在西方审美现代性中有复杂的表现，本文不可能面面俱到，这里主要从审美的大众化、审美的商品化，以及媚俗在审美创新和文艺流派中的表现三个方面入手，揭示出西方审美现代性的媚俗面相。

西方审美现代性的媚俗面相在审美的大众化方面有突出的表现。在前现代社会中，少数的艺术家专事创作，其成果用来为宗教服务。之外，他们的成果主要是为宫廷和贵族服务的，审美基本上被他们垄断，审美活动既是其身份和地位的象征，又是其追求闲情逸致的方式，还可以作为家庭装饰进入他们的日常生活。这时的审美创造者与享用者基本上是分离的，因为有经济上的保障，艺术家不必考虑生计，满足上层的需要就是他们创作的主要目的。为此，他们不遗余力地追求审美的高雅、超越和精英化，表现出巨大的创造性。但随着资产阶级革命的发展，中产阶级迅速崛起，社会民主化进程加剧，以自由民主为核心价值观的资产阶级意识形态占据了社会的主导地位。近代西方社会的发展一方面削弱了封建思想、传统的束缚，促进了个体的自由，审美也成为自由的确证和人们追求的目标，并进入人们的日常生活；另一方面也促进了社会的民主化进程，随着民主、平等在社会各个层面的落实，社会等级之间的差距逐渐缩小，物质和精神的垄断被逐渐打破，审美的垄断性和封闭性开始让位于普及性和开放性。在现代社会中，社会的上层和精英仍然是审美的重要力量，但不再是审美的最主要的力量，中产阶级则成为审美的主力。当然，审美需求的目的各有不同：有的是为了欣赏美；有人是把审美作为提高身份与身价的标志和资本；有人是为了放松、快乐和消遣；有人是为了消磨时间，逃避无聊、乏味、空虚。尽管如此，审美大众化为满足这些目的提供了可能和条件。同时，审美也只有满足了这些功能才可能被欣赏者认可、购买和享用。实际上，从西方审美实践看，西方审美现代性也不同程度地具有这些功能。小说的出现就有利于审美的大众化，绘画、音乐等其他审美形式也有了很大的发展和普及，审美实践改变了对大众的态度，关注大众的审美需求，甚至有意识地表现大众的审美趣味。后现代主义文艺甚至颠覆精英与通俗的对立并抹杀其界限，借鉴大众文化的经验，供大众消费，费德勒以此来概括后现代文艺的特征。西方审美现代性在满足了审美需求、实现其目的的过程中，它的媚俗面相也得到了展示。

审美的商品化也是西方审美现代性的媚俗面相的显著表现。随着审美的大众化，艺术品开始进入市场，只要有钱，也愿意买，任何人都可以购买艺术品；具备了一定的修养就能够消费艺术品。这样，审美逐渐走向民间、大众的日常生活。一旦艺术品成为商品，其功能也就出现了分化：一方面，它满足了人们的审美需求；另一方面，它逐渐丧失了其神圣性和神秘感，具有商品化的倾向和危险，只不过其商品性尚处于萌芽状态而已。现代性的来临加剧了审美商品化的进程，直到审美品彻底地沦为商品。文化工业的出现，使审美商品化跨出了重要的一步。实际上，文化工业是商品生产的一部分，它以赚钱、追求利润为目的。为了达到其目的，它可以模仿任何流行艺术、先锋艺术的技巧，只要市场认可就行。后现代主义艺术的出现则标志着审美商品化的顶峰。在詹姆逊看来，后现代主义意味着自然领域与无意识领域这两块最后领地的商品化。由于商品生产与商品逻辑进入到这些领域，并成为支配这些领域的法则，审美的性质和功能的变化——经济变成了文化、文化变成了经济——已经成为必然。①一方面，经济以审美为手段引发人的消费的冲动，审美刺激着人们的感观，制造了快感、欲望和消费需求；另一方面，审美创造彻底沦为商品生产，审美创造物成为获取经济利润和利益的产品。欣赏一下沃霍尔的《钻石鞋》，你就可以发现商品对审美的全面渗透。既然要通过市场的认可，审美当然要满足"上帝"的需求，它的媚俗也就理所当然了。

西方审美现代性的媚俗性在创新和文艺流派中也有不同程度的反映。兰波所说的"必须绝对地新"恰切地概括了审美现代性对新奇的追逐，它强调革命、断裂和创新，其恶性发展导致了"新"之意识形态，新成为一种标准和价值追求，直到彻底地否定了自身。实际上，存在着两种类型的新：一种新是真正的创新；另一种则是仅仅通过"求异"而得到的"新颖"，它是一种标新立异。从表面上看，它貌似新颖，但仍然缺乏实质意义上的创新，有时甚至以表面上的新掩盖了其骨子里所特有的陈旧、陈腐，并有可能成为流行的时尚，并具有了媚俗的成分。这样，媚俗也注定内在于现代审美实践之中。审美现代性对新的追逐中也存在着这两种创造，由此可以发现其媚俗的面相。除此之外，西方审美现代性的媚俗性也表现在现代文艺流派中。在前现代社会中，美被视为绝对的、神圣的，它作为理想和典范而高悬于具体的作品之上。但现代人认为，美具有了相对性，可以从一定程度上表现美和美的理想。浪漫主义文艺接受了这种观念，并把它们运用于自己的审美实践，开启了审美世俗化的先河，哥特式建筑、洛可可艺术、巴洛克艺术都表现出了审美现代性的这种倾向。这些艺术没有什么实质性的内容，空洞而乏味；重视形式上的探索及其作用；注

---

① [法]安托瓦纳·贡巴尼翁：《现代性的五个悖论》，许钧译，商务印书馆2005年版，第3页。

重视觉上的刺激、浮化、艳丽和享受；艺术风格华丽、夸张；给人的感受是神秘、好奇、刺激和浮化，并因此具有了媚俗的特点。实际上，审美的媚俗化还可以追溯到文艺复兴时期，为了反对当时的宗教、社会对人的束缚，文艺复兴时期的大师们强调与神性对立的人性的重要性，并极力挖掘和展示人的感性的、世俗的一面，虽然这些艺术借助于媚俗来批判现实、张扬感性，但其中不乏媚俗的嫌疑。例如，在拉伯雷的《巨人传》、薄伽丘的《十日谈》和乔叟的《坎特伯雷故事》等经典作品中，充斥了大量低级的、调笑的内容，甚至故意用感官刺激来挑逗读者的兴趣和想象，都不同程度地表现了西方审美现代性的媚俗的一面。媚俗的特点在浪漫主义思潮之后的审美实践中也屡屡表现出来，有时甚至更为明显。自然主义小说对"事实"的事无巨细式的展览、对人物心理的细致入微的呈现、对读者感观的重视，开拓了小说的表现方法和技巧，同时也存在着刺激读者感观、满足读者欲望和猎奇心的媚俗性，这在左拉的《娜娜》等小说中表现得尤为明显；意识流小说对意识的细致描绘，对人物怪异的、变态行为的刻画，对丑陋的心理世界的展示，既是对传统文学的反叛，也表现了现代人的自私、封闭、窥视欲、无聊、空虚，其媚俗的一面跃然纸上；后现代主义所表现的平庸、商品化和无聊感更反映了审美现代性的媚俗面相。诸如此类的例子不胜枚举，由此可知媚俗已经深入到西方审美现代性的机体而不能自拔。

西方审美现代性是一个复杂的综合体，亟待深入而全面的研究。而且，媚俗也只是其一个方面，它难以涵盖其他方面，也不能替代和否定对它的其他方面的研究。本文希望能够引起学界的重视，以深化对西方审美现代性的认识。

原载《扬州大学学报》（人文社科版）2008年第2期

波德莱尔的美学思想与审美实践*

查尔斯·皮埃尔·波德莱尔（Charles Pierre Baudelaire, 1821–1867）是具有世界声誉的诗人、现代主义的代表性作家和理论家，他的成就举世闻名，也被广泛研究。但是，随着现代性研究的白热化，波德莱尔再度以现代性鼻祖的形象进入了人们的视野，并重新引发了学术界的兴趣。本文整理了波德莱尔的美论、审美现代性思想、审美实践，期待为重新阐释、评价他的美学思想遗产做些有益的尝试。

一、美论

波德莱尔对美的看法主要集中于这段话："我发现了美的定义，我的美的定义。那是某种热烈的、忧郁的东西，其中有些茫然、可供猜测的东西。……神秘、悔恨也是美的特点。"① "不规则，就是说出乎意料，令人惊讶，令人奇怪，是美的特点和基本部分。"② 此外，他还有一些类似的感悟性的发现，诸如"美是古怪的"等。显然，波德莱尔对美的看法缺乏系统性，但透过这些只言片语，我们还是能够了解他的基本的美学思想的。

（一）从精神气质上看，美与忧郁（spleen）、不幸、理想的缺失有关。这种情感由理想的受挫触发，但表达的却是一种尤为复杂的情感。据童明考证，这个

---

* 本文为国家社科基金艺术学项目《现代性视域中的西方艺术思潮》(11BA010)的成果。

① 郭宏安：《波德莱尔美学论文选·译本序》，[法]波德莱尔：《波德莱尔美学论文选》，郭宏安译，人民文学出版社1987年版，第14页。

② 同上。

词至少包含了三层意思：一是通常意义上的忧郁，与忧伤、郁闷、压抑等心情相关；二与画家戈雅(Goya, 1746—1828)和诗人爱伦·坡(Edgar Allan Poe, 1809—1849)表现出的精神气质相似，是一种"不快、无助感、怨恨"的情感体验，甚至是恶魔或撒旦式的恶劣、恶毒情绪的爆发，使人获得"恶"的体验；三与折翅的天鹅相似，是由理想受挫的绝望感与忍受命运厄运熬煎的痛苦混合而成的凄美感。①应该说，这种情感浓缩了波德莱尔对人生的种种体验，实际上是"悲悯、痛苦、蔑视、勇气、愤怒的混合"，这是一种典型的现代体验、现代情感，快乐、乐观的人生基调似乎与此绝缘了。

（二）美存在于世间万物，高贵的、平庸的、奇特的、神秘的和恶的事物都不乏美的存在，关键是要具有能够感受、发掘它们的能力。波德莱尔曾经指出弗罗芒坦绘画时所具有的这种能力："他能抓住迷失在人间的美的碎片，能在美溜进堕落的人性的平庸之中的任何地方跟踪美。"②也就是说，既要洞察出高贵的美、古怪的美、神秘的美，也要"化腐朽为神奇"，经过艺术的表现、转化，进而从平庸、丑陋、俗气、罪恶中发掘出美："丑恶经过艺术的表现化而为美，带有韵律和节奏的痛苦使精神充满了一种平静的快乐，这是艺术的奇妙的特权之一。"③而且，从丑恶中发掘美更为可贵、更难，对艺术家的要求也更高。事实上，波德莱尔对美的这种看法与他的审美趣味和创作实践关系密切。

（三）美有两种存在形式：现象界的美和现象背后的美。前者存在于现象界，只要具有一定的洞察力、欣赏水平和表现能力，就能够直接把握这种美了；后者属于上帝的创造，类似于天堂、永恒这样的范畴，把握它们需要特殊的才能，也只能间接地直接把握、欣赏它们，为此，只有天才、卓越的文学家与艺术家才有能力把握它们。

（四）只有体验到人与自然的应和，才能把握现象背后的美。在波德莱尔著

---

① [美]童明：《现代性赋格》，广西师范大学出版社2008年版，第42—46页。
② [法]波德莱尔：《1859年的沙龙》，《波德莱尔美学论文选》，人民文学出版社1987年版。第437页。
③ [法]波德莱尔：《论泰奥菲尔·戈蒂耶》，《波德莱尔美学论文选》，人民文学出版社1987年版，第85页。

名的十四行诗《应和》(或者《契合》,Correspondances)中,他形象地阐释了其"应和理论"(或"契合论"):"自然是座大神殿,在那里/活柱有时发出模糊的话;/行人经过象征的森林下,/接受着它们亲密的注视。/有如远方的漫长的回声/混成幽暗和深沉的一片,/渺茫如黑夜,浩荡如白天,/颜色,芳香与声音相呼应。/有些芳香如新鲜的孩肌,/宛转如清笛,青绿如草地,/——更有些呢,朽腐,浓郁,雄壮,/具有无限的渺逸与开敞,/像琥珀、麝香,安息香,馨香,/歌唱心灵与感能热狂。"①这首诗被誉为"象征主义的宪章",概括了象征主义和波德莱尔对美的一些重要看法,可以简单表述为:自然界的各种事物都以其特殊的方式存在,它们之间相互联系,呈现出一种象征的关系,并共同组成了象征的森林;它们与人类之间独具一种呼唤、应答的对应关系;它们散发出各种难以理解的讯息,只有具有禀赋的艺术家或审美者才能够破解这些密码;人与自然的相互感知既需要特定的时间("有时"),又需要审美主、客体相互融合所达致的境界;在人与自然的交流中,人的视觉、听觉、味觉也是能够相互应和、交融和转换的。

大自然像人一样具有感知能力、生命,人类能够感知到大自然的生命及其生生不息的运动节奏,也能够体验到大自然存在的种种神秘、无限和永恒,事实上,也只有艺术才能发挥这样的作用:"正是这种对于美的得令人赞叹的、永生不死的本能使我们把人间及其众生相看作是上天的一览,看作是上天的应和。人生所揭示出来的、对于彼岸的一切的一种不可满足的渴望是我们的不朽之最生动的证据。正是由于诗,同时也通过诗,由于同时也通过音乐,灵魂窥见了坟墓后面的光辉;一首美妙的诗使人热泪盈眶,这眼泪并非极度快乐的证据,而是表明了一种发怒的忧郁,一种精神的请求,一种在不完美中流徙的天性,它想立即在地上获得被揭示出来的天堂。"②为此,艺术就必须发挥一种辨别、解释自然的象征之作用:"一切都是象征的,而我们知道,象征的隐晦只是相对的,即对于我

---

① 梁宗岱:《象征主义》,《诗与真·诗与真二集》,外国文学出版社1984年版,第72—73页。
② [法]波德莱尔:《再论埃德加·爱伦·坡》,《波德莱尔美学论文选》,人民文学出版社1987年版,第206页。

们心灵的纯洁、善良的愿望和天生的辨别力来说是隐晦的。那么，诗人(我说的是最广泛意义上的诗人)如果不是一个翻译者、辨认者，又是什么呢？"①

（五）美、审美具有独立性。审美独立既是当时的一些现代艺术思潮的自觉追求，也是现代美学的要求。在波德莱尔看来，道德、智力和趣味各有分工：道德主要关涉责任，纯粹的智力主要关涉真实，趣味主要关涉美，它们就应该各司其职。但是，现实情况并非如此，它们经常有意无意地介入诗歌，甚至对诗横加干涉、指责，危及了诗的形象和表现力。为此，他大力提倡诗的独立，反对各种干扰因素对诗的侵入，以防止诗沦为道德、科学、真实的附庸："诗不能等于科学和道德，否则诗就会衰退和死亡；它不以真实为对象，它只以自身为目的。……真实与诗毫无干系。造成一首诗的魅力、优雅和不可抗拒性的一切东西将会剥夺真实的权威和力量。"②而且，排除外在因素的干扰既是为了保持诗的纯粹性，又是作者的内心和写作本身所要求的："只要人们愿意深入到自己的内心中去，询问自己的灵魂，再现那些激起热情的回忆，他们就会知道，诗除了自身外并无其他目的，它不可能有其他目的，除了纯粹为写诗的快乐而写的诗之外，没有任何诗是伟大、高贵、真正无愧于诗这个名称的。"③他甚至把独立性视为诗的基本属性："什么叫诗？什么是诗的目的？就是把善同美区别开来，发掘恶中之美，让节奏和韵脚符合人对单调、匀称、惊奇等永恒的需要；让风格适应主题，灵感的虚荣和危险，等等。"④其实，这里说的"诗"泛指所有的艺术，而且，既然美是诗追求的最高目标，显然，美也应该像诗一样具有纯粹性和独立性。

（六）美是艺术、艺术家追求的最高境界。艺术家只有破解人与自然的应

---

① [法]波德莱尔：《现代生活的画家》，《波德莱尔美学论文选》，人民文学出版社1987年版，第497页。
② [法]波德莱尔：《再论埃德加·爱伦·坡》，《波德莱尔美学论文选》，人民文学出版社1987年版，第205页。
③ 同上。
④ 郭宏安：《波德莱尔美学论文选·译本序》，《波德莱尔美学论文选》，人民文学出版社1987年版，第3页。

和关系，才能够使抓住"那种奇妙的时刻"，并获得真正的审美发现："那是大脑的真正的欢乐，感官的注意力更为集中，感觉更为强烈；蔚蓝的天空更加透明，仿佛深渊一样更加深远；其音响像音乐，色彩在说话，香气述说着观念的世界。"①只有这样，才能进入美的境界，体验到永恒、无限，实现美的价值与意义。同时，波德莱尔之所以特别重视美，也与他对现实的关切不无关系。随着资产阶级的涌现，其追逐物质利益、感官享受的行为与价值观对社会的影响也日渐深入广泛，其消极性是不言而喻的，为了对抗资产阶级的俗气、平庸和精神堕落，波德莱尔有意突出了美的作用，希望以超拔的、古怪的、令人目眩的审美趣味刺激大众的神经，以摆脱其庸俗气。

二、审美现代性

（一）何谓现代性

波德莱尔的现代性（亦是审美现代性）理论，是其美学思想的重要组成部分，也是我们从整体上把握其美学思想所不可缺的。

在现代性研究史上，波德莱尔较早地界定了"现代性"这个概念，著名哲学家哈贝马斯曾经高度地评价了波德莱尔提出这个概念的意义："美学现代性的精神和规则在波德莱尔作品中呈现出明显的轮廓。"②其中，最为经典并被广泛引用的是："现代性就是过渡、短暂、偶然，就是艺术的一半，另一半是永恒和不变。"③之后，他又多次谈到过"现代性"的概念，但表述基本上都是大同小异的。波德莱尔的"现代性"概念是在论及美和艺术时提出的，他使用的"现代性"概念具有特定的内涵和外延，它尤为关注现实的、时代的等因素，

---

① [法]波德莱尔：《论1855年世界博览会美术部分》，《波德莱尔美学论文选》，人民文学出版社1987年版，第381—382页。

② [德]哈贝马斯：《论现代性》，王岳川、尚水编：《后现代主义文化与美学》，北京大学出版社1992年版，第11页。

③ [法]波德莱尔：《现代生活的画家》，《波德莱尔美学论文选》，人民文学出版社1987年版，第485页。

实际上主要指审美现代性。否则，如果不加限制地使用、泛华，就会因缺乏针对性引起极大的混淆，甚至导致错误。他的"现代性"是美或艺术的一部分，或者说是构成美和艺术的重要组成部分，美和艺术既包含了特殊的、具体的、相对的、变化的因素（或者美），又包含了一般的、抽象的、绝对的、永恒的因素（或者美），它们是由前、后两种因素共同组成的，也可以说，这两种因素构成了美和艺术的两重性，这种两重性源于人的两重性。因此，我们需要在研究美和艺术的特点时理解他的现代性概念。具体来说，美和艺术包括以下因素。

1. 现代性。现代性也可以称之为现实性，是在各种现实因素中表现出来的。现实性表现为诸如时代性、民族性、道德、时尚、地域、性别等因素。波德莱尔反对用时间标准来界定现代性，强调每个特定的时代都有其特殊的现代性，而这种现代性是由现实性、现时性赋予的："谁要是在古代作品中研究纯艺术、逻辑和一般方法以外的东西，谁就要倒霉！因为陷入太深，他就忘了现时，放弃了时势所提供的价值和特权，因为几乎我们的全部的独创性都来自时间打在我们感觉上的印记。"①实际上，美和艺术必须包含现实的因素，反之，如果缺乏现实的、时代的、特定民族的因素，它就可能变得抽象、虚无、难以确定："任何美都包含某种永恒的东西和某种过渡的东西，即绝对的东西和特殊的东西。绝对的、永恒的美不存在，或者说它是各种美的普遍的、外表上经过抽象的精华。每一种美的特殊成分来自激情，而由于我们有我们特殊的激情，所以我们有我们的美。"②因为时间不是判断现代性的标准，每个时代都有其现代性，所以，即便是古代也是如此，我们也应该注意发现其现代性。

2. 永恒性。指艺术和美包含的一般的、抽象的、绝对的、永恒的因素（或美），也可以指艺术和美所具有的普遍的、不变的东西，它们具有超越性，能够被多数的人、时代所欣赏。它表现在审美观念、审美趣味、表现方式等方面，广泛地存

---

① [法]波德莱尔：《现代生活的画家》，《波德莱尔美学论文选》，人民文学出版社1987年版，第485—486页。

② 同上，第300页。

在于视觉艺术、听觉艺术、文学等文艺类型中。产生这些东西或永恒美的原因在于:"美的永恒部分既是隐晦的,又是明朗的,如果不是因为风尚,至少也是作者的独特性情使然。"①但是,对永恒性的重视,不能以否定现实性为代价,从而走向另一个极端:"总之,无论人们如何喜爱由古典诗人和艺术家表达出来的普遍的美,也没有更多的理由忽视特殊的美、应时的美和风俗特色。"②例如,古人的衣服、服饰、装扮、行为、气质、精神共同构成了一个和谐的整体,充满了生命的活力,也是形成古代经典的重要原因。研究、模仿、学习古代绘画经典作品是提高绘画技能的重要途径,现代人也可以从那里学到不少可资借鉴的技巧、经验,但是,如果仅仅这种方法创作,那是绝对成不了绘画大师的。真正的现代艺术必须反映真实的现实和时代,真正的艺术家也必须深刻地观察、研究其所处的时代,并身体力行地在时代的洪流中搏击,才能有所成就。从这种意义上讲,古人对其时代的把握仅仅具有有限的借鉴意义,它不能代替现代艺术家的观察、发现和探索。否则,如果现代艺术家仅仅依靠古人,我们只能说,他们或者是懒惰,不愿从现实中提炼神秘的、动人的美,或者是没有能力把握现实,只得生搬硬套古人的做法。实际上,现代艺术家只有像古人那样把握了自己的当下、瞬间、现代性,就可能获得古典性、经典的价值,就可能成为现代艺术大师。

3. 艺术和美是永恒性与现代性的结合、永恒与瞬间的结合、不变与变化的结合,这两极因素犹如水乳交融,相互支持、互为补充、缺一不可。正如波德莱尔所言:"构成美的一种成分是永恒的,不变的,其多少极难加以确定,另一种成分是相对的,暂时的,可以说,它是时代、道德、风尚、情欲,或是其中一种,或是兼容并蓄,它像是神糕有趣的、引人的、开胃的表皮,没有它,第一种成分将是不能消化和不能品评的,将不能为人性接受和吸收。"③前者是

---

① [法]波德莱尔:《现代生活的画家》,《波德莱尔美学论文选》,人民文学出版社1987年版,第475页。

② 同上,第473页。

③ 同上,第475页。

重要的，它使艺术和美获得了普遍性，构成了共同美、永恒美的基础；后者更为重要，它是前者的依托和来源，离开了它，前者不仅成为无源之水、无本之木，而且，也无法被理解和接受。如果通俗地解释它们之间的关系，前者类似于人的灵魂、精神、气质，后者类似于人的肉体、身形、外貌，它们之间的关系类似于人的灵魂与身体的关系：如果没有前者，人无异于徒有肉体的空壳，甚至沦为心为物役的行尸走肉；没有后者，人的灵魂、精神就失去了依托，不但无法存在，也是根本无法理解的。

（二）对抗社会现代化的现代性

审美现代性只是波德莱尔整个现代性思想（或现代观）的一部分，我们只有理解了他对社会现代化的看法，才能够完整地把握其现代性思想。

波德莱尔质疑了社会现代化（或资产阶级现代性）的合法性，特别是那些诸如民主、社会进步、文明等支撑社会现代化的核心价值观的合法性。他把爱伦·坡置于美国民主的对立面和牺牲品，并把对爱伦·坡的同情和对民主制（尤其是民主制所包含的专制和大众民主对少数个体的暴政）的愤恨结合起来，反映了他对民主的怀疑、不满和控诉："美国对于坡来说不过是一座巨大的监狱，他怀着狂热的骚动在其中奔波，他生来就适于在一个（比煤气灯笼罩下的巨大野蛮）更不道德的环境中呼吸，他的内心生活，精神生活，作为诗人或作为酒徒，只不过是为摆脱这种敌对气氛的影响而进行的不间断的努力罢了。在民主社会中舆论的专制是无情的专制，不要向它乞求仁慈，不要向它乞求宽容，也不要乞求它对道德生活的复杂多样执行它的法律时有什么弹性。可以说，从对自由的亵渎的爱中，产生了一种新的暴政，混蛋的暴政，或动物权力至上，这种新的暴政因其极度的冷漠而与偶像贾杰诺相似。"[①]进步观是典型的现代思想，也是现代性的基本价值观，波德莱尔没有迷信它，不但质疑了其合法性，而且冷静地洞察了其局限，甚至还区分了真正的进步、虚假的进步，敏锐而深刻地揭示了后者的致命危害："这种不确定的进步越

---

① [法]波德莱尔：《埃德加·爱伦·坡的生平及其作品》，《波德莱尔美学论文选》，人民文学出版社1987年版，第168页。

是给人类带来新的享受,就越使人类变得爱挑剔,与此同时,它是否也是对人类的最巧妙、最残酷的折磨?它在通过一种顽强的自我否定来发展的同时,是否也是一种不断更新的自杀方式?它被封闭在神的逻辑的火圈中,是否也像蝎子一样用自己可怕的尾巴、那个造成它永恒的绝望的永恒desideratum,爱把自己刺伤?这些问题,我且置之不论。"①他还揭示了进步观产生的原因:"为不再因舍弃和衰落而感到痛苦,文明人杜撰了有关进步的哲学。"②波德莱尔在对野蛮人和文明人对比中,反映了他对现代社会中存在的种种异化现象的否定。他认为,由于环境所逼,野蛮人是全能的、全面发展的、和谐的,但文明人(或现代人)却相反,不但他们的才能局限于专门化、专业化的狭窄领域,其适应的范围小,而且其能力也不高,呈现了一种畸形、片面发展的趋势。他甚至还引用了巴贝尔·多尔维利的话抒发了他对社会退化、现代人精神畸形发展的悲哀:"文明的人们,你们不断地朝野蛮人扔石头,可是你们很快连崇拜偶像也不配了。"③有趣的是,波德莱尔还发挥了艺术家冷嘲热讽和想象力丰富的特长,把人类进步看做幻想,把科学引起的发展视为盲目和傲慢,把膨胀、畸形的自信心态讥讽为人类的自命不凡,甚至把"人类进步"嘲弄为"这位老爷",把"工业"讽刺为"这位强有力的太太"。而且,波德莱尔还敏锐地洞察到审美现代性与社会现代化之间的紧张、对立、对抗:"诗和工业是两个本能地相互仇恨的野心家,假如他们狭路相逢,只能是一个为另一个服务。"④实际上,这里所说的诗,指一切高雅的文学、艺术、美等审美现代性和高尚的精神追求,它们与以工业化为代表的社会现代化的对立是必然的、无法避免的。为此,他把目光投向审美现代性,希望它能够弥补

---

① [法]波德莱尔:《论1855年世界博览会美术部分》,《波德莱尔美学论文选》,人民文学出版社1987年版,第364页。
② [法]波德莱尔:《再论埃德加·爱伦·坡》,《波德莱尔美学论文选》,人民文学出版社1987年版,第197页。
③ 同上,第198页。
④ [法]波德莱尔:《一八五九年的沙龙》,《波德莱尔美学论文选》,人民文学出版社1987年版,第402页。

社会现代化的不足，并为人类精神的发展开辟出足够的空间。

同时，我们还应该看到波德莱尔的矛盾性，他一方面质疑了理性、社会进步、社会的现代化的合法性，试图用审美现代性对抗现代化、理性；另一方面，他又肯定了理性的作用，甚至生硬地调和理性与美、审美现代性的冲突："一切美的、高贵的东西都是理性和算计的产物……我把自然说成是道德方面的坏顾问，把理性说成是真正的赎罪者和改革者，所有这一切都可搬到美的范围中去。"①波德莱尔对理性的态度是暧昧的、矛盾的、摇摆的，我们可以由此看到他同样徘徊于社会现代化与审美现代性之间，这既反映了他作为艺术家的思想的复杂性，又是当时社会发展的情势所致。而且，我们还应该看到，波德莱尔的理性概念也存在着含混之处，它并非哲学意义上的理性，它的含义相当宽泛，既包含了哲学的理性（这是其理性的主要含义），但又包含了艺术和美的创造活动中所包含的多种心智活动，诸如创造力、感受力、想象力和升华的能力等等，这是我们认识其审美现代性理论时应该予以辨析的。

波德莱尔没有仅仅停留于此，他继续以其敏锐的审美感受力为我们描绘了两幅对立的现代的图景——田园诗、反田园诗的图景。前者强调物质现代化与精神现代化、现代人与其环境之间的一致性，肯定物质的进步必然导致文化、审美、文艺的进步，把社会、经济、文化的变化都视为进步，这种图景漠视了甚至排除了社会、政治、精神、文化、日常生活的黑暗与混乱的一面，据此，乐观、光明的和谐图景占据了人们的视线，现代人的苦难、痛苦、焦虑、抗争淡化乃至消失了，具有讽刺意味的是，这种图景与包括波德莱尔在内的巴黎艺术家的日常生活与精神状态似乎没有关联；后者质疑自由、民主、平等、博爱等现代社会的基本原则，质疑了进步等现代社会赖以存在的主导性价值观，描绘了贫富悬殊、弱肉强食、压迫、剥削、掠夺的社会的真实状况，揭示了资产阶级宣扬的意识形态与社会现实的矛盾，刻画了现代人的生活的苦难、痛苦，及其精神上无奈、苦闷、压抑。毫无疑问，这两种图景之间不可避免地存在着

---

① [法]波德莱尔：《现代生活的画家》，《波德莱尔美学论文选》，人民文学出版社1987年版，第505页。

难以调和矛盾，甚至连他本人都难以明确地意识到这种矛盾，实际上，这种矛盾是两种审美现代性的对立与紧张。波德莱尔此举意义非凡，以至于我们至今仍然能够受惠于波德莱尔的洞察力："波德莱尔的所有现代图景，以及他对现代性持有的各种矛盾的批判态度，都展示出了它们自己的生命，并且在他死后依然长期存在着，一直持续到我们自己的时代。"①

综上所述，波德莱尔洞察到审美现代性与社会现代化之间的紧张、对立，他基本上是站在审美现代性的立场上质疑、抵制，甚至反对社会现代化的，并为此鼓吹审美现代性的价值。不仅如此，他还敏锐地、超过常人地捕捉到了两种审美现代性的对立、紧张。实际上，我们应该清楚的是，波德莱尔首先是一个诗人、艺术批评家、审美实践者，他的现代性批判具有浓厚的感性、感悟、情感色彩和敏锐性。同时，他还是一个自由文人，这种角色使他能够站在追求精神自由的立场上，以批判者的角色质疑各种社会问题，尤其是社会现代化导致的问题，甚至揭示了两种审美现代性的矛盾，其批判灵活性强，但也明显缺乏系统性。而且，他对审美现代性和社会现代化的不同态度必然反映到社会的不同领域和层面。这样，他的现代观就具有鲜明的特色和矛盾性。因此，我们只有结合他对社会现代化的看法，才能完整地把握他的现代性思想，甚至可以说，他的社会现代化观也是判定其现代性思想的前提。

社会现代化与审美现代性（也可以称之为社会现代性与审美现代性）的关系，是现代性研究中不可回避的重要问题，当代许多哲学家、社会学家、文论家纷纷涉足这一论题。尽管切入问题的角度、论述的重点各异，但基本上都肯定二者之间存在着紧张、对立的关系。德国哲学家阿尔布莱特·维尔默（Albrecht Wellmer）认为，除了"启蒙规划"导致的理性化、科层化、摧毁传统的现代性外，还存在着另一种与此对抗的现代性："现代世界经常展示它能够动员一些反对力量来对抗作为理性化进程的启蒙形式。这些反抗力量也许不但应该包括德国浪漫主义，而且也应该包括早期的黑格尔、尼采、年轻的马克思、阿多诺、无政府主义者，最后但不是

---

① [美]马歇尔·伯曼：《一切坚固的东西都烟消云散了》，徐大建等译，商务印书馆2003年版，第171页。

无关紧要的是大部分现代艺术。"①英国社会学家斯科特·拉什以更广阔的视野、更细致的描述揭示了两种现代性范式的对立:"现代性有两种范式而不是一种,其一是从科学假设出发,包括伽利略、霍布斯、笛卡尔、洛克、启蒙运动、(成熟的)马克思、科尔比西耶、社会学实证主义、分析哲学和哈贝马斯。另一种现代性则是美学的,它在巴洛克艺术和某些德国风景画中曾露过面,在19世纪的浪漫主义运动和美学现代主义中,它作为对前一种现代性的批评出现时风头甚健。如果我们从社会科学家的角度(及在某种程度上从本书中贝克的角度)出发,把自反性理解为一种范式的自我反思的话,那么,19世纪晚期的文学现代主义和艺术现代主义则是现代性真正具有自反性的首例。在前二三十年的后传统社会之前,自反性现代性的第一个实例是通过美学出现的。第二种现代性是对第一种现代性的反思,且是作为对第一种现代性的反射作用而产生的,其世系包括浪漫主义运动、青年黑格尔、波德莱尔、尼采、齐美尔、超现实主义、本雅明、阿多诺、海德格尔、舒次、伽达默、福柯、德里达以及(当代社会科学中的)鲍曼。"②美国比较文学学者马泰·卡林内斯库立足于审美,把现代性区分为资产阶级现代性和美学现代性,并还原了它们之间如此对立的关系:"一个是理性主义的,另一个若非公然的非理性主义,也是强烈批评理性的;一个是富有信心和乐观主义的,另一个是深刻怀疑并致力于对信心和乐观主义进行非神秘化的;一个是世界主义的,另一个是排他主义或民族主义的。"③除了他们以外,吉登斯等当代学者也都看到了社会现代化与审美现代性的紧张、对立、对抗,但是,波德莱尔早在一百多年前就洞察到二者的对立,并基本上把握了它们的关系,甚至还捕捉到两种审美现代性的关系,其敏锐、先锋性可见一斑。

(三)现代性概念的意义

20世纪晚期以来,现代性研究逐渐成为显学,在人文社科界独领风骚。尽

---

① Albrecht Wellmer. *The Persistence of Modernity*. Cambridge: MIT, 1991: 87.
② [英]斯科特·拉什等:《自反性现代化》,赵文书译,商务印书馆2001年版,第268页。
③ [美]马泰·卡林内斯库:《现代性的五幅面孔》,顾爱彬、李瑞华译,商务印书馆2003年版,第343页。

管如此,现代性研究实际上早就开始了,只不过未被注意罢了。着眼于长时段的现代性研究的历史,波德莱尔不但较早地提出、使用了"现代性"概念,还对之进行了初步的探索,其现代性观念具有了不可替代的地位和重要意义。

1. 及时地肯定了现代的新的含义,即现代已经摆脱了过去的影响,开始独立,它通过与过去的对立和对比而存在。这时的古典,已经不再指"古代"或"古人",现代人对古代的崇拜、迷恋和自卑都已经消失了,古代与现代并没有优劣高低之分,二者只是不同而已。对现代的这种理解产生了新的历史意识——现在与古代的对立在于其不同,这样的理解强调了现在与过去的断裂,这是认识史上的一个巨大的进步。这样,任何真正的艺术品都必须不同程度地包含了特定时代因素,真正的现代作品也是如此,它必须反映其时代、当下的真实。唯有如此,它才可能具有获得古典性的资格:"当然,无论什么时代,只要能侥幸留存下来,均会一直被认作是古典性。但是现代文献已不再向往时代的权威借用这种存在的力量;相反,现代作品之所以成为古典,正因为它曾真正是现代的。"①而且,古代、现代都有自己的现代性,只要艺术或美把握了其时代性,它们也就能够获得其现代性。而且,它们的现代性并无优劣、高低、贵贱之别。这样,现代艺术也就不需要借助古典或古代的权威来证明、抬高自己。

2. 揭示了一种崭新的时间意识。首先,"过去"并不高于"现在",也不比现在更重要,二者都分享的时代本质并具有同样的价值和意义:"过去之有趣,不仅仅是由于艺术家善于从中提取的美,对这些艺术家来说,过去就是现在,而且还由于它的历史价值。现在也是如此,我们从对于现在的表现中获得的愉快不仅仅来源于它可能具有的美,而且来源于现在的本质属性。"②既然如此,我们就应该摆脱过去的束缚,走出过去的阴影,发掘我们时代的现代

---

① [德]哈贝马斯:《论现代性》,王岳川、尚水编:《后现代主义文化与美学》,北京大学出版社1992年版,第10页。

② [法]波德莱尔:《现代生活的画家》,《波德莱尔美学论文选》,人民文学出版社1987年版,第474页。

性。其次,在时间的链条中,"过去"不会彻底地消失,它会留下踪迹并转化为"现在":"过去在保留着幽灵的动人之处的同时,会重获生命的光辉和运动,也将会成为现在。"①而且,它还作为"永恒性"的重要因素为"现在"、现代增添光彩。最后,只有"现在"最终能够获得古典性时,它才能被证明是有价值的,正因为如此,尤为需要发掘"现在"的现代性:"为了使任何现代性都值得变成古典性,必须把人类生活无意间置于其中的神秘美提炼出来。"②但是,在哈贝马斯看来,波德莱尔的"古典"概念实质是上包含了永恒的稍纵即逝的"瞬间":"而所谓'古典',不过是新世界开始时的那一'瞬间',因而不会持续太久,一旦出现,随即便会消亡。"③因此,就需要现代艺术迅速地把握并表现出来,实际上,也唯有艺术能胜任这样的任务:"依波德莱尔之见,独立的作品仍然受制于它发生的那一瞬间;正是由于作品不断地浸入到现实性之中,它才能永远意义十足,并冲破常规,满足不停歇的对美的瞬间的要求。而在此瞬间中,永恒性和现实性暂时联系在了一起。"④也就是说,借助于现在、现实性、转瞬即逝的瞬间,美或艺术与浪荡子、天才、审美者发生了关联,他们以其迥异于常人的思维方式、行为方式和敏感从现代生活捕捉到新颖的、鲜活的、有审美趣味的瞬间,以艺术或审美的形式获得震惊的体验,并以此介入现实。

3. 能够起到确立"现代"的身份的作用。欧洲文化中经常存在一种现象,即依托古人进行创造,或者说进行复古式的创新,如最为著名的欧洲文艺复兴运动对古希腊罗马文化的发掘与吸收。哈贝马斯揭示了"现代"概念与这一现象的关联:"'现代'这一术语开始出现以及重复出现的恰恰是在欧洲的这些时期。那时,新的时代意识通过更新与古代的关系而形成了自身——况且,无

---

① [法]波德莱尔:《现代生活的画家》,《波德莱尔美学论文选》,人民文学出版社1987年版,第474—475页。

② 同上,第485页。

③ [德]哈贝马斯:《现代性的哲学话语》,曹卫东等译,译林出版社2004年版,第10页。

④ 同上,第11页。

论何时，人们都认为古代性是通过仿效才可恢复的模式。"①也就是说，"现代"的概念经常出现或重复出现于借助古代复兴当代文化的时期，这时，人们习惯于学习古人、模仿古代经典，以复古的策略创造新文化，而且，古代经常被视为一个通过模仿可以被复制、复兴的模式。有人在这种意义上把文艺复兴作为现代的开端，但是，哈贝马斯是反对这种看法的。他认为，这种看法反映了一种时间意识，就是把"现在"视为古代、旧向现代、新的演变或过渡的结果，现在也是这样与过去发生关联的。如果以此为标准，"现代"时期的上下限都可以继续推延，这样，17世纪法国爆发的"古今之争"、当代人生活于其中的20世纪与查理大帝时期都同属于现代时期，诚若如此，"现代"概念必然因其界定时间的随意性而失效。着眼于这种困境，哈贝马斯重新从时期和时间意识的角度界定了现代，即现代始于启蒙运动。因为启蒙运动开启了一种新的、革命性的时间意识，它激进地对待古代与现代、新与旧的问题，并把它们置于抽象的、绝对的二元对立的关系之中，现代也由此确定了自己的身份。这种处理方式由启蒙运动时期的社会结构和人们的信念所致，当时，知识的无穷增长、科技的无限发展、历史的必然进步、社会的改良、道德的完善等乐观主义信念已经成为成为主导性的价值观，甚至成为社会的普遍共识。受此信念支配，现在自然优于过去，未来当然好于现在，过去、现在、未来不仅仅是时间上的延续，更是价值上由低向高的递进，求新、求变不仅是一种大众的普遍行为模式，更是一种必然的价值选择，不仅其正当性不容怀疑，而且还获得了无与伦比的追捧。这样，哈贝马斯势必会反对复古式的创新的模式。

就此而言，波德莱尔也是如此。他坚决反对仅仅模仿古人、照搬古典，要求现代人立足当下、现在，把握瞬间、自己时代的现代性，但他并不否定过去、拒绝古典。这样，他就从过去、现在、未来的联系中确立了现在的身份。实际上，"现在"具有悖论的性质：由于存在着古代的、历史的压力，"现

---

① [德]哈贝马斯：《论现代性》，王岳川、尚水编：《后现代主义文化与美学》，北京大学出版社1992年版，第10页。

在"亟待被确认并获得身份认同,但又不能从它与历史的对立中获取;"现在"的短暂性和稍纵即逝使它必须迅速把握住自己、凝固瞬间,由此引发的焦虑迫使它不得不从自己与过去的联系中寻求破解难题之道。为了解决其悖论,"现实性"也就应运而生:"现实性(Aktualität)只能表现为时代性(Zeit)和永恒性(Ewigkeit)的交汇。通过现实性与永恒性的直接接触,现代尽管仍在老化,但走出了浅薄。"① 也就是说,应该把包含了时代性和永恒性的现实性作为现代的起点,现实性与永恒性的结合也从某种程度上克服了现代的肤浅。这样,现代就能够证明瞬间的"现在"可以变成古典、获得古典性,也由此获得了与古代的权威平等的历史地位,只不过它是未来的历史而已。

4.有助于确立现代人的自我。随着社会环境、境遇的改变,主体的命运也发生了巨大的变化,资本、市场经济、商品化的冲击加速了主体的世俗化的进程,主体疯狂地追求物质及其享乐,其存在也趋于分裂;随着诗歌时代的逝去、散文时代的来临,文化传统和审美环境都发生了很大的变化,抒情诗遭遇厄运,作为其审美特征集中表现的"灵韵"(或者"光晕")也即将消逝。波德莱尔的现代性重视生命意识及其表现,强调了瞬间与永恒性、历史与现在的统一,对于塑造现代主体和审美主体无疑具有不可替代的作用:"对于波德莱尔来说,审美的现代经验和历史的现代经验在当时是融为一体的。在审美现代性的基本经验中,确立自我的问题日益突出,因为时代经验的视界集中到了分散的、摆脱世俗的主体性头上。"② 他希望审美现代性能够带来"灵韵"、"震惊"的体验,这些美感对于形塑现代主体、现代审美主体也具有重要的意义。

5.区分了社会现代化、审美现代性这两种现代性,并指出了二者的紧张、对立的关系。他重视审美现代性,质疑社会现代化的合法性和实际效果。为此,他不遗余力地反抗社会对人的精神的压抑,反对庸众、平庸,高扬贵族气

---

① [德]哈贝马斯:《现代性的哲学话语》,曹卫东等译,译林出版社2004年版,第10页。
② 同上。

和贵族精神，蔑视物质利益、重视精神追求，呼唤英雄主义气概，以推动现代人的精神追求，并为其开辟精神的空间。

在现代性研究的历史中，波德莱尔具有不可替代的开创意义。伯曼中肯地指出了波德莱尔的重要性："波德莱尔自他逝世以后的名声，一直是沿着班维尔指出的方向发展的：西方文化越是认真地关注现代性的问题，波德莱尔的创新和勇气就越让我们感到他是一个预言家和先锋。如果一定要我们提名谁是第一个现代主义者，那他一定会是波德莱尔。"①法国学者塞纳·齐纳林也高度评价了波德莱尔提出、使用现代性概念的意义："波德莱尔是第一个使现代性成为一个具有普遍意义的概念的人。"②他们的评价是准确的、实事求是的，波德莱尔较早地提出并使用"现代性"的概念，他开启了现代性研究的先河，许多学者、艺术家都从他那里获取了不少灵感和启示，当现代性研究兴起时，人们自然要回过头来从他的论述中吸收资源。因此，从现代性研究的历史看，无论他提出、使用这个概念，还是他的研究都具有重要的意义，甚至具有里程碑意义和永远的参照价值，这也是他近年来备受学界青睐的原因。尽管如此，他关注的对象和问题意识主要针对的是文学、艺术、审美，而不是哲学、社会学、思想史，这是我们立论的关键。正如法国著名的现代性研究专家伊夫·瓦岱（Yves Vade）指出的那样，如果从与传统文化对立的角度界定现代性，存在着两种现代性："一是'波德莱尔的'现代性（它属于审美定义的范畴，涉及美学思考的范围），二是普遍意义上的现代性（历史的、社会学的、哲学的等等），它促使我们提出了涉及我们文化的最重大的问题，我们对我们文化的反思并没有结束。"③因此，波德莱尔的现代性思想的主要价值在于文艺、文论、美学，而不宜泛化、夸大他的结论。否则，就会引起极大的混淆。

---

① [美]马歇尔·伯曼：《一切坚固的东西都烟消云散了》，徐大建等译，商务印书馆2003年版，第169页。
② 郭宏安：《波德莱尔与现代性》，周宪、童强编：《现代与传统之间》，北京大学出版社2010年版，第117页。
③ [法]伊夫·瓦岱：《文学与现代性》，田庆生译，北京大学出版社2001年版，第24页。

而且，他属于感悟性的美学家、批评家，他的研究也具有艺术家的特点，他习惯于在评论中把一系列洞见松散地连贯起来，缺乏系统性、严密性。鉴于此，我们更应该科学地、实事求是地评价其现代性思想的得失。

三、审美实践

作为艺术哲学，美学自然要对艺术、艺术实践产生影响。对波德莱尔来说，也是如此了。但是，他实际上并不怎么在意美学本身，而是把对美的追求自觉地贯穿于审美实践活动中，他始终对审美、艺术创作、艺术批评充满了浓厚的兴趣，并把它们作为自己的归宿。而且，他的审美实践也是其美学思想的展开、发展、补充和最终落脚点。纵观波德莱尔的审美实践可以发现，他主要在三个方面进行了探索。

（一）蔑视审美传统，打破传统审美范畴的区别、界限，致力于从平常、丑陋、罪恶中发掘美。《恶之花》挑战了传统的审美趣味，一扫风雅之气，致力于从丑恶中发掘美，他不是着眼于道德的意义，而是从美学、艺术表现的角度说明了可以从丑恶中发现美。在他那里，瘦骨嶙峋的老妇人、卑鄙的盗窃者、丑陋的流浪者、放荡的妓女等被传统审美严加排斥的形象都可以入诗，并表现出它们所表现的特有的美。他的探索拓展了艺术表现的对象和范围，令人耳目一新，甚至能够产生一种震惊的效果。但是，我们不能将此简单地理解为以丑为美、以恶为美，也不能忽略存在于丑、恶与美之间的艺术表现的中介环节。

（二）发掘超越性的美和现象界背后的美。"应和论"不但是波德莱尔的重要美学命题和早期象征主义的美学纲领，也是现代主义审美实践的重要依据。同样，波德莱尔也是不遗余力地投身于这种理论的实践中，致力于从现实的、现象的美中挖掘超越性的美和现象界背后的美。波德莱尔努力寻找并提供一种震惊的审美体验，他的诗歌创作就反映了这种审美追求。德国法兰克福学派哲学家瓦尔特·本雅明（Walter Benjamin, 1892—1940）认为，根据波德莱尔的"应和论"，"气息"实际上承担了诗人与自然应和、交流的中介："因而，气息的经验就建立在对一种客观的或自然的对象与人之间的关系的反应的转换上。这种反应在人类的种种关系中是常见的。我们正在看的某人，或感到被人看着的某人，会同样地看我们。"① 同时，波德莱尔的记忆是非意愿型的，它被气息的光晕所庇护，常与感官中的气息联系起来，它引发的气息可能唤回逝去的岁月，并提供一种慰藉感。他的诗歌的意象即源于此，其特征在于"它的气息的光晕"，但随着机械时代的来临，照相机之类的东西却使"灵韵"或"光晕"(aura)消失了。他致力于提供一种无与伦比的震惊体验，这种经验对于他和大众都是重要的。但是，他付出全部经验却换来了这样的代价："他标明了现时代感情的价格：气息的光晕在震惊经验中四散。"② 尽管如此艰难，他仍然希望人类能够感知到大自然的生命和运动，借助于对艺术、瞬间的美的体验感受到宇宙的无限、神秘之美和永恒之美。

（三）捕捉审美现代性，极力发掘现代社会特有的现实的美、瞬间的美、独特的美。波德莱尔对以浪荡子为代表的现代美情有独钟，并不遗余力地予以探索。

浪荡子是一种社会转折时期的特殊现象，在这个过渡时期，贵族已经开始衰落，民主尚不能完全主宰世界，贵族们虽然失去了往昔的社会地位，但仍然保持了他们的优越感，以其特殊的精神、气质凌驾于普通人之上，他们需要爱情、金钱、享乐，更需要以此来标新立异，但他们并不把它们作为唯一的目标来追求。为此，他们竭力追求特立独行、卓尔不群、曲高和寡，他们举止傲慢、与众不同、高高在上，不但与平庸、粗俗和庸俗绝缘，而且还极力追逐并享受优雅、闲淡、懒散、放荡、放浪形骸、超凡脱俗的贵族生活。其目的之一就是为了对抗平庸、反叛社会："他们同出一源，都具有同一种反对和造反的特点，都代表着人类骄傲中所包含的最优秀成分，代表着今日之人所罕有的那种反对和清除平庸的需要。浪荡子身上的那种挑衅的、高傲的宗派态度即由此

---

① [德]本雅明：《发达资本主义时代的抒情诗人》，张旭东译，北京三联书店1989年版，第161页。
② 同上，第168页。

而来，此种态度即便冷淡也是咄咄逼人的……浪荡作风是英雄主义在颓废之中的最后一次闪光……"①尽管这种对抗方式未必见效，却由此展现出了一种别具一格的美："浪荡子的美的特性尤其在于冷漠的神气，它来自决不受感动这个不可动摇的决心，可以说这是一股让人猜得出的潜在的火，它不能也不愿放射出光芒。"②波德莱尔曾经饱含深情地、史无前例地赞扬过浪荡作风："浪荡作风是一轮落日，有如沉落的星辰，壮丽辉煌，没有热力，充满了忧郁。然而，哎！民主的汹涌潮水漫及一切，荡平一切，日渐淹没着这些人类骄傲的最后代表者，让遗忘的浪涛打在这些神奇的侏儒的足迹上。"③从某种意义上讲，浪荡作风也是对专业化分工、异化劳动、片面发展的抗议。而且，浪荡子与游手好闲者一样还具有与商品相类似的处境，具有极大的吸引力："这种处境如同能补偿很多侮辱的麻醉药，极乐地渗透了他的全身。游手好闲者所屈就的这种陶醉，如顾客潮水般涌向商品的陶醉。"④同样，自杀者也具有类似的英雄主义气概："自杀这种举动带有英雄意志的印记，这种意志面对与之为敌的理智寸步不让。这种自杀不是一种厌弃而是一种英雄的激情。它是现代主义在激情的王国所取得的成就。"⑤与浪荡子、自杀者相似，作为现代社会的产物，游手好闲者、上流社会的生活、游移不定的都市大众及其生活、神出鬼没的罪犯、幽灵般的妓女、自杀者、军人、裸体、巴尔扎克笔下的拉斯蒂涅等等也都是如此，他们都以其鲜明的现代、时代特征和吸引力引发了人们的注意、羡慕，并具有了现代美。

波德莱尔何以对以浪荡子为代表的现代事物充满兴趣并极尽赞美之能事？究其原因，他们都是现代社会的特有现象和产物，波德莱尔在他（她）们身上发现了一种英雄主义气质或英雄气概，并由此表现出了一种独特的富有时代特

---

① [法]波德莱尔：《现代生活的画家》，《波德莱尔美学论文选》，人民文学出版社1987年版，第501页。
② 同上。
③ 同上，第501—502页。
④ [德]本雅明：《发达资本主义时代的抒情诗人》，张旭东译，北京三联书店1989年版，第73页。
⑤ 同上，第94页。

色的现代美。这种英雄主义是一种转折时期特有的现象,这时,伟大的古代传统已经消失,但新的传统还没有建立起来。这种古代传统主要指一种理想化:"那是一种坚强而好战的生活,人人都处于自卫状态,因而产生了严峻的行动的习惯,养成了庄严或暴烈的举止。此外再加上反映在个人生活中的公共生活的排场。"①这种传统依赖于古代生活,古代生活的主要功能是为了"悦目",所以,它必然刺激艺术的发展,也有利于艺术的存在和传播。但是,随着古代生活和古代伟大传统的消失,社会不可逆转地发生了重大的变化,在这个新的环境和时代中,特殊的生活、时尚、激情、瞬间也就随之出现,这决定了现代社会同样存在着史诗和崇高的主题。而且,生存于此的现代人表现甚至出了一种独特的英雄气概:离经叛道、特立独行、蔑视世俗、傲视大众,并由此展示了一种存在于现代主义文化中的独特的美。本雅明敏锐地洞察到了这种英雄主题与现代主义的深刻关联:"英雄是现代主义的真正主题。换句话说,它具有一种在现代主义中生存的素质。"②

波德莱尔独具慧眼、明察秋毫,还从人们习以为常的颜色变迁中发现了现代美。在七月王朝时期,黑色、灰色在人们的日常生活(尤其是衣着、装饰)中极为普遍、流行,波德莱尔由此发掘了这些颜色的丰富含义及其表现出来的美:"黑衣和燕尾服不仅具有政治美,这是普遍平等的表现,而且还具有诗美,这是公众的灵魂的表现;这是一长列敛尸人,政治敛尸人,爱情敛尸人,资产阶级敛尸人。我们都在举行某种葬礼。"③而且,在波德莱尔看来,诸如游手好闲者、军人、炫目而和谐的女人、上流社会的姑娘、演员、交际花、隆重的典礼、盛大的节庆、车马、化妆、战争等等也都具有瞬间的美,都并可以发现其现代性。

---

① [法]波德莱尔:《一八四六年的沙龙》,《波德莱尔美学论文选》,人民文学出版社1987年版,第300页。
② [德]本雅明:《发达资本主义时代的抒情诗人》,张旭东译,北京三联书店1989年版,第92页。
③ [法]波德莱尔:《一八四六年的沙龙》,《波德莱尔美学论文选》,人民文学出版社1987年版,第301页。

四、审美探索的得失

在《判断力批判》中，康德分别从质、量、关系、方式四个方面阐述了美的基本规定性："鉴赏是凭借完全无利害观念的快感和不快感对某一对象或其表现方法的一种判断力"；"美是那不凭借概念而普遍令人愉快的"；"美是一对象的合目的性的形式，在它不具有一个目的的表象而在对象身上被知觉时"；"美是不依赖概念而被当作一种必然的愉悦的对象"[①]。据此，康德主张审美独立、美的无功利性、普遍性、无目的的合目的性，这是一个哲学家对现代的美的理解，也奠定了现代美学的基石和基本原则。事实上，他也以其罕见的深刻抓住了现代美的基本特点。但是，与康德美学理论上的深刻相比，波德莱尔更以敏感见长，也许是艺术家的气质使然，他对现实、艺术的感受和判断都是敏锐的、一流的，这也保障了他把握美的准确性、务实性。如果我们比较他们二人的话，就更容易发现波德莱尔的特点。波德莱尔重视美的一般性、普遍性，但更重视美的特殊性、具体性、现实性，他既关注美的永恒性，又关注美的时代性，这使他能够把握瞬间的美、审美现代性。此外，我们还可以发现，波德莱尔反对绝对的、非此即彼式的二元对立观，他对美采取了一种"执两用中"、"兼容并蓄"的态度，经常在两个极端之间"择善而从之"：重视形式美，但不否定内容的美及其重要性；重视美的无功利性，但又不把它推向极端；关注美的必然性，但更关注美的特殊性、个性和偶然性；热衷于追求高贵、华丽、神秘之美，也致力于从丑恶中发掘美。其根本原因在于，波德莱尔具有文学创作和艺术批评的实践经验，这使他避免了仅仅依靠理论推演导致的空疏，也确保了其判断的有效性。当然，我们也应该正视其美论的致命缺陷，如他的审美独立论，这是他和一些象征主义艺术家的重要的创作理念，也是后来的"纯诗论"的先声，他们在实践上还进行了一些探索，但矫枉过正所导致的极端化、简单化的倾向是不言而喻的：诗歌不可能完全与道德绝缘，只不过

---

① [德]康德：《判断力批判》（上卷），商务印书馆1993年版，第47—67页。

是多少、直接间接罢了；它更不可能完全独立于真实，诗歌不以探索真理为目的，但如果没有真实，必然危及诗歌的表现力和效果。如此看来，审美独立论就显得极为脆弱了，理论上也很难自圆其说，实践起来就更困难了。实际上，不但其审美独立论存在着偏激、极端的倾向，他对现代审美的探索也是如此，这些都是我们吸收其遗产时应该注意扬弃的。

波德莱尔属于感悟性的、实践型的美学批评家，即使对于艺术也缺乏系统的研究，更不要说系统的美学研究了。但是，他的美学思想无疑具有坚实的艺术实践、艺术批评基础，而且，他的艺术实践经验也能够克服理论研究的空疏、弥补美学思想的不足。这样，波德莱尔的美学思想必然以其独特性在西方美学史上占据一定的位置，既值得美学家关注，又值得艺术家高度重视。

原载《河北师范大学学报》2012年第3期、
《艺术百家》2012年第3期、《学习与探索》2016年第8期，
《波德莱尔的美学思想初探》被《人大复印资料·美学》2012年第8期转载